INNOVATIVE PRACTICE ON OPERATION AND MANAGEMENT

发展“木桶原理”理论 / 创新“成本联控”理论 / 实践“均衡可持续发展”理论

陈新寰◎编著

经营管理创新实践

央企生产经营一线实战案例

中国财经出版传媒集团
中国财政经济出版社

图书在版编目（CIP）数据

经营管理创新实践：来自央企生产经营一线的实战案例／陈新寰编著．—北京：中国财政经济出版社，2017.3

ISBN 978－7－5095－7360－0

Ⅰ.①经…　Ⅱ.①陈…　Ⅲ.①能源工业－工业企业管理－研究－中国　Ⅳ.①F426.2

中国版本图书馆 CIP 数据核字（2017）第 054285 号

责任编辑：胡　懿　　　　责任校对：黄亚青
封面设计：王　颖　　　　版式设计：齐　杰

中国财政经济出版社出版

URL：http：//www.cfeph.cn

E－mail：cfeph@cfeph.cn

社址：北京市海淀区阜成路甲 28 号　邮政编码：100142

营销中心电话：88190406　北京财经书店电话：64033436　84041336

北京财经印刷厂印刷　各地新华书店经销

787×1092 毫米　16 开　33 印张　470 000 字

2017 年 3 月第 1 版　2017 年 3 月北京第 1 次印刷

定价：89.00 元

ISBN 978－7－5095－7360－0

（图书出现印装问题，本社负责调换）

本社质量投诉电话：010－88190744

打击盗版举报热线：010－88190492　QQ：634579818

前　言

什么是经营管理？不同的人有不同的理解和体验，不是所有人都能说得清楚。一般教科书上的表述为：经营管理（Operation and Management）是指在企业内，为使生产、营业、劳动力、财务等各种业务能按经营目的顺利地执行、有效地调整而进行的系列管理、运营之活动。学术界还有各种不同的分类和争论。我们不再纠结于纯粹学术性的争论，还是着眼于“做”吧。实践表明，经营管理一定是以企业生存和发展为依托的经营思想、长期实践和系统总结。一个企业经营管理的最高境界就是塑造企业的“人格”，而实际上中国企业现阶段的经营管理水平还是比较低的。

对一家具有近40年历史的综合能源央企的经营管理创新工作进行总结是一件很有意义的事情。全书的编著是在系统整理生产经营一线大量实战案例的基础上完成的，全书实践了“思路方向—方法路径—效率效果”的工作规律。全书案例体现的理论架构如下：

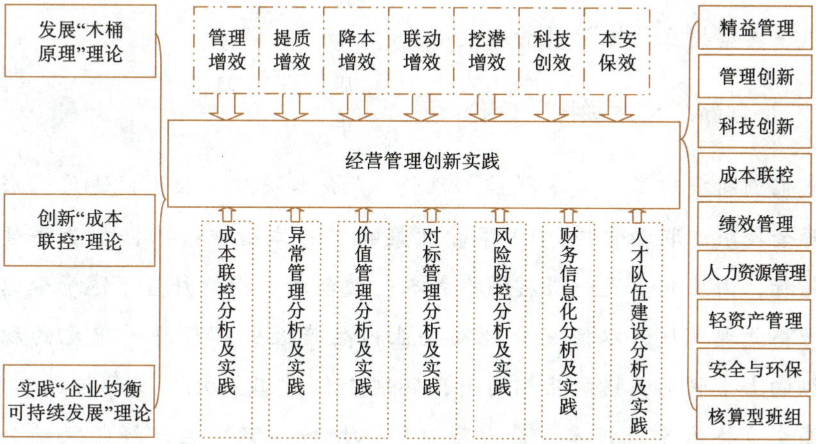

一、经营管理创新实践的理论基础

公司在提质增效精益管理创新的实践研究中提出组合理论的应用。组合理论以“木桶原理”理论、“成本联控”理论、“均衡可持续发展”理论为基础，深入研究提质增效精益管理对企业持续稳定发展，提升软实力的重大意义及实践作用。

（一）发展“木桶原理”理论

木桶原理（Cannikin Law）由美国管理学家劳伦斯·彼得提出。在“木桶原理”理论中，存在“短板效应”和“长板效应”两种效应。“短板效应”和“长板效应”实际上说的是成长道路上的两种状况，即一个企业能够立足、存在并发展，取决于他的长板，也就是优势；而到达一定阶段，阻碍其发展的是其短板，也就是劣势。一个企业组织是由很多板块组成的，每个板块都是企业组织中一个有生命力的部分。这些部分就是企业的战略、组织、领导、人力资源、资金、市场、技术等基本要素，独立于基本要素之外的是将这些要素组织起来的管理。对于每个企业来说，这些板块有长、有短，即有优势，亦有劣势。深入探讨这些优劣势是现代管理的哲学化思维之一。受此理论启发，结合实际，我们借用并创新长短板理论，提出“对标寻求短板、典型树立长板”的管理策略。

（二）创新“成本联控”理论

我们创新提出了“成本联控”理论。“成本联控”理论描述为“成本倒推、资金授限、联动管控”12字管理策略。具体措施：根据企业年度成本预算指标，由上向下逐一层层倒推成本；配合成本指标月月下达资金需求计划，严格兑现考核，以便充分调动企业内生产经营环节每一单元的积极因素，纵向上下联动，横向互相均衡，实现全体员工最大程度参与成本联控，以提高全员整体生产效率，最大限度降本增效。突出生产经营联动分析研究，重点分析企业生产作业环节系统成本异动原因及最佳管控措施，努力寻求生产成本消耗的合理可控区间，提升精益管理水平；同时，积极探索成本与绩效考核的联动效应，将成本联控与绩效考核通过数据连动起来，研究建立决策支持系统，实现企业均衡可持续发展。

（三）实践“企业均衡可持续发展”理论

提出并深入开展企业“投入与产出”的经济性分析性研究。投入产出分析是研究经济系统各个部分间表现与投入产出依存关系的经济数量方法。投入是生产过程中消耗的各种资源，而产出是一个企业在一段时间内所生产的使用价值的总量。用同样数量的资源消耗生产出更多的商品，经济效益就高；反之，经济效益就低。结合生产经营实际，就是针对企业的每一笔投资，都要提前算好经济账。在决策每一项投资之前，认真进行前期调研，充分考虑各种利弊因素，既要看到眼前利益，又要兼顾长远利益。每一个项目的实施都需要进行科学的投入与产出测算，进行项目评估，避免出现低效无效投资。

二、经营管理创新实践的主要做法

近几年来，公司经营理念不断创新，形成了许多典型的管理经验和方法，这些都是公司应对当前严峻经营形势、强化内部管理的重要举措，更是主动研究、精益管理创新的一项实践探索。

（一）提质增效“七大”举措

1. 管理增效。管理增效是企业强基固本，进一步提升竞争力的有力保障。公司始终把管理增效作为企业发展的课题，大力践行创新、协调、绿色、开放、共享的发展理念，坚持稳健发展、稳中有为、稳中求进的总基调，防风险、强党建、保安全、调结构、促改革、降成本，全面提高企业发展的质量和效益，全面提高企业管理水平，全面提高企业软实力，全面提高企业履行社会责任的能力。管理无止境，精益无止境。公司以管理增效工作为抓手，做好精益管理等有效的管理体系、模式和方法的整理、研究和推广，做好新的管理机制、体制和体系的首创和引入，实现发展模式从粗放型向集约型转变，发展方法从外延式向更加注重内涵式转变，发展手段从依赖数量扩张向质量和效益并举转变，全面提升企业管理水平。

2. 提质增效。质量是企业发展和生存的关键。面对经济发展新形势，公司紧紧围绕“提质增效”这一中心工作，确保企业的生产经营始终保持平稳运行，使企业真正成为有活力、有较强竞争力和抗风险能力的市场主体；通过深化供给侧结构性改革，加快产业结构调整与转型步伐，减少无效和低端供给、扩大有效和中高端供给，提高供给质量；实现逆势图强，把发展的基础夯得更实一些，把发展的质量提得更高一些，把竞争的实力锤炼得更强一些，把防风险的屏障筑得更牢一些；公司瘦身健体，苦练内功，努力向技术创新要效益，向深化改革要效益，向结构调整要效益，向管理改善要效益，实现品质和品牌新的跃升，坚决打好打赢国有企业提质增效攻坚战。

3. 降本增效。“成本线”是煤炭企业的“生存线”，一个企业要想立于不败之地，其核心就是要抓好成本联控。降成本是成本联控的过程，是对企业在生产经营过程中发生的各种耗费进行计算、调节和监督的过程，也是一个发现薄弱环节、挖掘内部潜力、寻找一切可能降低成本途径的过程。面对经济下行的严峻形势，降本增效已经成为企业在经济新常态下谋生存求发展的重要手段。公司积极应对经济新形势，深入贯彻落实中央经济工作会议关于“去产能、去库存、去杠杆、降成本、补短板”（“三去一降一补”）的精神，积极寻求成本联控的创新手段和方法，通过港口到坑口的成本倒推设定生存的成本红线，再利用各二级单位的三级预算、三级核算和三级考核，逐步把成本联控落到班组和单机，在有效控制生产成本的同时，增强了职工成本红线意识。

4. 联动增效。系统管控是企业发展的引擎。作为大型能源企业，针对有效调动全要素生产力，公司提出“成本倒推、资金授限、联动管控”的理念。联动管控是一个系统工程，是提高企业管理水平和实现企业效益最大化的一种手段，作为一种企业管理模式的创新，尽管提出的时间不长，但是它适应了当前世界生产经营一体化的发展趋势，因此能够为企业在当今市场需求复杂多变、技术创新层出不穷、竞争日益激烈的经营环境中生存和发展提供新的有效手段。联动管控的核心是以人为本，消除无效劳动和各种形式的浪费，以最少的资源投入，包括人力、设备、资金、材料、时间和空间，创造出尽可能多的价值，取得最大的产出效益。联动管控必将成为实施精益化管理，使之成为完成生产任务的有效抓手、降本增效的有力手段、管理提升的重要举措，为一流综合能源企业奠定坚实的基础。

5. 挖潜增效。“挖潜增效”是控制生产成本、减少内耗的一项重要举措，是提高生产效率、杜绝成本浪费、加快企业发展的重要途径，是一项常规的、持之以恒的重点工作。面对经济发展大势趋缓、煤炭市场持续不振的宏观经济形势，公司逆势而上，取得了骄人的业绩。答案只有一条，就是以强烈的危机感和责任感，千方百计地探索挖潜增效的有效做法，将成本联控责任严格落实，将挖潜增效任务贯穿于生产、运输、销售的各个环节。做好增量、盘活存量，挖掘潜力、驱动增长，既注重挖掘系统性的潜力，把大的投资、大的支出管住管好，又盯住“跑、冒、滴、漏”，把能省的“小钱”也省下来，积少成多、集腋成裘。公司各单位结合自身业务特点，科学地组织生产，从每一个生产组织环节和工艺环节、每一项检修任务环节和日常消耗环节做起，找准挖潜增效关键点，将挖潜增效工作贯穿各项日常工作的始终。

6. 科技创效。科学技术是第一生产力。公司作为中央大型煤炭综合能源企业，在跌宕起伏的经济变革中一直把科技创效作为求生存、谋发展的重要手段，通过建立矿卡调、铁路TIMS系统、电厂DCS等应用系统，实行循环经济发展等，逐步建成一个高度智能、高度统一、高度协调的科学管理体系。除了充分利用本身已有的科技成果，公司也十分重视与高校、科研院所的合作，利用这些资源解决生产中的具体问题，进一步推动企业发展。

7. 本安保效。本质安全是企业管理永恒的主题。越是在困难时期，越要保持安全生产的战略定力，越要增强做好生产、经济和政治三大本质安全自觉意识。公司在发展建设中始终将安全放在核心位置，将安全理念和安全法规贯穿于日常工作，引导员工严守安全“高压线”，以点滴细节积累起安全的稳固磐石，向着更长安全生产周期迈进。实现经济本质安全的关键是找到生产经营管理流程中的关键环节和风险点。公司实施推出覆盖全公司业务的本质安全体系，通过建立常态化的合规检查机制和经济健康档案，有效防范风险。公司不断落实国企党的建设工作，加强各级单位政治宣传和体系建设，不断强化政治安全意识的落实。

（二）精益管理“七大”实践

公司结合生产经营实际，主动作为，大胆实践，从成本联控、异常管理、价值管理、对标管理、风险防控、财务信息化、经营人才队伍建设七大方面持续改善企业经营管理质量，大大提升了公司抗风险能力，有效提高了企业经济效益。

1. 成本联控分析及实践。在“成本联控”理论的指导下，公司在本部及二级单位探索开展资金月度计划项目，突出生产经营联动分析研究，重点分析露天矿穿爆、采掘、运输、排弃生产作业环节系统成本异动原因，制定成本消耗最佳管控措施，提升企业精益化管控水平。探索成本与绩效考核的联动效应，将成本联控与绩效考核通过数据联动起来，研究建立决策支持系统。

2. 异常管理分析及实践。公司坚持以问题为导向，深入开展成本消耗的异常分析研究，落实责任与考核，制定异常管理的办法与举措，将成本联控的压力及措施切实传递到企业一线车间、段队、班组及员工，以现场月度经营分析会为抓手，深入实施异常管理，联合组织召开企业内部两个煤矿、两个选煤厂、两个设备维修中心、两个铁路公司之间的专题分析会，协调研究解决交叉经营业务，提高工作效率。同时，创新班组经济核算工作，细化企业车间、段、队核算，深入挖掘降本增效的方法和途径，形成各具特色的经济核算型班组，努力构建全要素、全方位、全员成本联控格局。

3. 价值管理分析及实践。公司全面加强预算管理，注重预算管理与计划、业务实际、考核等相结合，不断提高预算执行的科学性及严肃性，确保预算在企业生产经营实际活动中落实的准确性。全面强化财务与生产的衔接，主动提高经营分析能力，积极拓展财务工作的知情权、话语权，推动财务工作全面转型。在此基础上，全力推动建立“生产、投资、资金”三大计划联动融合机制，将过去先定产量再算效益、先定投资再算效益改为先算好效益再定产量、再定投资。根据企业生产经营实际情况，及时修订“五型企业”绩效考评管理办法，加大成本联控、内部挖潜、价值创造考核权重，用正导向考核机制充分调动每一名员工降本增效的积极性，引导全员提升管理水平。

4. 对标管理分析及实践。公司深入挖掘对标管理内涵，以成本联控为重点，从固定资产投资、机电设备功效、劳动用工、储备资金管理等方面，全方位开展行业内外经营管理对标，积极提出并实施了煤矿“横班连挂”成本联控、内外单位调剂库存闲置物资、露天矿新投入大型设备以租代买、轻资产运营等系列管理新举措，提升精细化管控水平。同时，深入实施“管理提升典型案例”经验交流活动，全面总结企业近年来在生产经营管理工作中取得的突出成绩和先进管理经验，逐步建立起企业内部互相学习管理优点的长效机制，在企业内形成“比、学、赶、帮、超”的浓厚管理氛围。

5. 风险防控分析及实践。公司构建了涵盖企业煤炭、电力、铁路、氧化铝循环经济四大产业板块及财务、产权、招标、采购、工程五个重点业务领域的经济本质安全体系，全面梳理了经济风险业务流程及风险管控节点，做到了提前防范经济风险，同时创新性地提出并实施了“经济健康档案”管理，将企业已发生的经济风险案例汇总，形成企业内部的“经济健康病例”，并不断更新完善档案内容，全面营造企业依法合规经营的良好环境。

6. 财务信息化分析及实践。公司结合生产经营实际，在财务内部结算中心的基础上，积极研究探索财务共享机制，强化生产经营指标的分析；积极探索财务职能由单一的核算报表系统转型为生产经营财务和基础核算财务相结合的模式，提高财务系统工作效率。在煤矿卡车调度生产系统信息化基础上，不断融入经营数据模块，缩小分析单元，提高精益化管控水平。同时，深入分析研究“企业生产经营一体化决策分析系统”的开发，将企业煤炭生产、洗选、运输、销售各个环节与企业在每一环节的成本消耗联动起来，建立正确快速的生产经营决策机制。

7. 经营人才队伍建设分析及实践。公司持续采取“走出去”“请进来”及“差异化”的方式，加大内外培训力度，加快对经营管理团队的知识更新步伐。积极参加财务、税务知识及新会计准则等行业内外专题培训；着重对总会计师、财务部经理、会计核算及资金管理人员的进行工作岗位轮换，既提高了经营财务管理人员的业务能力，又有效防范了经营风险；积极建立企业“经营财务大讲堂”学习平台，开展经营管理知识“大比武”活动，有针对性地为企业培养经营管理骨干人才，充分调动广大员工学习经营财务知识的自觉性和积极性。

三、经营管理创新实践形成的成果

公司深度挖掘，遵循“木桶原理”“成本联控”“均衡可持续发展”的实践思路，凝练出精益管理、管理创新、科技创新、成本联控、绩效管理、人力资源管理、轻资产管理、安全与环保、班组精益化“九大”管理成效，将追求精益求精、实行卓越管理、增强内在驱动力贯穿于企业发展的全过程和各领域。

1. 精益管理。公司在精益管理的进程中进一步转变经济发展方式，优化管理流程，把培养良好的精益文化作为终极目标，不断探索、学习并吸收精益管理的文化精髓，使精益文化在企业中不断发展。

2. 管理创新。公司不断建立健全管理创新机制，做好精益管理等有效的管理体系、模式和方法的整理、研究和推广，做好新的管理机制、体制和体系的首创和引入，把创新渗透于管理整个过程，加快管理升级进程，提高管理创新对企业发展的贡献层次，通过全面提升管理创新水平，增强公司自主创新能力和核心竞争力，全面推动公司的转型升级。

3. 科技创新。公司通过承担引领行业科技进步的重任，进一步开阔视野，推进企业科技创新，实现可持续健康发展。通过持续不断的科技创新，在支撑公司科学发展、引领行业科技进步、创建一流清洁能源供应企业的发展进程中做出更为重要的贡献。

4. 成本联控。公司从“人、机、环、管”各个环节入手，多管齐下，实现整体运营效益的最大化。从推行预算管理、优化生产组织、严控非生产性支出、开展“双增双节”、实行成本与绩效考核联动机制、建立经济责任追究制等方面系统扎实地推进，深入挖掘降本空间。

5. 绩效管理。公司把绩效考核作为一种有效的企业管理手段，通过考核促进企业年度各项任务的落实，提升企业管控水平和可持续发展能力，在促进企业加强经营管理，提高经济效益的同时，也为上级对企业实施间接管理、加强宏观调控、制定经济政策和考核企业经营管理者绩效提供依据，使公司成为煤炭行业中的领跑者。

6. 人力资源管理。公司积极研究探索人才的投入产出的合理有效途径，坚持“用当适任、用当其时、用当尽才”的原则，从人才的选、用、育、留等方面探索出一条具有自身特色的、科学的、现代化的企业人力资源管理新模式，为建设世界一流清洁能源供应商提供强有力的人才保障。

7. 轻资产管理。公司根据生产规模，重新对资源进行优化配置与管理，加强企业内部资源整合，在各二级单位全面梳理、精简富余设备，主动协调系统内外企业调剂和处置低效无效资产，发挥协同效应，减轻资产压力。加强供应链合作管理，培育和优选上游供应商，推进横向经济组织联合和纵向供应链整合，建立稳定的供应关系。实施统一集中的采购管理，积极利用第三方物流，优化物流配送网络，降低采购及物流成本。通过积极推进大宗货品寄售，创新联储联备模式，完善价格管理体系等举措，全力控制物资采购成本。加强对计划、储备定额、采购限额等的管控，最大限度消库、利库，实现企业以轻资产发展提升整体竞争力。

8. 安全与环保。公司加强安全生产技术攻关和科研开发，推广应用先进适用的技术装备，提高了煤矿安全保障能力。依靠管理创新，建立了先进科学的企业安全管理体系，并将“以人为本”的理念贯穿在生产经营的每个环节，让员工的生命安全得到最大保障，安全生产保持了先进水平。通过大力实施节能环保措施，积极开展资源综合利用和环保经济，不断提高资源回收利用率等，全力建成“绿色矿山”“环保电厂”“金色通道”，走出了一条企业发展和环境改善的“双赢”道路，为建设和谐、生态企业打开了循环经济的绿色大门。

9. 核算型班组。在公司提出“5821”班组建设体系的引领下，各直属单位以坚持改革创新、不断完善班组建设管理机制、落实岗位责任制为核心，以持续提升班组管理水平为重点，以加强班组长和职工队伍建设为抓手，以推进班组安全、高效、和谐发展为目标，增强班组的劳动组织能力、岗位创新能力、抵制“三违”能力和应急处置能力，明确核算单元消耗定额的指标。通过创新班组建设管理机制，总结提炼好的工作经验和工作方法，进一步整合班组工作内容，明确发展目标，积极探索并初步形成适合本单位特点的管理方法、工作模式。

综上所述，公司在经营管理方面进行了系统总结和持续不断的创新，并组织申报了中国煤炭工业协会管理现代化创新成果评审，获得特等奖。本书收入的94个案例都来自企业生产经营一线实践，具有一定的借鉴意义。隔行如隔山，隔行不隔理。希望能把这笔财富贡献给所有有志于企业经营管理的同仁（各类经管类院校师生可用于案例教学）。希望读者从中找到可以对标学习的案例，寻求共鸣。

2017年3月于北京

目录

Contents

管理增效篇

提质增效篇

联控增效篇

降本增效篇

挖潜增效篇

科技创效篇

本安保效篇

管理增效篇

管理增效是中央企业强基固本，落实中央企业“十三五”改革发展的核心目标、进一步提升企业竞争力的有力保障，是促进中央企业加快转变发展方式、进一步提升发展质量和效益的迫切需要。公司始终把管理增效作为企业发展的课题，大力践行创新、协调、绿色、开放、共享的发展理念，围绕建设一流清洁能源供应商的目标，以公司“十三五”规划为指导，坚持稳健发展、稳中有为、稳中求进的总基调，防风险、强党建、保安全、调结构、促改革、降成本，全面提高企业发展的质量和效益，全面提高企业管理水平，全面提高企业软实力。

管理无止境。公司在发展战略的指引下，以管理增效工作为抓手，做好有效的管控体系、模式和方法的整理、研究和推广，做好新的管理机制体制的首创和引入，实现发展模式从粗放型向集约型转变，发展方法从外延式向更加注重内涵式转变，发展手段从依赖数量扩张向质量和效益并举转变，全面提升企业管理水平。

某公司管理提升增效益工程的整体推进实施

综 述

管理提升是一个长期工作，不可能一蹴而就，发现问题容易，解决问题不易。管理提升必须落实到重点上，根据每个企业所处行业特点、企业发展阶段、管理基础等实际情况，以点带面，实现管理水平全面提升。管理是企业永恒的主题，管理提升工作永无止境，只有起点，没有终点，要以创新的精神，务实的态度，扎实的工作，不断把管理提升活动引向深入，取得更多更好的成果，推动企业改革发展，促进企业转型升级。

一、管理提升活动背景

为进一步加强企业管理，夯实发展基础，国务院国资委决定，从 201X 年 3 月起，用两年时间在中央企业全面开展管理提升活动。近年来，某公司通过深化改革，转换机制，创新发展，管理水平有了较大提高，但与国务院国资委开展的管理提升活动要求相比，与应对复杂市场和外部环境变化的要求相比，与参与国际竞争、增强整体实力的要求相比，在管理上还存在着一定差距，这些差距已经成为严重制约公司做强做优、科学健康发展的瓶颈。为此，应实施管理提升活动，进而提升经营绩效，打造企业品牌。

二、管理提升活动总体目标

管理提升活动的总体目标：一是通过两年左右的集中攻坚，企业基础管理水平显著提高；二是管理创新对企业综合绩效的贡献度跨入新层次；三是专项提升计划切实发挥强化运营管控能力的效果和作用；四是开源节流、降本增效的潜力得到更加充分的释放；五是“五型企业”建设取得新突破，公司特色的一体化循环经济运营模式和治理结构更具价值和创造力；六是逐步形成具备持续管理优化能力的长效工作机制和良好环境氛围。

三、管理提升活动重点工作内容

管理提升活动重点工作内容：一是开展管理诊断，找准管理短板和瓶颈。各直属单位结合实际情况，以对标管理为抓手，通过深入剖析、准确定位，找准制约企业可持续发展、影响企业综合绩效的关键问题。二是夯实基础管理，为企业持续健康发展提供源动力。从安全生产、运营管理、成本控制、风险防范等重点方面入手，加强责任制的落实；切实加强基层建设、基础工作和基本功训练；激发全体员工的积极性、创造性，注重培育具有本企业特色的管理文化。三是抓好专项提升，促进管理水平全面提高。围绕管理提升活动重点领域，以点带面，抓住主要矛盾，制定提升计划和改进措施；注重生产要素的重新组合、资源配置的优化改善、规模经济效益的培育聚集以及管理技术的创新提高。

四、管理提升活动主要阶段安排

根据国务院国资委和公司的统一部署，结合企业实际情况，分 3 个阶段实施管理提升活动（见图 1）。

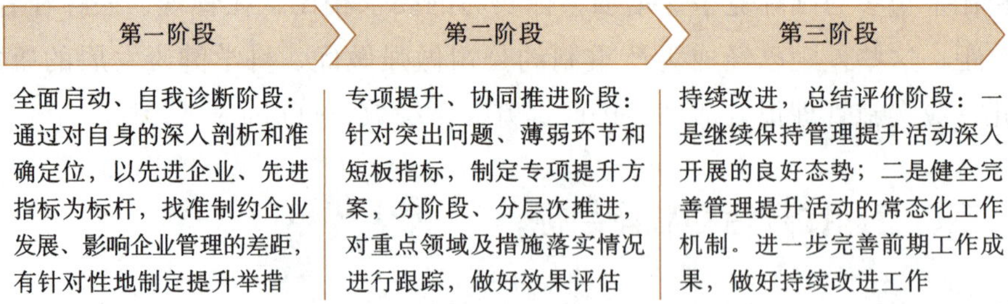

图 1　实施管理提升活动的 3 个阶段

五、管理提升工程的保障措施

企业管理提升是公司的一项重大战略决策部署，公司所属各单位把企业管理摆在重要位置，列入重要议事日程，建立组织保障、机制保障、人才保障和资金保障体系，为推进企业管理提升提供坚实的保障（见图2）。

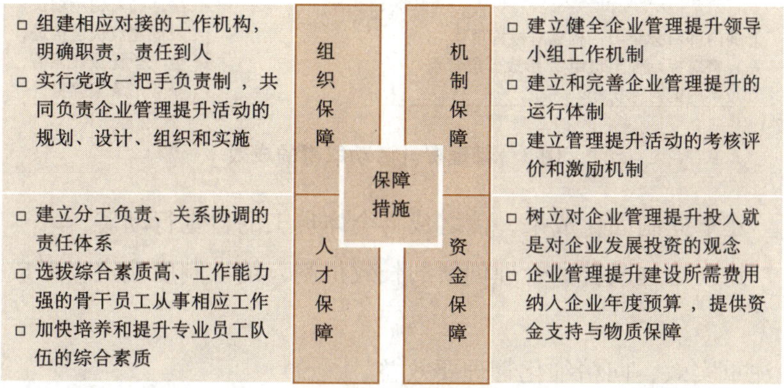

图2　管理提升工程的保障措施

六、管理提升活动取得的成效

管理提升活动取得的成效主要有：管理瓶颈实现突破、管理基础显著改善、战略定位更加明晰、对标体系扎实推进、综合绩效表现突出（见图3）。

七、抓好管理提升强化管理思路工作的体会

在当前全国经济增速放缓，煤炭市场供大于求的不利形势下，公司总体保持了经济稳健发展的良好态势。但是，面对形势变化，最应该、最现实，也是最基本、最有效的，就是不断强化管理，向管理要效益、要质量、要增长。

1. 做好回顾，固化成果，健全完善管理提升活动长效工作机制。

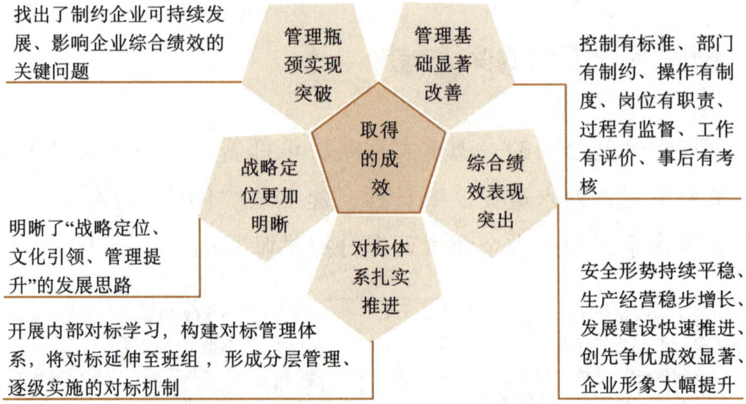

图 3　管理提升活动取得的成效

（1）建章立制固化成果，使之成为全体员工的自觉行动。

（2）建立管理改善和管理创新的长效机制，纳入制度轨道，形成企业管理的闭环。

2. 注重实效，向精细化管理要效益。

（1）完善机制，创新管理，博采众长，借鉴系统内外的先进管理实践经验，形成适合自身特点的管理提升措施。

（2）从生产、工艺、安全、管理等多方面深挖潜力，努力增效。

（3）稳步推进生产精益化管理活动，做好实施方案，切实提高生产效益。

3. 协调发展，确保公司科学管理水平不断提升。

（1）要进一步梳理完善制度，优化流程，明确职责，形成集中、统一、精益、高效的人财物集约化管理体系，有效提升企业内控管理体系的整体水平。

（2）尽快推动建设世界一流煤矿的评价体系、方法和标准，通过行业鉴定。

（3）继续加强对标管理，择机开展跨行业对标，将对标发现的问题落实到流程优化与变革上，逐步建立健全对标长效机制。

某公司赴外部单位对标管理方案的实施

综 述

他山之石，可以攻玉。公司组织主要生产和生产辅助、后勤服务单位分管经营的领导开展跨行业对标学习，就是要转变观念，打破常规，跳出“体内循环”。通过深入不同行业的企业考察学习，拓展思维，开阔胸襟，寻找差距，改进提高，师人长技以自强。在转变思维定式、更新思想观念、寻找差距与不足的同时，更重要的是抓好落实，把对标学习成果转化为管理提升的原动力，实现“管理出效益，从严管理出大效益，精益管理出最大效益”的经营目标，为公司发展战略夯实管理基础。

某公司为了全面落实公司发展战略，落实公司经济活动分析会精神，向管理要效益，查找公司经营管理工作短板，结合实际，提高公司整体经营管理水平，组织公司机关财务、企管、资产部门及主要生产单位相关经营负责人一行，赴某集团公司所属甲石油公司、乙石化公司、丙炼化公司、丁安全工程院 4 家单位，就预算管理、成本联控、风险控制、绩效考核、制度流程、物资管理及后勤核算等方面开展对标学习。

一、对标企业基本情况

（一）甲石油公司

该公司下属多个市级公司，主营石油制品、天然气、化纤及其他化工产品销售、储运等业务，承担着某省成品油供应保障任务，是该省最大的成品油销售企业。公司总资产过百亿元，职工千余名。公司按照“坚持高标准、努力干实事、开创新业绩”的工作方针，深化改革，转换机制，强化管理，开拓经营，积极创建“我为您的事业加油，您给我的生活添彩”的集团公司服务品牌，大力推行“人人关心企业，企业关心人人”的人本管理理念，旨在建设一体化基础上的专业化、标准化、信息化大型成品油连锁经营企业。近年来，该公司在内控标准化管理、制度流程、预算管理、绩效考核等方面具有突出的特色。

（二）乙石化公司

该公司是一家集石油化工、盐化工、煤化工、天然气化工为一体的特大型炼油化工联合企业。公司始建于20世纪60年代，经过50多年的建设发展，目前拥有大型石化生产装置112套，丁辛醇、丁苯橡胶、聚氯乙烯（乙烯法）的产能位居国内前列。公司总资产百亿元以上，职工千余名。公司牢牢把握“强化管理、提高效益”的主题，坚持“优化生产、细化管理、深化培训、强化三基”的工作方针，深入推进“为民服务创先争优”和“比学赶帮超”活动，实现了“安全环保无事故、经济效益最大化”的目标。近年来，公司在成本联控、绩效考核、物资管理、后勤核算等方面取得了显著成绩。

（三）丙炼化公司

该公司200X年注册成立，一期千万吨/年炼油项目是我国批准建设的第一个单系列千万吨级炼油项目。该项目于200X年建成投产，年加工进口原油超过千万吨。公司总资产过百亿元，职工千余名。该大炼油项目按照“大型化、系列化、集约化、信息化”理念进行规划建设，具有规模经济、技术先进、环保领先和效益显著特征。几年来，该公司在财务管理、物资供应、信息化建设等方面取得了优异的成绩。

（四）丁安全工程院

该研究院是某公司直属科研单位，是国内石化安全技术优势突出的安全工程研究机构，现有科研人员400余名。研究院所属的“化学品安全控制”是国内危险化学品领域唯一一家从事安全研究的国家重点实验室。经过30多年的发展，研究院已在科研人员绩效考核、知识产权无形资产等方面具有突出特点。

二、调研单位经验管理的主要特点

（一）全面预算管理

1. 组织架构完善，层级清晰准确。由企业主要负责人兼任，如乙石化公司，预算办公室主任由总会计师担任，成员由各职能管理部门组成，预算办公室定期向全面预算管理委员会汇报预算执行情况，体现了企业对预算管理工作的高度重视，预算办公室由虚设机构完全转变成实体职能机构。预算管理坚持以生产、经营价值链为主线，采用先编制经营预算和投资预算，后编制财务预算，尽可能采取零基预算的方法，以精细化、信息化手段规范细化预算调整流程，并通过严格的绩效考核进行奖惩兑现。

2. 开发全面预算管理及生产经营监控系统（简称TBM系统）。该系统集预算编制、发布、监控、分析、考评为一体，成功搭建了“全员参与预算管理、全程监控经营活动、全面考评经营成果”的信息平台，并与ERP（企业资源计划）、MES（生产执行系统）接口集成，对企业特定预算期内全部生产经营活动做出有效组织与监控、反应与协调。同时，该系统是涉及全方位、全过程、全员的整合性管理系统，对预算具有全面控制和约束力，体现出一整套经营管理制度和管理理念。

预算编制	◆ 预算编制完整流程：指标下达、预算申请、汇总、审核、上报等，每月5号企业上报，事业部汇总； ◆ 预算编制完整范围：事业部、企业； ◆ 预算编制深度：从财务预算变成全员预算，预算责任主体细到车间、装置； ◆ 2种预算类型：年度预算、月度预算； ◆ 2种预算角度：企业全面预算、产品板块预算(成本价、市场价)
生产经营监控	◆ 数据口径：与预算口径一致，便于对比分析； ◆ 完善全面预算管理：补充事中监控、事后分析的环节； ◆ 深化企业ERP应用：事业部、企业能够及时查询、监控实际的生产经营数据； ◆ 经济活动分析基础：每月6号，TBM系统整理的上月实际数据作为经济活动分析的依据，提高工作效率
板块及产品链分析	◆ 按照化工产品小板块的划分原则，对实际数据进行加工处理，形成板块及产品链的分析数据； ◆ 梳理业务流程，在系统中固化模型，提高数据加工效率； ◆ 建立装置、板块、产品链三种口径的核算模型，构建产品专业化成本核算模式

3. 预算监控管理及时。全面预算管理全部细化到月度，规定了编制的原则、时间和内容，由各专业职能部门于每月 6 日检查上月预算执行情况，于 9 日、19 日向财务部门报送当月上旬、中旬预算完成情况。每周公司财务部根据调度日报和 MES（生产执行系统）数据，结合销售结算情况，对当月预算进度进行监控。在每月 12 日和 22 日召开的公司产销衔接会议上，对未完成预算进度的单位进行通报，督促完成。每月初，公司均召开经济活动分析会，由财务部门对预算执行中的异常情况进行重点分析，查找不足，提出改进措施，并根据公司财务专业管理考核办法对预算偏离度大于 5% 的单位进行考核奖惩。

4. 预算调整程序规范。预算调整需严格按照相关程序办理审批手续，手续办妥后才能列支预算。一是年度预算追加，需由费用发生单位或费用归口管理部门提出年度预算追加申请，并详细说明原因，按照“申请—归口管理部门审核—公司财务部门审核—公司领导审核”的程序办理，并填写年度预算追加申请单。二是月度预算追加。当月度预算不足但累计发生费用仍控制在年度指标范围内时，可提出月度预算追加的申请。月度预算追加由费用发生单位或费用归口管理部门提出月度预算追加申请，并详细说明原因，按照

“申请—归口管理部门审核—公司财务部门审核”的程序办理，填写月度预算追加申请单。三是内部预算调整流程，分为单位内部之间费用调整、单位与单位之间费用调整。按照“申请—归口管理部门审核—公司财务部门审核”的程序办理，详细说明原因，并填写年度预算调整申请单或月度预算调整申请单。

（二）成本联控

1. 实行全员成本目标管理。如图1所示，全员成本目标管理模式：一是将成本指标层层落实责任，执行到装置、单元、岗位和个人，并将降低生产经营中发生的所有成本费用纳入考核。二是根据工作岗位特点和管理要求，将经营指标分为财务指标、经济技术指标和操作指标，三者紧密相连，通过操作指标向经济技术指标和财务指标转化，全面推进，层层落实，优化指标，确保企业经济效益最大化。一方面，管理者通过财务指标、经济技术指标掌握实际生产状况，了解操作指标变化情况；另一方面，一线员工了解班组生产价值状况，操作指标的变化会对企业财务指标和经济技术指标带来哪些影响，进而优化生产操作，形成以班组保车间、以车间保二级单位、以二级单位保公司的整体管理格局。

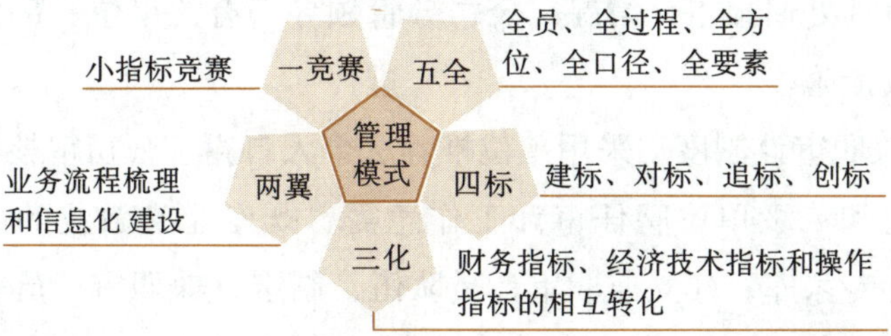

图1　全员成本目标管理模式

2. 及时开展成本联控案例专题分析。组织公司生产经营相关人员，紧贴生产经营实际，选择有代表性影响公司成本变化的事例进行认真分析，找出成本变化的原因，提出解决的办法，并进行后续跟踪研究。例如，乙石化公司对近年来橡胶效益变化情况进行了专题分析，取得了较好的经济效益。

3. 开发全员成本目标管理信息系统。实现了对生产过程关键操作指标的实时监控，找出了关键指标与成本、效益的关联关系，整体上提升了生产装置运行水平。

（三）内控管理

1. 内控流程规范。4 家企业都按总部统一要求编制了《内控流程手册》，全面、清晰地展现内控流程的每一个审批环节、所拥有的审批权限，准确归纳公司所有内控流程。

2. 内控的岗位职责权限由信息化系统控制。按照“制度流程化、流程信息化”的思路，对标几家企业全部自行开发了业务流程审批信息系统，流程流向全部采用信息化手段实现，关键风险控制点转化成审批点，且相应配有审批追责机制。

3. 定期进行内控考核。公司内控部门开展内控季度测试，对公司各部门、各单位业务执行情况进行自我检查评价，按照控制点规定对已完成的业务处理是否规范、正确进行检查，对季度测试中发现的问题积极落实整改。

4. 实行审计签报和案例分析制度。公司每开展重大审计项目，都将审计情况以签报的形式上报公司领导进行审阅批示，并召开全公司范围内的案例分析会议，审计处通报审计情况，公司分管领导、有关单位、部门做表态发言，提出整改措施。

5. 实行兼职审计制度。采用单位推荐、个人自愿、公司审核的方法，从公司专业部门和二级单位聘任审计工作急需、既专业又敬业的部分骨干人员，组建审计专家库，建立兼职审计员队伍，制定《兼职审计员管理规定》，将兼职审计员纳入公司统一管理，充分发挥各类技术专家的作用，提升审计质量。

（四）绩效考核

1. 建立“任务责任实践”三台阶考核体系。以全面预算管理为基础，将公司主要经济技术指标设立为“确保、力争、奋斗”三个台阶予以考核。

三个台阶分别为：上级下达指标为“确保”，系统（行业）最先进水平为“奋斗”。两者指标相加除以二为“力争”，在实施过程中，对设立三台阶考核指标的单位（部门）的所有考核项目，达到考核指标或达到三台阶中“确保”指标的，得到考核分；未达到“确保”台阶的，按“确保”与“力争”间的线性扣减考核分。为确保完成总部下达的任务，指标完成值低于“确保”值90%的，该项考核不得分。达到“力争”指标台阶的，除得到考核分外，另奖励该项考核分的5%～10%；达到“奋斗”指标台阶的，再奖励该项考核分的5%～10%，奖励比例按控制总分的原则设定。在各台阶之间，按线性比例方式计算奖励分值。考核与月度业绩奖金挂钩。

2. 班组经济核算。由公司统一下发方案，各二级单位结合公司的要求细化目标，下发至班组，明确各班组的核算指标，定期进行指标核算。

3. 实行员工绩效薪酬考核机制。公司绩效考核与员工的月、年工资收入挂钩，按工作内容划分不同的岗位级别，同一岗位级别，按员工的工龄、学历、职称等情况划分为24个档次，每一档次确定基本标准，并划分为固定工资（占85%）与考核工资（占15%）两部分，考核工资分为月、年考核，每名员工都有明确的考核指标，考核指标实际完成结果就是每一位员工的实际贡献价值和薪酬收入。

4. 制定针对科研技术人员的考核标准。确定一个时间段，以完成的课题数、与生产企业贴近程度、科研成果转化率和发表的论文数等为标准，将目标任务分解到每一位科研技术人员，确定考核标准。

（五）资产管理

1. 建立互动平台，盘活闲置资产。成立以物资主管单位、相关职能部门、各二级单位多个专家组成的鉴定小组，定期开展库存物资的鉴定工作，通过库存积压物资全面鉴定，将相关信息在公司网站“闲置资产信息专栏”及时发布，实现信息有效共享，达到物资互通有无。出台相关奖励政策，对首选使用闲置资产的单位，根据资产的净值按比例给予奖励，从而有效打破单位界限和专业壁垒，实现物资余缺的深度调剂。

2. 推行 ABC 资产管理方法。将资产分为在用、半用半闲置、闲置三类，制定 ABC 分类管理标准，根据 ABC 分类结果，权衡管理成本和经济效果，对三类资产分部门进行管理，分清主次、事半功倍。

3. 利用信息化手段管理。借助 ERP 或 EAM 管理平台实现固定资产的进入、调出、保管、使用及清理报废等全寿命周期的过程动态管理，固定资产的价值、技术与实物管理紧密结合，采用条形码技术进行资产盘点，提高工作效率和信息准确性，确保资产的安全完整。

4. 注重资产的日常管理。资产运营坚持“风险收益均衡、资产配置合理、成本效益最优、资金周转最快、实现价值最大”的原则。在资产管理上实现了三大转变，从单纯注重实物形态的管理向价值形态与实物形态管理并举转变；从偏重生产过程的管理向偏重资产营运过程的管理转变；从主要关心投入追求设备资产占用的最大化向更多关心投入回报率转变。

（六）物资管理

1. 开展区域协同采购。积极协调组织某集团公司相关企业开展协同采购，组织召开所需相关物资的区域协同采购会议，整合区域相关企业物资需求，统一对外签订框架协议，优化供应商结构，提升市场议价能力、资源获取能力及供应风险防范能力。

2. 积极执行采购价格监控。加大物资采购价格事后监审力度，每月对物资采购价格进行抽查分析、比对，针对监审发现的价格异常问题，每月编发《价格监审情况通报》。对发现存在的价格差异，及时组织进行整改，确保框架协议价格有效执行和采购价格合理。

3. 建立积压物资责任追究防控机制。严格执行库存物资批次管理，对入库 6 个月未及时出库的单位进行考核。强化库存物资批次变化的监控，对入库 3 个月未领用及入库 6 个月未领完的储备物资及时公布，要求计划提报部门说明原因及消耗进度，防止形成新积压。同时，对需求计划不准确、不及时单位进行严格考核。对形成积压、造成存货报废损失的单位，找准问题产生的根源并深入分析原因，落实相关责任人追究责任。据了解，几年来，乙石化公司库存物资规模持续降低，201X 年 6 月末达到数十亿元，其中积压物资仅为几百万元。

（七）后期核算

1. 食堂实行自助就餐。就餐标准为每天 10 元，采用餐卡打点用餐，每月结余可购买米、油等物品，每一季度末餐卡结余自动清零，避免餐卡现金不足及累计结余的情况。

2. 后勤服务工作委托社会化管理。将绿化、社区和食堂等企业的后勤服务工作委托给资质全、服务优、信誉好的单位，并定期进行评估和检查。乙石化公司一线倒班职工的就餐满意率保持在 98% 以上。

三、对标收获及启示

结合某公司经营管理实际，主要启示如下：

（一）加强 ERP 财务子系统建设工作

一是系统即将上线运行，财务系统要全面做好 ERP 系统上线准备工作，财务人员与业务人员要相互学习各自基本业务知识，确保系统稳定顺利运行。

二是财务部门要主动与业务部门协调配合，深入分析系统运行模块，从源头上认真把关产供销数据输入的准确性，完整掌握数据链接、共享等专业知识，以实现现有财务报表系统与 ERP 系统数据资源共享，避免系统运行造成业务和财务数据链瘫痪。

三是对于财务条线，ERP 上线后面临 3 个月的双轨运行期，财务人员对于新旧管理模式的差异以及新系统的熟练程度等，直接决定了双轨期间账务核对的准确性。为此，财务人员要深入研究新旧管理模式的各自特点，理清内在关联，准确把握双轨期间的系列技术问题。

（二）细化全面预算管理工作

一是将全年预算指标进行月度分解，建议制定月度预算会审制度，每月定期召开预算审定会，公司财务部门对监控中发现的未完成预算进度的单位进行通报，并督促完成预算指标。对预算执行中出现的较大偏离情况进行重点分析，提出解决措施。

二是针对预算追加和调整的情况，建议分别建立严格的审批程序，如预算追加可分年度预算追加与月度预算追加，并详细说明预算变化的原因。

（三）建立全员、全口径成本联控模式

一是详细分解成本目标，细化落实到每一位员工、每一个岗位，将岗位操作标准产生的经济指标进行量化，与相关费用支出紧密结合起来，并建立与之适应的考核机制。

二是各板块可根据行业特点，认真研究找出严控成本的阀门。认真核定各自工艺上每一台设备、每一位操作人员产生的成本费用，按月逐一进行分析，找出影响成本变化的最主要因素。

三是针对全公司相关单位成本变化的异常情况，建议组织召开成本案例分析专题会，找到导致成本上升的主要瓶颈，提出降本的具体措施。

四是经营管理人员对工程建设的成本进行全方位跟踪，加大在建工程监控力度。同时，对投资进度完成情况进行分析，督促相关部门及时做好工程结算。定期与计划、工程管理部门沟通，召开工程进度完成情况协调会，找出财务完成与实际进度的差异原因及存在的问题，最大限度提高工程建设投资回报率。

（四）优化内控管理流程

一是建设内控管理信息化平台。借助信息化平台严格执行内控审批流程，明确细化岗位职责，将内控管理延伸至每一位员工，形成全员内控管理体系。

二是可建立“三级”内控管理模式，即公司年度综合检查、公司（总部）专项检查、各单位内部控制部门自查三道防线的管控。公司企管部、审计部及相关部门可组成年度综合检查组，对各流程责任部门、各单位年度内部控制执行情况进行检查评价，公司审计部开展内部控制专项检查，从专业检查的角度对公司内部控制执行情况进行评价。各二级单位（部室）加强对内部控制实施细则执行的过程控制。

（五）加强绩效考核力度

一是各单位根据各自行业标准，量化经济技术指标，选树本行业（系统）最先进水平样本进行对标，可确定为奋斗目标，分阶段达到奋斗目标，设置考核分值，确定考核奖惩体系。

二是实行员工绩效考核。细化员工岗位贡献价值，将考核与分配紧密结合，将月度奖金水平与效益目标完成情况有效挂钩，并适时进行动态调整，以充分发挥考核的激励约束和导向作用。

三是更加深入地开展“比学赶超帮”活动，确定考核标准，根据活动开展情况，在月度、季度、半年、年度考核的基础上进行全面评价，奖励最先进及进步最大的单位，形成积极向上、奋力争取的良好局面。

（六）强化资产管理

一是合理分配资产管理部门和使用部门的职责，明确各部门的岗位责任制，对固定资产的预算管理、需求分析、选型、采购、领用、使用、维修和报废环节设立明确的规定和限制，使得固定资产管理的整个环节有法可依，有章可循。除年度资产盘点外，要对资产盈亏进行分析、对违规行为进行追究。

二是加强废旧物资管理，盘活闲置资产。精细分类，对所有报废物资进行精心评估、细致分类，合理确定最佳处置方式。

三是积极研究采取固定资产条形码管理方式，实行固定资产全生命周期管理。

（七）细化物资管控，严格落实责任制

一是落实物资管理主体责任。将库存资金占用的责任分解落实到需求计划、采购、领用单位，制订具体考核标准，按月通报，按季考核，强化日常监管，每周监控库存及储备管理动态，对库存结构和数据仔细分析，努力降低物资库存储备资金。

二是进行采购价格监控，降低采购成本。要加强采购价格监审和异常分析通报，强化采购价格事前、事中、事后控制和监审，防范物资采购价格风险。在签订合同之前，要进行充分的市场研究、价格比对、成本构成分析，并在合同谈判中，对成本构成分析及价格测算不合理的情况及时进行整改，确保物资采购价格贴近市场，更加趋于合理，降低采购成本。

（八）建立员工“双向”培训制度

一是树立“大经营”管理理念，消除经营管理就是分管经营、财务人员工作的传统思路。效益是企业生存的根本，经营管理是全员、全过程、全方位的管理，经营管理要延伸到生产经营的每一个环节、每一位员工、每一个岗位，形成每一项岗位活动、花费每一分钱都要给企业带来价值、效益的自觉性，形成“人人都是生产者，人人都是经营者”的良好经营氛围。

二是适时开展专业知识培训，有针对性地对二级单位主要负责人的经营、财务管理等方面的知识进行培训，确保重大决策的出台能够给企业带来良好的经济效益；与此同时，要有针对性地对经营、财务人员对企业主要生产工艺、技术流程等方面的知识进行培训，找到成本联控的阀门，为决策者提供科学准确的经营数据和实际有效的管理措施。

三是利用多种渠道，不断提升经营、财务管理人员的业务素质，以逐步适应经营管理信息化建设的需求。加大科技信息化知识的内外培训力度，积极主动与先进企业对标学习，探索经营管理信息化新模式。

某公司加强绩效管理推进“433”薪酬分配机制

综　述

科学的绩效考核评价机制作为强化企业精益管理的重要手段，有助于正确引导企业经营行为，寻求经营差距及原因，不断提升经营管理质量和水平，其本身也是一个制订计划、执行、发现问题、持续改进的循环过程。绩效考核的最终目的并不是单纯地进行利益分配，而是通过月度考核、半年检查、年底汇总，发现问题、改进问题，找到差距进行提升，达到加强经营管理的目的，促进企业与员工的共同成长。

一、“433”薪酬分配机制的实施背景

实施有效的绩效考核是大型综合能源企业进一步转变发展观念和发展模式，提高发展质量，提升管理品质的重要举措。在当前煤炭市场竞争趋势愈演愈烈的背景下，如何通过绩效考核手段来增强企业的凝聚力，成为企业获取竞争优势，促进企业持续发展的关键。

二、“433”薪酬分配机制的主要做法及内涵

目前，某公司绩效考评指标体系主要由绩效考核指标体系和全面质量标准化评价指标体系组成，实行“硬指标”与“软评价”相结合、考核与评价互为补充、考核结果与奖惩兑现直接挂钩的绩效考核管理模式，考核指标体系侧重于年度经营结果，评价指标体系侧重于工作标准和工作规范的过程控制，考

评结果能够更为客观、真实、全面地反映各单位年度生产经营工作。

201X年，为积极应对煤炭市场持续低迷的经济形势，充分发挥绩效工资的激励作用，调动公司各单位向管理要效益、向质量要效益、向成本要效益，确保完成年度生产经营目标，该公司调整了绩效考核和激励分配政策，建立了以安全生产为前提、以效益和价值创造为导向的考核分配机制——“433”薪酬结构分配机制。

（一）“433”薪酬结构分配机制内容

1. “4”是工资总额的40%与安全生产考核挂钩，继续强化工资分配与单位安全生产、与员工个人安全行为的挂钩考核力度，全面促进员工的自觉性和自律性。

2. “3”是工资总额的30%与单位的生产经营指标考核挂钩，按月分解关键生产经营任务指标，实行月考核月兑现的分配政策，将经营压力传导到每个岗位和每名员工，激发广大职工的工作主动性和积极性。

3. “3”是工资总额的30%为职工完成岗位工作（劳动）的基本保障工资。

（二）“433”薪酬结构的考核运用（见图1）

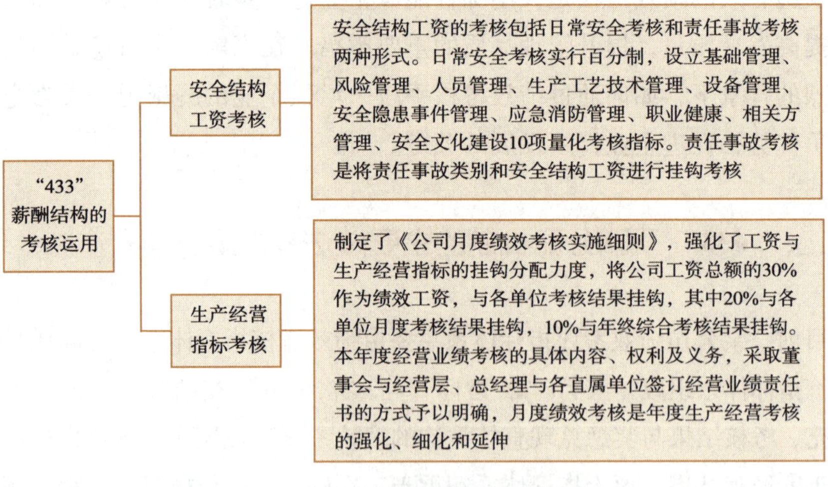

图1　“433”薪酬结构的考核运用

1. 安全结构薪酬考核原则。被考核单位月度考核得分在 90 分（含 90 分）以上的，当月安全结构工资全额提取。考核得分低于 90 分的，每低 1 分扣减单位当月安全结构工资的 1%。

公司对各单位安全结构工资考核实行日常安全考核与事故考核分别考核，合并兑现的形式；考核实行月考核月兑现，当月考核结果用于兑现下一个月的安全结构工资；安全结构工资扣罚不补，扣完为止。

2. 生产经营指标考核原则。

（1）月度绩效考核遵循原则如图 2 所示。

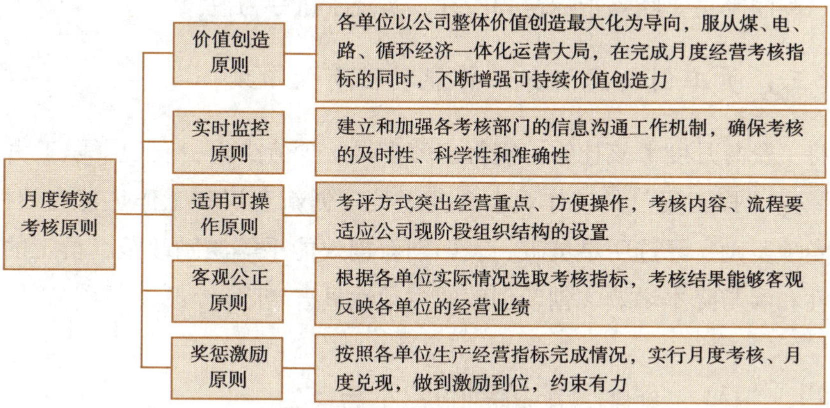

图 2　月度绩效考核原则

（2）月度绩效考核奖惩原则。当月考核得分低于基础分 100 分时，按照低于分值的比例扣减当月绩效工资；高于 100 分时，全额兑现当月绩效工资。每半年和年底对超额完成指标的单位进行适当奖励。考核期内，绩效工资扣罚不补，扣完为止，年终清算。

三、“433”薪酬分配机制取得的成效

（一）安全形势稳定向好

安全结构工资的考核实施最大限度地调动了广大员工参与并做好安全生

产工作的积极性、自觉性；安全风险预控管理体系有效落地，标准作业流程深入推广应用，公司安全形势持续稳定向好，煤、电、路、循环经济各板块均实现安全零事故，安全生产周期进一步延长，实现了安全健康可持续发展。

（二）生产经营逆势飘红

通过逐月分解落实经营目标，实现员工月度实际工资与月度指标考核结果联动，公司成本联控效果明显，考核指标及生产经营任务圆满完成，煤炭生产、利润等主要经营指标逆势回升，实现了扭亏为盈。

（三）员工创新意识和工作能动性有效激发

将工资与月度考核挂钩，实行多劳多得，少劳少得，实现了职工由“发工资”向“挣工资”的工作观念转变，员工创新意识和工作热情有效提升。采取专项奖励、评选明星员工、表彰创新创效能手等激励政策，员工的工作积极性和参与降本增效、创新创效的主动性显著增强。

四、“433”薪酬分配机制的启示与体会

1. 绩效考核作为一种有效的企业管理手段，在评价与激励员工，增强企业活力和竞争力，促进企业发展和提高企业市场地位等方面，发挥着至关重要的作用，是企业管理的重要内容。

2. 关注绩效考核管理是市场经济竞争业绩导向下的必然要求，是提高企业管理水平的必然要求。

3. 该公司将继续加大对标先进单位，学习先进管理经验，积极探索考核管理的新思路、新方法、新途径，将考核工作继续推向深入，全面提升企业管理水平。

某公司“五型企业”绩效考核实践

综 述

某公司在“五型企业”建设实践中全面引入价值管理理念，更加关注持续发展和竞争力的培育，更加注重发展质量和综合管理水平的提高，注重短期目标与长期发展相平衡，坚持经验反馈与持续改进相结合，建立了以价值创造为导向的考评管理模式，实现了工作的规范化与常态化，促进了企业运营管理水平的稳步提升。当前，煤炭行业已经进入新的调整期，作为一种有效的管理体系和管控模式，要进一步加强“五型企业”建设，推动各项业务实现标准化、规范化和信息化，进而提升企业的核心竞争力。

一、“五型企业”绩效考核的实施背景

随着当前经济下行压力增大，煤炭价格持续下滑，原材料价格不断上涨，煤炭行业不同程度地出现了成本上升、风险增大、效益下滑的现象。在当前严峻的市场形势下，如何探索新的管理模式，转变经济发展方式，成为某公司必须面对的课题。随着该公司发展战略的不断延伸，各项产能逐年扩大，对生产经营管理提出了更高的要求，绩效考核作为一种有效的企业管理手段，在评价与激励员工、增强企业活力和竞争力、促进企业发展和提高企业市场地位等方面发挥着至关重要的作用，是经营管理的重要内容。建立和推行科学合理的企业绩效评价体系有助于正确引导企业经营行为，寻找企业经营差距及其原因，通过考核促进企业年度各项任务的落实，提升企业管控水平和可持续发展能力。在促进企业加强经营管理，提高经济效益的同时，

也为各有关部门对企业实施间接管理加强宏观调控、制定经济政策和考核企业经营管理者绩效提供依据，使该公司成为煤炭行业中的领跑者。

二、“五型企业”绩效考核的研究

实施有效的绩效考核对于推动企业创新管理、改革和发展，提高经济效益具有特别重要的意义（见图1）。

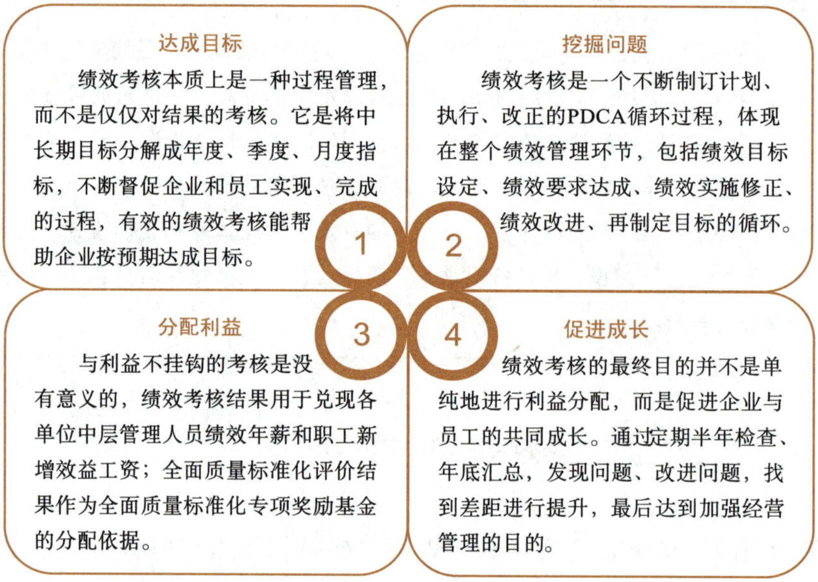

图1　绩效考核的意义

三、“五型企业”绩效考核体系内涵及分析

随着考核方式的改革与创新，考核内容的充实与完善，公司按照绩效管理模式建立了“五型企业”建设绩效考核体系，将逐年丰富完善的各项考核指标按本质安全型、质量效益型、创新驱动型及节约环保型和谐发展型进行归类，组成考核指标体系。公司对各单位绩效考核以建设“五型企业”为目

标，结合行业特点及管控重心确定各单位各型绩效考核指标，形成了公司“五型企业”绩效考核指标体系（见图2）。

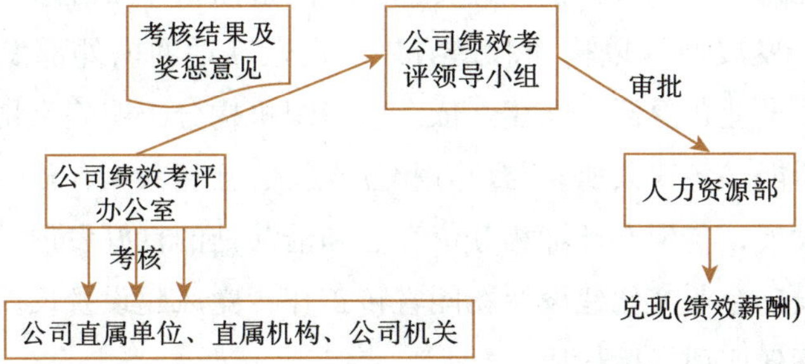

图2　公司“五型企业”绩效考核流程

1. “本质安全型”以实现安全生产为目标，以安全文化为载体、以风险预控为手段，构建安全生产长效机制，把安全管理落实到生产经营各环节，实现本质安全。“本质安全型”考核指标主要包括政治安全、经济安全、生产安全，是指无重大政治、经济、环境污染事故及责任死亡事故。公司对各单位按三大本安体系进行考核：政治安全、经济安全、生产安全。

2. “质量效益型”以提高经济效益为中心，加快转变主要依靠外延扩张和资源投入的传统增长方式，着力调整产业和产品结构，推进全面质量管理，走内涵式发展道路，实现规模化、集约化经营，努力实现投入产出最优化、整体效益最大化。“质量效益型”考核指标分为5类：一是生产任务量、利润等促进类指标；二是单位成本等抑制类指标；三是七项费用指标；四是煤质考核指标；五是基建考核指标。

3. “创新驱动型”以增强自主创新能力为目标，健全科技创新体系，加大创新投入，完善创新环境，培育创新队伍，努力在原始创新、集成创新和消化吸收再创新方面取得突破，形成一批具有自主知识产权的核心技术和拳头产品，全面提升企业素质和市场竞争力。考核指标主要包括科技创新和管理创新。

4. “节约环保型”以提高煤炭资源回收率、提高资源综合利用率为目标，实施资源资产化管理，围绕产业发展重点领域和关键环节，大力推进节能降耗，加强资源综合利用，推行清洁生产，探索建立减量化、再利用、资源化的循环经济体系。考核指标主要包括节能指标和环保指标。

5. “和谐发展型”以构建和谐有序、良性互动的内外部发展环境为目标，形成骨干产业各具活力又相互依存、组织机构分工明确又协调配合，干部职工各尽所能又各得其所，与地方相互支持、互利共赢，与经济社会相互促进、协调发展，与生态环境相互依存、和谐共处的良好发展局面。考核指标由政治建设、企业文化建设及新闻宣传工作、党风建设及反腐倡廉、企业稳定及社会责任四项指标构成。

四、“五型企业”绩效考核取得的成效

绩效考核贯穿企业管理的过程，考核体系日趋健全、完善，基本克服了建设体系不统一、指标下达不统一、考评制度不严密、奖惩项目不规范、考评资源得不到合理配置、基层单位疲于应付检查等问题，最大限度地减少了企业管理所占用的资源，降低了企业管理及运营的成本，公司管理品质、管理水平得到大幅提升。

规范了组织绩效闭环管理。实现了公司层面、厂矿、区队、班组、岗位联动的全方位、全过程综合绩效管理，促进了各单位绩效管理工作从目标确定、组织开展到奖惩兑现的规范、高效和统一，为公司进一步加强制度体系建设、优化考评工作流程、规范激励约束机制、提升经营管控能力发挥了重要作用。

促进了各单位管理的规范化、制度化。责任是否明确、管理是否到位、制度是否健全，都在考评中充分体现，凸显“五型企业”建设的成效。单位管理水平、管理品质的提高，思想观念的更新又会推动“五型企业”建设向更高的水平迈进。

五、优化绩效考核体系的体会

（一）提高认识，挖掘内涵

1. 引导基层各单位增强价值创造力、提高资本回报水平和促进管理质量、管理水平提升的重要手段。

2. 构筑企业内部控制力，消除企业管理“短板”，保障企业运行效率的重要条件。

3. 指导和推动基层各单位全面推进“五型企业”建设，达到用工作标准考核“人”、用管理标准考核“事”、用技术标准考核“物”和完善经营业绩考评制度的重要举措。

4. 逐步实现管理一流、绩效一流的“五型企业”建设体系，推进资源优势向经济优势转化，增强公司创新能力和发展能力的重要保障。

（二）坚持原则，持续改进

1. 坚持公开、公平、公正，突出绩效。严格按照规定的绩效考核评价程序和标准，切实做到考评办法、考评过程公开，确保考评结果公平、公正，进一步增强绩效考评工作的透明度和考评结果的公信力。

2. 坚持结果考核与过程评价并重。以结果考核为基础，兼顾管理过程评价，把结果考核与过程评价相统一，引导各单位从注重结果考核转向结果考核与过程评价并重，通过定性评价指标弥补定量考核指标的不足和缺陷。

3. 坚持考评结果的合理运用。建立激励约束机制，加大绩效考评结果运用力度，增强绩效考评的导向作用，将绩效考评结果作为评价各部门、区队、班组工作实绩的重要依据，与各单位奖金分配、干部使用和评先选优挂钩。

4. 坚持反馈与持续改进。考评结果及时进行反馈，是绩效管理中最重要的环节之一，它为被考评对象提供了改进的内容、方向，明确了工作中的薄弱环节，是提高管理绩效的最佳途径，对循环提升各项工作的质量、效果起着极大的推动作用。

（三）优化指标，突出业绩

1. 上下联动与明晰责任相结合，准确设置绩效指标，做到指标清晰、内涵准确。要明确目标的责任主体，突出对绩效考评目标、任务的分解。

2. 个体指标与整体优化相结合，合理分配分值权重。要对指标体系中各项考核评价指标进行对比分析，权衡它们各自对整体的作用和效果，然后对它们的相对重要性作出判断，确定各自的权重。

3. 基层目标与公司目标相结合，确保目标上下一致。基层单位设置的指标要反映出公司各项考评指标的要求，要重点突出，便于操作，并做好衔接，必须形成以关键绩效指标（KPI）为核心的指标评价体系。

某公司煤矿对标管理的实践

综　述

见贤思齐，提升自我。某公司客观面对不足，不气馁，勇奋发，对标国内行业先进单位，进行全员全方位的经验学习，现场管理水平实现转变与提升，用实际行动诠释了“他山之石，可以攻玉”。

一、对标管理的实施背景

对标管理是一种能够有效改善自身不足，从而追赶或超越目标企业，创造优良业绩的循环管理过程，是在实践中被证明十分有效的管理方法。某公司利用对标管理，寻求自身短板，积极对标一流企业，取得了良好的管理提升效果，有效改善了经营效益。

二、对标管理的过程

（一）树立对标目标

区别于一般的管理对标，公司经过集体研究，慎重确定了经过对标改进提升后要达到的目标：安全达标上等级，生产管理上水平，经营管理有提升；党建工作上台阶。

（二）确立对标标杆

对标管理按照行业、活动、性质可以分为同业对标和异业对标，内部对标和外部对标，定量对标和定性对标等。经过分析研究，公司认定本年度对标为定性（重点在管理）的内部同业对标，主要针对生产经营管理的方方面面，要系统性地向标杆单位学习先进管理经验。结合以上因素，公司最终确定以行业内某一先进企业为对标标杆单位。确定标杆单位后，公司组织相关人员多次前往该先进公司开展前期协调工作，建立正式沟通联系机制，为后续对标工作顺利开展奠定良好基础。

（三）建立组织机构

为确保对标工作高效开展，双方分别成立以经理为组长、其他领导班子成员为副组长、各部门负责人为成员的领导小组。按照安全、运行、检修、环保、经营、党建归口划分的原则，领导小组下设6个小组，具体负责方案落实过程中的组织、实施、督查、总结。

（四）提高认识组织动员

为保证对标工作顺利进行，在与对标单位协商后，公司先后出台了《公司对标工作实施方案》《公司对标先进单位大纲》《公司全面对标先进单位提升管理水平实施方案》，对对标的各项工作进行了细致的安排和部署，要求、指导各级人员认真做好对标工作。

（五）协调推进系统实施

对标分为安全、运行、检修、环保、经营、党建6个小组，全面覆盖了公司的生产、经营管理工作。6个小组下面又按照不同的对标主题、管理目标组织了不同的对标小队，每个小队由3～8名成员组成。公司提前对每个小组的人员、对标目标、对标时间、对标单位内的对接部门进行了规划和落实，确保对标工作紧张有序，忙而不乱。

（六）查找不足落实整改

差距就是潜力，整改产生效益。通过对标，公司对标杆单位的管理水平有了更加切实的感受和认识，各级人员也受到很大触动，对标起到了很好的教育作用。各小组提交了各自的对标报告，分别从生产、经营、管理等不同角度分析了自身存在的短板和不足，对需要整改的地方列出了清单，对后续工作给出了方向。

三、对标管理的体会

通过对标管理，该公司认识到，企业管理水平距离一流企业还有很长的路要走，对标管理工作还要深入开展，不断总结经验，不断消化吸收，不断学习提高。

（一）高度重视

公司从董事长到分管领导到职能部门经理，多次指导给出具体要求。公司领导亲自抓落实，抓协调，紧盯各项工作的进度。各职能部门干部悉数参加对标，亲身感受标杆，感受先进水平。

（二）目标清晰

公司从开始就确立了明确的整体目标，给整个对标工作指明了方向，避免了以往对标工作目的、目标不清晰，造成对标工作比较随意的缺点。制定的目标既有远期的高目标，给员工以压力和动力，又有短期的适当目标，指出了落实目标的途径和时间表，具有很强的可操作性。公司要求每一个对标小队都要制定对标任务，列出任务清单，明确相关责任人，把任务目标落实到人。整体对标有目标，具体对标有标准，是保证对标工作成功开展的前提。

（三）全员参与

公司开展的对标活动，对标内容主要包括风险预控体系、缺陷管理、可靠性管理、计划管理、合同管理、党群管理等方面。对标的人员覆盖了所有科级干部、大部分生产骨干和班组长。与一流企业的亲身接触使广大员工对先进的管理有了更切身的、直观的感受，无论对个人的成长还是公司管理水平的提高都有极大的帮助。通过参与对标员工的讲述和持续的整改工作，全公司员工都在对标活动中感受到差距，意识到提升管理水平的必要性，为公司扎实开展管理提升活动增加了群众基础。

（四）循环改进

一次改进不足以改变企业，只有持续不断地学习、改进才能支持企业长期进步，从而达到一流水平。按照《公司全面对标标杆单位提升管理水平实施方案》中对目标的规划，公司将先期安排3年的对标、交流，并与对标企业共同起草完成了《“结对子”全面提升管理水平实施方案》《201X～201X年专业交流计划》，为未来3年的对标与交流画下了蓝图。

某公司电厂从绩效考核走向绩效管理的实践

综 述

一个企业的整体运营绩效与企业设定的目标、制定的战略密不可分，但更具体的表现却是与员工个人的日常工作绩效息息相关。某公司电厂通过对员工工作绩效的考核，实事求是地发现员工工作上的长处和短处，并保持与员工的有效沟通，推动员工的潜能开发与能力提升，这样企业就能激发起每位员工的工作热情和创新精神，并在实现员工成长的同时促进企业发展。

一、绩效管理的实施背景

某公司成立初期，就注重引入企业绩效管理模式，但由于初期各管理体系和规章制度还处于建设的摸索阶段，绩效管理也仅仅是初步编制了绩效考核管理标准和考核实施细则，以加强对公司员工及生产经营活动的监督和管理。虽然在建立考核制度的一段时期内，这套绩效考核办法起到了积极的作用，既提升了公司的执行力，又调动了员工的积极性，但随着时间的推移，绩效考核也暴露出一些问题：

一是考核认知有局限性；二是考核完就完事，存在反馈的缺失；三是不能发挥出绩效考核的管理作用；四是各板块绩效单独管理，不能形成一个闭环的管理模式。

以上问题为公司管理工作提出了新的难题：如何才能使绩效管理真正成为管理者手中有效的管理工具？建立一种全面的绩效管理体系势在必行。

二、绩效管理模式的建立

公司绩效管理体系由五大部分组成，即员工素质绩效体系、工作标准绩效体系、目标化绩效体系、绩效改进体系、绩效循环体系。五个体系不是单独运行，而是相辅相成，相互作用，协同发挥作用，每个体系缺一不可。

公司根据自身特色，在借鉴国内电力企业先进管理理念的基础上，结合前几年的工作经验，形成了具有电厂特色的绩效管理体系。

（一）员工素质绩效体系

公司能否产生较好的经营效益，落实到最后实际上是人的问题，公司不同岗位对职工提出的要求是不同的，公司必须首先研究具备什么样的个性、具备什么样潜能的人在某个特定的岗位上工作更容易产生高绩效，这就是以职工素质为模型的员工素质绩效体系。例如，公司不同岗位有空缺需补充人员时，要结合岗位需求进行员工综合素质测试，通过各种测试来确定其综合素质，为岗位的分配提供参考依据，尽最大可能做到人尽其才、事得其人、人事相宜。

（二）工作标准绩效体系

如何使员工知道自己从事工作的具体标准是什么，工作中需注意的安全标准是什么？需要建立一种安全高效的行为规范与标准，即工作标准绩效体系。工作标准绩效体系由两部分组成：一部分是工作标准，另一部分是岗位说明书。工作标准明确岗位职责、能力要求、考核标准和依据，岗位说明书说明岗位类别、直接下属、直接上级、定员情况、职务等级、工作内容、任职资格与基本技能、工作条件及防护用品等。目前，该公司所有的管理、专业技术、技能操作、后勤服务等岗位均建立了工作标准和岗位说明书，并要求各岗位人员严格按照工作标准和岗位说明书要求执行。

（三）目标化绩效体系

目标化绩效体系的应用，必须建立在工作标准绩效体系的基础上才能发挥更大的作用。目标化绩效体系不仅要成为公司员工的约束工具，也要起到引导作用，使员工都朝着这个目标去努力。该公司目标化绩效体系由五部分构成，即经理工作报告、“五型企业”建设、生产经营责任状、指标预算管理、生产运营规划（见图1）。

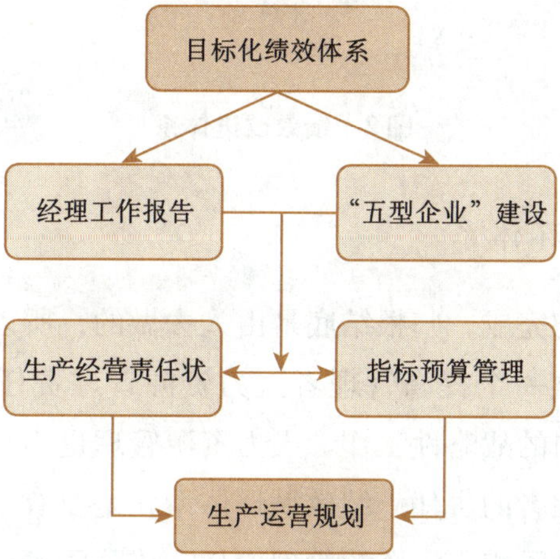

图1　目标化绩效体系

年初，根据公司“五型企业”建设指标和公司工作报告，确定全年的工作目标和任务，以此为依据对目标和任务进行分解，形成公司各部门生产经营责任状，由公司经理与各部门签订。部门再与各班组、班组与个人签订三级生产经营责任状，层层分解，层层落实。同时，财务部门要根据公司经理工作报告和公司“五型企业”建设要求编制指标预算，将各类生产任务、指标进行量化分解，作为全年公司生产经营任务的约束指标。

（四）绩效改进体系

外部环境是不断变化的，公司也是不断变化的，在这种变化的条件下，如何推进目标的完成，在推进过程中完成情况如何，如何促进每个经营、管理人员去关心这些问题？这就需要建立月度经营分析、季度部门工作总结、年终述职报告的绩效改进体系，对目标完成过程中产生的问题进行分析，并提出具体的解决办法（见图2）。

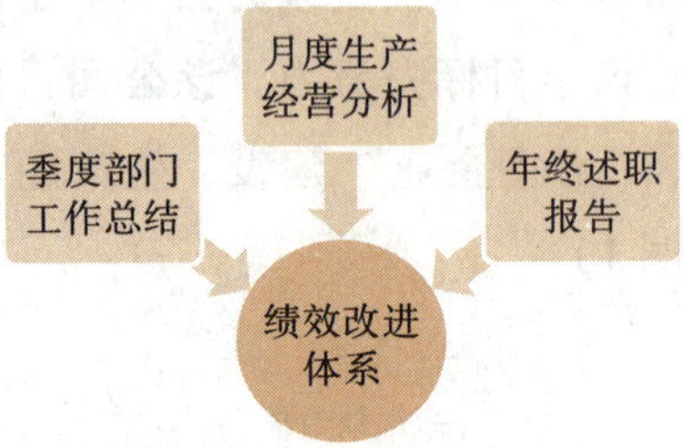

图2　绩效改进体系

（五）绩效循环体系

任何任务目标的完成，归根结底是由人去做的，所以要想更好地完成任务目标，必须要建立一个提高管理者人力资源管理责任意识的绩效循环体系。人力资源是公司的战略性工作，人力资源管理也不只是人力资源部门的事情，而是全体管理者的责任。绩效循环体系就是要有一套完善的制度保障体系，来促使管理者承担人力资源管理责任。该公司绩效循环体系包括竞争上岗管理、月度员工绩效评价、年终综合考评三部分。其中，月度员工绩效评价与年终综合考评最终的结果反映到员工的月度绩效工资、岗位动态管理、年终评先评优、劳务派遣转正几个方面（见图3）。

三、绩效管理模式的效果与体会

绩效管理模式的效果：

一是扭转了考核在员工中“秋后算账”的认知，扩宽了员工对绩效管理认知的局限性，让员工感受到推行绩效管理对其自身职业生涯发展的重要性。

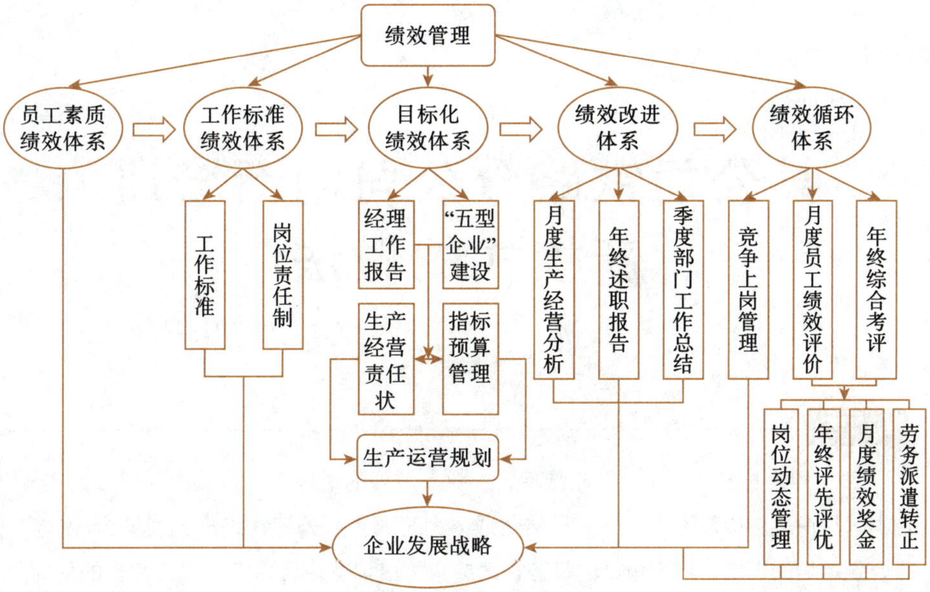

图 3　绩效循环体系

二是改变了原来各绩效考核板块独自管理的局面，使各绩效板块有效结合在一起，形成“计划—执行—考核—反馈”的闭环管理模式，保证了各项业务在实施过程中有始有终，存在问题能及时分析解决。

三是在管理过程中持续沟通，降低沟通损耗，实现对员工工作过程和行为的全面管理，将企业的效益、员工的职业生涯发展与日常工作相结合，改变原来单一的为了考核而考核的管理模式。

四是使管理者角色得以转变，从“监督者”“裁判员”转变为“辅导者”“教练”。

总之，绩效管理不仅仅是一种方法和手段，更是一种人本管理的理念、一种管理哲学，具有重要的指导意义。

某公司铁路分公司创新培训新模式的做法

综 述

纸上得来终觉浅，绝知此事要躬行。业务培训的最终目的是要提升职工的实操能力，尽快适应岗位需求，把学员转化成人力资源。某公司铁路分公司结合工作实际，创新培训模式，利用报废的设备，建成实操培训室，让职工在理论储备的同时，有实践操作的平台，知行合一，以理论指导实践，在实践中消化理论，创造最大的培训效益，在公司建设世界一流企业实操培训基地上率先做出了尝试。

一、应用背景

随着某公司铁路分公司的不断发展，为实现安全、稳定和高效运输的需要，该铁路通信专业每年都会有许多新设备投入使用，由于缺乏对新设备性能的了解、实操不足，现有维修人员的专业技能难以满足对线路、设备的养护、维修及抢修工作的实际需要，提高检修人员的业务技能成为通信工作急需解决的问题。

传统的以课堂为中心的集中培训，由于检修人员平时巡查、维修任务较多，组织起来较为困难，培训成本高，且短时间内大知识量的突击式培训很难做到理论联系实际，效果也不理想，加强员工在实操方面的系统化培训成为迫切需要。但是，由于设备都与行车密切相关，无法使用运行中的设备进行实际操作培训，只能通过观看与讲解的方式进行学习，效果也不太理想。为此，通信段经过多次研究、反复探讨、努力挖潜，最终决定通过对报废设备进行维修，作为培训器材，建立起一个包含通信各专业的实际操作培训基地，成为解决系统化培训问题的有力手段，既节省了资金，又达到了提高技能水平的目的。

二、具体做法

201X 年底，通信段开始着手建立实际操作培训室（实训室），从规划制定、机房施工、线缆布放到设备安装调试，实训室仅用了 4 个月的时间就完成建设并投入使用。

投入使用的实训室安装的有线通信设备包括：甲 M1000 型、M3000 型光传输设备及网管、HONET 接入网设备及网管、乙铁路数字专用调度设备及网管。无线通信设备包括：XTH 型列尾主机自动检测设备、TG 型列车无线调度车站电台设备、WTⅢ型通用式机车电台设备。信息网络设备包括：丙 S 型交换机、H3 型交换机、H3C－S 型交换机。线缆方面包括 ODF 光纤配线架、DDF 数字配线架、VDF 音频配线架、24 芯光缆、50 对用户电缆等。

建成的实训室可以完全模拟现实中各种可能出现的设备使用故障，实训室包含的业务种类也基本涵盖了通信专业现有的有线、无线通信及信息网络业务的绝大部分内容，且具有很强的可操作性，实现的主要功能包括以下几个部分：

1. 完成多种传输网类型的组网功能操作及各种网络条件下的业务数据配置操作，各种传输网络条件下的自愈保护环配置操作，各种传输业务通道的配置操作，模拟各种可能传输故障的现场定位、分析、判断、处理操作，各种预警功能试验操作。

2. 完成多种接入网类型的组网功能操作、各种接入网类型的业务数据配置操作、各种接入网用户功能及业务数据的配置操作，模拟各种可能接入网系统及用户故障的现场定位、分析、判断、处理操作，各种预警功能试验操作。

3. 完成数字调度系统的组网功能操作及数据业务配置，各种调度功能模式下主系统、分系统及用户的数据配置操作，各种用户功能需求下系统卡板的配置操作，模拟各种数调主系统、分系统及用户故障的现场定位、分析、判断、处理操作，各种预警功能试验操作。

4. 完成电源设备的各项参数配置操作，蓄电池充放电及保护电压等业务数据的配置操作，模拟各种电源故障的现场定位、分析、判断、处理操作，各种预警功能试验操作。

5. 完成 XTF－H/H2 型列尾主机自动检测台设备的各项功能操作：对列尾主机工作电源和风源的测试；对列尾主机确认、查询、排风、消号功能及电性能指标的测试；检测并校准列尾主机的风压检测状态及精度；校准主机时间及更改主机号码；模拟机车操纵列尾主机排风，检测主机的排风功能；模拟列尾主机电池欠压报警；模拟列车风管风压变化及列尾主机的泄露报警与零风压报警。

6. 完成 TG（Ⅲ）型列车无线调度车站电台设备的各项功能操作：通话操作、接收功能操作、监测和设置功能操作、“黑匣子”功能操作、机车电台大三角通话越区切换的功能操作，B、C、开放式功能切换，模拟各种列车无线调度车站电台故障的现场定位、分析、判断、处理操作，各种预警功能试验操作。

7. 完成 WTTJ 型通用式机车电台设备的各项功能操作：通话操作，承载业务操作，模式转换操作（自动、手动），机车电台自检功能及机车电台出入库遥测功能操作，模拟各种机车电台故障的现场定位、分析、判断、处理操作，各种预警功能试验操作。

8. 完成信息网络组网的交换机方面数据配置、命令功能验证操作，各种网络组网方式及各种网络用户的业务数据配置操作，模拟各种网络故障的现场定位、分析、判断、处理操作，各种预警功能试验操作。

9. 完成 ODF、DDF、VDF 配线架和各种光、电缆的上下配线架操作，各种光、电缆的接头盒操作，模拟各种配线架及光、电缆故障的现场定位、分析、判断、处理操作。在实训室里上课、动手操作的同时，可逼真看到演示效果，并能清楚地掌握操作标准、流程，以及设备故障的发生原理。

以上是在现有实训设备基础上可以完成的实训操作，以后还会随着生产的发展需求来增加相应的培训设备，实训室可以完成的实训操作也将会得到进一步完善和提升。

三、实施效果

1. 在实训室进行实际操作培训，一边动手操作，一边看逼真的演示效果，效果非常明显——既可以教会员工标准操作技能，还可以有效提高员工业务素质，效果是课堂培训无法比拟的。

2. 在实训室建设过程中，通信段始终坚持发动员工、依靠员工、降本增效、标准示范的原则，将报废的设备材料有选择性地用于员工技能培训，为公司节约培训设备费用。此外，培训室的建成将大大节省培训经费，切实解决外出培训开销大等问题，并将充分提升该段的业务培训水平，为全段职工提供更多培训机会。

3. 通过对报废设备的修旧利用，建立实际操作培训室，通信段不仅在提高员工业务技能方面达到了实操练兵的目的，而且强化了职工的成本意识、节约意识、勤俭意识和创新创效意识，为公司全面打赢成本联控这场硬仗奠定了坚实基础。

某公司煤矿“5678”班组管理模式实践与探索

综 述

某公司煤矿梳理建矿几年来班组建设的经验做法，通过开展安全管理标准化示范班组创建活动工作进一步明确了班组建设的目标、基础、体系和支柱，形成了一套“定位清晰、体系健全、载体丰富、管理到位、民主科学”，具有鲜明煤矿特色的“5678”班组管理新模式，推动了班组建设工作向更高水平迈进。

一、开展班组建设工作的背景

企业的发展靠的是先进的生产力，企业的生存靠的是凝聚力，班组是企业的细胞，班组建设是企业各项工作的基础和落脚点，是企业改革创新、发展的重要保证，班组建设与企业的发展有着直接的、整体的、全面的利益关系。该煤矿自成立以来，在深入分析自身发展的基础上，做出了“开展班组建设工作、提升基层管理水平”的重要决策，在班组建设过程中，认真落实上级管理部门提出的班组建设工作要求，逐步规范班组日常管理，建立健全班组管理制度，合理划分和设置班组级别，大力加强班组安全工作，着力提高班组长和班组全体人员的素质，积极营造科学、民主、公开的班组工作生活环境，为打造世界一流的样板煤矿奠定了坚实基础。

二、煤矿“5678”班组建设管理模式

煤矿通过开展安全管理标准化示范班组创建活动，明确了班组建设的目标、基础、体系和支柱，总结经验做法，形成一套“定位清晰、体系健全、载体丰富、管理到位、民主科学”，具有特色的“5678”班组管理新模式（见图1）。

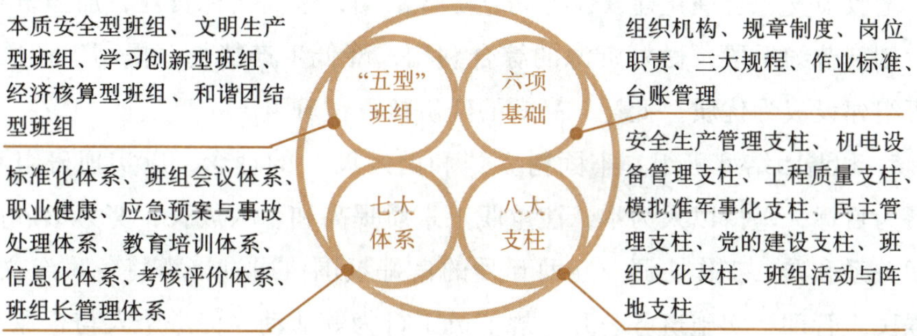

图1　“5678”班组管理模式

（一）以创建“五型”班组为目标，全方位提升班组管理水平

1. 本质安全型班组。牢固树立“以人为本、安全发展”的理念，以实现全年安全生产任务为目标，认真落实班组岗位责任制，加强安全教育培训，提高安全操作技能和安全意识，狠反“三违”行为，严格遵守劳动纪律，严格执行技术标准、工作程序、操作规程，全员参与危险源管理、风险评估和隐患整改，提高应急反应能力和处置能力，全面提升现场安全管理水平。将班组建设成为“事事有人管、人人有专责”的本质安全型班组。

2. 文明生产型班组。牢固树立“文明生产”的理念，以职工文明管理、设备文明管理和环境文明管理为目标，积极开展文明生产宣传教育，规范员工言行举止，加强设备维护和保养，改善现场作业环境，做到设备整洁标识齐全，物品摆放整齐有序。将班组建设成为“员工整体素质高、环境文明标准高、组织生产效率高”的文明生产型班组。

3. 学习创新型班组。牢固树立终身学习的理念，以培养高素质、高技能、适应性强的员工队伍为目标，不断充实和更新专业理论知识，广泛开展岗位练兵、技术比武、劳动竞赛等活动，激励员工进行各种小发明、小技改、小创新，提高员工操作技能和岗位竞争能力。将班组建设成为“增强技能、提高素质”的学习创新型班组。

4. 经济核算型班组。牢固树立节约发展的理念，以加强成本核算、提高生产效益为目标，强化全员节约意识，发扬勤俭节约传统，积极开展增产节约、增收节支、合理化建议、劳动竞赛等活动，落实指标责任，加强班组考核，创新节约手段，做好资源的综合利用，降低生产能耗，提高工作质量。将班组建设成为优质、低耗、高效的经济核算型班组。

5. 和谐团结型班组。牢固树立“和谐发展”的理念，以实现班组和谐发展为目标，坚持以人为本，注重职工素质提高和个人成长，努力形成员工之间关系和谐、工作协调、互助互爱的良好氛围，通过培育特色班组文化、加强民主管理、实施班务公开、规范员工行为等活动，促进个人与企业和谐共进、共同发展，将班组建设成为“员工爱岗敬业、团结互助、奋发向上”的和谐团结型班组。

（二）夯实班组六项基础，实行全员全过程管理

1. 组织机构。成立班组建设领导小组，全面负责班组建设工作。按照“分层管理、上下联动、分类指导，突出落实”原则，实行以公司党委为主，党、政、工、团分工负责，齐抓共管的组织领导体制。在班组内设置党小组、团小组、工会小组、群众安全监督员、青年安全监督岗员、安全员、安全协管员、临时负责人、生产设备管理员、核算员。

2. 规章制度。要求班组要依据自身不同的工作内容和运行机制，建立健全班组管理制度，班组管理制度应包含班组安全生产管理制度，班组设备管理制度，经营核算制度，班组员工管理制度等内容。

3. 岗位职责。班组要建立班组成员“一岗双责”，明确各岗位在完成生产任务的同时应履行的安全责任。班组要健全班组长、安全员、群众安全监

督员、青年安全监督岗员、临时负责人、员工的岗位职责。

4. 三大规程。贯彻执行国家《煤矿安全规程》及行业标准，其内容有安全规程、采矿技术参数标准、作业规程、操作规程等，涵盖了安全生产的各个环节。

5. 作业标准。严格将岗位标准作业流程落实到班组，并要求班组要建立和健全现场管理标准、员工行为标准、岗位作业标准、设备点检标准、质量控制标准等。标准要科学、合理、适用，做到“简化、量化、程序化”。

6. 台账管理。班组台账管理方面建立了两类管理台账，即静态的管理制度类台账和动态的原始记录类台账。

（三）七大体系为支撑，提升班组建设的层次和水平

1. 标准化体系。标准化班组创建以国家安全生产协会《安全管理标准化示范班组评定标准》为基础，并结合班组建设考核细则，出台了《煤矿标准化班组创建标准》，把班组日常管理工作划分为静态标准和动态标准。

2. 班组会议体系。班前会是班组工作中最重要的环节之一，班组每班必须召开班前会，具体安排布置和总结上班的安全生产工作，传达设备状态、工程安排、上班注意事项、本班危险源辨识、事故案例的分析、每日一题等。班组要根据自身工作时间，每周确定一天为安全活动日，紧密围绕作业安全和班组安全管理开展安全活动。每月召开一次安全专题会，研究解决作业安全中存在的主要问题。

3. 职业道德、应急预案与事故处理体系。班组作业场所环境和条件符合职业健康有关法律法规、标准规范的要求。定期进行作业场所的职业危害检测，各项有害因素符合国家标准。并定期组织员工进行职业病健康体检，保留体检档案。

班组应按照煤矿应急救援体系和预案体系，编制班组现场应急处置方案。班组至少每年参加一次综合预案或专项预案的培训和演练，至少每半年组织一次现场应急处置方案的培训和演练。

班组应主动配合事故调查，查明事故发生的时间、经过、原因、人员伤

亡情况及直接经济损失等。按照事故调查结果，在班组开展“四不放过”活动，汲取事故教训。

4. 教育培训体系。班组要根据本班组的具体情况和上级要求，制定并实施班组安全教育和专业技能培训计划。安全教育培训主要有本安体系、危险源辨识、事故案例、应急预案等培训。专业技能培训主要有：操作规程、作业规程、作业标准等。

5. 信息化体系。信息化是加强班组建设的有力保障，班组信息化管理不但能够实现班组与上级、班组与班组直接的快捷沟通、交流、共享及资料的储存，还是大量节约人、财、物的有力措施。班组信息化可达到管理过程的即时性、结构的虚拟性、系统的共享性。

6. 考核评价体系。班组考核工作是发现员工工作中存在的问题，分析产生问题的原因，以期得到有效解决，促进工作进一步完善、提高的有效依据，是对员工能够更好地执行各项规章制度，促进各项工作深入开展，有效调动员工积极性、主动性、创造性的有效保障。

7. 班组长管理体系。班组长应具有一定的文化素养，有较强的责任心，熟悉生产，熟悉所管辖的设备系统和主要工种的技术业务；具有一定的组织管理能力，能带领职工较好地完成生产、安全任务，积极开展好班组的各项管理工作；作风民主，关心爱护和团结同志。班组长选拔遵循公开、公平、公正原则，一是由班组全体人员民主选举，二是队领导提名，经过队领导集体研究通过后认命。

（四）八大支柱为保证，推动班组建设创水平、上台阶

1. 安全生产管理支柱。各班组必须牢固树立“安全第一、预防为主”的思想，严格遵守劳动纪律、作业纪律，严格执行作业标准、操作规程，杜绝“三违”，保证安全生产。严格落实安全责任制，参与本质安全体系的建设，做好危险源辨识、风险预控，提高安全意识，确保安全措施到位，减少和杜绝“三违”现象的发生。

2. 机电设备管理支柱。为保障安全生产，提高设备出动率，班组每班对

设备进行安全设施、设备附属油及设备运行状态的点检工作，并根据设备的运行小时数定期进行设备维护保养，提出技术改造、现场改善提案，保障设备运行的最佳状态。

3. 工程质量支柱。严把质量关，实行标准化、程序化作业，贯彻现场“五达标”要求，即“现场制度落实达标、环境安全达标、设备完好达标、操作程序达标、工程质量达标”，做好质量管理的基础工作。

4. 模拟准军事化支柱。参考中国人民解放军《队列条令》《纪律条令》和《内务条令》，制定了《某煤矿模拟准军事化管理办法》，基本任务是使每名职工明确和认真履行工作职责，大力弘扬企业文化，维护个人、单位、企业的良好形象，保证圆满完成工作生产任务。

5. 民主管理支柱。班组民主管理是企业民主管理的基础，是推进班组建设各项工作顺利开展的有效手段。在民主管理方面，要求班组实行班务公开制度，让班组成员参与决策、参与分配，保证班组成员行使民主权利。充分利用班务公开栏对员工比较敏感的内容进行公示，有效提高班组自主管理水平。

6. 党的建设支柱。班组是企业思想政治工作的落脚点，是企业最直接、最有效的思想政治工作阵地。为了加强班组党的建设，发挥党员在班组中的率先垂范作用，要求班组成立以班组为中心的党小组，并有计划地经常对班组员工进行党的基本路线、改革形势、目标任务、企业理念、职业道德、社会公德和法纪教育。

7. 班组文化支柱。打造独特的班组文化，形成爱岗敬业、诚实守信、遵章守纪、团结和谐、开拓创新的团队精神。推行“幸福员工”工程建设，改善职工的生产、生活、工作和学习环境，从而提升职工生活质量和水平。班组以多种形式开展安全文化创建活动，逐步形成为全员所认同、共同遵守、带有班组特点的价值观。

8. 班组活动与阵地支柱。积极开展班组建设对标、班组大讲堂、企业文化进班组、法律知识进班组等活动。通过开展这些形式多样的班组建设活动，使班组建设工作丰富多彩，推动班组建设管理水平稳步提高。

三、班组建设主要做法

（一）组织健全，上下联动，确保班组建设顺利开展

成立了公司党委牵头，行政负总责的班组建设领导小组，形成了“一把手”统一领导，企业管理部牵头，党委工作部、工会、安监站、生产技术部、机电管理部、调度部、人力资源部通力合作，对口抓、分头抓、直接抓的班组建设责任体系，各队相应成立了以支部书记为组长，队长、副队长为副组长，其他管理人员为组员的班组管理组织机构，并制定班组建设领导小组管理职责，责任明确、分工明确，形成了全矿上下齐抓共管的班组建设格局。

（二）深入持久开展“五型”班组创建活动，班组整体管理水平不断提高

根据公司“五型”班组创建活动的通知，要求各队、各班组根据本队、本班组的实际工作情况，选择其中的“一型”或“几型”作为重点建设的突破口，带动其他“型”以点带面，整体推进。

（三）注重培训工作、整体提升全员素质

加强班组长培训工作，培训方式主要为内部培训和外部培训。培训内容为：班组长的任务、角色，班组长如何确立核心，班组长的高效沟通，如何发挥班组成员的专业技术优势，怎样打造高绩效团队以及班组长行之有效的激励等。

班组员工的业务素质、技能水平与煤矿安全、生产和质量标准化工作息息相关。因此，加强员工素质、技能培训是一项重点工作。为此，煤矿开展分批、分层次、分岗位的全员专业培训，通过培训提高了职工的理论和操作水平，提高了工作效率。

（四）全面推行班组标准化管理，实现提升目标

班组日常管理工作划分为两部分，即静态标准和动态标准。静态标准包括23类，分别是安全管理目标、安全承诺书、安全规程、应急预案、主要作业内容及危险因素等；动态标准包括19类，分别是安全活动（会议）记录、安全教育记录、安全检查记录、隐患整改记录、操作技能规程学习、经济核算、劳保领用等，涉及范围广，涵盖班组安全生产、机电管理、工资分配等方方面面。

（五）加大考核力度，严格奖罚，促进班组规范化管理

建立了完整的三级评价考核体系，通过考核评价，实现了矿对队部、矿对优秀班组，队部对班组、队部对班组长，班组对员工的全方位考核。

通过以上努力，班组最终达到“岗位有职责、作业有程序、操作有标准、过程有记录、绩效有考核、改进有保障”的现代化煤矿班组目标。

四、班组建设取得的成效

（一）生产效率大幅提升，跃升为全国最大露天煤矿

“5678”班组建设新模式的实行极大地调动了班组的劳动积极性，通过大力开展班组劳动竞赛，201X年原煤综合单产同比提高3.7%，剥离总量同比提高11.42%，剥离效率同比提高2.4%。

（二）员工技能素质全面提升

“5678”班组建设新模式强化了班组现场危险源辨识和风险预控措施落实，员工的安全意识明显增强，安全生产工作持续平稳发展。

（三）员工技能素质全面提升

通过执行“5678”班组建设管理，员工各方面素质得到了很大提升。

（四）创新创效成果显著

32 个班组全面开展合理化建议、小改小革、修旧利废及发明创新创效活动，形成了一大批技术创新成果。

（五）特色班组建设成绩喜人

特色班组创建层出不穷，取得实效。各班组根据工作实际都建立了一套独具特色管理模式。

（六）安全示范班组建设与班组日常工作有机融合，建成标准化班组

将国家安全生产协会“五八三一”安全管理示范班组与煤矿“5678”管理模式融合，并吸收国家级优秀单位经验，制定出标准化班组创建标准。

经过几年的实践和探索，该煤矿在“5678”班组建设管理模式推动下不断强化基层和基础管理，收到显著成效，也为推进公司班组科学发展、安全发展、和谐发展发挥了重要作用。

某公司选煤厂创新绩效管理模式的实践

综 述

某公司选煤厂在“五型企业”绩效考核方面不断探索，积极对标业内优秀单位，汲取成功经验办法，制定了适合该选煤厂实际的三级考核机制，充分发挥了绩效考核在企业经济效益，员工激励机制，企业文化体系，企业核心竞争力等方面的巨大作用。在目标共识和目标达成过程中，管理者与员工之间形成了沟通、反馈、指导和支持的持续活动，个人和组织绩效不断提升 ，实现了员工与企业共同发展的长期目标。

随着某公司选煤厂生产规模的不断扩大，以及管理提升工作的逐步深化，为了有效地实现绩效管理，达到奖优罚劣的目的，该选煤厂通过积极对标、充分调研和不断完善，探索实行“五型企业”绩效考核，为选煤厂的科学规范管理提供了明确的制度依据和有力的执行保障。

一、绩效管理模式实施背景

绩效管理是某选煤厂的一个管理短板。对标后，该选煤厂提出了建设“五型企业”绩效考核体系的基本构想，并作为今后管理提升工作的重点来抓。

按照基本构想，确立了分三步完成绩效考核体系建设的工作思路。第一步：2013 年底着手制定厂级对车间的一级考核体系并于 2014 年试行；第二步：根据一年运行的经验积累，2014 年底制定车间考核班组的二级考核体系并于2015年试行；第三步：2015年底制定班组考核个人的三级考核体系并于2016年运行。

在体系建设过程中，本着先易后难原则，广泛征求职工群众的意见和建议，力求贴近实际工作和管理需求，获得多数职工的认可，力求具有可操作性。每一级考核体系试运行满一年，都要进行一次修订，剔除操作性不强或不符合管理需求的条款，增加新的管理需求考核条款，以满足不断提升的管理需求。

二、一级考核体系介绍

选煤厂绩效考核整合了全厂各部门所有单项工作考核，形成了《选煤厂“五型企业”绩效考核办法及考核标准》。考核标准按“五型”划分为本质安全管理、质量效益管理、节约环保管理、创新驱动管理、和谐发展管理（见图1）。

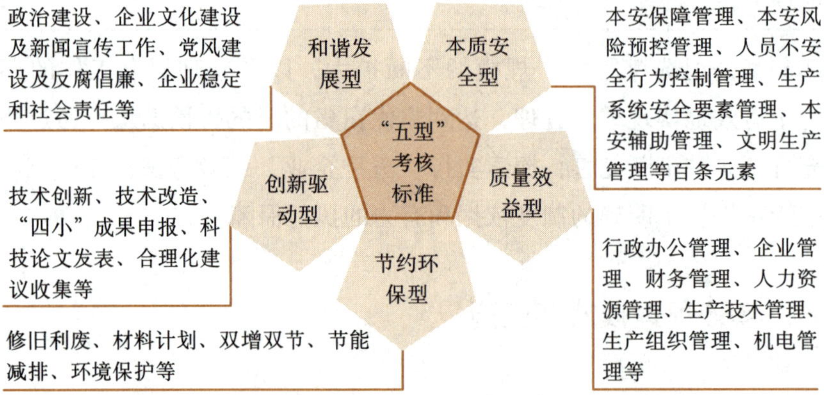

图1 “五型”考核体系

针对每个车间生产性质和特点的不同，考核的侧重点和考核标准也不同。对机关职能部室的考核内容主要以公司全面质量标准化为主，同时增加了一些对各职能部门日常工作高标准的管理要求，考核的侧重点和考核标准也不同。

1. 考核办法。

（1）制定依据：依据公司“五型企业”绩效考核管理办法，将年度各项生产经营指标、具体工作任务和日常管理标准、要求分解到各车间、调度指挥中心及机关部、室、站，以“五型”划分考核。

（2）考核原则：全面考核，百分记分；季度兑现，二次分配；奖优罚劣，公开、公正、公平。

（3）全面考核：按照绩效考核标准，对各车间、调度指挥中心及机关部、室、站的日常工作进行全面绩效考核评价。考核采取日常抽查、重点考核和定期考核相结合的方式。

（4）记分方式：“五型企业”绩效考核总分为100分，其中本质安全型为40分，质量效益型为30分，创新驱动型为5分，节约环保型为5分、和谐发展型为20分。其他日常各单项考核和月度考核结果都要汇总并折算到绩效考核总分内进行季度兑现。

（5）季度兑现：从每季奖金总额中提取10%纳入绩效考核范围，按季度考核结果折算成挂钩奖金分配给各车间、调度指挥中心及机关部、室、站，并执行奖罚兑现。考核发生的奖金放在下个季度奖金分配时进行再分配。

（6）二次分配：各车间、调度指挥中心及机关部、室、站按照二级和三级考核结果对一级考核结果进行分解落实。

（7）公开、公平、公正：从实际出发，客观地评价各车间、调度指挥中心及机关部、室、站的安全、生产、经营成果及管理状况，做到公开、公平、公正。

2. 考核与评价。

（1）对各车间的绩效考核工作由职能部室根据职责分工，对照考核标准进行评价；对各职能部、室、站及调度指挥中心的绩效考核由厂分管领导做出考核评价。

（2）对各部、室、站和调度指挥中心的考核未设置权重，实行考核扣分累计相加倒扣分，扣完为止；对各车间的考核由各职能部室对照“五型”考核标准分“型”考核，各考核标准分值扣完为止。

(3) 下个季度第一个月 5 日前，各职能部室将考核评价结果报送至考核委员会办公室进行统一汇总，由考核委员会办公室组织考核委员会成员召开绩效考核会统一调整。

(4) 绩效考核会召开后，由经营管理部将考核最终结果报送厂长审批后，由人力资源部根据考核结果，兑现挂钩奖金。

(5) 绩效考核会后，企业管理部对考核结果及存在问题，通过 OA 系统进行公布，并督促各车间、调度指挥中心及机关部、室、站进行落实整改。

三、二级和三级考核体系介绍

二级和三级考核体系如图 2 所示：

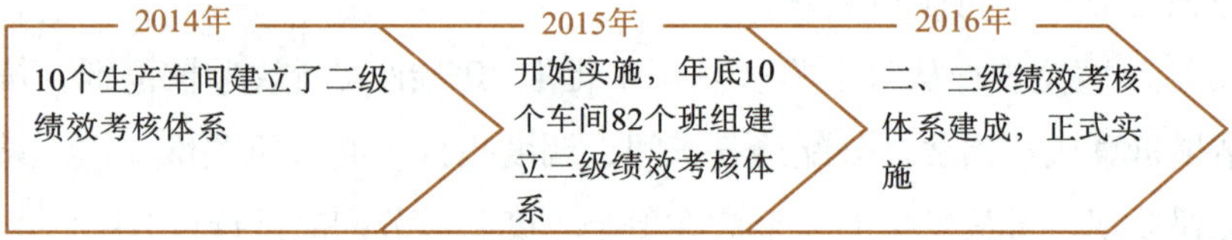

图 2　二级和三级考核体系

二级和三级考核体系建设按照一级考核体系的模式，考核标准仍然按“五型”划分为本质安全管理、质量效益管理、创新驱动管理、节约环保管理、和谐发展管理。

二级考核是对一级考核的分解，三级考核是对二级考核的分解，同时也是对一级考核体系的支撑。

二级和三级考核由车间和班组根据安全、生产、经营等实际情况自主制定，更加贴近现场实际和工作特点。

二级和三级考核实行日常考核，月度汇总奖罚兑现，考核结果是奖金分配的依据。

目前，二级和三级绩效考核工作比较成熟的车间是选煤厂洗选一车间和煤质室，选煤厂洗选一车间在“五型企业”绩效考核的基础上尝试推广积分制绩效管理，目前已在一些班组试运行，效果很好。

四、选煤厂绩效管理模式实施效果

选煤厂绩效管理模式填补管理空白，有效落实了管理标准，分解了工作指标，明确了职责权限，反馈了工作结果，提高了执行力度，促进了管理提升，提高了思想认识，实现了“千斤重担大家挑、人人头上有指标”。

绩效考核运行3年以来，共发现和整改问题数百件，发生考核金额30万元，有力促进了各项工作的管理提升，达到了绩效管理的真正目的。

五、绩效管理的体会

选煤厂“五型企业”绩效考核开展3年以来，绩效管理从无到有，几次修订，日趋成熟，渐趋完善，但反思绩效管理工作，仍然存在一些问题：

一是部分管理人员和员工对绩效管理的重要性还没有充分认识到，存在“隔靴搔痒”“打太极”的现象。

二是部分考核内容还没有实现真正量化，考核时尺度把握还不够准确。

三是考核的方式、方法，考核流程有待进一步优化和创新。

四是一级考核体系较为完善，二级和三级考核仍然需要在实践中不断修订和完善。

五是绩效考核人员宽容化倾向、好恶化倾向仍然不同程度存在，绩效考核人员的业务素质亟待提高。

六、改进绩效管理的措施

（一）改进绩效管理

一是提高认识，由上到下提高对绩效管理的重视程度。

二是需要加强对标，进一步学习先进管理经验、知识。

三是年底前开始着手，第二年对绩效考核进行进一步修订、优化。

（二）改进绩效管理的体会

1. 绩效管理是现代企业不可或缺的重要管理手段，它的重要性不容置疑。绩效管理是企业组织、管理者和员工都需要的。

2. 绩效管理不仅可以有效地管理好企业生产经营活动，而且可以有效地管理好员工，充分调动和提高员工的工作积极性和主动性，最终让企业实现利益最大化。

3. 绩效管理，任重道远，要运用科学的方法，循序渐进，不断改进工作方法，健全绩效考核体系。

4. 不仅要加强考核制度建设，更要强化执行理念；加强对标学习，积极引入先进管理理念，让“五型企业”绩效考核为选煤厂的健康高效发展提供管理保障。

某公司选煤厂月度绩效考评体系的建立与应用

综 述

针对考核环境的变化，某公司选煤厂与时俱进，围绕中心任务的落实，创新绩效考评管理，形成了与工作实际相对应的考评体系，对现场工作起到了有效的监督指导作用。管理的生命在于实用。该公司通过创新绩效考评模式，让管理落地扎根，避免成为“空中楼阁”，强化现场指导，提升生产效率，实现了预期的管理效益。

一、月度绩效考评体系产生的背景

在煤炭市场持续下行，企业成本压力增大、利润下滑的情况下，某公司选煤厂原有绩效考评体系已不能适应企业的发展。探索新的考评与管理体系，提高管理水平成为该公司必须解决的问题，也对各级管理者提出更高的要求。

该厂原有绩效考评体系存在以下问题：一是没有形成有效的激励约束机制。在考评细则里奖励条目太少，导致员工普遍认为绩效考评只有考核，没有奖励，没有真正形成“奖优罚劣”，“约束”也会大打折扣。二是考评周期较长。月度考核，季度兑现会降低绩效考评的准确性，不利于员工工作绩效的改进，会使员工产生懈怠情绪，影响绩效管理的效果。三是对部门的考评流于形式。考评细则不够合理，考评内容没有反映出部门真正的工作绩效，力度太小收不到效果，部门间竞争氛围不浓，导致绩效考评失去意义。四是考评内容有待整合优化。考评内容烦琐陈旧，指标设置欠合理，操作性不强，一些考评细则明显不适应企业发展，使得绩效考评起不到应有的作用。

为了执行公司制定的月度绩效考核实施细则，衔接公司的绩效考评体系，解决原有绩效考评体系的一系列问题，该厂经过不断摸索和总结，建立了月度绩效考评体系。

二、月度绩效考评体系的建立

该厂依据《公司月度绩效考核实施细则（试行）》，将原有的《企业建设绩效考评办法（试行）》修订为《建设月度绩效考评办法（试行）》，对考评细则进行整合优化，月度绩效工资的挂钩比例为28%，月度绩效考评由考评车间和考评职能部门两部分组成。

（一）考评车间的内容

考评按“五型”分型考评，分为“本质安全型”“质量效益型”“节约环保型”“创新驱动型”“和谐发展型”。本质安全型考核内容包括：本安保障管理、本安风险预控管理、人员不安全行为控制管理、生产系统安全要素管理、文明生产等。质量效益型考核内容包括：行政办公管理、经营管理、人力资源管理、生产技术管理、生产组织管理、机电管理等。节约环保型考核内容包括：修旧利废、闲置废旧物资管理、“双增双节”活动、节能减排、环境保护等。创新驱动型考核内容包括：科技创新、成果申报、科技论文发表、岗位标准作业流程、专利管理、合理化建议等。和谐发展型考核内容包括党群工作等。

（二）考评职能部门的内容

由厂领导考评、车间考评、职能部门互评按照4:3:3的权重比例进行考评，拉开部门之间的月度绩效工资。厂领导对部门的考评内容主要包括部门整体管理水平，工作任务完成情况、完成质量、工作效率、劳动纪律等；车间对职能部门的考评内容主要包括为基层服务意识、服务质量、服务态度、工作作风、指导考核等；部门之间互评的内容主要包括协作态度、协作质量、团队配合、沟通顺畅、信息共享等；职能部门“五型企业”月度绩效考评实行百分记分。测评方法为根据测评表中的测评标准在电子表格的评价栏中选择相应选项，表格默认生成对应分值成绩。

（三）挂钩基数

按照公司 4:3:3 的工资分配方式，选煤厂确定以岗级挂钩工资和 4:2:4（绩效、生产、安全）的奖金挂钩比例来核定各车间、部门的挂钩基数。

（四）设置专项奖励

为进一步激励员工投身“提质增效”和“降本增效”活动，选煤厂设置了技术创新改造、修旧利废、班组经济核算三项专项奖励，由厂级集中奖励和车间自主奖励两部分组成。修旧利废专项奖励按照设备（部件）新件原值额度划分奖励等级：额度在 2 万元以上的，事前由部门核准，事后集中奖励；额度在 2 万元以下的，由车间自主奖励。技术创新改造专项奖励由各车间申报，生产技术部做出鉴定，按照降本增效价值进行集中奖励。班组经济核算专项奖励由相关部门每季度深入车间、班组进行整体考评后奖励。

（五）考评流程

每月 10 日前，各考评职能部门将上月考评车间的结果经分管领导审核后提交到企业管理部；负责职能部门考评的，将“选煤厂机关职能部门月度绩效考评表”电子版报送至企业管理部。每月 15 日前，企业管理部对各项考评结果进行汇总，考评结果提交厂绩效考评领导小组，经审核通过，最终结果于 20 日前报人力资源部，用于兑现当月绩效工资。

年终考评：12 月份考评和年终考评合并进行，年底考评组将按照年初下达的各项生产经营指标对车间及职能部门进行综合考评，考评结果用于兑现年终绩效工资。选煤厂中层管理人员年度绩效薪酬与所属车间部门月度绩效考评结果挂钩，并按业务归口与公司对选煤厂年度考核排名挂钩。企业管理部每月将考评结果、扣分原因及存在问题，及时通过 OA 系统进行厂务公开，作为各车间、职能部门整改的目标。

其中，考评车间的内容主要涵盖如图 1 所示。

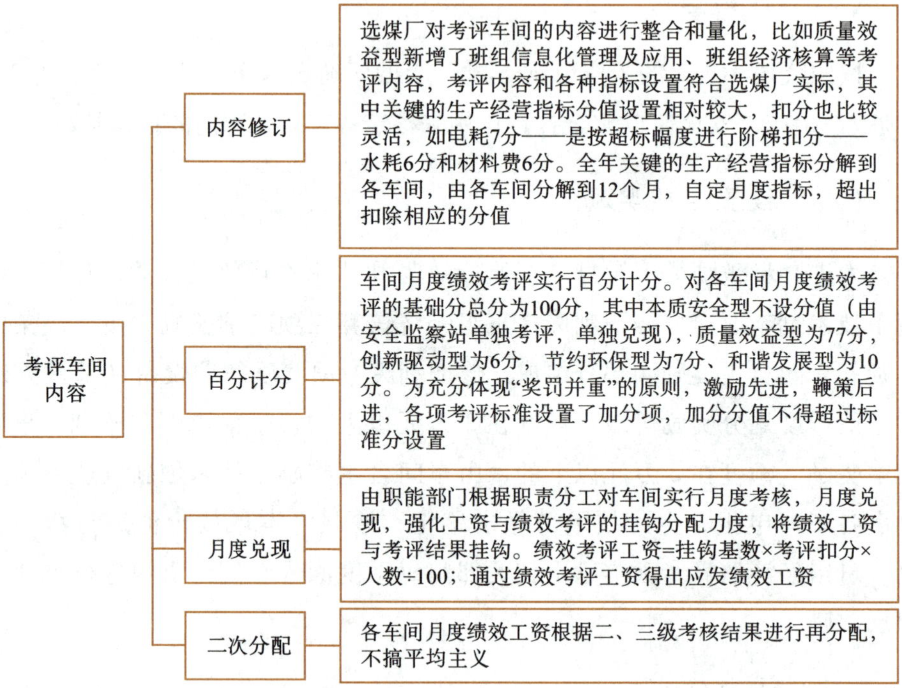

图 1　考评车间的主要内容

该厂某月份车间“五型企业”绩效考评结果如表 1 所示。

表 1　　某车间“五型企业”绩效考评结果

序号	车间	质量效益型扣分	节约环保型扣分	创新驱动型扣分	和谐发展型扣分	合计	人数	应发绩效工资（元）	绩效考评工资（元）	实发绩效工资（元）
1	A 车间	-1.79	—	-0.50	-0.06	-2.35	94	142 786	-3 355	139 431
2	B 车间	-0.56	—	—	-0.03	-0.59	86	130 978	-773	130 205
3	C 车间	-0.79	—	-0.50	-0.05	-1.34	67	101 438	-1 359	100 079
4	D 车间	-0.20	—	—	-0.09	-0.29	57	86 184	-250	85 934
5	E 车间	-0.43	—	—	-0.09	-0.52	47	71 017	-369	70 648
6	F 车间	-0.10	—	—	-0.03	-0.13	44	64 636	-84	64 552
	合计					-0.87	395	597 039	-6 191	590 848

注：绩效考评工资 = 基数 × 扣分 × 人数 ÷ 100。

三、月度绩效考评体系的实施效果

月度绩效考评体系的实施：一是形成了比较有效的激励约束机制，工作标准更加规范，工作效率显著提高。二是车间对各项生产经营指标的把握度明显提高，生产成本降低。三是部门之间、部门车间之间的工作交流与沟通更加积极主动。四是真正做到了将“发工资”转变为“挣工资”，促进了企业管理水平的不断提升。考评体系运行以来共发生绩效考评工资 200 万元，专项奖励 500 万元。

四、关于月度绩效考评体系的几点体会

绩效考评是一把双刃剑，运用恰当，可以提高员工工作绩效，帮助企业达成目标；运用不当，就会适得其反。

一是需充分认识到月度绩效考评的重要性，提高全员重视程度。

二是针对考评细则和内容，需多征求职工意见，使其更具可操作性。

三是需多学习先进做法和经验，有条件可以进行实地参观学习，也可以通过网络、书籍获取信息。

四是未雨绸缪，及时总结经验与不足，为绩效考评的修订与完善打好基础。

某公司后勤机构重组管理融合的有效推进

综 述

管理融合助推机构重组焕发活力。某公司针对相关业务划归后与现有管理制度不兼容，勇于正视问题、解决问题，对业务板块进行了重新梳理，完善了管理制度，力促管理融合，合理安排划拨人员，实现机构重组平稳过渡，完成了公司布置的改革任务，进一步增强了后勤服务单位的发展活力。

一、后勤机构重组的实施背景

随着国企改革政策的落实，国企改革步伐正在加快。某公司深入贯彻全国国有企业深化改革座谈会精神，树立“改革创新有难度，不改不创会更难”的观念，破除“不愿改、不敢改”的等待观望思想，注重在内部改革上下功夫，不等不靠，积极推进。以问题为导向，注重改革的精准性，问题出在哪里就改到哪里。注重改革的系统性，强化工作间的衔接配合、协同发力。注重改革的规范性，于法有据搞改革，坚持程序规范，有效防范和化解矛盾。注重改革的公开性，坚持阳光透明，改革的方案、措施和过程能公开的都要公开，主动接受内外部监督。

该公司作为后勤保障单位，多年来，积极履行社会责任，将社会责任融入生产经营全过程，在水、暖、浴和污水处理系统稳定运行的基础上，内降成本、外树形象，积极做好一流的后勤保障工作。

按照总体规划，房屋物业部分业务划归到了公司。面对新的发展环境和趋势，公司及时转变发展理念和发展方式，适时调整产业结构，在机构重组中寻求突破，以强有力的改革举措，强化企业管理，顺利完成了机构整合，保证了各项工作的有序开展，进一步增强了企业发展活力。

二、后勤机构整合后主要业务和人员整合做法

公司接管了环卫、绿化、城管、物业管理和房地产开发等职能业务，目前不仅承担着某矿区地表水、地下水、污水处理、供暖、供浴任务，还承接着道路硬化与维护、园林绿化、道路清洁、城市管理、房屋修缮、产权过户等集居民生活服务为一体的工作任务，切实为居民办实事、做好事、解难事，用心打造矿区生活区美丽环境。

三、人员、机构整合情况

公司共接收分流人员几百人，在研究分流人员划转、机构整合等相关工作过程中，制定了分流人员安置和部分机构整合的方案并上报公司进行了批复。

在人员安置方面，采取了“积极稳妥”的原则，本着以人为本、和谐稳定、业务对口、部门对等的原则，制定了及时、有效、合理的人员安置方案，将分流人员妥善安置，力争将安置工作做实、做细、做好。

在机构整合方面，优化组织结构，完善运行机制。一是将经营管理与财务职能分离，成立了财务部和经营管理部，并对两部门职能重新进行了划分，进一步明确职责，规范管理。二是将原房屋物业公司的物业管理所与房地产开发所合并，成立了物业房产管理部，通过对部门机构的重新整合，有效地解决了原有组织结构部门职能界定不清晰、责任主体不到位等诸多问题。

公司共有职工数百人，除全员合同制职工外，被派遣劳动者占职工总数的19.09%；女职工占职工总数的33.38%。

公司整合后框架如图1所示。

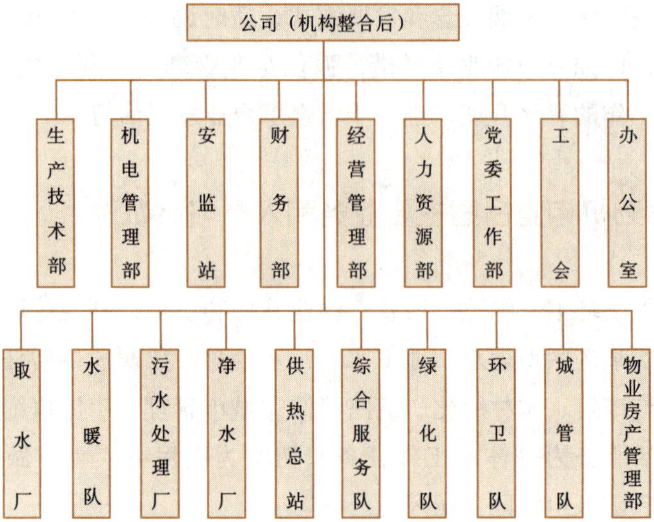

图1　公司整合后框架

机构整合后，公司积极转变观念，夯实基础，严细管理，注重实效。一方面，严格按照年初计划有条不紊开展各项工作；另一方面，对于新融入的单位及其工作内容进行理顺、规划和落实，力求在重点领域有新突破，在关键环节取得新成效。

1. 认真谋划，理清思路，提升精益化管理。机构整合后为全面深入推进管理提升，公用事业公司积极动员、认真部署，围绕“夯实管理基础，推进管理创新，履行社会责任”的管理思路，将企业使命与社会责任融入生产经营全过程。努力承担与企业发展相关联的社会责任，成为改革发展的实践者、领跑者。

2. 生产与服务并重，业务无缝对接。在确保全公司供水、供暖、供浴、污水处理和黄河取水等工作的同时，将道路维修、城市管理、房屋修缮等各项服务统一纳入管理，充分发挥机构整合后的优势，大力实施“硬化、净化、美化、亮化、绿化”五大工程，确保居民生活环境得到改善。

3. 提高安全管理水平，确保安全生产。加强安全责任制建设，强化安全责任的落实，不断完善安全生产管理体系，夯实安全管理基础，确保零事故的安全生产奋斗目标。

4. 节能环保，走绿色发展之路。大力倡导“节能领跑，绿色发展”理念，充分利用各厂队部分闲置土地，总体进行规划，发展绿色生态农业。同时，改善厂容厂貌，提高职工生产、生活条件，实现节能环保，使可持续发展的重要意义深入人心。

四、后勤机构重组管理融合的体会

面对严峻的生产经营形势，公司多措并举挖潜提效，精细管理，从解决安全生产、经营管理工作中的重点难点问题入手，加强生产组织，确保安全生产，以一流的管理确保各项生产任务全面完成。

（一）加强基础建设，推进制度信息化，提高管理水平

机构合并重组后，两个单位现有制度与管理流程需要改进与完善，不同部门之间的职能、权责有待进一步明晰。针对以上问题，全面开展了制度梳理工作，重点识别现有制度是否符合管理要求，解决制度内容冲突、存在交叉、矛盾的问题。依据公司制度管理办法，按照“科学完整、体系健全、结构严谨、符合实际”的要求，一切从实际需要出发，全面梳理优化工作流程，实现管理制度化、制度流程化、流程信息化，以综合性管理制度为主体方向，对现行管理制度进行必要的立、改、废以及精简、组合、补充与完善，突出有效性与可操作性，建立健全横向配套、纵向贯通的各项管理制度体系，并在总体协调发展的前提下，体现制度的前瞻性。

（二）优化生产组织管理，加大检修力度，保障生产生活供水

一方面，加大设备的点检、保养力度，做好设备运行和检修记录，根据设备运行时间和运行状况，制定计划性检修项目，发现故障及时处理，避免故障扩大，有效降低设备维修成本。另一方面，加强管网的巡检和维护，提前发现隐患，将故障处理在萌芽状态。在日常生产管理过程中，重点加大生产作业计划编制和生产调度管理，根据设备运行情况和用水量变化，及时编制维修作业计划，保证各系统正常运行。

（三）夯实安全基础，推进风险预控体系，落实安全责任

重点对绿化队、环卫队、城管队及物业管理所的安全管理基础资料、风险与控管理体系建设情况、安全管理规章制度的建立执行情况、岗位标准作业流程的编制实施情况、人员不安全行为管理情况、重大风险任务的管控情况、重点部位安全措施落实情况、各级人员的安全风险抵押金缴纳退还情况、安全技术措项目的实施情况等进行掌控和完善。结合工作实际，补充完善室内管道抢修岗位标准作业流程、户外管道抢修标准作业流程，标准作业流程共63项，基本涵盖了运行、检修的所有岗位。制定了培训计划表和流程学习卡片，并选取了8个重要和高风险岗位流程制作成视频教程，使职工能够更加生动直观地学习、应用流程，实现作业的标准化、规范化。

（四）加大环境整治力度，创造舒适整洁生活环境

将基础设施维护、道路维修、城市管理、供水、供暖、供浴、房屋修缮等统一纳入管理，充分发挥管理一体化的优势，大力实施“硬化、净化、美化、亮化、绿化”五大工程，切实为居民办实事，做好事，解难事，改善居民生活环境。重点开展生活区建构筑物、道路、庭院管网、宣传展板、商铺以及绿化区域的环境整治工作。机构整合更好地解决了原两个单位之间业务冲突的问题，特别是在道路和管网维修等方面，杜绝交叉、重复施工，通过合理制定计划，规范工作流程等方式，减少费用支出，实现降本增效。

（五）提高节能环保意识，加强生态文明建设

针对公司污水处理厂二期改扩建工程在工程完工之前，入网污水量持续增大、设备超负荷运行的情况，通过保证设备可靠运行，提高设备完好率，调节运行参数和运行方式应对入网污水量大的问题；通过保证杀菌消毒系统、污泥脱水系统正常运行和曝气供氧量达标等措施，确保入网污水处理全部达标。同时，有效利用公司闲置土地，改善厂容厂貌，实施绿色生态农业，降低食堂费用，提高职工生产、生活水平。

某公司后勤服务机构“三级”沟通机制的建立

综 述

“三级”沟通机制从本质上来说，是“市场导向”的具体应用。某公司主要行使后勤服务职能，另一家公司作为被服务对象，是业主单位，按照后勤服务需求，服务质量的评价权在业主单位。公司通过班组对班组、段队对段队、公司对公司的三级沟通机制，及时了解“业主”需求，改进服务，提升服务质量，体现价值创造。

某公司后勤服务机构目前承担的主要生产任务包括供水，供暖，室内供电，站场绿化美化，房屋、构筑物维修及食堂、公寓、洗衣房、浴池等后勤服务工作以及中心区道路维修、环境卫生、绿化美化、城市秩序、房屋公共部位维修等物业管理工作。作为辅助生产单位，如何更好地服务和改善中心区居民的工作、生活环境一直是物业公司探索的重点方向。

一、“三级”沟通机制主要内容

经过长期的工作实践，公司摸索出了一系列行之有效的工作方法。建立的三级沟通机制是公司在生产、生活后勤管理方面的一次大胆尝试，也是一种工作创新。它主要内容由三部分组成，即班组一级的沟通、段一级的沟通和公司一级沟通（见图1）。

某公司

以"相互理解，相互支持，共同发展"为出发点

以"服务生产一线，鼎力保障后勤服务，努力提高员工幸福指数"为目标

以"快捷、舒适、品质、安全、满意"为工作标准

图1 "三级"沟通机制

（一）班组一级的沟通——建立公司各服务站与各站区间的沟通机制

物业公司各服务站成立了由站区负责人、职工代表组成的伙食管理委员会，定期召开伙食管理会，听取职工对餐饮服务工作的意见和建议，解决日常管理中存在的问题，加强广大职工与后勤管理服务人员之间的沟通，有利于服务者与服务对象之间的信息互通，有利于取得工作上的相互理解与支持，有利于促进站区和谐。

（二）段一级的沟通——建立公司物业部、生活服务部和各段间沟通机制

公司物业部、生活服务部与各段之间每季度召开一次座谈会，通过交流充分了解本季度生产辅助和后勤服务工作质量，同时就各站区提出的问题整改落实情况给予答复，讨论解决站区无法解决的问题，制定下一季度工作的重点等。

（三）公司一级沟通——建立公司与服务对象的沟通机制

公司与服务对象每半年召开一次座谈会。公司汇报半年来在供暖、供水、室内供电、房屋维修及后勤管理中所做的工作，说明不足及需要配合解决的问题，听取服务对象对后勤管理的意见和建议，就段一级沟通中存在的问题整改情况给予答复。然后，从企业发展的战略高度探讨中长期规划，确定下阶段工作重点。

为保证“三级”沟通机制的有效落实，公司每季度定期对后勤服务质量进行满意度调查，及时了解和反馈职工对后勤服务工作的意见和建议。调查采取问卷调查、现场抽查、与铁路公司各段座谈等形式，虚心听取职工意见，有针对性地改进，不断改进工作方法，提高服务质量，做到后勤服务保障有力。

二、“三级”沟通机制取得的成效

经过几年的实践，三级沟通机制逐步趋于完善，公司后勤服务在每季度满意度调查中综合满意度均在90%以上。

三级沟通机制成绩显著，物业公司铁路后勤服务工作质量稳步提升，与铁路公司互敬、互爱、互助，营造了一个和谐团结的工作、生活环境。

物业公司为不断改进工作方法和服务方式，提高中心区物业管理水平和工作质量，将三级沟通机制推广到中心区物业管理工作，得到广大住户的一致认可。

三、对“三级”沟通机制的思考

“三级”沟通机制存在的挑战及应对策略如图2所示：

存在挑战	应对策略
各站区生产生活设施不断增加，设施、设备维修量也在增加	加强三级沟通机制的推广，使之逐步规范化、制度化、科学化
维修费用的不足与铁路文明生产要求及职工对生产、办公、生活环境改善的期望差距越来越大	建立完善沟通机制，大力促进后勤工作不断朝着有序、健康方向发展
行业跨度大，各项工作之间存在差异	物业管理公司不断加强管理创新工作

图2　对“三级”沟通机制的思考

某公司注重人才梯次配备的探索与思考

综 述

人是生产力中最具能动性、最具活力，也是最具创造性的因素，人才水平的高低直接决定着企业事业发展的速度和质量。因此，要转变思想观念，继续深化改革，并以之为突破口，深入推进各项改革措施，实现精干高效，不断提升人力资源管理工作科学化水平，坚持“用当适任、用当其时、用当尽才”的原则，探索出一条具有特色的、科学的、现代化的企业人力资源管理新模式，为企业持续健康稳定发展提供强有力的人才保障。

一、优化人才年龄结构的实施背景

（一）员工年龄结构基本情况

截至201X年底，某公司有合同制员工数千人。员工来源情况为：项目建设初期调入及接收毕业生千余人；社会招聘千余人（含征地工）；199X年至200X年的12年间，公司解决部分两地分居、招聘子女及接收大中专毕业生数百人；200X年及以后接收毕业生及大学生村官千余人。整体结构上青年员工较少，员工平均年龄偏大、老龄化的问题比较严重。

（二）中层及科级干部年龄结构现状

截至201X年9月末，某公司中层领导干部数百人，科级领导干部百余人。

（三）领导干部年龄结构存在的主要问题

平均年龄偏大，梯次结构不合理。46 岁以上的中层干部和 41 岁以上的科级干部所占比例均在 70% 以上，大龄多，青年少，总体梯次呈倒金字塔形，领导班子老、中、青配置不合理。年龄集中扎堆，断层问题比较突出。近 77% 的中层和 40% 的科级干部处于相近且较大的年龄层次，同龄段人员集中于主要管理岗位，制约着优秀年轻干部的培养选拔以及晋升和接续。

（四）干部梯队建设的要求

干部梯队建设的要求如下：

一是从事业发展需要出发，坚持科学谋划、及时安排。把选拔培养年轻干部作为后备干部的重要渠道和来源；正确处理培养选拔年轻干部、使用后备干部和用好其他年龄段干部的关系，努力实现领导班子老中青梯次合理配备。

二是选拔培养年轻干部要合理配置、统筹把握。争取用 5 年左右的时间，将公司处级干部的平均年龄降到 45 周岁以下；二级单位领导班子中 40 周岁以下的年轻干部，总体上按照相应层级班子成员 20% 至 25% 的比例总体配备，其中班子成员中要有一定数量的年轻党政正职；二级单位领导班子中要有 35 周岁以下的年轻干部，数量要达到本层级干部总量的 5% 至 10%。

三是选拔培养年轻干部要树立基层导向和实践导向。大力选拔有基层工作经历、在急难险重工作岗位上工作过的优秀年轻干部，作为班子配备的后备人选。

四是选择培养年轻干部工作要常态化。

五是对年轻干部要从严管理、从严要求。

二、人才年龄结构合理化的目标

（一）老、中、青结合

一般来说，一个合理的领导班子的年龄结构应该是老、中、青结合，由阅历较广、经验丰富、深谋远虑、善于观察形势把握方向的老干部，精力充沛、思路开阔、反应敏捷、有开拓创新精神的中年干部，奋发有力、虚心好学、竞争心强、生气勃勃易于接受新生事物和新思想的青年干部，按照梯形结构形成一个合理年龄梯次的领导群体。

（二）梯形配备优势

年龄结构的梯形配备，通过动态保持，符合人才成长的客观规律，有利于形成新老干部合作与交替的正确格局，发挥其各自的最优效能，实现不同年龄层次领导班子成员的优势互补作用，可保证领导班子群体生命的新陈代谢和公司的可持续发展，有利于保持领导班子的相对稳定性和政策的连续性。

（三）年龄结构配置

结合实际情况，公司二级单位领导班子可实行1:2:1的年龄结构，即35岁左右的占25%，45岁左右的占50%，51岁以上的占25%；基层科级单位领导班子可实行3:4:3的年龄结构即30岁左右的占30%，40岁左右的占40%，50岁左右的占30%。

三、选拔任用干部与人才培养成长的关系

（一）培养选拔优秀年轻干部的年龄要求

1. 提任正职级。公司对中层、科级干部选拔任用的任职资格和条件都做出了明确规定，提任正职的，应具有同级副职（包括同职级专业技术职务）2年以上任职经历，未满2年的，应当具备同级副职和下一级正职累计5年以上任职经历。

2. 提任副职级。提任副职的，应具有下级正职3年以上任职经历，未满3年的，应当具备下一级正职和副职累计5年以上的任职经历。

任职资格与年龄两者叠加，一般按照正常的选拔任用程序和个人成长发展过程，年轻干部提任副科级职务的应当在 30 周岁之前，只有这样才能满足公司提出的着力培养选拔各层级优秀年轻干部的比例目标。

培养选拔优秀年轻干部履职年限与任职年龄关系如图 1 所示：

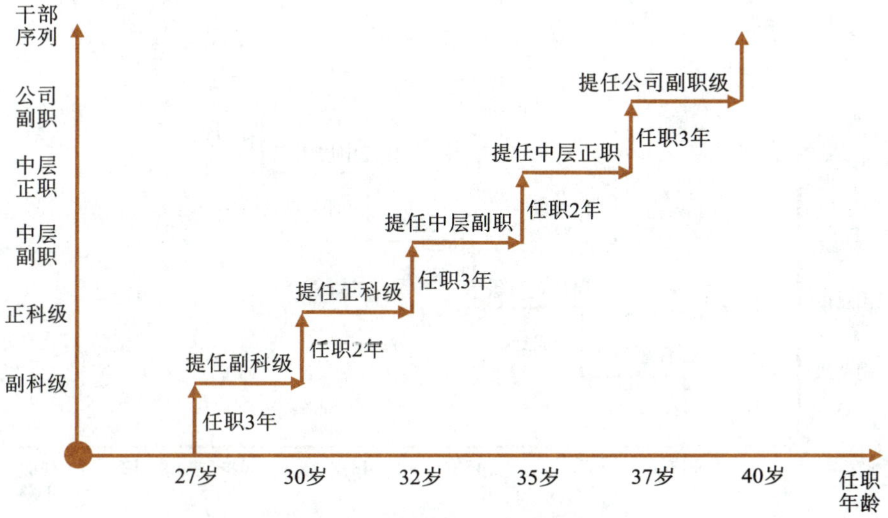

图 1　某公司选拔优秀年轻干部履职年限与任职年龄关系

（二）选拔任用中层及科级干部的年龄界限

1. 公司中层副职。根据公司干部人事管理的有关规定，选拔任用公司中层副职的，原则上年龄不超过 45 周岁（表现特别优秀、业绩特别突出的直属单位总经理助理级人员年龄最大不超过 49 周岁，正科级人员的年龄最大不超过 48 周岁）。

2. 本单位中层正职。选拔任用中层正职的，原则上年龄不超过 48 周岁（最大不超过 50 周岁）。

3. 本单位正科级。选拔任用正科级的，原则上年龄不超过 45 周岁（最大不超过 48 周岁）。

4. 本单位副科级。结合干部选拔任用对履职年限的要求，选拔任用副科级的，原则上年龄不超过40周岁（最大不超过45周岁）。

优化领导班子年龄结构，在着力培养选拔优秀年轻干部的同时，更需要正确处理好使用后备干部和用好其他年龄段干部的关系。

选拔任用干部的年龄界限如图2所示：

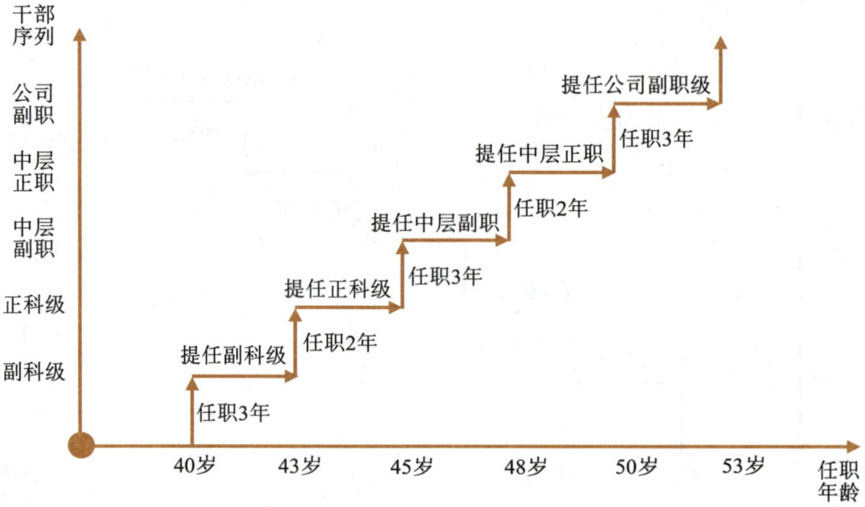

图2　某公司选拔任用领导干部履职年限与任职年龄界限

四、积极探索优化人才年龄结构的办法

（一）畅通干部“出口”，为优化结构提供空间

1. 为进一步深化干部人事制度改革，增强干部队伍活力，公司结合实际研究制定了《领导干部能上能下实施细则（试行）》。

2. 细则重点明确了干部违规违纪违法，履职不力，健康、年龄、结构性及其他原因6种“下”的情形和标准。

3. 明确了调离岗位、停职检查、引咎辞职、责令辞职、免职、降职、改任非领导职务7种“下”的渠道。

4. 规范了不同情形“下”的程序；明确了薪酬待遇、监督管理等配套措施。

5. 细则中，将退出领导岗位的时间节点确定在距离法定退休年龄 5 年，鼓励年龄偏大或年老体弱的中层及科级管理人员退出实职性领导岗位，改任同职级非领导职务。

（二）拓宽干部“进口”，为优化结构提供来源

1. 为统筹解决现阶段领导干部平均年龄偏大、断层严重的问题，积极推进干部队伍年轻化的建设工作，公司研究下发了《关于选拔任用科级管理人员有关事宜的通知》。为各直属单位适当增加了 8% ~10% 的科级职数，专门用于培养和选拔优秀年轻干部，规定选拔副科级的年龄在 30 周岁以下、正科级的年龄在 35 周岁以下。

2. 要求各单位坚持把基层一线作为选拔培养年轻干部的主阵地，对于优秀的年轻干部，要早发现、早培养、早压担子；各级领导班子，特别是党政一把手，要把优秀年轻干部的选拔培养工作摆上重要议事日程；坚持将从严要求贯穿年轻干部培养选拔的全过程，严格教育、严格管理、严格监督。增加的科级职数，属于一次性、定向性的编制，主要是探索和尝试优化干部年龄结构的方法，重点是要形成优秀人才储蓄，强化培养锻炼，避免急用现找；目的是为接续培养选拔一批能够担当重任的优秀年轻干部，为各级领导班子新老接替提供干部来源；随着科级干部队伍结构的优化，所增加职数逐步取消。

3. 为了正确处理好培养选拔年轻干部和用好其他年龄段干部的关系，原有的科级职数空缺，仍然按照原有的年龄、资格和条件及程序等规定选拔任用。

五、老中青梯次合理配备班子的思路

（一）建立健全干部能上能下机制

一是完善对班子和干部的绩效考核制度，加大对考核结果的应用力度，

不作为、慢作为、乱作为以及连续考核不合格的领导干部应按相关规定“下来”；二是积极推行试聘制度，试聘期考核不合格的，免去试任职务。

（二）试行领导班子年龄结构比例模型

根据各个层次领导班子的实际情况，对年龄结构梯次配备做出相应的硬性确定，制定较为科学的比例模型。要做到平时每次调整、补充干部时都充分考虑年龄结构的合理化，在符合模型规定的前提下，严格按照各年龄段配备人数要求和比例，缺哪个年龄段，就调整或补充哪个年龄段的干部，以此调动各个年龄段干部的积极性，提高领导班子的整体效能。

（三）发挥市场机制作用扩大选人用人视野

根据生产经营需要，合理增加干部市场化选聘比例。对岗位出现空缺且没有合适人选或者符合条件人数较多且人选意见不易集中的，特别是需要补充紧缺专业人才、结构性人选的，要采用竞争上岗和公开选拔的方式进行。探索和建立打破单位、部门间选人用人壁垒的新机制，扩大选人用人视野，杜绝“矬子里面拔大个”现象。重点要加强对30岁以下科级干部和35岁以下中层干部的公开选拔与培养。

（四）加强干部交流轮岗工作

一是推进干部交流常态化，坚持以人为本、培养为先、重点突出、人岗相适和结构优化的原则，有计划地在机关与直属单位之间、机关部门之间、各直属单位之间、不同专业岗位之间开展干部交流工作；二是严格执行重要部门、关键岗位干部定期轮岗制度，无正当理由拒不服从交流或轮岗的干部予以免职或降职。

（五）继续完善后备人才队伍工程建设体系

一是强化管理人才后备队伍建设，完善动态运行机制，创造有利于优秀人才充分涌现、健康成长的选人用人环境；二是拓展后备人才队伍体系，将专业技术和技能人才纳入后备人才队伍建设工程，不断加大实施力度；三是加强人才队伍培养、考核与使用联动机制建设，将培训、交流轮岗、绩效考核结果与薪酬分配、后备资格和职务晋升挂钩，进一步激发人才队伍活力。

（六）构建“三支人才”网络化发展平台

全面创新人才发展机制，逐步畅通管理、专业技术、技能人才相互转化的晋升通道，建立“三支人才”网络化的个人发展平台。一是加大专业技术人才任职资格评审与技能等级鉴定的相互转换工作；二是进一步完善员工职业发展体系，加大专业技术职务和技能等级的评聘工作；三是着力建设行政职务的专业技术化发展机制，重点引导专业技术型领导干部向专业技术职务方向发展，不断优化各级领导班子的年龄和专业结构，努力实现各类人才发展从“独木桥”到多通道、交叉式的立体化模式转变。

某公司铁路分公司人工成本联控“加减法”的实践

综 述

人力资源的优化升级也是企业转型升级的重要组成部分。某公司铁路分公司把人力资源优化作为经营管理的核心内容，通过优化劳动组织、引进新型技术设备、重新梳理作业流程等有效途径，实现用工总量负增长，不仅解决了缺员与富员共存的问题，也实现了人力资源的最优配置，且为公司人工成本减负。这是迈向现代化企业的必然趋势，也是企业经营管理效益最大化的内在要求。

一、开展人工成本联控“加减法”的实施背景

面对全球经济持续低迷，国内经济增速放缓的严峻形势，某公司铁路分公司清醒认识到经营管理基础工作薄弱、成本联控力度不够等一些亟待解决的困难和问题，且生产运营、改革发展中还面临着不少风险和挑战。为应对外部复杂多变的经济环境，该铁路分公司重新审视发展的轨迹，认真总结经验，仔细查找不足，确立新的管控思路，在注重铁路运输结构调整的同时，采取得力措施，坚持“效益优先、突出重点”的方针，有效降低生产成本，不断提高经济效益。201X 年，该铁路分公司积极开展控制人工成本联控“加减法”，取得了显著的成效。

二、开展人工成本联控“加减法”的主要做法与成效

（一）优化万吨列车乘务方式，实现万吨列车单司机值乘

1. 深化人力组织改革现状。劳动组织是企业经营管理的重要基础。改革优化劳动组织，盘活用好人力资源，是增运增收、挖潜提效的有效措施。近年来，该铁路分公司结合新技术、新装备的应用，积极调整优化劳动组织，有力促进了劳动生产率水平的提升。随着铁路二线的建成通车和运输量的持续增长，公司人力供求矛盾十分突出。进一步深化人力组织改革，不断提高劳动效率成为满足运输生产发展的主要途径，也成为公司需要深入研究的重要课题。

2. 万吨列车原有的值乘方式说明。200X 年，该铁路分公司成功开行首列万吨列车。在没有万吨列车运营经验和乘务员相对短缺、技术力量薄弱的情况下，为保证运输安全、减少事故的发生，万吨列车值乘采用在本务机车与二位机车均配备一名正司机与一名副司机，共计四人的方法。这种值乘方式不仅为公司的万吨列车运营组织积累了大量经验，而且为每年超额完成运输工作任务奠定了坚实的基础。

3. 改革万吨列车值乘方式，实行“加减法”。随着铁路分公司运量的逐年攀升，万吨列车开行对数迅速增加，加之万吨列车乘务员培养周期过长，致使机车乘务员相对不足的问题逐渐显现。为进一步降低运营成本，201X 年铁路分公司积极开展降本增效，大力推行人工成本联控“加减法”。加法就是充分利用现有机车增加万吨列车数量，充分发挥其效益；减法就是利用外重连线能够实现双机牵引同步操纵的原理，实行单司机值乘，降低成本支出。

铁路分公司机务段利用乘务员休息时间，积极组织相关业务人员培训学习，不断提高乘务员自身业务技能水平，同时发挥老员工技能，在机车实际运行中由老员工为新员工传授工作方法与经验，提高员工动手处理日常故障

的能力，共同学习，共同进步，达到全员素质的迅速提升。

通过不断总结、摸索，形成了一套成熟可行的万吨列车操纵方法：每组万吨机车的两台重联机车上，将原来的两名司机、两名副司机减为一名司机、两名副司机，在本务机车上配备一名正司机与一名副司机，二位机车上只配备一名副司机。这样就使得每组万吨机车上减少了四名司机，不仅缓解了乘务员不足的问题，还为公司节约了大量人工成本。

4. 改革万吨列车值乘方式后取得的成效。该铁路分公司共组建万吨机车数十组，通过开展人工成本联控“加减法”，合理优化万吨司机配备，实行单司机值乘这一措施，减少万吨列车司机数十人。按每个乘务员工资及工资附加等费用十余万元/年计算，一年可为公司节约人工成本千万元，降本成效显著。

（二）重新梳理作业流程，尝试新的巡道组织模式

1. 原始巡道方式说明。巡道工是铁路上巡查线桥、处理故障、做好小补修，保持线路状态完好、外观整洁，保证行车安全的工作人员，是全国铁路工务系统最基层的工种之一，承担着铁路巡护任务。一年四季，不论严寒酷暑，他们风雨无阻地奋战在铁路线上。该公司自铁路开通运营以来，已逐步形成了一支覆盖 32 个工区，百余人的巡道工队伍。这种较为原始的巡道方式在保证铁路安全运输方面做出了重要贡献。

2. 改革巡道方式，实行“加减法”。随着铁路分公司日益发展强大，线路设施及设备都发生了变化，铁路增二线陆续开通运营、道口平改立及防护网建成使用、信号全自动逐步实现。为适应新形势变化，进一步降低人工成本，该公司在巡道工这个岗位上继续开展“加减法”：对原有巡道作业方式进行重新梳理，加大新型巡道技术装备投入力度，进一步提高轨道巡视质量；将原有的两班制巡道方式改为一班制，减少巡道工数量。

在铁路增二线防护网等全部建成后，只在几个较大作业站场，每站保留几名巡道工，小站场则不设巡道工，将减下来的巡道工补充到线桥维修工作岗位上，从而大幅缓解设备增多与维修人员不足的突出矛盾。

3. 改革巡道方式后取得的成效。201X 年，该公司通过采取新的巡道方式，共核减巡道工 120 人，按照每个巡道工每年发生成本 10 万元计算，在工作量增加、人数不变的情况下，公司每年可节约人工成本 1 200 万元。

通过在上述两项工作中开展的人工成本管控“加减法”，在工作量大幅增加，人数不变情况下，该公司共补充岗位缺员百余人，年节约人工成本千万元，为降本增效工作做出积极贡献。

（三）进一步优化技检作业方式

为了进一步优化列车技检作业方式，加快小运转列车的周转，该公司车辆段结合小运转既有列检作业方式，通过广泛调研，本着“提高检修质量、优化作业方式、减少人工成本、减轻劳动强度”的目标，对小运转既有的环线到达、始发列车均进行检查的作业方式进行了优化，取消了小运转列车环线始发技检作业；空车到达车站后，执行既有环线到达列车一次列检技术作业程序。重车始发前由机车乘务员自行实施简略试验后开车。

通过对小运转列车技检作业方式进行优化，检车员的劳动强度大幅减轻，超劳问题得到缓解，这调动了检车员工作的积极性，减轻了车站列检作业场的工作量。同时，优化小运转列车技检作业方式也提高了铁路货车检修的质量和检修效率，保证了运输安全。

三、开展人工成本联控“加减法”的启示

运输装备快速升级，新技术广泛应用，只有优化人力资源配置，才能充分发挥新型技术装备在促进劳动生产率上的作用。近年来，铁路运输高速重载设备以及 CTC 调度集中系统等为主要代表的大量新技术新设备路线投入使用，但现行劳动组织、生产组织模式与运输生产发展、技术设备更新的速度还不适应新形势的发展，新技术、新设备投入应用后值班人员不减而维修人员增加的现象还比较普遍。新技术、新设备的使用虽然大幅提高了运输生产能力和安全可靠性，但在大幅提高劳动生产率方面效果还不显著，迫切需要

优化作业流程，调整人力资源配置。

员工总量负增长，铁路运输工作量逐年上升，只有深化人力资源配置，才能有效应对当前劳动用工的严峻态势。近几年，铁路分公司员工总数负增长，而新线铺通、既有线扩能等带来运输工作量不断增加，劳动用工需求增大，造成职工加班加点多，部分主要工种、关键岗位超劳时间长，双休日、节假日休息无法保证。此外，铁路分公司要求路网扩充、新线运营所需员工全部由内部挖潜调剂解决，必须用现有人员完成既有运输生产任务和新增工作量，因此必须在优化生产工艺、减少岗位用人上下大功夫。

四、开展人工成本联控“加减法”努力方向

按照保证运输安全生产、充分利用人力资源、提高企业效率效益、提升职工综合技能素质的目标要求，实施管理创新、制度创新和机制创新。结合新技术新装备的广泛应用，修程修制改革和机车交路、乘务交路的调整，合理设置岗位、定员和劳动班制，盘活用好既有劳动力资源，精干运输主业，大幅提高劳动生产率，建立与新技术装备相匹配、与生产力发展水平相适应的新型人力资源配置，实现生产要素科学、动态、配置合理。

该铁路分公司将继续总结、完善、改进工作方法，把“加”“减”做细做实，通过更先进的生产技术，更科学的生产方式，不断提高工作质量和效率；通过优化劳动组织，合理配置人力资源，进一步消除岗位冗员，实现减员增效，推动人工成本联控的持续提升。

某公司选煤厂创新员工培训工作的实践

综 述

某公司选煤厂一改传统的“填鸭式”培训方式，创新性地提出了“积分制”的培训模式，并与奖励机制挂钩，变强制性学习为引导性学习，让员工变被动接受为主动学习，激发了员工的学习热情和积极性，是对员工培训与学习型组织建设方式探索取得的成果。该选煤厂以“培训与考核相结合，待遇与业绩贡献相联系”的积分激励机制和约束机制，充分调动了员工自我提升的自觉性，促进了员工素质提升和人才队伍建设。

一、员工“积分制”培训模式的实施背景

人力资源是企业的第一资源，人才是企业第一竞争力。企业唯有获得比竞争对手学得更快的学习能力、比竞争对手更加敏锐的市场洞察能力和应变能力、比竞争对手更加强劲的创新能力，才能确保基业长青。

近年来，某公司选煤厂随着生产规模不断扩大，建立一支高素质的人才队伍显得尤为紧迫，然而生产任务与培训时间的冲突使管理者不愿意占用大量人力、物力、财力去认真开展培训，员工也因为培训挤占业余时间而不积极参加培训。目前，培训处于“要我培训”的被动应付状态，培训工作并未起到立竿见影的作用，且也缺乏行之有效的培训成果评估方法。

为解决长期以来在员工教育培训工作中存在的“压力不够、动力不足”“工学矛盾、以学促工难”等现实问题，该选煤厂立足实际，从建设高素质

员工队伍出发，坚持以制度立训、以制度管训、以制度强训，突出制度建设在员工教育培训中的关键作用，用先进的理念、创新的办法，建立健全了员工教育培训积分管理制度。推行培训积分制后，管理人员与基层之间增进了沟通，培训人员的积极性和主动性较以前有了明显提高。

二、员工“积分制”培训模式介绍

（一）注重员工技能培养

为满足全厂员工岗位成长的需求，该选煤厂在实施员工教育培训积分管理制度的过程中，坚持物质奖励和荣誉激励并重的原则，建立了“明星员工”评选制度，实行评聘分开，在关键岗位、关键工序选拔上设置了初、中、高级以及技师等职务岗位制度，进一步提高技能拔尖人才的待遇，鼓励他们积极参加国家、省市、公司举办的各类职业技能大赛，培养梯次高的技能员工队伍。

（二）扎牢培训基础工作

几年间，该选煤厂每年投资十多万元陆续为所有车间、部室配备了专业书籍，通过多方筹措成立了劳模实验室，极大方便了年轻员工工余时间的学习和创新。厂部还成立了由厂长任组长，相关部门及车间负责人为成员的员工培训工作领导小组，培训资金专款专用。近几年来，该选煤厂每年用于培训的支出平均达十几万元。

（三）构建“培训积分”体系

该选煤厂创新制定了《员工培训管理办法》，积极构建一套适合提高员工培训教育水平的“培训积分”体系。“培训积分”主要划分为管理、技术、技能三个等级。员工可通过参与培训、兼职授课、师带徒、发表论文或心得体会、参加技术比武、技术创新发明等获得相应的积分。建立员工培训学习积分档案，旨在鼓励员工参加多种形式的学习，只要符合教育培训的内容都可以记录在案，计算积分。多种学习形式相结合有效发挥了员工学习的自主性和积极性。

坚持集中学习与个人自学相结合。举办业务学习活动，每季至少组织学习培训一次；安排新进人员岗前培训；有计划地组织全厂员工进行新增法律知识、消防知识、职业健康知识培训。鼓励个人自学等多种学习形式，对参加技术比武、技能创新和专业资格考试以及各级正规的知识及技能竞赛获奖的，给予奖励积分，全面激发员工学习的积极性和主动性。

坚持教育培训“走出去”和“请进来”相结合。积极组织员工到公司培训中心、外部职业技术学校等机构进行知识更新培训，并邀请国内知名专家、教授到厂进行专业知识、岗位培训、安全精细化管理、本质安全管理系统等主题培训活动，开阔员工的眼界和视野。

三、员工“积分制”培训模式的不断丰富

（一）让培训更贴近员工工作实际，增加员工积分

创新开展机电技术专业串讲培训，从各车间、机电管理部、生产技术部精心挑选技术“大拿”、一线技术骨干等专业技术人员，请他们结合自身工作实际，有针对性地向相关岗位工作人员讲解业务知识，授课老师由人力资源部统计课时给予相应的积分。目前，该选煤厂已形成各级领导重视培训、干部员工登上讲台培训授课的良好氛围。

（二）解决员工教育培训定位不准的问题

培训积分制关系到每名员工的切身利益，使大家真正受到了触动，增强了大家学习的主动性和紧迫感，在实际工作中取得了较好效果。由“笼统定位”变为“数字定位”解决了员工教育培训定位不准的问题。通过对参训、自学情况进行量化打分，采用数字化考核结果，简洁直观，易于比较，解决

了过去对员工教育培训情况定位笼统、评价不准的问题，给员工提拔任用和评先评优提供了更加明晰、科学、准确的依据。

四、员工“积分制”培训模式的实践成效

（一）充分调动了员工努力工作的积极性

推行培训积分评价体系后，该选煤厂广大员工、各车间、班组你追我赶、相互促进，各项工作均出现了上升势头。按照培训积分体系的管理办法，每季度对员工的培训积分进行统计，排名靠前的员工进行奖励，当月培训积分未达到相应分值的则扣罚当月绩效奖金，同时还将培训积分作为以后评优、晋升的主要依据之一。

（二）促进了员工综合业务能力的提升

该选煤厂坚持把培训教育作为企业各项工作的突破口，突出教育培训在生产经营中的基础地位，紧紧围绕全员培训、人才培养和技能提升三个环节，注重培训质量，鼓励员工跨岗学习技能，交叉轮岗培训，让员工真正成为“一专多能”的跨岗位、跨工种的技术“多面手”。在企业初步形成了初级技工、中级技工、高级技工、技师队伍，逐步形成比例结构合理的员工队伍。

（三）培养了员工自主学习提升的能力

员工们认为，积分制有助于建立对学习培训的激励机制和长效管理机制，培养自己终身学习的良好习惯，使大家“在学习中工作，在工作中学习”，不断提高创新思维能力。积分制充分发挥了各部门在创建学习型企业中的能动作用，赋予各部门相应的考核激励手段，进一步加大了对员工的培训教育力度，实现了各类管理人才和特殊工种人员全年累计不少于两天的脱产学习，并鼓励和支持员工参加相应的职业技能培训和职业技能鉴定。

五、员工“积分制”培训模式的机会

（一）培训指标考核定量化，调动员工学习积极性

通过实施培训积分考核，该公司开展培训的层次性、计划性明显增强，将“定性考核”变为“定量考核”，解决了员工教育培训内在动力不强的问题。实行积分制管理使教育培训由“软任务”变为“硬指标”，实现了由定性考核到定量考核的转变。

通过建立干部多学多得分，少学少得分，不学不得分的培训考评机制，改变了过去学与不学一个样、学好学孬一个样的局面，充分调动起干部参加学习培训的积极性。

（二）以培训促提升，形成全员学习浓厚氛围

企业变着花样教，职工如饥似渴地学。该公司通过实施员工教育培训积分管理制度，狠抓全员的技能培训和素质提升，全力锻造高技能人才队伍，已形成全厂上下比学习、赛成绩的浓厚氛围，员工拥有一个或多个特殊工种作业证已不再是什么新鲜事。

（三）逐步完善积分制培训模式，打造高技能员工队伍

该公司还将逐步建立和完善“培训与考核相结合，待遇与业绩贡献相联系”的培训积分激励机制和约束机制，充分调动员工参与教育培训的积极性，尽快培养一支与建设一流煤炭企业相适应的高技能员工队伍，助推企业科学发展、和谐发展和安全可持续发展。

某公司创新人才培育模式的实践

综 述

如电影台词所说：21 世纪什么最贵？人才。人才资源是企业的第一资源，人才的培养，人才队伍的建设，是企业持续稳定发展的重要保障。人才支撑企业发展，企业发展造就人才。企业应该坚持两条生产线并行，一条是制造产品的生产线，一条是制造人才的生产线。某公司创新人才培育模式，畅通人才发展通道，充分发挥文化育人的功能，收到了良好成效，形成了企业与人才同发展，资本与技术同增值的良好氛围。有了这个氛围，企业转型升级和高效发展就加快了进程，企业的未来也将充满无限生机和活力。

一、创新人才培育模式的背景

某公司十分重视人才队伍的建设工作，牢固树立“以人为本、人才强企”的理念，积极创新人才培育、培养机制，持续优化人员结构，人才队伍建设成效明显，培养了一支具有相当规模、结构较为合理、整体素质优良的人才队伍，为企业快速发展提供了坚强有力的人力资源支持。

二、创新人才培育模式的主要做法

人才教育培养工作是提高企业核心竞争力和员工整体素质，实现企业快速发展至关重要的环节。某公司始终坚持“以人为本、人才强企”的理念，围绕和服务公司战略发展，构建人才培养长效机制，逐步完善人才培训、选拔、使用、激励的政策和措施，着力培养与该公司发展相适应的人才队伍。

（一）健全组织，完善制度，夯实人才培养基础

该公司把培训工作作为人才队伍建设的基础和先导，不断加大培训投入、完善相关制度、创新培训手段，初步形成了较为完整的培训体系：

一是建立健全组织机构，成立专门的组织机构，负责全公司各类人才的培训、教育等工作，各单位配备专人完成本单位的人才培训工作，初步形成了主要领导负总责、培训部门抓实施、生产单位相配合的人才培育工作体制，保证员工培训工作的顺利实施。

二是根据实际情况，不断完善和修订各类教育培训相关制度、办法等，先后制定实施了一系列制度和办法，保证员工培训工作始终在制度化、规范化、标准化的轨道上运行，同时为人才队伍建设提供了有力的制度保证。

（二）资金保障，硬件支撑，推进人才培养稳步发展

自200X年开始，为保证培训经费需求，该公司教育培训经费从原来按工资总额的1.5%计提提高到按2.5%计提，确保了培训资金的充足使用。同时，按照培训工作分类管理、分级负责的原则，将培训费用的20%预留在员工所在单位，由所在单位用于以师带徒、岗位练兵等日常培训管理。

该公司充分调动基层单位对培训工作的积极性、强化了基层单位的自主培训能力，保证了培训工作从下到上、从内到外、从简单到复杂等多形式、多层次的有序、合理开展，基本构建起立体式的员工教育培训体系，保证了员工的专业知识和技能提高的需求。

该公司现有培训场地（教室）约2 000平方米，拥有7个多媒体教室、1个维修电工实验室、1个计算机机房。近年来，该公司先后投资700万元，建起了电工、钳工、焊工3个通用工种培训基地及煤矿板块、铁路运输板块和发电板块3个行业特有工作的培训基地。

（三）资金保障，硬件支撑，推进人才培养稳步发展

通过对员工培训工作的总结和分析，对比员工工作岗位实际需要，不断

优化培训内容，坚持“干什么、学什么，缺什么、补什么”的原则，培训工作更有了针对性和实效性，培训效果不断提升：

一是坚持分层分类培训的原则，细化专业领域，确定培训重点。根据员工所从事的工作性质分经营管理类、专业技术类、党务政工类、技能操作类四个专业领域。对于经营管理类人才的培训重点是提升科学治企的能力，以及强化领导力和执行力等，对于专业技术类人才的培训重点是拓宽专业知识结构、提升专业知识水平，对于党务政工类人才的培训重点是提升政策理论水平，对于技能操作类人才的培训重点是提升职业技能、职业素养等。

二是坚持内外结合的培训方式。不断扩大员工内部培训工作，遴选技术精湛、经验丰富的技术技能骨干组建内部讲师团，充分利用工闲时间开展员工内部培训工作，做到既满足现场工作的需求，也符合员工技能提升的需要，实现工学两不误。同时，选择性地确定部分知名企业和院校作为外培委托单位。公司先后与国内外多家知名企业和多所高等院校建立并保持培训合作关系，联合建立人才培训基地，有针对性地培养技术骨干力量。

三是积极推进技能大师（劳模）工作室建设，加快高技能人才集聚，组成技术创新团队，为技术交流、研修、创新等提供交流平台，进一步提升员工技能水平，推动本职业（工种）技术、技能水平升级。现已成立国家级技能大师工作室 1 个、省级劳模工作室 1 个、公司级创新工作室 1 个。

（四）拓展通道，文化引领，激励人才快速成才

1. 积极推进员工职业发展管理工作，畅通人才发展通道。根据员工职业发展相关规定，该公司开展了专业技术职务和职业技能等级的评聘工作，拓展了专业技术人才和技能操作人才两条职业发展通道，为各类优秀人才的全面成长提供了自我发展、自我选择的机制。

2. 发挥文化育人功能。借助公司的企业文化建设和落地工程，加强对公司核心价值观、人才理念、企业精神等内容的培育，激发广大员工建设企业的自豪感和奉献企业的主动性，激励广大员工忠诚企业、追求卓越的精神斗志，引导并激发员工爱岗敬业，钻研业务，提高技术、技能水平的热情和积

极性，使人力资源得到最优配置和利用，努力实现企业和个人发展共赢。

三、创新人才培育模式的实施效果

经过多年的努力耕耘，该公司的人才队伍建设取得了显著成效，为企业提供了坚强有力的人力资源支持，促进了企业的快速健康发展。

（一）公司取得明显的经济和社会效益

从199X年至201X年，该公司累计生产销售商品煤几十亿吨，累计上缴税费千亿元。公司也受到了上级部门的广泛赞誉，先后荣获“职工经济技术创新活动先进单位”“技能人才培育先进单位”“全国五一劳动奖状”“国家技能人才培育突出贡献奖”等一系列荣誉称号。

（二）为广大员工提供了实现自我价值的舞台

近年来，优秀的高层次人才不断涌现。公司先后有两人获“全国劳动模范”荣誉称号，两人荣获“全国五一劳动奖章”，一人获“中华技能大奖”荣誉称号，四人获“全国技术能手”荣誉称号，一人获“全国三八红旗手”荣誉称号。

四、创新人才培育模式的体会

人才队伍建设工作围绕公司战略发展的需要，坚持人才优先发展的原则，积极探索人才培养的新模式，不断完善和创新人才培育体制机制，营造良好的育人文化和氛围，持续提高了人才队伍的整体素质。针对该公司人才队伍建设工作，有以下几点体会：

（一）领导重视理念引领

一个企业的兴衰荣辱、兴旺发达，人才是关键，必须牢固树立“人才是企业第一资源”的理念。自成立以来，该公司历届领导就高度重视人才队伍建设，始终坚持“人才优先发展”战略，把人才工作摆在突出位置，使得公司在产业规模不断扩大、技术不断创新、产业链不断延伸过程中始终保持兴盛不衰。

（二）长远规划持之以恒

人才队伍建设要围绕公司的战略发展目标，要求人才队伍建设要有长远的规划和明确的目标，公司制定实施“十三五”人才规划也是基于这个目的。人才培养非一朝一夕之事，必须坚持不懈，一以贯之。十年树木，百年树人，人才培养工作也应是循序渐进、持之以恒。实践证明，培养人才要经过入门、快速成长、拔高、自我完善等过程，而每个过程又需要相当的时间才能完成，只有遵循人才成长规律，坚持不懈，才能培养出一批技艺精湛、业务过硬的人才队伍，满足企业发展所需的人力资源。

（三）以激励机制用好用活人才

人才的培养开发，归根结底要以企业的需求为导向，学以致用，以用为本。公司始终坚持在实践中发现人才、培育人才、锻炼人才、使用人才、成就人才、激励人才，以此产生辐射效应，吸引和积累更多的优秀人才，力争让合适的人干合适的事，用事业聚才育才，使各类人才创业有机会、干事有舞台、发展有空间，人才便会越用越活、越聚越多，真正实现人人是人才、人尽其才、才尽其用。

提质增效篇

国有企业是国民经济发展的中坚力量。面对经济发展新形势，某公司紧紧围绕“提质增效”这一中心工作，充分发挥一体化运营优势，通过提质增效，确保企业的生产经营始终保持平稳运行，使企业真正成为有活力、有较强竞争力和抗风险能力的市场主体；通过深化供给侧结构性改革，加快产业结构调整与转型步伐，减少无效和低端供给、扩大有效和中高端供给，提高供给质量；实现逆势图强，把发展的基础夯得更实一些，把发展的质量提得更高一些，把竞争的实力锤炼得更强一些，把防风险的屏障筑得更牢一些。

打好提质增效攻坚战，既要看到严峻挑战，又要树立必胜信念。公司积极瘦身健体，苦练内功，努力向技术创新要效益，向深化改革要效益，向结构调整要效益，向管理改善要效益，实现品质和品牌新的跃升，坚决打好打赢国有企业提质增效攻坚战。

某公司岗位标准作业流程的推广应用

综 述

用流程管控操作，以标准提升效率。岗位标准作业流程帮助岗位作业人员克服操作的惰性和任性，具有技术规范的普及作用，每一位职工都按照流程执行，不仅规范操作，保证了人机安全，也减少了多余动作，保证了设备效率。同时，岗位标准作业流程不是一成不变的，它是一套不断改进和完善的自我提升体系，通过标准的提升来促进岗位操作人员业务水平和设备效率的不断提升。

一、岗位标准作业流程的实施背景

岗位标准作业流程的推广应用是保障公司安全生产，促进煤矿降本增效的重要手段，是实现公司发展战略、建设一流清洁能源供应商的重要保证。某公司从煤矿岗位标准作业流程试行，到流程系统正式上线使用，再到在各业务板块全面推广流程应用，流程应用工作由浅入深地向日常化、机制化、制度化方向不断提高与完善。

随着流程的深入推广应用，员工的作业行为得到有效规范，不良作业行为与错误工作方法得以消除，避免了作业时间的浪费，缩小了员工之间作业技能的差距，增加了安全防范意识。这些变化有力推动了安全生产水平持续提升，设备作业效率显著提高，“保安全、提效率、增效益”的积极作用逐渐凸显。

二、岗位标准作业流程的内涵

（一）岗位标准作业流程是实现公司发展战略的基石

公司建设世界一流清洁能源供应商最重要的是世界一流的标准、一流的员工。通过岗位标准作业的规范化、流程化、标准化，可以实现提高劳动生产率和生产效益，从而提高安全高效生产水平，为公司建设具有国际竞争力的世界一流清洁能源供应商提供有力支撑。

（二）岗位标准作业流程是实现煤矿本质安全的载体

岗位标准作业流程是风险预控管理体系真正的落地，是员工作业的标准，也是进一步规范员工操作、标准作业，杜绝“三违”，有效遏制事故发生的一个重要保障，使员工真正做到“上标准岗，干标准活”。

（三）岗位标准作业流程是实现高效生产的基础

在目前国内煤炭行业不景气的背景下，公司采取的各项管理提升措施是从“人、机、环、管”等方面对管理工作提出新的要求，标准作业流程就是其中的核心内容，只有员工作业有了标准的流程，才能提高工作效率和工作质量，才能保证设备的完好率、开机率。

三、岗位标准作业流程应用的保障措施

公司岗位标准作业流程保障措施如图 1 所示。

四、岗位标准作业流程的宣传贯彻

岗位标准作业流程的宣传贯彻情况如图 2 所示。

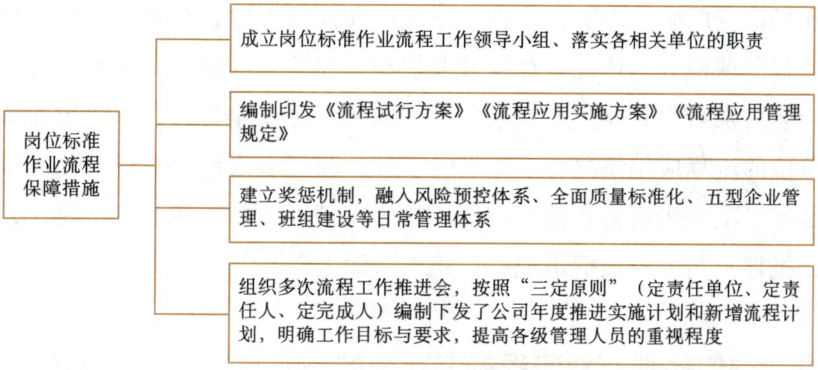

图 1　岗位标准作业流程保障措施

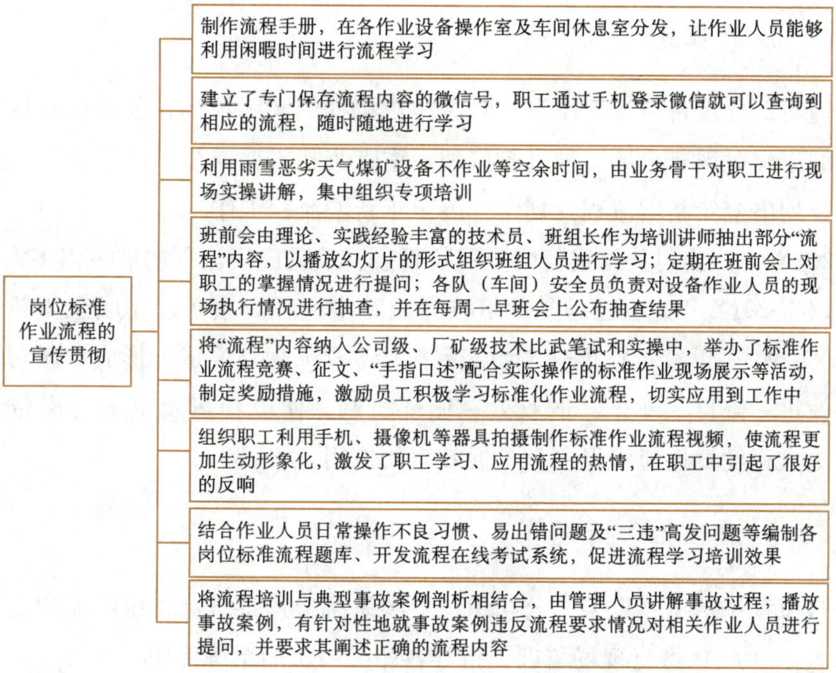

图 2　岗位标准作业流程的宣传贯彻

五、岗位标准作业流程应用过程重点考评

每月对各单位系统应用情况进行统计分析并通报，采用公司现场检查、

厂矿现场检查厂矿业内资料检查、班组现场检查等检查与考核手段，每季度进行流程专项检查、评比；在绩效考核和全面质量标准化、机电、安全检查考核中对“流程”的应用情况进行打分考核。通过全方位、系统化的检查对各级单位的流程应用情况有了深入的了解，公司多次针对检查情况发布流程开展情况专项分析报告，给下级单位的应用开展提供支持与参考建议，表扬先进，批评不足，有效促进流程应用不断深入。

六、岗位标准作业流程的完善及推进情况

（一）流程完善

针对部分设备与工序还没有对应作业流程的实际情况，公司结合目前已编制的流程对现有全部工种进行梳理，重点查找重要岗位、高危岗位缺失的流程，列出全年新增流程计划，开展全年新增流程工作。

201X 年，公司共提报新增流程数百条，较现应用流程增加一倍多。

截至 201X 年底，已编制并审核完成新增流程百余条，完成全年新增计划的 82.6%。继续重点推进新增流程按计划保质保量完成，形成“学习—应用—改进—修订—补充”的长效、循环机制，使流程惠及更多的岗位与人员，更大程度发挥流程保安全、促效率的作用。

（二）流程推进情况

自流程系统上线以来，公司组织专项系统应用推进会，组织流程主管人员深入矿（厂）进行现场培训，指导各相关单位的系统使用。

201X 年以来，为了加大系统使用的推广力度，要求各单位在班前会议室覆盖无线 WIFI 网，方便员工使用手机 App 学习流程、提交流程使用意见。

系统使用方面情况取得的成果：一是各单位实现了人与岗位流程 100% 匹配，使用流程系统的作业人员达到 6 166 人，线上学习率达到 94.26%，人均学习时长 320 小时，反馈流程修订意见 3 120 余条，全公司学流程、反

馈意见的氛围高涨。二是各相关单位已基本完成了现有流程与危险源、不安全行为、制度、规程、视频等信息的关联工作。

公司各单位共关联流程危险源 1 176 条、不安全行为 11 647 种、操作规程千余条、流程视频 79 部，流程信息关联工作基本到位，极大丰富了流程的相关内容，尤其促进了流程与风险预控管理体系融会贯通，方便作业人员使用和系统学习掌握流程相关的知识与技能。

七、岗位标准作业流程应用取得的效果

（一）安全保障稳步提升

通过岗位标准作业流程与风险预控管理体系的结合和不断的培训、检查、考核，作业人员安全意识明显提高，事故与“三违”现象逐年减少，职工作业更加标准，人的不安全行为有效减少。公司某煤矿“三违”及安全事故次数明显降低，人为操作因素导致的设备事故数为零；不安全行为明显减少。

（二）作业效率显著提高

各单位将作业人员记录按本岗位流程作业所需时间进行汇总统计，通过此数据对作业人员对本岗位流程的掌握熟练程度进行考核，以时间节点为抓手，向熟练程度要生产效率，生产效率明显提高。

（三）生产成本有效降低

作业人员严格执行岗位标准作业流程，煤矿各工种、设备的配合默契程度明显提高。同时，作业人员规范化操作设备水平明显提高，工程质量明显得到提升。规范的作业不仅避免安全隐患，也减少了斗齿、钻头等设备配件损耗以及轮胎、柴油等大宗材料的消耗，对降本增效工作起到促进作用。

某公司全面质量标准化管理模式及应用

综述

体制的建设是企业管理体系的框架支撑，体制的不断完善是公司管理提升再造工程的内在要求。全面质量标准化管理模式的引入与应用，是公司对重业绩、轻质量，重结果、轻过程，重考核、轻管理的考核管理模式的修正，PDCA 的循环链与公司管理提升再造工程的目标不谋而合，这是公司追求管理质量，向管理要效益的明显信号。

一、全面质量管理体系的实施背景

作为集煤炭开采、坑口发电、铁路运输及粉煤灰提取氧化铝为一体的大型综合能源企业，公司各项产能逐年增加，业务范围逐渐延伸，对生产经营管理提出了更高的要求，如何探索新的管理模式、转变经济发展方式成为公司高层必须面对的难题。

公司推行全面质量标准化管理之前，生产经营方面主要实行以“工效挂钩”为主要内容的绩效考核管理模式。这种指标性考核管理范围主要在主体生产单位中执行，在确保公司年度经营目标按期实现方面发挥了重要作用。但是，原有管理方式难以对不易量化的工作业务做出科学准确的评价，出现重业绩、轻质量，重结果、轻过程，重考核、轻管理的现象，而且随着公司的不断发展壮大，管理缺陷愈显突出。

如何改变重结果、轻过程的管理局面，建立一种能够科学、准确评价的考核标准是亟待解决的管理难题。

二、全面质量管理模式的内涵

全面质量管理，是以质量为中心，以全员参与为基础，旨在通过顾客和所有相关方受益而达到长期成功的一种管理途径。200X 年，公司尝试着将全面质量管理理论引入自己的管理领域，质量管理的手段不再局限于数理统计，而是放眼制定各种管理标准，全面运用各种管理技术和方法，将其演变为一套以质量为中心，综合的、全面的、适合本公司实际的管理方式和管理理念。

PDCA 循环又叫质量环（见图 1），是管理学中的一个通用模型，后来被美国质量管理专家运用于持续改善产品质量的过程。它是全面质量管理遵循的科学程序。为了全面质量管理更好地发挥作用，公司根据本单位实际，对 PDCA 循环也进行了改造。

Plan	计划，即根据公司的工作重心，划定全面质量管理的范围和各个子系统的考核标准
Do	执行，就是进行考核，按照设定的标准进行质量管理
Check	检查，就是根据考核结果，分析全面质量标准化管理的各系统的优劣，哪些需要加强，哪些需要增删；每个系统中哪项考核标准需要重新修订
Act	效果，就是对总结检查的结果进行处理

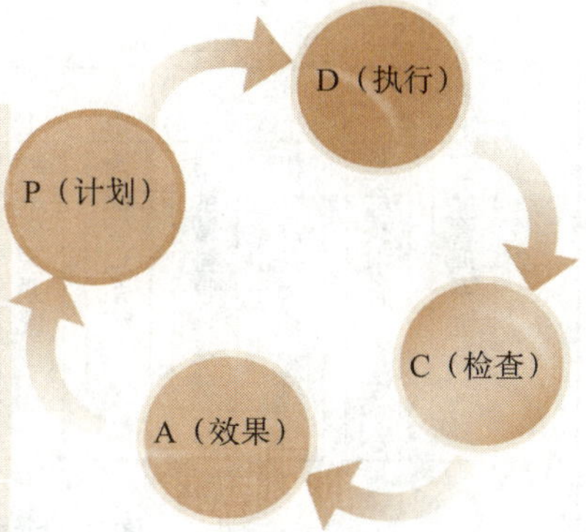

图 1　PDCA 循环

三、全面质量管理体系的具体做法

最初，质量标准化管理仅限于安全、机电、生产技术三个方面。后来公司制定和下发了《公司全面质量标准化管理实施办法》，标志着全面质量标准化管理工作全面启动，实施办法全面、详细地规定了全面质量标准化管理体系的内容、框架和考核标准，体系覆盖了安全、生产、设备、质量标准化、基础经营、财务、人力资源、计划、基建、物资供应、行政办公、节能减排 12 个方面的管理。

（一）完善管理内容，建立组织体系

全面质量标准化管理体系不是一成不变。201X 年根据工作需要，全面质量标准化管理内容在原来基础上又增加了资产管理系统和宣传管理系统，将原 12 个管理系统增加到 14 个，扩大了考核范围。同时，第一次将公司机关 19 个职能部门纳入考核的范围，从工作质量、服务质量、环境质量和素质质量四个方面进行考核，形成了较为科学、规范的“硬”指标考核和“软”评价相结合的绩效考核评价体系（见图 2）。

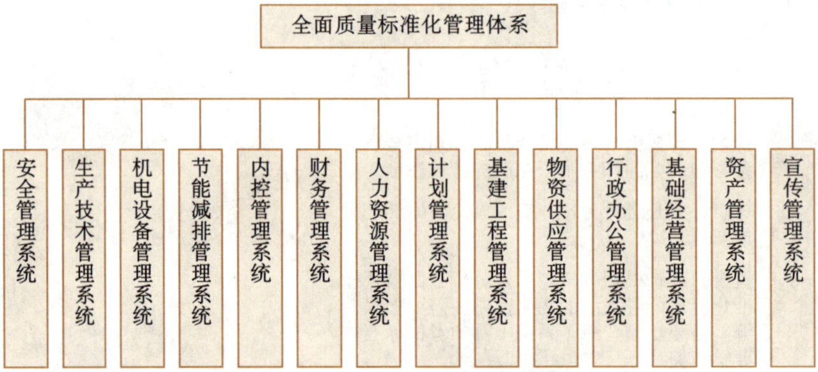

图 2　全面质量标准化管理体系

（二）结合工作实际，不断优化调整

在实施过程中，公司根据每年工作重点对管理办法进行相应修改和完善，对各个管理系统的分值和考核标准重新进行优化和调整（见图 3）。

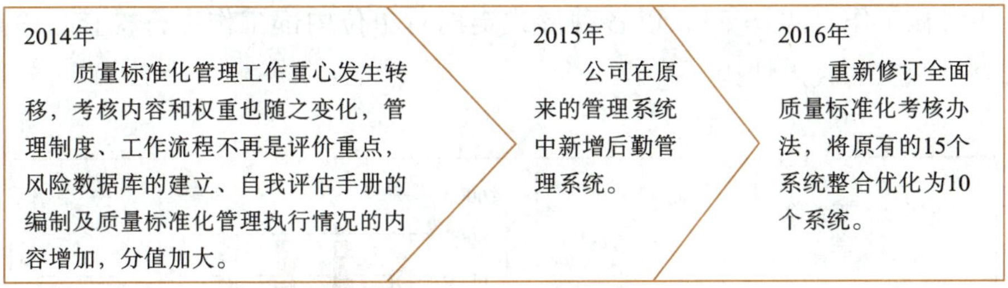

图3　管理系统调整时间表

调整优化后的全面质量标准化管理体系如图4所示：

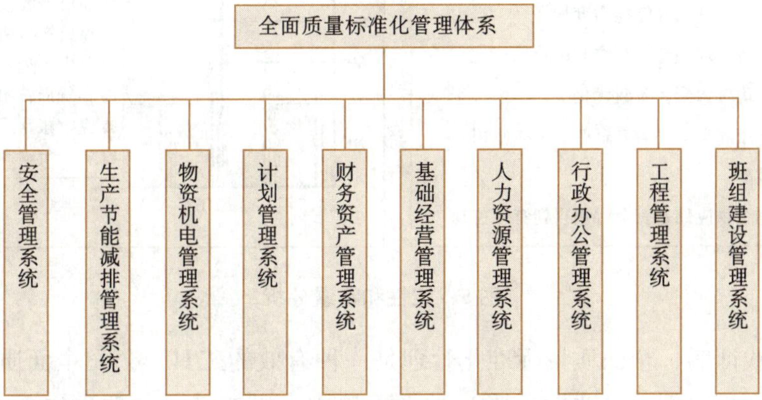

图4　调整优化后的体系

（三）严格考核评价，进行奖优罚劣

全面质量标准化管理工作的考核评比实行评分制。按单位性质对公司各直属单位进行分类：公司一类直属单位为生产单位；二类直属单位为辅助生产单位，考核全部为10个全面质量标准化子系统；三类直属单位为后勤服务单位。

考核责任部门对负责的管理系统独立检查、考核，由全面质量标准化办公室统一汇总评比、奖罚。重点奖励范围为除中层管理人员外的现场生产岗位、现场管理岗位和基础管理岗位人员。

按照《公司全面质量标准化管理实施办法》的规定和要求，公司定期半年检查、年底汇总，按评估等级进行奖罚，同时各直属单位开展全面质量标准化考核工作（见图5），以各种形式定期对单位内部工作进行检查，检查结果与职工的收入挂钩。

定性分析

- 安全生产形势稳定
- 生产技术支撑有力
- 科技创新取得突破
- 设备管理稳步提升
- 节能减排加快投入引进先进工艺
- 基础经营工作更加扎实
- 计划管理指导管控力度加强
- 财务管理强化预算控制风险
- 人力资源配置不断优化
- 资产管理盘活闲置资产、提高使用效率
- 物资供应储备资金占用得到有效控制

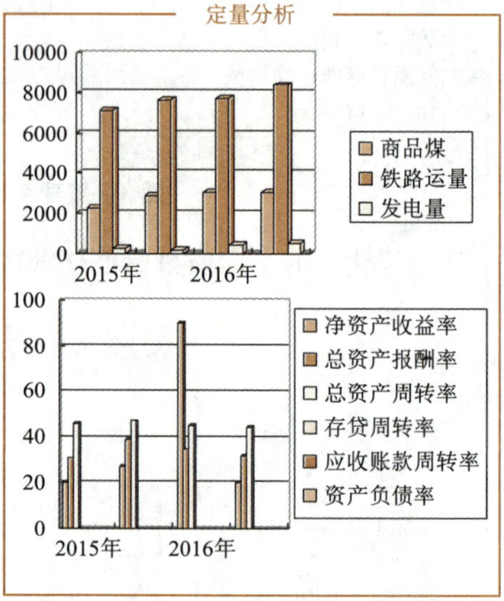

图5　定性和定量分析

实践证明，全面质量标准化管理是一种有效的工具，公司全面质量标准化管理实施以来，经营和管理效率大大提高，主要生产经营指标大幅增长，全面超额完成了集团公司下达的各项任务目标，标志着公司的整体经营管理水平迈上了一个新的台阶。

四、全面质量标准化管理实施体会

全面质量标准化管理已经成为公司生产经营管理模式的重要组成部分，凸显出公司在追求量的发展同时，更加注重质的发展，这是在转变经济发展方式上新的探索。

（一）并非所有的工作都能量化

为了便于考核，许多企业在确定工作任务时都有明确的数字标准，事实上目标完全量化是不现实的。很多辅助生产和后勤服务单位没有生产指标，而且在生产单位还有人力资源、基建工程、计划管理等不好量化的业务，如果简单通过量化考核，这样的考核结果肯定是不全面、不科学的。

（二）难以量化的工作可以评价

无法量化的工作要实现可衡量，主要通过设立明确的评价标准来实现。这类工作通常无法用简单的量化指标来评价其内在质量。可以通过对工作标准、工作产出进行明确描述和层级划分，让人们能区分出好坏优劣，工作结果就能一目了然。

（三）评价范围可以继续扩大

全面质量标准化管理体系“兼收并蓄”的包容功能是强大的，自实施以来，根据公司工作实际和工作重点，其评价范围逐年扩大，先后增加了资产管理、新闻宣传管理两个子系统，在各系统里又不断更新、增删内容，档案内容也纳入行政办公系统，进一步加强了档案工作管理。

（四）考核范围太大易流于形式

过去每次质量标准化考核都是一个庞大的检查团，每年年中和年底的主要工作就是准备迎接检查，存在应付嫌疑，而且全面质量标准化管理还有扩大的趋势。下一步，公司根据每年的工作重点，既可以扩大管理范围，也可以删减部分内容。

全面质量标准化管理体系工作不能停留在表面和形式上，这已被全公司各单位认同，充分向工作内容优质、高效、标准化方向发展，才是全面质量标准化管理体系的实质体现，怎样进一步加强质量标准化工作，采取什么样的举措、如何实现这个目的，是全公司各级管理人员正在思考的问题，也是下一步工作的重点。

某公司提质增效路径的研究与探索

综 述

效益为王，全面管控。某公司提出“向十二个方面要效益”，这是该公司生产经营理念的一次解放思想、实事求是的变革，是企业准确把握行业动态和市场形势的正确决策。决策要转化为实绩，需要不断研究探索。该公司紧紧围绕“提质增效”目标，在生产、经营、安全、党建、科技工作等方面调整工作思路，进一步挖掘增效潜力，十二个方面结硕果，成效显著，企业综合竞争力增强。

一、开展提质增效工作的实施背景及目标

当前，我国经济发展进入新常态，经济下行压力较大，结构调整遇到阵痛，煤炭供需宽松、结构性过剩态势难以短时间内改观，煤炭等能源产业的利润空间继续收窄，煤炭企业的经营困难还将进一步加剧。在这种大背景下，某公司深入推进开展提质增效工作，对于适应经济发展新常态，转变经济发展方式，提升科学化管理水平，加强企业核心竞争力大有裨益。

以国务院国资委《关于做好201X年中央企业提质增效工作的通知》和公司提质增效工作总体方案为指导，坚持稳健发展、稳中有为、稳中求进的总基调，保安全、调结构、促改革、降成本、升质量、提效益、防风险、强党建，全面提高企业发展的质量和效益，全面提高企业管理水平，全面提高企业国际化能力，全面提高企业软实力，全面提高企业履行社会责任的能力。作为上级公司的主力军，煤炭行业的排头兵，该公司将继续承担提质增效工作重任，凝心聚力加快结构调整和发展方式转变，着力提升发展的质量

和效益，努力突破经济发展新常态下面临的约束，力争全面完成上级下达的各项生产经营考核指标，稳步推进持续健康稳定发展。

二、开展提质增效工作的主要措施

（一）优化生产组织，向增量要效益

打好提质增效攻坚战是深化供给侧结构性改革的重要举措，该公司将供给侧结构性改革作为当前和今后一段时期经济工作的主线，重要目标之一就是加快产业结构调整与转型步伐，减少无效和低端供给、扩大有效和中高端供给，矫正供需结构错配，提高供给质量，增强供给结构对需求变化的适应性和灵活性，实现“量质”双升。

1. 煤炭生产方面。优化生产组织，重点研究吊斗铲系统、原煤输送系统的转向接续，确保各系统效率最优；针对征地问题影响，进一步优化采矿方案，细化生产挖潜、降本增效实施方案，努力增加煤炭产量，实现增收减亏；科学安排洗选设备检修，提升洗选系统效率，挖潜生产能力，保质保量，提高装车合格率；不断加强设备维修质量，探索新的点检模式，提高设备出动率。

2. 铁路运输方面。深化运输组织体系改革，优化生产方式和作业流程，抓好车流调整，有效降低空费系数，实现运输效益和运能利用最大化。充分发挥路网作用，吸引货源，开拓市场，落实代理运输，尽快建立运输平衡新格局。积极推动大物流工作，对非煤品运输市场进行充分细致深入调研，走访客户，锁定客户，摸清潜在的货源和存在的问题，开发非煤品运输市场。

3. 电力生产方面。多渠道开展营销工作，主动参与大用户直接交易，巩固和发展优质客户资源，提高机组负荷率，努力增发电量，以量保效益。同时，强化现场安全管理，提高检修质量，减少非停事件，实现稳发、多发。

4. 循环经济产业项目建设方面。全力抓好氧化铝中试装置运行，为氧化铝产业工艺包编制及工业化设计提供数据支持，为项目决策提供科学依据。积极推进氧化铝产业项目混合所有制建设，寻找合适的战略合作伙伴，共同

开展产业项目建设工作。

（二）强化管理，向安全生产要效益

该公司努力实现安全生产“零死亡”、环保工作“零事件”的目标。

1. 持续推进安全生产责任落实。进一步构建和完善“党政同责、一岗双责、失职追责”的安全生产责任体系，强化“管业务必须管安全，管生产经营必须管安全”，层层分解细化落实安全生产工作任务、目标、责任，做到安全生产人人有责。

2. 持续推进安全风险预控管理体系落地。推动岗位标准作业流程与风险预控管理体系有机结合、同步实施；通过培养员工危险源辨识和防范风险技能，进一步强化作业现场精细化管理、标准化和流程化作业。加大公司层面对重要任务、重点项目和重大安全隐患的跟踪管理力度，强化各单位危险源动态辨识、管控工作，加大体系考核奖罚力度。推进科技保安工作，确保危险源可控、在控。

3. 持续推进隐患源头治理工作。落实安全生产主体责任和业务保安职责，加大隐患排查治理力度，真抓实干，不走过场，按期完成各类隐患整改工作，实现闭环管理。

（三）提高质量，向产品质量要效益

该公司以市场为导向，加强市场分析，及时了解港口销售情况，结合国家政策及环保对燃煤质量的要求，指导煤炭生产与调整产品结构，通过优化产品结构，实现精准装车，增加优质煤 769 万吨，创效 3 768 万元。

1. 丰富产品结构，增加赢利点。充分利用公司商品煤“两高两低一稳定”的特性，推进选煤厂技术改造，推广应用自主研究设计的 10mm 弹性杆筛板和进行弛张筛深度筛分技术攻关，根据不同的分级下限、分选比重，确定增加排矸比例，提高商品煤热值，增加优质煤产出率。技改后的驰张筛，分选下限能实现 13—6mm 之间任意调整，能生产优质动力煤和块煤等多品种商品煤，生产更灵活，适应性更强。

2. 优化配煤、精准装车，减少热值损失。进一步加强原煤生产、洗选加工、装车全过程的煤质管控，优化生产工艺，提高块煤率；依据煤质情况，统筹安排洗选装车，从优化配煤参数着手，通过理论分析和效益测算，找出实际热值比较接近目标热值的可行方案，实现提质增效。

（四）狠降成本，向成本联控要效益

该公司努力构建全员、全要素、全方位的成本联控格局，煤炭、电力、铁路完全成本在201X年基础上降低5%。

1. “生产、投资、资金”三大计划联动融合。严格按照“成本倒推、资金授限、联动管控”的经营管理思路，做实、做细月度资金计划；将成本倒推管控指标细化到每一个单位。

2. 强化成本联控。细化各单位月度成本控制目标，实行月考核月兑现。各单位以月度经营分析会为抓手，切实将成本联控延伸到每一个作业环节、每一名员工。

3. 完善班组经济核算。创新班组成本联控方式，细化车间、段、队核算，延伸至班组核算、单机核算，努力实现全员成本联控。要严格考核各单位月度资金计划完成情况，将考核指标与工资挂钩，强化精细化管控，真正实现向管理要效益。

（五）加强项目管理，向有效投资要效益

该公司加大新增项目审核力度，做好投入与产出的经济效益评估，积极开展项目中、后期评价，坚决杜绝低效、无效益投资。加强概算管理工作，严格执行概算外投资审批程序，严控投资不超概算。不断强化施工现场管控，倒排工期，细化时间节点，紧紧抓住每个环节的安全、质量和进度，确保工程项目按计划完成，做好项目验收和结算等工作。

（六）提高科学管理水平，向精益化要效益

1. 深化改革创新。改革绩效考核模式，提高安全和效益工资考核权重，

不断优化工资分配结构，建立以全方位增效益价值创造为导向的工资分配绩效、发放体系，充分体现谁创效益谁得实惠的原则，切实提高全员降本增效的积极性。以推进核岗定员为基础，开展全员绩效考核体系建设，向人力精干高效要效益。新建项目上探索发展混合所有制，探索实施股权多元化，规避投资风险。

2. 实施“走出去”战略。充分利用公司在开采设备、人员、经验等方面的优势，为系统内某露天煤矿项目提供专业化服务工作，承担该煤矿原煤生产和地面生产系统运行的生产任务，每年剥离总量超过百万立方米，采煤上千万吨。此举既支持系统内单位的发展，又盘活公司已有资产，实现减人提效、增收减亏。

3. 夯实基础管理。结合公司运营模式，进一步完善授权管理体系和各项管理制度，提高公司整体决策效率和质量，向管理高效要效益。开展全公司经济本安体系试运行，加强“经济健康档案”建设，提升防控经济风险能力。加强对重点业务和重点领域的审计监督，确保公司依法合规经营。

（七）掀起大众创新高潮，向科技创新要效益

1. 以技术创新为手段，以价值创造为目标，推动各项产业创新发展。完善科技创新激励机制，提升全员创新能力，全面推进科技创新项目，稳步推进公司发展战略。

2. 鼓励广大员工积极参与“五小”成果、合理化建议、技能工作室等群众性经济技术创新活动，掀起全员创新创效的新高潮。

3. 煤炭板块重点抓好提质增效工程，煤矿投入产出经济性研究；抓好进口采矿设备总成配件的国产化研发；加快推进煤粉混合多孔硝酸铵制造炸药等项目的实施。电力板块重点抓好机组安全、高效、清洁运行关键技术研究，新型保温材料应用技术研究等项目的实施。铁路板块重点抓好桥、涵、隧、边坡等重点部位灾害预控技术研究等项目的实施。

（八）强化系统整合，向信息化要效益

加强顶层设计，充分利用好现有基础设施，整合现有信息系统，使数据

充分共享，实现“数字企业”大集成（见图1）。

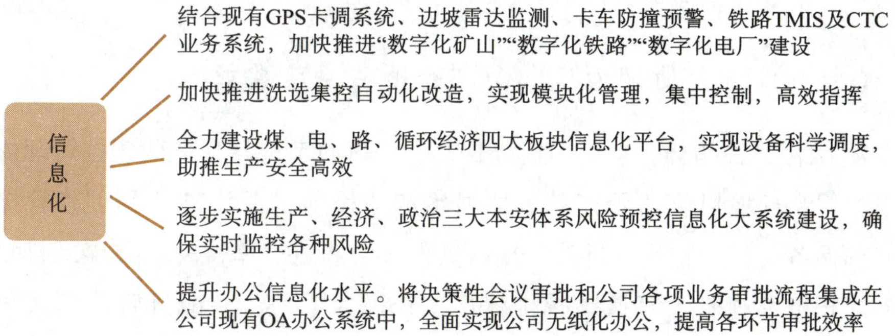

图1　信息化工作

（九）调剂处置闲置资产，向轻资产要效益

随着经济发展进入新常态，公司通过优化资本布局结构、推动企业转型升级，增强企业的活力、影响力、抗风险能力（见图2）。

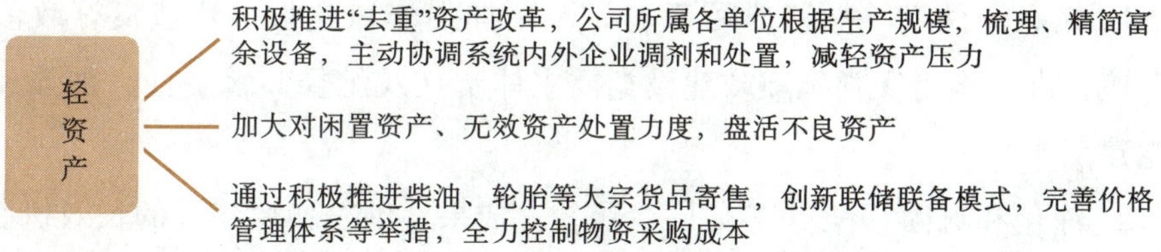

图2　轻资产工作

（十）对标一流找差距，向短板要效益

1. 紧紧抓住提升发展质量和效益这个主线，查找生产管理、成本联控、安全管理、轻资产运营、信息化建设、人力资源管理、绩效考核模式等重点方面存在不足。

2. 着重从公司内外部、行业内外部对标一流，细化对比指标，从主观上寻找管理差距，结合实际，制定管理提升措施，补齐管理短板，形成对标管理长效机制。

3. 通过对标查找出管理短板和瓶颈，制定切实可行的改进措施，明确时间节点，推动对标成果转化。

（十一）加大协调力度，向“企地共赢”要效益

1. 细化管控指标，抓好节能环保。积极推行节能环保风险预控管理体系建设，提高环境风险监管能效。加强生产建设项目源头把关和过程管控力度，确保各类污染物达标排放，规避突发环境事件，坚决完成节能减排目标任务。积极推进矿区复垦碳减排核证工作，为下一步碳减排管理模式奠定基础。

2. 探索绿化复垦工作新模式。按照政府的规划，绿色生态农牧业发展规划要结合当地矿区居民搬迁，探讨和政府合作开发矿区复垦土地搞现代农牧业，争取用矿区复垦土地置换新用地指标。

（十二）创新党群工作，向和谐稳定要效益

1. 抓好“两学一做”学习教育，不断加强作风建设，营造良好政治生态环境；进一步落实党风廉政建设党委主体责任及纪委监督责任，加强和改进党建工作。

2. 深化和巩固“三严三实”专题教育成果，健全作风建设的长效机制。

3. 逐步规范信访程序，全力解决职工群众的合理诉求，为公司和谐稳定发展营造良好环境。

三、实施提质增效工作取得的成效

（一）经济效益

提质增效落实到企业生产经营的全过程，发展思路更加清晰明确，发展战略更加完整，区域一体化经济新模式更加完善，明晰了“战略定位、文化引领、管理提升”的发展思路，凝练了企业文化，并以企业文化为集团公司

发展的切入点，陆续提出了“成本倒推、资金授限、联动管控”“管理出效益、从严管理出大效益、精益管理出最大效益”“生产、投资、财务三大计划融合”和“人人都是经营者”等一系列经营管理新思路，全面提升了公司的经济效益。

1. 煤电路一体化运营质量不断提升。近几年，该公司的一体化运营经受住了市场剧烈波动的考验，生产经营虽然低于预期，但是运行总体平稳，与煤炭同行业整体形势相比，均好于平均水平。201X～201X 年累计实现利润 369 亿元。201X 年上半年，在煤炭市场低迷、全行业普遍亏损的形势下，逆势获得了 15 亿元利润。

2. 成本联控效果突出，增收节支成效显著。提质增效实行以来，公司深入落实“成本联控”的经营理念，强化价值创造的成本联控方法。通过在各单位召开月度经营分析会、加强生产作业成本联控、强化绩效考核等措施，切实将成本联控的压力和措施延伸到生产一线，实现全员降本增效。201X～201X 年，公司综合煤炭成本年均降幅 0.55%，电力成本年均降幅 6.48%，铁路运输成本年均降幅 3.29%。201X 年上半年严控成本，深入推进“双增双节”100 条措施的落实，实现降本增效 76 亿元。

3. 精细化管理水平稳步提升。进一步修订完善生产经营绩效考评办法，把工作重心引导到向内部深度挖潜和强化成本联控上来，加大成本指标的考核权重，完全成本、可控成本、管理费等成本类指标权重由 30% 提高到 50%，使考核导向性更加突出；实施月度绩效考核，层层传递压力，把总体经营目标逐级分解到区队、车间、班组、岗位，引导公司各直属单位观念由“发工资”向“挣工资”转变。加强工程造价审查和结算审计，严格执行价格管理流程，强化管控职能，年审减额数亿元。

（二）社会效益

作为大型综合能源企业，公司在发展壮大的同时，始终坚持“企地共赢”理念，将“企地共赢”作为发展战略的一项重要工程，积极承担对国家、社会和环境的责任，主动参与扶贫帮困、环境保护、社区建设等公益活动，将发展成果与社会、人民共享。201X～201X年，累计缴纳税款数百亿元，国有资产保值增值率历年都保持在3.48%以上，用实际行动促进和带动了地方经济的发展，社会效益显著。

1. 和谐共赢，打造复垦治理及现代产业示范基地。公司与地方政府本着互惠互利、合作共赢的原则，充分利用国家鼓励和支持发展清洁能源的利好政策，结合公司发展战略与地方矿区村民危旧房改造等系列工程的实施，拟定在矿区已经形成的排土场和陆续形成的排土场建设集光伏发电、现代生态农牧业、新兴宜居区、旅游观光加休闲娱乐为一体的在全国具有引领示范作用的现代产业综合示范项目。

2. 循环利用，走全新低碳发展之路。公司所处的煤田煤炭资源储量百亿吨，煤层中伴生的氧化铝和金属镓含量高、分布均匀、储量大，伴生氧化铝储量数十亿吨，伴生镓储量几十万吨，产品属“高铝、富镓”煤。公司煤炭储量几十亿吨，其伴生氧化铝资源量达数亿吨。利用粉煤灰生产氧化铝、硅及镓，发展“煤—电、粉煤灰—氧化铝—原铝—铝型材、镓、氧化硅、镓系列产品、硅系列产品”一体化循环经济产业链，不仅有助于缓解我国在铝资源短缺方面形成的长期压力，改变我国氧化铝产业的战略格局，而且可以实现煤炭综合效益最大化和废物资源化的目的，大大降低资源对环境的污染，具有很好的社会效益。

某公司选煤厂提质增效工程的实践与成果应用

综 述

提质增效遍地宝，没有做不到，只有想不到。知己知彼才能百战不殆。知彼在于掌握市场动态，总结市场规律，分析市场需求；知己在于整合既有资源，科学合理调配，适应市场需求。某公司选煤厂积极开展提质增效工程，基于对市场需求的准确把握，突破思维定式，创新增效途径，通过技术改造与资源调配，向煤质管理、装车结构、产品结构及块煤市场开发要效益，创造了良好的经济效益。

一、提质增效工程的实施背景

煤炭市场持续低迷，煤炭产能严重过剩。各用煤单位对煤炭质量要求逐年提高。动力煤价格拦腰下跌，企业陷入亏损困局，净利润下降。

国家出台商品煤质量管理办法，限制高灰煤长距离输送。《商品煤质量管理暂行办法》对中国境内远距离运输（运距超过600千米）的商品煤发热量、灰分、硫分等做了明确的规定。

依据该公司选煤厂生产工艺，提质空间有限。该厂在煤炭市场行情好的形式下设计，采用的是+13mm块煤入洗，-13mm不洗选工艺，未考虑全入洗。自设计、竣工、投产至今，工艺流程已然固定，依据现有模式，产品提质空间不足。

二、实施提质增效工程的思路

根据目前工艺条件，从生产过程、商品煤结构、商品煤市场信息出发，结合国家政策及环保对燃煤质量的要求，对新的选煤工艺和设备进行调研后提炼出选煤厂提质增效工作思路。

（一）追求价值最大化

由于目前商品煤结构，只有A品种盈利，其他煤种亏损，商品煤销售总体处于亏损状态。要想实现扭亏为盈，就必须提高商品煤热值，减少低热值煤的产出比例，增加优质煤比例；商品煤提高热值，生产过程中就需要增加排矸量，商品煤综合回收率降低，量和质之间是相互矛盾的，为此结合煤炭市场售价，根据不同的分级下限、分选比重测算了36种生产方案，按照效益最大化原则，最终确定增加排矸比例、提高商品煤热值、增加优质煤产出率是增效的方向。

（二）减少商品煤热值损失

通过对选煤厂近年装车外运分析，发现装车合格率一直很低，同时各煤种的实际装车热值较目标热值都高出近100大卡左右，由于热值高出的产品在结算时会按热值予以奖励，售价较不高装产品略高，选煤厂对装车商品煤结构做了70种方案，按照效益最大化原则，测算得出高装会造成热值损失，总体经济效益较差。通过采取办法控制好装车配煤质量，减少热值损失是增效的一个方向。

（三）增加新的赢利点

公司销售的商品煤种类为A、B、C三个煤种，按售价计算，只有A是微利。商品煤售价是按发热量计价，为体现出商品煤“两高两低一稳定”的特性，经过调研发现公司块煤产品在市场上比较受欢迎，价格较电煤高出40

元，盈利水平要高于电煤销售。

三、实施提质增效工程的措施

确定了提质增效思路后，公司以此为目标，从原煤储运、洗选、装车等环节开展全年提质增效工作。

（一）提高产品煤热值，增加优质煤比例

筛分、洗选是选煤厂关键生产环节，在提质增效工程中起着决定性作用，提高产品热值的入手点主要集中在筛分工艺革新和分选密度的合理性上。

1. 推广应用 10mm 弹性杆筛板，探索简便快捷的增效方法。结合矿区煤质特点和选煤厂近几年的生产实践，增加入洗比例是提高商品煤热值的一个方向。选煤厂以前使用的分级设备（振动筛筛孔尺寸 13mm）采用的是冲孔筛板，分级粒度已经无法进一步降低。201X 年通过试验，研究出了 10mm 筛缝的弹性杆筛板，可以增加一部分入洗比例，在提高商品煤热值方面起到一定的作用，由于弹性杆筛板遇到粘湿物料筛分效率变差。

2. 开展弛张筛技术改造研究，拓展提质增效新途径。弛张筛是细粒筛分最有效的设备，因新弛张筛采购、制造和运输周期较长，无法及时实施 -13mm 分级生产方案。通过与厂家进行技术交流，深入车间实地测绘，提出将传统筛机改造成弛张筛的试验方案。201X 年 4 月，公司选煤厂开始进行原煤分级筛改造，6 月初完成 B 系统原煤分级筛改造，大幅提升了单套系统的入洗比例。

3. 根据矿原煤质量及时调整分选密度，提高洗后精煤热值。为提高洗后产品煤热值，准确控制调整洗选分选密度，选煤厂进行了大量相关试验，积累了丰富的生产及试验数据，以试验指导生产，以生产验证试验，最终确立了根据露天矿毛煤煤质设置的不同分选密度。对煤质设置阶梯式分选比重，优煤系统分选密度定为 1.90kg/L，劣煤系统分选密度定为 1.80kg/L。然后，按照煤矿优劣上煤比例实时调整分选比重，增加密度调整频次，提高洗后精煤热值。同时，根据效益测算结果，将分选比重在上一年的基础上同时降低

0.10kg/L，提高洗后精煤热值，达到提高优质煤产出比例的目的。

（二）增加销售块煤新品种，设计生产块煤方案

1. 公司生产的商品煤品种单一，都是作为电煤销售，增加块煤品种可以发挥商品煤的特性，盈利水平明显高于电煤。开发好块煤市场，一方面使公司商品煤销售结构多元化；另一方面提高公司商品煤总体盈利水平，具有十分重要的意义。

2. 优化工艺流程，实现块煤和电煤生产方案灵活切换。销售块煤对热值和粒度有严格要求，根据选煤厂目前的洗选工艺，精煤的最小粒度为13mm，块煤的最小粒度为30mm，需要对系统进行相应改造。所有改造都本着“工艺灵活性”的原则，在不影响生产的情况下进行，即可出块煤也可出电煤的工艺互换，为公司开发块煤市场做好充分准备。

（三）从精准装车入手，调整商品煤品种结构

装车质量高低直接影响各商品煤结构比例。装车环节质量把控不好，洗选过程所做的提质增效工作就会抵消，所以精准装车是提质增效的重要环节。

1. 源头把控稳定煤质。煤矿原煤煤质稳定对后续洗选过程及装车配煤影响很大。统筹研究决定，煤矿分煤层开采不同煤质原煤，按煤质对应选煤厂破碎站系统，分别储存。不同煤质的原煤分系统储运，系统相对固定。最终实现原煤按煤质分采、分运、分储，从源头保证煤质的稳定。

2. 开展优化配煤精装装车工作，减少热值损失。因煤质波动，有时装车与生产同步进行，化验结果相对滞后，往往一列车已经装完，生产点样还没有结果，造成装车难度增加，实现准确装车困难，出现热值损失的列数比较多。为此，选煤厂从优化配煤参数着手，通过理论分析和效益测算，将煤种目标热值每降低10大卡作为一个产品结构，找出实际热值比较接近目标热值的可行方案，按照效益最大化原则，最终确定将准2煤种目标热值降至4 850大卡配煤试验装车的方案，此方案可行且效益最大。

3. 创新试验煤质检测及时反馈煤质数据精装装车。在装车采样机皮带上

试验煤质在线检测设备，实时掌握配煤结果，及时调整配煤比例，减少盲装和煤质波动对配煤结果的影响，尽可能减少热值损失和商品煤降档风险，提高装车合格率。

4. 强化煤质管控力度加大煤质与工资挂钩考核比例。装车配煤质量全过程管控，出现高装或低装的每一列车次，当班进行分析，反向举证，查出问题对相关责任人和车间进行连带考核，以增强各车间煤质管控意识。

四、实施提质增效工程取得的成效

该公司选煤厂通过在原煤、洗选、装车、化验等环节落实各项提质增效措施，取得了显著成效（见图1）。

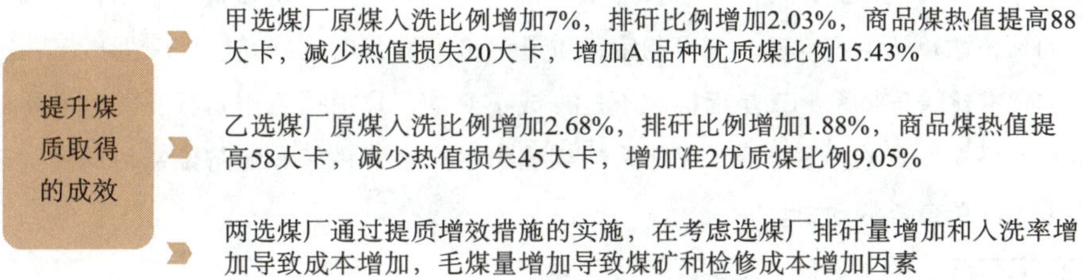

图1　落实提质增效措施的成效

五、实施提质增效工程启示

1. 选煤厂提质增效工程是公司脱贫解困的头号重点工程。在弛张筛改造过渡期内，选煤厂通过应用10mm弹性杆筛板开展弛张筛技改，通过煤质在线监测设备等措施，201X年上半年实现增加经济效益1 270万元，初步达到预期效果。

2. 在开展弛张筛技改时，系统配套设备暴露出了浅槽分选效率降低、精煤脱介效果差、粗煤泥含量增加等新问题，为弛张筛更换积累了实践经验。从设计环节即可考虑相关问题，避免出现相同的问题，减少二次改造。

某公司电厂多维标准化体系的构建与实施

综 述

公司标准化是以获得最佳生产经营秩序和经济效益为目标，对生产经营活动范围内的重复性事物和概念制定和实施公司标准，以及贯彻实施相关的国家、行业、地方标准等的过程。公司多维标准化体系的“多维”不是多重目标，一是指体系构建的系统性，从组织构建、流程制定、质量评价、作业规范到制度保障形成五位一体的标准化管理体系；二是指标准不是一成不变的，是根据工作内容及业务水平的进步而不断提升的。多维标准化体系的实施为生产经营秩序和经济效益目标的实现凝聚了简单直接的动力。

一、多维标准化体系的实施背景

某公司电厂始终面临考验：如何充分利用资源，有效组织生产，持续改进管理，创造利润。由于身处电力行业，受益于电力行业管理起点高，标准化水平整体较高的情况，规范化、标准化成为公司创建管理体系的首选。但是，电厂没有局限在简单标准化的框框里，在奋斗中形成了自身的管理风格，总的来说，电厂的管理历程就是一个多维标准化体系构建与实施的过程。

二、多维标准化体系的内涵和实施过程

一般意义上的标准化是指制订、发布和实施标准的过程。该电厂的标准

化超越一般意义上的标准化，包括组织标准化、流程标准化、质量标准化、作业标准化、制度标准化五个维度（见图1），分别用来规范谁来做、怎么做、做到什么程度、做好/做坏怎么办的管理问题。这些管理维度有机整合起来相互支持，就形成一个完整的管理体系，发挥最大管理效力。

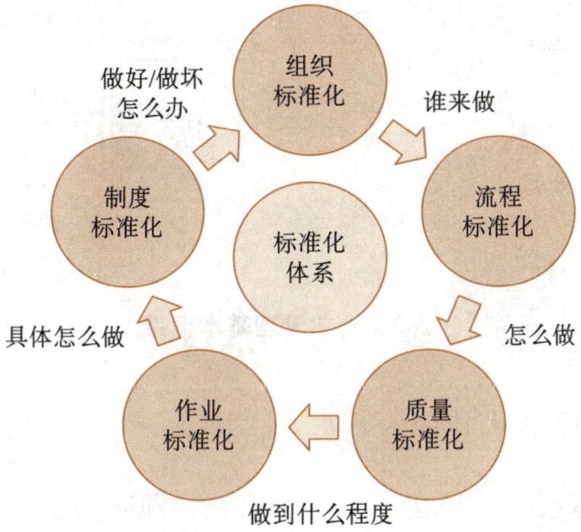

图1　标准化的维度

（一）组织标准化体系

“组织标准化”主要规范谁来做的问题，如图2所示，要构建扁平化的管理组织结构。

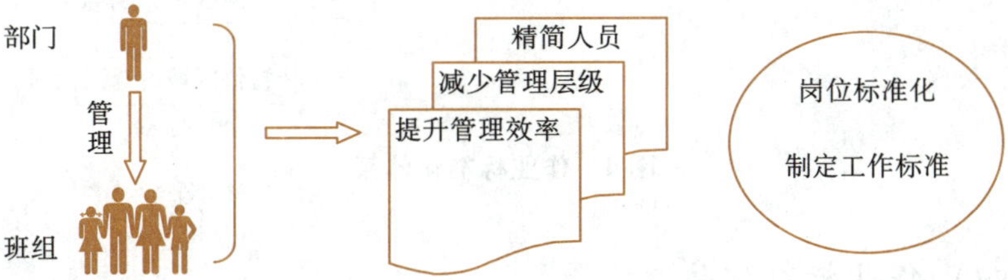

图2　扁平化的管理组织结构

（二）流程标准化体系

流程标准化构建了企业管理的基本框架。公司不断提高流程应用水平，形成流程管理文化，进而提升整体管理水平（见图3）。

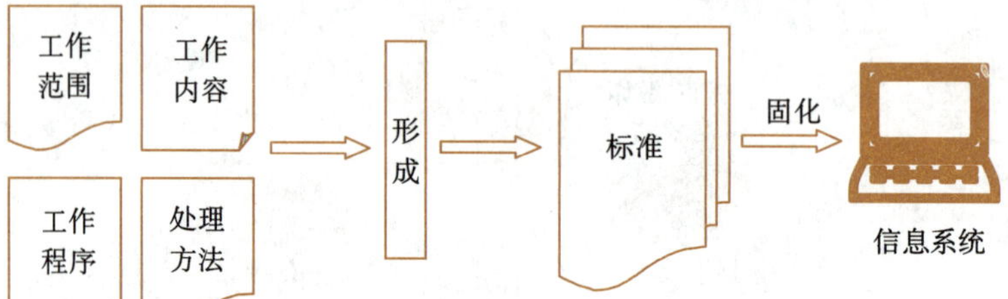

图3　企业管理基本框架

（三）质量标准化体系

质量标准化体系的关键在于"安全第一，预防为主"，设计、制定、执行作业标准程序（见图4）。

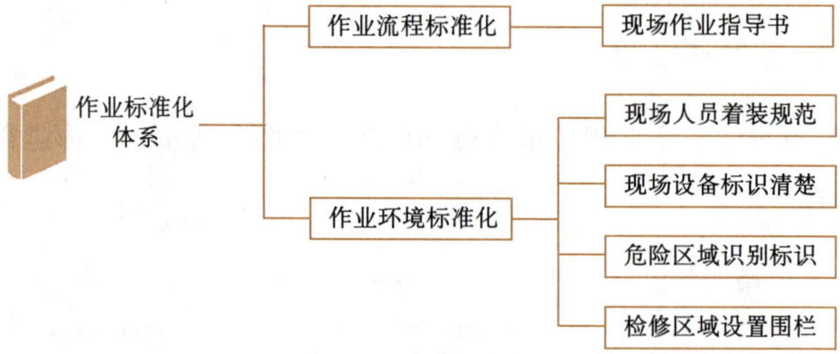

图4　作业标准化体系

（四）作业标准化体系

作业标准化体系，即设置生产过程操作规范，完善监督检查机制和技术支援机制（见图5）。

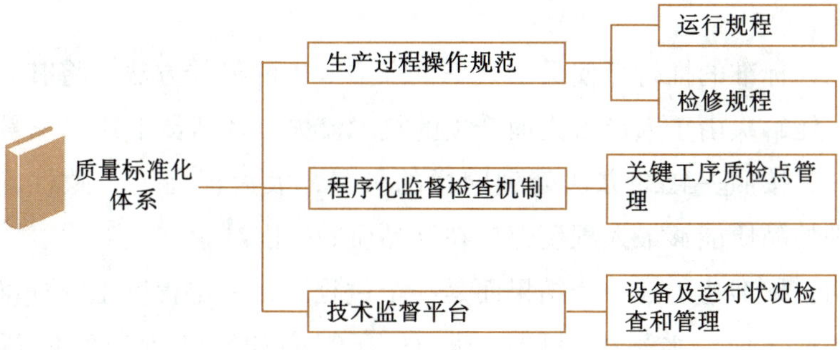

图 5　质量标准化体系

（五）制度标准化体系

标准化是制度化的最高形式（见图 6）。

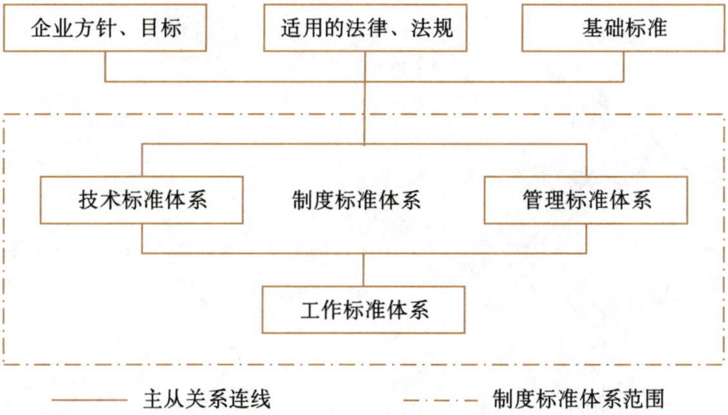

图 6　制度标准化体系

三、实施多维标准化体系的体会

通过推行企业标准化体系，该电厂注意到标准化在企业的安全生产、降低成本、稳定质量和技术积累等方面有着至关重要的促进作用。

第一，严格按照标准执行无疑就能达到全系统的安全运行和低成本运行。

第二，标准的推行可使员工共享生产中产生的最佳方法，将其转化为新的标准，能解决由于人员流失而产生的技术流失以及新员工知识积累问题。

第三，按照一致的方法处理同样的事务，大大提高了一致性，使得生产、管理的品质能够最大程度保持在高品质的范围。

第四，标准化不是一个结果而是一个过程。在一定程度上，标准只是防止企业生产、管理水平下滑的制动力，还需要和持续改善的创新机制相配合。

某公司两矿协调开采研究与探索

综 述

打破壁垒，创造生机。征地问题使某公司露天煤矿的生产步履维艰，濒临停产。在外部进展缓慢的情况下，该公司创新工作思路，从内部寻找突破，研究探索管辖内两相邻煤矿协调开采。打破的是矿界壁垒，赢取的是效益前景。

一、两矿协调开采研究与探索的背景

某公司甲煤矿和乙煤矿毗邻，其中，甲煤矿采矿权面积几十平方公里，核定产能每年上千万吨，剩余资源储量数十亿吨，服务数十年。乙煤矿采矿权面积几十平方公里，核定产能每年数十万吨，剩余资源储量数十亿吨、服务数十年。

目前，甲煤矿处于转向关键时期，根据转向计划，201X 年底吊斗铲转向完成，201X 年 7 月采煤转向完成。转向后二采区工作线南北方向布置，向东推进。

乙煤矿已完成首采区内工作线转向，工作线南北方向布置，向东推进。受征地问题影响，该矿上部剥离已到界无法推进，为维持生产采取了组合台阶开采的措施，201X 年只能生产几千万吨，较前一年减产几十万吨。如 201X 年底征地问题仍未解决，来年安排开采量较核定能力减产上千万吨，并持续影响后续几年的煤炭产量。在此情况下，该矿将面临剥离工作停滞、矿山生产举步维艰、设备闲置甚至停产等问题。

此外，甲煤矿转向完成后，两矿采区相邻，推进方向相同，采场、排土场存在交叉，对各自生产带来较大影响，存在重复剥离、严重影响排土空间及运输系统综合布置等诸多问题。

二、两矿协调开采研究与探索的必要性分析

针对乙煤矿因征地受阻大幅减产的现实问题，以及甲煤矿转向后两矿生产交叉、相互影响等问题，实施两矿合一、协调开采具有重大现实意义和长远战略意义。

两矿协调开采的必要性有：

1. 乙煤矿生产已严重失衡，产量较核定产能减少。为缓解征地问题对乙煤矿生产的影响，完全释放两矿核定产能，统筹安排201X年和201X年煤炭生产计划，有必要进行两矿合一、协调开采。

2. 两矿独立开采，将一前一后平行向东推进，存在重复剥离和端帮压煤的问题。为最大限度地回收资源，减少重复剥离量，降低生产成本，有必要将两矿贯通，进行协调开采。

3. 协调开采能够有效解决两矿并行推进过程中的相互影响，统筹优化开采工艺，合理布置开拓运输系统，统一生产组织和协调，均衡生产剥采比。

4. 乙煤矿已出现上部剥离停滞、部分设备闲置的情况。两矿合一，对设备、人员进行统一调配将优化资源配置，有效发挥设备能力，提高生产作业效率。

5. 乙煤矿建设与甲煤矿扩能改造同期，考虑工艺因素，重新划分了两矿采区边界，由乙煤矿越界开采甲煤矿南侧部分资源。此情况短期内无法扭转，面临政府部门监管风险，且公司股东可能主张权利。

6. 两矿合一、协调开采，可以消除两矿开采边界，打破矿权界线约束，淡化越界开采问题，降低相关法律风险。

三、两矿协调开采研究与探索的实施方案

（一）协调开采应急方案

在甲煤矿采煤未转至二采区之前，采取乙煤矿开采甲煤矿一定数量煤炭的应急方案。先将两矿交界位置剥离贯通，再由乙煤矿进入甲煤矿二采区剥离采煤，采煤时间6个月（201X年9月至201X年2月），原煤仍运至乙煤矿破碎站。

1. 两矿交界位置剥离计划。201X年8月，甲煤矿将二采区上部剥离电铲全部调至两矿交界位置进行剥离。在201X年12月底前，将该位置向东推进几百米。剥离量百万立方米，XXXX水平剥离物排弃至乙煤矿内排土场，XXXX水平剥离物排弃至甲煤矿内排土场，综合运距上千米。

2. 甲煤矿二采区剥离露煤计划。201X年8月，乙煤矿调配1台电铲至甲煤矿二采区，与甲煤矿3台电铲共同进行剥离露煤工作。作业区域为北部第一、第二幅和南部第一幅，剥离量数千万立方米，其中内排土场重复剥离量近千万立方米，高台阶岩石量千万立方米。剥离物分别排弃至甲煤矿内排土场XXXX水平，综合运距上千米。201X年9月初，二采区具备出煤条件；至201X年1月完成剥离露煤。

3. 甲煤矿二采区采煤计划。201X年9月初，乙煤矿调配设备至二采区北部第一、二幅进行采煤作业，设备包括2台A电铲、1台B装载机及配套卡车、钻机、推土机。受工作面限制，9月计划采煤量减少；受南一剥离露煤接续影响，11月、12月采煤量无法达到最大能力；其余月份均能达到设备最大采煤能力。至201X年2月底，甲煤矿二采区采出煤量数千万吨。

4. 运煤道路建立计划。201X年8月，甲煤矿安排将首采区东部剥离台阶剥离至到界位置，形成首采区XXXX水平至乙煤矿内排土场XXX水平运煤斜坡道，剥离量数十万立方米。201X年11月，甲煤矿首采区东部采煤结束，在首采区东部XXXX水平向内排土场XX水平排弃一条运煤斜坡道，形

成新的运煤通道。

甲煤矿二采区至乙煤矿破碎站运煤线路如图 1 所示：

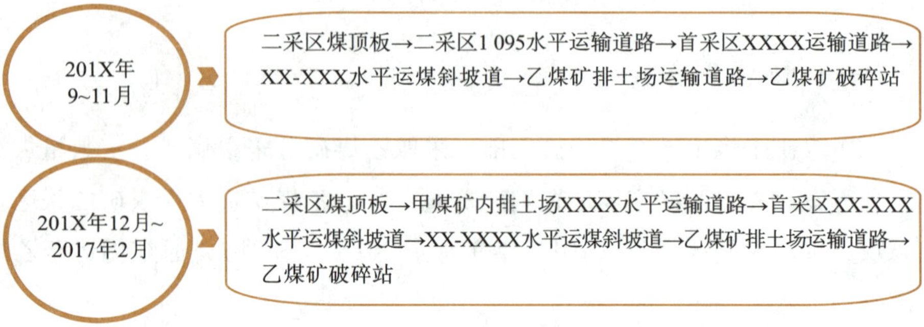

图 1　甲煤矿二采区至乙煤矿破碎站运煤线路

（二）协调开采远期方案

甲煤矿转向后，推进方向与乙煤矿一致，两矿合一、协调开采。

1. 两矿采剥工程协调发展优化研究：充分研究采煤及剥离台阶高度划分、开采参数，两矿采剥工作线相互关系，采煤、剥离程序的优化，制定两矿合理进度计划、均衡生产剥采比，进行经济效益分析等。

2. 两矿开拓运输系统优化研究：坑线设置的优化，采煤及剥离物料的流向、流量优化，不同时期的开拓运输系统优化方案，经济效益分析等。

3. 两矿内排土场协调发展规划研究：对物料流量、流向及内排土场排弃容量进行充分研究，综合优化制定两矿内排土场协调发展规划。

4. 各种采剥工艺系统优化布置研究：优化抛掷爆破吊斗铲倒堆剥离台阶高度、采掘带宽度、工作线长度及其在采场的合理位置，综合论证各工艺系统生产能力，研究合理的工艺组合模式和服务范围等。

5. 采场工作帮陡帮开采技术研究：工作帮陡帮方案研究，组合台阶及宽采掘带雁形推进工作帮结构形式研究，高段爆破、分层开采技术研究，开采强度及生产能力分析，经济技术分析与评价等。

6. 剥离—排土—土地复垦一体化优化研究：确定合理的剥离—排土—复

垦一体化作业程序，制定剥离、排土、土地复垦合理进度计划。

7. 两矿协调开采过渡方案优化研究：研究优化两矿合理工作线长度，优化分配两矿采剥量、设备数量及作业位置，确定两矿协调开采过渡的最佳时间，对过渡期间两矿采剥工程动态发展进行优化。

8. 两矿资源整合与优化配置研究：确定两矿合理生产规模，综合优化资源配置，确保两矿协调开采生产稳定、安全高效。

四、两矿协调开采研究与探索的效益分析

（一）经济效益

实现两矿协调开采，可通过统一组织生产，减少重复剥离量，盘活端帮压煤量，预计每年可降本增效几十亿元，对乙煤矿首采区剩余服务期进行估算，预计可增加经济效益数十亿元。

一是消除重复剥离，降低成本几亿元，两矿独立开采，平行向东推进，乙煤矿开采在前，甲煤矿开采滞后，存在开采压帮的重复剥离问题。实现两矿协调开采，可解决重复剥离问题，每年减少重复剥离量几千万立方米，每年预计可降低生产成本数亿元。

二是盘活呆滞煤量，增效数亿元，两矿平行推进时，采区间交界处大量煤炭资源开采不经济，形成端帮呆滞煤量。实现两矿合一后，通过贯通采场，消除采区边界，可完全盘活端帮呆滞煤量，共可回收资源几千万吨，平均每年可多回收资源数万吨，按吨煤售价、利润、估算，每年可增加销售收入和效益各几亿元。

三是优化资源配置，降本增效数亿元，两矿协调开采，能够统筹优化开采工艺，合理布置开拓运输系统，均衡生产剥采比，统一生产组织和协调，有效发挥设备能力，提高生产作业效率，可缩短运距几十米，减少柴油、轮胎等材料的损耗，每年预计可降低成本数亿元。

四是享受直供电政策，降本数亿元，可积极争取甲煤矿用电纳入该公司

自有发电厂用电系统，若乙煤矿并入公司，也可享受直供电政策，每年将降低生产成本数亿元。

（二）安全效益

1. 两矿贯通，协调开采，消除了两矿开采边界，能够降低越界开采相关的法律风险。

2. 两矿协调开采能够有效解决两矿并行推进过程中的相互影响问题，消除因生产交叉带来的交通、爆破等安全隐患。

（三）其他效益

1. 可实现资源共享、能力共担，保持两矿按核定产能均衡生产，并且具备进一步提升产能的条件。

2. “两矿合一、协调开采”在国内还无先例，项目的实施将形成“协调开采与过渡关键技术”等一系列成果，对丰富和完善煤矿开采相关理论，拓展煤矿设计、管理、开发模式具有重要指导意义。

某公司设备维修质量保障体系的建设与应用

综 述

检修是某公司设备维修中心的“生产”，检修质量就是设备维修中心的“生命线”，其质量的好坏，不只影响着设备维修中心的声誉，更关系到企业的经济效益。维修质量保障体系，注重维修数据的收集，检修过程的存档，为每一台设备建立“健康档案”，全程追踪检修设备的使用情况，提升了检修工作的效益，是向管理要效益、向技术要效益的有效结合。

一、设备维修质量保障体系的实施背景

“质量就是效益”一直是被企业认可的管理理念，在某公司，采、运、排等设备的出动率是影响煤炭产量的主要因素，也是经济效益的主要影响因素。采、运、排等设备出动率的高低主要取决于其维修效率和维修质量的高低，而维修质量的管理与控制主要由大型结构件和总成件维修后质量寿命确定。因此，在维修过程中采用何种管理手段能够有效提高大型结构件及总成件维修后的质量寿命，使其达到最佳的效果，一直是维修人及管理者不断探索的问题。

该公司设备维修中心为加强设备维修管理，提高设备维修质量，更好地维修、管理采矿设备及各类总成件，把总成件领用、报修、维修、质量跟踪等环节纳入程序化管理，并形成制度，进一步规范总成件维修工作，使总成

件维修从量化向精细化、质化转变，建立和实施维修质量保障体系，取得了一定的效果。

二、建立设备维修质量保障体系的必要性

通过对多年设备维修实践经验进行总结分析，发现在设备维修管理过程中影响设备维修质量的因素，主要有以下几点：

一是维修标准、数据和资料不足，致使无法确保维修后质量，影响了设备的正常运行。

二是维修工艺和数据未及时留痕存档，导致同一种故障在不同人员进行处理时无任何参考工艺和资料。

三是缺乏跟踪记录，影响维修效率，造成了油料的浪费，生产成本的增加，甚至降低了总成件的使用寿命。

四是维修质量参差不齐，“跑、冒、滴、漏”现象难以杜绝，导致在诊断分析其故障原因时，没有可对比的参照数据。

三、设备维修质量保障体系的建设

为了圆满完成维修质量保障体系的建立与实施，该公司设备维修中心本着“加强管理，制度先行”的管理理念，从维修车间及部室的职责分配着手，规范总成件领用、送修、维修流程，同时要求各生产维修车间从设备维修的资料、数据的收集和整理方面对维修工艺技术进行总结归纳，制定步骤详细、数据翔实的总成件维修工艺单等，初步完成了设备维修质量保障体系基本内容的制定。故障总成件的维修流程和设备维修质量保障体系如图 1、图 2 所示。

在设备维修质量保障体系的相关制度等内容制定完毕后，实施了有计划、有步骤、有目的的落实过程。要从思想上认清实施质量保障体系的重要性，同时对自己业务范围内的相关内容进行申请确认，组织全体维修人员对

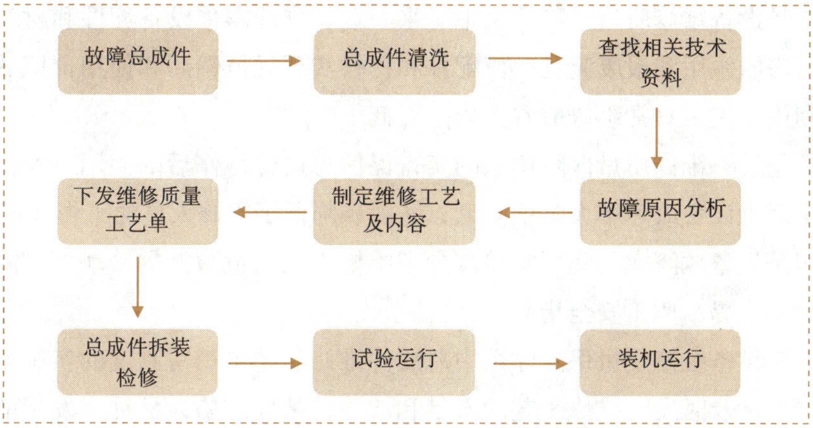

图1　故障总成件的维修流程

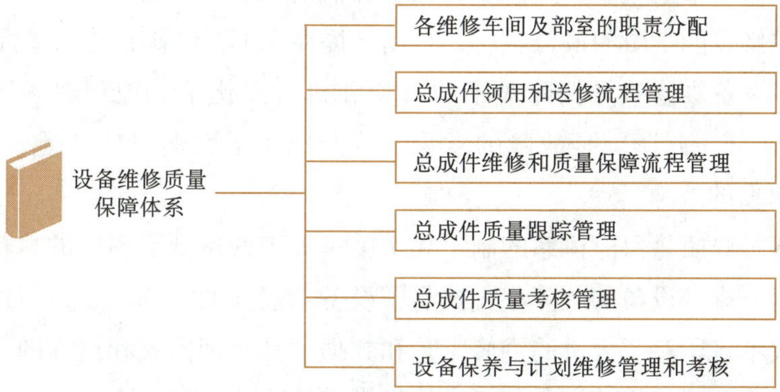

图2　设备维修质量保障体系

维修质量保障体系内容进行学习，并在设备及总成件维修过程中逐项落实。

四、对设备维修质量保障体系的体会

通过设备维修质量保障体系的建立与实施，某矿的采、运、排等露采设备的日常保养、维护和维修质量明显得到提升，主要表现为：

一是通过制定工艺步骤清晰、数据翔实的维修工艺标准，编写总成件维修工艺单，并落实到总成件维修过程中，实现总成件返修率为零目标。

二是设备维修质量保障体系中对采、运、排等露采设备配件和材料均制定了严格的领用和报废流程，使配件和材料实现规范领用和使用价值的充分挖掘利用，使得日常维修成本大幅度降低。

三是设备维修质量保障体系的实行促使总成件维修后的使用寿命得到延长，实现了设备故障率大幅度降低，缓解和降低了维修人员的工作强度。

四是设备故障率的降低间接减少了维修人员与危险源的接触率，降低安全事故率，提高职工安全指数。

五是设备维修质量保障体系中总成件维修工艺单填写制度的实施帮助现场维修人员及时发现维修工艺的不足和缺陷，帮助维修人员针对发现的问题快速查明故障原因，有利于维修工艺的改进和技术的革新。

六是设备维修质量保障体系工艺步骤清晰、数据翔实，是新进厂青年职工进行维修技能学习的最佳教材，有助于提高青工对维修技能的掌握速度。

七是设备维修质量保障体系的贯彻和执行强化了管理和现场维修人员“跑、冒、滴、漏”就是故障的意识，从而减少了因油料的“跑、冒、滴、漏”而引发的故障。

设备维修质量保障体系的制定和实施，圆满的达到了预期的目标，降低了采、运、排等设备的故障率，提高了设备总成件的维修质量，节约了大量的维修成本，留存了大量的维修工艺和数据，是管理方式和措施的一次成功尝试，对采、运、排等设备的日常管理模式的改进具有指导意义。

某公司开发块煤新品种打造利润增长点

综 述

咬定机遇不放松，功夫不负有心人。机会总是留给有准备的人。某公司紧抓块煤市场机遇，不只是产品生产商，更是服务提供商，从市场调研、块煤气化实验、试烧试销等方面积极跟进，穷追不舍，打开了块煤 1 号的市场大门，更打通了经济效益新的增长极。

一、开发块煤新品种的实施背景

截至 201X 年底，我国煤炭总产能达到 XX 亿吨/年，其中约有 XX 亿吨/年产能处于在建状态。但是，煤炭下游电力、钢铁、水泥、建材等行业均出现产能及需求下降的情况，对煤炭的有效静态需求仅为数十亿吨，产能严重过剩，产需矛盾突出，导致煤炭滞销。目前，广东佛山地区气化用块煤大部分来自内蒙古和陕西神木地区，部分厂家为了降低块煤成本，提高灰熔点，在块煤中掺入少量的高灰熔点煤，掺入量约 10%，其中就有从某公司生产的 A 品种煤种中筛出的块煤。

该公司煤炭属于长焰煤，其全水分含量低、热稳定性好、固定碳含量中等、热值中等、挥发分含量高、无黏结性、灰分含量中等、硫含量低（硫形态主要为有机硫）、煤样可磨性中等、抗碎强度较好，灰成分中二氧化硅和三氧化二铝含量高、灰熔点高、抗碎强度较好、弱结渣性、反应活性较好，可以作为固定床加压气化用原料。按目前煤炭市场行情，煤质指标相同的煤炭，块煤价格远高于动力煤价格。该公司通过积极调研块煤市场、跟踪块煤气化试验和块煤试销、研究开发块煤新品种，成功打通了“A1 号”的市场销售渠道，对公司优化产品结构、提高经济效益起到了很大的推动作用。

二、块煤业务开展情况及成果

（一）积极进行块煤市场调研

为了解全国块煤市场情况，该公司联合中国煤炭加工利用协会，在山东淄博和广东省开展市场调研。

1. 低阶煤储量丰富。我国煤炭资源储量丰富，低阶煤占我国已探明储量的 XX%。其中褐煤占总量的 XX%，长焰煤、弱黏煤、不黏煤等低变质烟煤占总量的 XX%。200X 年以来，我国低阶煤在煤炭总产量中的比例突破 40%。低变质烟煤主要分布在陕西、内蒙古西部和新疆，其最大特点是低灰、低硫、活性高、可选性好。

2. 烟块煤集中于民用及工业生产。烟块煤使用主要集中于民用和工业生产两大方面，民用部分主要用于城乡地区取暖、炊事、餐饮、住宿、蔬菜大棚和网箱养殖等散块煤燃烧。经初步调研统计，201X 年大致有约几十亿吨块煤直接散烧，工业部分主要用于建筑陶瓷、耐火材料、玻璃、氧化铝、兰炭、合成氨、化工鲁奇炉等领域，全年块煤大致使用量十亿吨左右，合计 X 亿吨。

（二）深入推进、跟踪块煤气化实验

1. 块煤试验。试验点选择在广东某公司，7 月 23 日正式开始第一阶段试烧，8 月 2 日完成全部方案试验。试验期间，公司全程参与并对试验数据分析汇总。

2. 试验结果。从试验结果来看，第一阶段所得到的运行参数满足了技术

上实现气化的需要。但是，由于第一阶段试验时间短，数量、价格等数据不够准确，为获取比较准确全面的技术经济数据，目前已开展第二阶段试验的前期准备工作，第二阶段计划对两种配比方案进行较长周期的试验，每种配比方案试验时间最少不低于一个月，以获取比较准确全面的技术经济数据，为块煤市场推广提供可靠的依据。

（三）积极推进块煤市场开发，块煤试销工作取得突破性进展

1. 块煤品种确定。经过努力，该公司块煤产品正式确定为“A1 号”，煤质指标为收到基热值 5 100 大卡、灰分 26%、水分 17%、硫分 3%，意味着公司又一新品种进入市场。

2. 块煤试销过程。公司实施了铁路两列块煤的发运、试销，标志着块煤正式进入了国内块煤市场，综合效益分析，两列“A1 号”合计增加销售收入几万元。公司对前两列块煤的销售情况进行了全程跟踪，积极了解块煤到站、到用户的煤质情况以及用户的认可度等，以便更好地指导下一步块煤的销售工作。

3. 块煤试销成果。201X 年 9 月，“A1 号”正式纳入公司销售目录和价格体系，通过前期试销打通了销售渠道，9 ~ 12 月每月可生产销售“A1 号”数万吨。

三、块煤市场前景及推广

（一）块煤市场前景

由于近几年国家对环保要求越来越严格，在民用块煤直接散烧治理方面更加倾向于推广天然气、以电代煤、使用环保高效锅炉以及推广洁净煤和兰炭等。工业部分用煤量受下游化工、陶瓷、建材、氧化铝和玻璃等行业的结构性产能过剩影响，国内和国外市场均出现一定程度的需求萎缩。钢铁、水泥、玻璃等主要下游行业减量发展已成定局，同时伴随节能环保技术的进

步，“十三五”期间块煤需求量应该会出现逐步降低趋势。

（二）块煤市场推广

公司是国内规模最大、现代化程度最高的煤炭企业，在煤炭领域拥有良好的品牌形象，是拥有以煤为基础，电力、铁路、港口、航运、煤制油与煤化工为一体，产、运、销一条龙经营的特大型能源企业。201X 年，公司商品煤产量 X 亿吨，占全国总产量的 X%，但烟块煤仅占全国消费总量 X 亿吨的 X%。

（三）下一步计划

公司将以品牌带动销售，继续细分煤炭销售品种，把销售重点放在陶瓷、兰炭、玻璃、氧化铝、合成氨、耐火材料和块煤气化等行业，抓住机遇，积极开拓市场，为下一步的提质增效、优化产品结构、实现效益最大化做出应有的贡献。

某公司发挥专业化优势实施“走出去”战略

综 述

“走出去”战略拨云见日，专业化服务精简高效。市场瞬息万变，唯适者生存、变者生存。面对新形势，某公司扬长避短，积极实施专业化服务和轻资产思想，充分发挥国内领先的露采技术优势，承揽某煤矿采剥业务，跨出“走出去”发展战略第一步；同时，以某露天煤矿项目部组建为契机，在既有的管理经验基础上，不断深化改革，探索精简高效的管理模式，为公司的管理提升提供了新的思路借鉴。

一、实施“走出去”战略的实施背景

在瞬息万变的经济形势下，企业只有不断变革，才能适应市场变化和自身发展战略转型升级的要求。针对新形势下减亏增盈任务重、重资产负担突出等问题，某公司全员向生产增量、成本管控、有效投资等方面要效益，形成了以降本为抓手、以提质为重点、以增效为目标、以升级为方向的宏观格局，深入推进提质增效、降本增效、创新创效各项工作。201X 年，公司审时度势，积极树立内部专业化服务意识，充分发挥露天开采技术和设备优势，赴某煤矿承揽采剥工程业务，按照精干、高效、低成本原则组织生产，实施“走出去”发展战略，有效盘活公司已有资产，实现了“轻资产、低成本、高效益”的目标。

（一）项目整体情况

专业化服务项目岩石剥离每年数千万立方米，采煤工程每年数百万立方米。公司通过公开招标中标后，立即开展设备搬迁、项目部机构设置和人员选调、驻矿人员后勤保障、物资供应等方面的工作，制定了项目生产准备阶段实施方案。

（二）设备投入情况

根据承包任务量和被服务单位对设备能力的要求，计划从公司煤矿调拨4台A电铲、1台B电铲，25台C自卸卡车、14台工程设备及其他辅助设备。设备拆、运、装业务已经完成合同签订工作，已根据被承揽煤矿的设备组装场地建成时间和具备供电条件的时间节点安排了设备具体拆迁开工时间，即将进行设备搬迁工作。

（三）部门及人员设置情况

本着“精干高效、减少管理层级和管理人员”的原则，专业化服务项目部设置科级单位数个，其中：机关职能部门定员几十人，生产队定员百人。

二、“走出去”战略项目预期实施效果

（一）实施效果

公司实施某煤矿采剥项目，预期通过输出先进大型设备、丰富的管理经验、成熟的生产管理体系，为煤矿安全高效生产服务，助力煤矿提高技术装备水平，实现价值最大化。项目的实施有利于调整公司重资产格局，调节过高自营采剥占比，使公司煤矿释放出部分大型设备能力，采取社会化租赁小型设备完成该部分生产任务，有利于在自营大设备的安全高效与社会租赁小设备的成本低廉两种模式中寻找到新的最佳平衡点，促进公司煤炭板块整体

效益提升。同时，项目实施过程中可以尝试探索一些生产经营新管理模式，带动公司煤炭板块现有模式的改革创新。

（二）实施效益

通过将公司自营采剥成本（不含爆破）与承揽的煤矿采剥项目同等运距、爬高条件下中标采剥平均结算价格进行比较，项目实施将亏损。通过组建精干高效的施工队伍，创新经营管理新模式，项目部将力争把采剥成本控制在公司目前水平之下，将项目亏损控制在最低程度。公司煤矿通过项目实施将释放一部分设备能力，采取社会化租赁小设备形式进行能力补充。通过上述成本对比分析，公司实施专业化服务“走出去”战略，实现了“轻资产、低成本、高效益”的关键目标。

三、“走出去”战略项目的实施体会

（一）探索试行“四班两倒”工作制，增加有效作业时间

在保证安全生产的情况下，为了减少交接班次数、提高工作效率、保障职工合理休班时间，生产运行人员试行“四班两倒”12 小时工作制。倒班人员分成 4 个班组，其中两个班组分别上白班、夜班，连续工作 10 天，另两个班组集中休班，10 天后集中休班的两个班组轮替。第二轮轮替时，上白班和上夜班的两个班进行对调，依次类推进行倒班作业。

通过实施“四班两倒”工作制，每天可减少一次交接班时间约 1 小时，预计采剥设备可总计增加数百万立方米的年生产能力，有效增加了设备作业时间，提高了设备作业效率。倒班职工获得了更多集中休息时间，更易被广大生产运行人员接受。

（二）精简机关管理和操作人员，实现精干高效项目管理

1. 对项目部和队部机关进行瘦身，压缩管理层级。对行政办公、党群、

后勤、人力、财务、经营业务进行精简合并，成立综合管理部；安监站和调度部普通管理人员只设置必要的倒班安监员和调度员；生产技术与机电管理工作合并管理；各队机关普通管理人员只设置生产和机电技术员兼管安全、统计、党务等各项业务。实现“一人多岗、一岗多能”的高效机制。

2. 设备检修、部分辅助设备操作、供电人员除上正常白班外，原则上安排轮流值守夜班，利用上夜班和节假日值班积攒下来的加班，集中安排休息，不再专设夜班岗位。对于使用频率不高的辅助设备，如平板车、高空作业车、叉车等，采用兼职司机进行作业。具备条件时，探索实施白班电铲单人作业制。

3. 为保证精干高效队伍的顺利构建，在项目实施中将引入科学系统的绩效考核与激励机制，在员工收入上打破平均主义，激励项目全体员工树立“低人力、高产出、高收入”的奋斗目标，争取以最少的人员实现项目效益最大、员工收入满意。

（三）运行与检修业务一体化管理，保障低成本高效率

项目实施计划将各工种运行与检修人员划编在同一队进行统一管理，简化了设备检修上报程序，减少了运行与检修之间的无效沟通协调时间，运行人员对一些设备基本故障处理有更深入的判断与掌握，检修人员对设备运行状态也有更深入的了解，为实现低库存提供了有力保障，更能通过运行与检修的技术信息共享实现“人、机、环、管”高效统一协调运行，维修保障力量预期能得到显著提升，有利于设备出动、实动率的提高。

项目实施计划以铲组为中心，对采掘、运输、辅助等设备操作检修人员实施“大包机制”，加大对包机设备产量、出动率、材料消耗等挂钩考核的兑现力度，激发广大职工的工作积极性，真正实现由“发工资”到“挣工资”的转变。

（四）将工程项目管理方法与煤矿生产经营管理模式相互融合

项目部将严格按照工程项目管理方法进行日常管理，以工程合同为基

础，树立服务观念，为业主提供建设服务。

服务过程中兼顾矿方整体利益和项目部自身利益，严格按照工程项目管理方法把控好安全管理、成本联控、进度控制、质量控制、合同管控、信息管理、与矿方的组织协调等工程管理要点。

对公司多年积淀下来的煤矿生产经营管理模式及经验将予以融合并继续深入贯彻落实，项目实施过程中将进一步强化“安全风险预控管理体系”“煤矿岗位标准作业流程”“标准化示范班组建设”和“三大本安体系建设”的推进，按照“成本倒推、资金授限、联动管控”的“大经营”思路开展工作。

某公司煤炭产品结构优化的研究与应用

综 述

销售有策略，生产有导向，效益有保证。在煤炭买方市场下，被动适应等于等死，唯有主动出击，分析需求，研究规律，把握导向，才能逆势凸起。某公司通过广泛深入的市场调研，分析市场需求与自身特质，充分协调生产与销售的关系、市场需求与装车质量的关系，合理配置煤炭资源，实现效益最大化。用事实证明销售的铁律，没有充分的调研就没有发言权。

一、产品结构优化的实施背景

在当前煤炭市场低迷的环境下，组织生产、优化产品结构是煤炭企业降本增效的重要手段，也是精益管理和管理提升的目的。

某公司共有 A、B、C 和 D 四个煤种（见表 1），生产 A、C 和 D 三个煤种。其中 A、B、C、D 四个煤种的基准热值各不相同。由于生产方式不同，A、C 和 D 的产量和比例发生变化，到各用户流向不同，车板价不同，铁路收益不同，公司整体效益也会发生变化。为满足实施精准生产的需要，实现整体效益最大化，公司对不同生产方式下的整体效益进行了详细测算，以便更好地指导生产。

表 1　　某公司不同生产方式下的产品结构表

煤种	方案一：8mm +8mm +8mm			方案二：13mm +8mm +25mm		
	热值（大卡）	比例（%）	数量（万吨）	热值（大卡）	比例（%）	数量（万吨）
A	XX	72.20	957	XX	55.00	744
C	XX	14.24	189	XX	31.70	429
D	XX	13.56	180	XX	13.30	180
合计	XX	100.00	1326	XX	100.00	1353

二、产品结构测算过程及分析

该公司以 201X 年 7 月份价格为基础测算煤炭板块和铁路板块利润，即整体效益 = 煤炭板块利润 + 铁路板块利润。其中，煤炭板块利润 = 煤炭板块收入 – 煤炭完全成本。因此，公司整体效益 = 煤炭板块收入 – 煤炭完全成本 + 铁路板块利润。

（一）煤炭板块收入

1. 生产方式影响。公司选煤厂洗选工艺为煤炭破碎后到筛分车间进行筛分，筛下末煤直接进产品仓，筛上块煤经跳汰或重介浅槽洗选后进产品仓。由于筛子孔径不同，筛子孔径越小，筛上块煤产率越高，经洗选后产品热值提高越多，高价格准 2 产量越多，但排矸率也越高，商品煤产量降低。因此，不同筛板孔径组合下，A、C、D 产量和比例发生变化，煤炭板块收入也不同。以甲选煤厂为例，8mm（一系统）+8mm（二系统）+8mm（三系统）和 13mm（一系统）+8mm（二系统）+25mm（三系统）两种生产方式下，其产品结构并不相同。方案一组合方式下，商品煤综合热值较方案二组合的商品煤热值高，A 种煤较方案二高几百万吨，但商品煤总数量为数千万吨，较方案二减少几十万吨。选煤厂优劣洗选系统分别采用 25mm、13mm 和 8mm 三种不同入洗下限的组合方式，考虑不同商品煤量和不同毛煤量，共测算出几十个生产方案。

2. 配煤热值影响。配煤热值差异造成各煤种实际装车热值并不正好等于各煤种基准热值，而是以此为基准上下浮动。动力煤价格政策为在基准价格基础上按每千卡/千克热值进行奖罚。因此，装车热值越高，实际结算价格越高，但A煤种装车热值提高，A比例会下降，公司整体效益发生变化。

3. 商品煤流向影响。商品煤不同流向下，到厂价和转运成本不同。外用户运距长，转运成本高，但到厂价高，因此倒推车板价也高；区内用户运距短，转运成本低，到厂价低，倒推车板价也低，但由于区内电厂承担向华北电网、蒙西电网、北京地区等供电的政治任务，公司必须维持一定量的煤炭供应量。因此，测算考虑在满足区内电厂供煤量的基础上，其他流向发生变化时公司整体效益情况。综合选煤厂不同生产方案和不同配煤热值方案，排除一部分不可能实现的产品方案以及后期又增加部分方案，共测算了162种方案。

（二）煤炭完全成本

煤炭完全成本包括固定成本和变动成本，当产量发生变化时，构成变动成本的原煤成本、洗选成本、排矸成本以及税费影响也发生变化。综合考虑以上影响因素，以煤炭板块收入减去煤炭完全成本即煤炭板块利润。

（三）铁路板块利润

铁路板块利润包括吨公里运费、取送车费、机车作业费、过轨费等。7月份该公司铁路运费见表2。

表2　　201X年7月铁路运费表

流　向	铁路吨煤利润（元/吨）	
	XX公司	XXX分公司
1港	13.10	13.72
2港	12.17	12.84
3港	5.52	13.72
1电厂	11.03	11.03
2电厂	10.39	11.03
3电厂	10.39	11.03
4电厂	7.06	8.83
5电厂	3.01	0.00
6电厂	2.99	2.99

三、产品结构测算结论

通过对产品结构进行测算，得出以下结论：

第一，以201X年7月份车板价测算煤炭板块利润和铁路板块利润，测算出的结论基本一致，即全部采用8mm的洗选下限销售利润最高，采用25mm的洗选下限销售利润最低。因此，从趋势上看，降低洗选下限，增加排矸率能够增加销售利润。

第二，从毛煤不变和商品煤不变两种测算方向看，全部采用最优方案时按照毛煤不变测算的销售利润更高，较按照商品煤不变测算高几千万元。说明在当前成本模式和一定排矸率下，采取优化组织的方式，毛煤量一定，增加排矸量比多开采毛煤销售利润高。

第三，公司降低A装车热值后，整体效益下降，说明在目前价格体系下，应适当提高A煤种装车热值。

四、产品结构优化启示

（一）产品结构优化，目标明确，效益明显

通过产品结构优化，明确了选煤厂入洗下限，装车热值、流向变化对公司整体效益的影响，改善了产品结构不合理的现象，为下一步生产组织提供了依据，提升了生产管理水平，取得了实实在在的效益。

（二）产品结构优化，做到常态化、定期化

由于销售市场的变化，区外下水价格、区内电厂价格、转运成本和铁路收益经常发生变化，因此产品结构优化应常态化、定期化，以组织生产适销对路的煤炭产品，做到结论及时、准确。

（三）产品结构优化，应实现闭环管理

产品结构优化是一个预测性的工作，实际执行效果同预测存在一定的偏

差，因此对其完成效果进行分析评价十分重要。目前，公司每月对选煤厂各煤种完成比例、装车合格率、入洗率、排矸率、煤种高装低装等各项数据进行统计分析，并在生产平衡会上予以通报，下一步将加强考核，细化考核指标。通过以上措施，实现管理学上的 PDCA 闭环管理，向管理要效益。

（四）产品结构优化，部门单位协作配合

产品结构优化是一项系统性工程，需要公司各个部门和单位协同合作共同完成。加强沟通，协调运作，才能使公司整体效益最大化。

某公司优化点检维护方式提高生产效率的做法

综 述

管理务求实用，优化才能高效。优化点检维护方式是对固有点检模式的一次变革，管理只有与现场相结合才能发挥最大效能。点检方式的变化是效益导向的结果，某公司尽管点检更加专业，但耗时耗力，效益值低，相比之下，由设备操作人员自检，大大降低了设备待机时间，争取了设备出动率和作业时间，效益值较高。

一、优化设备点检方式的实施背景

设备点检制度是按照预先制定的技术标准，定点、定标准、定人、定周期、定方法、定量、定作业流程地对设备规定的部位进行检查，以便更早地发现设备故障隐患，及时加以修理调整，使设备保持其规定功能的设备管理方法。设备点检既是一种管理办法，也是一种管理制度，对设备管理尤为重要，是现代设备运行阶段管理的核心。通过对设备进行点检，及时发现故障隐患，采取早期防范措施，使设备的故障苗子消灭在萌芽状态之中。除此之外，设备点检是开展预防性检修的基础，点检可以准确掌握设备状态，实行有效的预防性维修和改善设备的工作性能，减少故障停机时间，延长设备、部件的使用寿命，提高设备工作效率，降低维修费用。

为了提高设备点检质量和效率，提高设备出动率，某公司对矿用设备的点检、维护项目进行了梳理，依据操作人员点检、维护项目的分工，结合露天煤矿的实际情况提出了矿用设备点检、维护优化方案。

二、原有点检制度和现有点检制度的差异分析

（一）原有点检制度分析

该公司矿用设备点检以设备维修中心点检为主，煤矿点检为辅，采取每日点检的方式对设备进行点检，每日上午 8：30 到 10：00 为点检时间，期间矿用设备全部停止作业，设备维修中心统一将点检人员送达设备停放场地进行点检，点检结束统一撤离作业现场后，设备开始作业。

1. 原有点检制度的优点。一是点检工作由设备维修中心负责，对设备性能及标准了解比较细致，设备点检质量可以得到保证，设备故障判定准确。二是设备点检时发现的小故障可以一并处理，减少设备停机时间。三是设备点检时，设备全部停止作业，点检人员的安全更容易保障。

2. 原有点检制度的缺点。点检时，设备全部停止作业，对于无故障设备来说，等待时间较长。

（二）优化后的点检制度分析

采取煤矿点检和设备维修中心点检相结合的方式，煤矿每日上午在设备开始作业前由司机对设备进行点检，点检完成后即可作业。设备维修中心充分利用保养、计划检修、设备待令时间和故障排除时间对设备进行专项点检，每周对每台设备开展两次专项点检。点检方案优化后，电铲、钻机点检时间约为 30 分钟，其他设备点检时间约为 10 分钟，点检占用时间得到有效控制。

优化后的点检制度优点有：

第一，点检占用时间大幅降低，设备使用效率得到提高。

第二，设备点检可以实现静态点检和动态点检的有机结合，故障排查更加全面。

第三，设备维修中心点检人员减少，可以对维修力量进行补强。

三、优化设备点检方式的具体做法

（一）明确责任

公司煤矿和设备维修中心利用过渡期共同梳理了设备点检、维护项目，并按照《矿用设备点检、维护等业务划分规定》的要求，对设备点检、维护项目进行重新划分，明确了责任。两矿根据新的业务划分，相应修订了有关管理规定，设备点检工作由各队机电副队长和主管工程师亲自抓，设备点检时到现场进行监督、指导，有效地提高了司机的责任心。

（二）专题培训

为了提高操作人员的点检质量，煤矿邀请设备维修中心技术人员就设备点检标准、方法和作业流程等项目对设备操作人员进行了 7 次专题培训，司机的点检水平和效率得到提升。

（三）专项检查

维修中心在保证每周两次巡检的基础上，减少了人员工作量，结合煤炭生产弹性工作制的实施，相应增加了夜间维护力量，以便进一步保障夜间煤炭生产工作。优化点检方式执行两个月后，公司进行了专项检查，各单位均表示设备点检、维护工作正在有序开展，实现了平稳过渡。从各单位统计来看，各项指标有向好趋势。

四、优化设备点检方式后效率

点检、维护方式优化后，点检时间控制较好，可出动时间较之前平均增加 30 ~ 40 分钟，设备可动率均有所提高。甲矿点检方式优化后，4 ~ 8 月份主采设备平均可动率为 82.20%，与前一年同期比较，平均可动率提高 1.05%，4～8 月份主采设备平均故障率为 15.93%，与前一年同期比较，平均故障率提高 0.17%，主要原因是设备老化，故障率偏高。乙矿点检方式优化后，4～8 月份主采设备平均可动率为 92.18%，与前一年同期比较，平均可动率提高 4.21%；4～8 月份主采设备平均故障率为 6.32%，与前一年同期比较，平均故障率降低 1.16%。

除此之外，设备点检方式优化后，设备维修中心点检人员减少，对维修力量进行了补强，夜班检修能力和质量得到提升，改变了设备维修中心集中点检的模式，点检人员每日不需要去设备停放场进行点检，机动车辆往返设备停车场次数减少，节约了燃油费用。

五、改进点检方式的体会

改进点检方式的体会有：

第一，进一步加强点检管理，提高点检质量和效率。正确理解点检的概念，将设备清洁和班前检查结合起来，不仅要充分利用交接班时间，更要充分利用设备待令时间，灵活安排点检，提高静态点检质量；同时要高度重视动态点检，充分发挥操作人员的优势，在设备运行中通过观察仪表，感觉设备的动力、声音、振动等状态，准确判断和及时发现问题，减少损失。

第二，煤矿继续加强管理考核，进一步提高操作人员的责任心，继续加强技术培训和监督指导工作，进一步提高司机的技术素养，提高故障信息传递的及时性、准确性，提高检修效率，缩短故障停机时间。

第三，设备维修中心的专项点检要对设备进行全面、细致的检查，严格按照各项技术标准和作业流程进行，及时掌握设备运行状态。

某公司向煤炭质量管理要效益

综 述

以服务心态抓生产，向煤质管理要效益。某公司采用“优质更优，劣质更劣，优劣分明，分采分运”的毛煤煤质管理方式，通过调整生产工艺参数与组织方式，实现了毛煤以质分类，理顺了与选煤厂的衔接链条，降低了洗选难度，提升了洗选效率，促进了煤质的调节可控、配置优化。

一、加强煤质管理的背景

产品质量是企业生存和发展的“生命线”，煤矿是煤炭生产的基础环节，毛煤质量对产品质量有决定性的影响。近年来，面对煤炭市场的持续低迷，针对如何进一步提升煤炭质量的问题，某公司积极提出向产品质量要效益理念，将杂物管控和稳定毛煤质量作为煤质管理工作的重中之重，在工作中积极探索，大胆转变工作思路，重点加强煤矿爆破和采运环节的管控，为选煤厂提供稳定热值毛煤，煤炭质量稳步提升。

二、加强煤质管理的具体措施

该公司煤矿开采 5 号煤层和 6 号煤层。现开采区域 5 号煤层平均厚度 2 米左右；6 号煤层平均厚度较 5 号煤层厚，分三个台阶开采：6 上煤层厚度 10 米，为劣煤台阶；6 中煤层 15 米，为优煤台阶；6 下煤层 8 米，为劣煤台阶。

（一）内业管理

1. 修订《煤矿煤质管理考核办法》，明确煤质生产相关责任单位及人员。成立以矿长为组长的煤质领导小组，全面负责煤质管理工作，对相关单位及人员进行考核。

（1）生产技术部负责日常的生产地质工作，编制煤质预报，提供煤层底板等高线图，制订合理可行的采煤计划。

（2）调度部按照配煤方案组织上煤，及时与选煤厂调度人员进行沟通，根据选煤厂实际需要调整上煤方案。

（3）安监站定期下现场巡视，检查煤层上是否遗留杂物，监督煤铲和运煤卡车按调度指令作业。

（4）机电管理部定期下现场巡视，检查煤层上是否遗留设备部件，并协助生产技术部辨认混入煤中的硬杂物。

（5）穿爆队做好煤层穿孔爆破设计，按要求严格分层，合理确定爆破孔网参数及装药量，保证毛煤块率符合要求。

（6）工务队在生产技术部人员指导和监督下进行煤层顶、底板清理工作，并及时清理运煤道路上的洒块和杂物。

（7）采掘队依据调度室指令确定作业煤铲，做到有计划上煤、配煤。煤铲司机发现煤块大于1.4米时不得装车。

（8）运输队运煤卡车必须按指定煤铲装车，不得串铲；必须按指定的优、劣煤卸车口卸车，不得串口乱卸。

（9）供电队负责坑下用电采煤设备的正常供电。

2. 严格执行《煤矿杂物管理及考核办法》，对毛煤生产全过程进行杂物控制和管理。

（1）煤层顶板穿孔爆破作业必须在清理完煤层顶板后方可进行。煤层遗留有钻杆、钻具时，通知生产技术部测量具体位置和埋深，并将位置报告给下一环节生产单位。

（2）电铲作业前要清理作业区域的杂物。由生产技术部标定的遗留有钻杆、钻具的位置，作业之前及过程中要注意观察，避免此类硬杂物进入破碎站。

（3）运输剥离物卡车在装煤之前必须进行车斗的清理，车斗清理干净后方可装煤。

（4）进行煤层顶板清理时杂物、风化煤层必须全部清理，煤层顶板须用煤做挡墙。清理煤层底板时要避免底板岩石混入煤层。

（5）设备完成点检后，要与维修人员一起检查设备周围是否遗留检修工具及设备部件、破布等维修垃圾。

3. 严格执行煤质奖奖罚制度，提高煤质管理人员积极性。以《煤矿煤质管理考核办法》和《煤矿杂物管理及考核办法》为标准，对各相关单位及人员进行奖罚。煤质检查工作实行日检查、月汇总、季考核，煤质奖励专项资金每季度发放一次。将生产技术部经理、副经理、地质人员、调度部主任、值班主任列为专门考核对象，以商品煤装车合格率为指标进行考核。各单位在煤质管理中考核内容的多少按比例进行分配，并根据考核结果进行奖罚。

4. 制订煤质预报和上煤方案，指导煤炭生产高效稳定运行。煤矿生产技术部每月、每周根据生产计划，结合钻孔化验数据，通过煤质信息管理系统编制下月、下周毛煤煤质预报，报送公司技术部和选煤厂。毛煤煤质预报包括各所采煤层区域、层位、灰分、水分、发热量和毛煤量，选煤厂依此制订毛煤洗选计划和商品煤装车计划，确保煤炭生产系统高效运行。

上煤方案是煤质管理人员根据毛煤煤质预报，结合采矿计划进度而做出的坑下毛煤配采指导方案。生产调度部根据上煤方案组织上煤生产，生产技术部负责监督上煤方案执行情况。

5. 制作煤层顶、底板等高线，指导划分煤台阶和清理顶、底板。露天煤矿生产技术部每月根据测量验收图，结合勘探钻孔煤层资料，制作采区范围内煤层顶、底板等高线图，作为采区内煤台阶分层的依据，各队在生产中参照煤层顶底板等高线，确保煤台阶分层准确，煤层顶、底板清理到位，保证各煤台阶毛煤质量稳定。

6. 采用信息化手段，提高煤质管理效率。通过煤质信息管理系统，可以查询煤炭生产各环节的煤质数据，方便煤质管理人员全面掌握煤质情况，为管理人员决策提供依据。

（二）现场管理方面

1. 重新划分煤层台阶高度。具体做法是将原有6上台阶（劣煤）中的优煤划分到6中台阶（优煤），调整后的台阶高度为：6上煤层10m、6中煤层15m、6下煤层8m，使“优煤更优、劣煤更劣、优劣分明、分采分运”，为选煤厂提供热值稳定煤炭，有利于选煤厂配煤装车，提高商品煤装车合格率。

2. 调度环节。配合选煤厂，严格执行分采分运，固定破碎站上煤口，稳定毛煤热值。1#口上6中优煤；2#口为机动口，上6下煤或6中优煤；3#口上6上煤、5#煤或构造煤。每个破碎站口在一个时间段内只能上一个煤种，在上煤煤种发生变化时，煤矿调度和选煤厂调度要及时沟通。

3. 爆破环节。调整煤台阶爆破孔网参数和6中优煤装药结构，降低末煤产率，增加块煤率和入洗率。严格控制煤层台阶穿孔深度，穿爆队超深不得超过规定米数。煤层穿孔后，生产技术部煤质管理人员不定期到现场对孔深进行抽查，验证是否符合设计穿孔深度。煤层爆破使用低密度炸药。

4. 开采环节。严格控制煤层台阶采掘高度，采掘队严格按设计高度进行开采，不得超挖或欠挖。煤层开采过程中，生产技术部煤质管理人员不定期到现场对台阶高度进行抽查，验证是否符合设计开采高度。

5. 运输环节。运煤卡车按调度指定破碎站口上煤，不得串口卸煤。

6. 杂物管控。每月到选煤厂原煤车间和洗选车间进行杂物清点，不定期到煤层台阶进行杂物清点，辨识杂物来源、分析杂物产生原因，通知各队负责人，并以此作为煤质奖发放依据。

三、煤质管理取得的成效

（一）末煤比例下降

在选煤厂筛板都为13mm的情况下，使用低密度炸药比使用普通炸药末煤比例下降2.51%（取某一时间段数据，如表1所示）。

表1　　使用低密度炸药前后末煤比例对比

炸药种类	筛板	末煤比例
A	13mm	48.13%
B	13mm	50.64%

（二）煤炭质量稳步提升

1. 商品煤装车合格率情况。从201X年有准确数据统计以来，商品煤装车合格率逐年提高，由201X年度的66.38%提升到201X年度的89.47%，商品煤装车合格率的提高与煤矿提供均衡稳定的毛煤是密切相关的。

2. 准2煤种比例提升。201X年1月至5月，商品煤装车热值高于年计划热值。A、C、D三个煤种所占比例为61%∶39%∶0%，与年计划相比，A煤种高11%，C煤种低9%，D煤种低2%；与201X年同期对比，A煤种高11%，C煤种低11%，D煤种低3%。

（三）经济效益估算

201X年1月至5月，煤矿分别生产毛煤、商品煤数千万吨。

201X年计划A、C、D三个煤中所占比例分别为50%、48%、2%。

经计算，201X年1月至5月实际比年计划多创造经济价值数千万元，预计201X年全年多创造经济价值也在几千万元。

某公司改进设备保养模式落实提质增效的做法

综 述

设备保养模式有套路，技术改革出效益。某公司大胆改革设备保养模式，以感性的假设和理性的求证得出科学的结论。在可承受范围内，延长卡车机油的更换周期，提高了油脂使用效率，同时减少了因过度保养造成的设备出动率浪费，一举两得，是管理创造效益的又一典范。

一、改革保养模式的实施背景

201X年，某公司大力倡导“提质增效，精益管理”理念，依据相关设备维修手册并结合设备结构原理，从过滤液压油、延长A卡车柴机油更换周期、延长设备齿轮油使用周期等方面对保养模式进行改革，为此特制订了一套方案进行试运作。此套方案运行半年多，在保证设备保养质量的前提下，一方面降低了配件、油脂的消耗量，另一方面减少了维修工人的工作量，大大提高了设备的出动率（见表1）。

二、改进设备保养模式的具体举措

（一）过滤设备液压油，提高油脂重复使用效率

依据201X年液压油抽样统计表对比分析，约75%的液压油因灰尘、碎

表 1　　某公司设备工作容积统计表

设备类型	数量（台）	液压系统工作容积（L）	冷却系统工作容积（L）	轮马达齿轮箱工作容积（L）	曲轴箱工作容积（L）
A（卡车）	37	1 211	591	324	290
B（卡车）	18	936	400	180	280
C（卡车）	30	1 325	594	190	360
D（卡车）	13	1 000	400	180	280
E（装载机）	2	1 400	410	190	290
F（装载机）	2	900	270	140	240

屑等颗粒物含量超标未重新使用，因此拟定采用过滤的净化方式对其进行回收再利用，从而达到提质增效的目的。按照公司制定的降本增效量化指标，核定此项举措节支成本为几百万元，计划节支液压油几十万升。

排放液压油前，要求设备务必停入厂房，避免液压油因长时间接触外界而污染、变质，从而不能确保正确回收利用。依据设备运行周期，首先，将设备中储存的液压油排放于净化的盛油容器中。其次，油脂化验员抽样对其进行性能指标试验，确认其是否可以重复使用。最后，由保养工人对试验合格的液压油进行装桶前、加注前两次过滤，确保其中的灰尘、碎屑颗粒物含量达到使用规定值。

过滤液压油注意事项：

1. 作业环境方面：排放液压油前务必将设备停放于厂房内，降低油脂污染程度；存放过滤好的液压油要按要求妥善保管，做好防火、防雨等防护措施。

2. 工器具使用方面：排放液压油前，要对盛油容器进行净化处理，确保其清洁、干净；安装过滤装置前，要清洁管路及接头，避免混入杂质致使油液污染、变质；安装过滤装置前，认真检查过滤器内滤芯有无脏污、破损迹象，若有，要待更换完毕方可作业。

（二）合理延长 C 卡车柴机油、柴机油过滤纸更换周期，有效控制保养成本

C 卡车发动机润滑系统中设计有柴机油燃烧系统，因此在设备磨合试运

行阶段厂家将设备的保养柴机油更换周期规定为2 000小时，柴机油过滤纸更换周期规定为1 500小时。随着设备运行周期的增加，201X年底部分C卡车发动机达到需下机维修周期，出现了几例柴机油进入发动机其他系统的故障，为此设备维修中心将其保养周期缩短，即柴机油、柴机油过滤纸更换周期规定为500小时，确保设备不再出现类似问题。

公司加大了降本增效力度，在细化保养流程的前提下，再次将C卡车柴机油更换周期延长到2 000小时，柴机油过滤纸更换周期延长到1 500小时。

在C卡车保养成本联控中，通过加大设备柴机油燃烧系统检查、维修力度，提高柴机油内部成分化验水平，将C卡车柴机油更换周期延长到2 000小时。在C保养维修时，通过检测柴机油过滤纸上油污附着量及变化趋势，按需将柴机油过滤纸更换周期延长到1 500小时。此举在充分发挥柴机油、柴机油过滤之使用性能的同时，有效降低了C卡车的保养成本。

（三）统筹安排更换卡车齿轮油，充分提高油脂使用性能

1. 降低保养成本。公司使用的重型卡车均为电轮马达驱动，其内部齿轮全部为专用齿轮油润滑；轮马达齿轮箱中齿轮油缺失或污染会导致内部齿轮润滑不良而损坏，因此维修工要定期检查并化验齿轮油油量和性能。201X年之前按照计划保养单规定每3 000小时强制更换卡车齿轮油，未对其指标进行全面、系统的化验，排放的齿轮油视为废油处理。201X年底，车间技术人员抽取部分卡车齿轮油进行化验，发现约85%的齿轮油各项指标均在规定范围之内，因此公司决定延长卡车齿轮油更换周期，降低保养成本。

2. 提高齿轮油使用量。为了充分发挥重型卡车齿轮油使用性能，201X年，公司打破以往按照保养周期强制更换齿轮油的模式，形成以化验为主，按需更换齿轮油的新举措，在延长设备运行时间的同时大大节约了保养成本。201X年，公司实行对每台待保养的重型卡车齿轮油进行抽样化验，只要各项指标正常，均可延长其更换周期；通过抽样化验与强化保养质量相结合的方式，降低齿轮油的使用量。

某公司油脂价格如表2所示。

表 2　　某公司油脂价格明细表

油脂类型	型号	单价（元/L）	适用车型	备注
液压油（传动油）	VG32	14.21	A、B、D	
	SAE10W－C4	21.87	C	
柴机油	SAE15W－40	17.4	A、B、C、D	
齿轮油	SHC680	106.52	A、B、C、D	

（四）科学延长 MT 卡车保养周期，降低配件、油脂消耗量

1. 延长卡车保养间隔。矿区因建矿时间短、基础设施局限等因素，投入生产至 201X 年底，重型卡车的保养级别全部规定为 330 小时运行间隔周期；201X 年年初因作业现场环境改观较大、设备运行性能良好，公司计划将部分 MT 重型卡车的保养间隔周期延长到 500 小时，很大程度上降低了配件、油脂消耗量，力争达到降本增效的目的。

2. 延长卡车保养成效。201X 年，公司在保养成本联控中，通过提高保养技能及质量，将部分 A、B 卡车保养间隔延长到 500 小时，充分挖掘节约成本潜力。延长 A、B 卡车保养周期降低了柴机油、液压油、燃油滤芯、齿轮箱呼吸器、空气过滤器、液压油滤芯等油脂及配件的消耗量。

三、改革保养模式后取得的成效

（一）液压油节省

车间承修的设备均使用同一规格的液压油（或称传动油），粗略估算过滤单台设备液压油可节约成本几十万元（过滤过程中液压油损失量可忽略不计）；综合设备台次和液压油系统保养周期，车间核定本项举措节支百万元，截至 7 月累计对几十台设备的液压油进行过滤，过滤油量为千万升，节支数十万元，完成全年计划的 42.93%。为 31 台设备加注过滤好的液压油，暂无因油质问题所致的液压系统故障。因此，该举措试验效果良好，可为同行业

提供借鉴。

（二）延长柴机油更换周期

合理延长 A 卡车柴机油、柴机油过滤纸更换周期，仅单台设备单次保养可节约柴机油上百升、柴机油过滤纸 1 张。煤矿现有 A 卡车年运行小时数约为 6 000 小时/台，相比 201X 年保养周期，单台设备可节约柴机油上千升，加上柴油机过滤纸，每台设备共计节约成本数万元。煤矿现运行 A 卡车几十台次，预计可节约成本几百万元。在保证 A 卡车发动机正常运行前提下，车间推行此项举措 1 ~8 月份共节约数十万元，其中延长柴机油更换周期百余台次，节约柴机油千余升，共计几十万元；延长柴机油过滤纸更换周期 128 台次，节约柴机油过滤纸百余张。

（三）延长齿轮油更换周期

201X 年，车间计划延长几十台次重型卡车齿轮油更换周期，预计节约齿轮油万余升，节约成本几百万元。通过轮马达齿轮箱工作容积及油脂单价可知单次延长重型卡车齿轮油节约成本 A、B、C、D 四种卡车共计几十万元；201X 年 1 ~8 月累计延长重型卡车齿轮油：E 装载机、F 装载机和 C 卡车分别几十台，共节约齿轮油万余升，共计几百万元。1 ~8 月份重型卡车未出现齿轮油指标异常所致故障，因此该方案有助于推动车间提质增效工作。

（四）卡车保养

强化 MT 重型卡车保养技能及质量，材料配件费用平均每台减少一次保养可节约百万元，车间 201X 年 1 ~8 月份计划对几十台 MT 卡车延长保养周期，单台卡车每年运行数千小时，截至 8 月份减少 A 卡车 18 次保养，累计节约数十万元。综合考虑设备运行状况和运输量因素，此项举措一方面保证保养质量的同时提高了设备出动率，另一方面在减少材料配件消耗同时节约了成本。

四、改革保养模式实施体会

（一）成本投入与创效分析

开展改革保养模式工作核心内容是利用配套设备、辅助装置对油脂、配件进行检测、化验，从而降低材料、配件使用量。因此，需要支出费用包括：一是购置设备的费用；二是延长油脂使用周期要增加的过滤滤芯成本消耗；三是采取该保养模式需增加的检测、化验、过滤人工成本支出费用。相比车间降本增效数千万元的年计划指标，以上费用支出几乎可以忽略不计。

（二）保养模式改革面临的问题与困难

1. 抽取设备油样要求作业环境清洁，才能确保化验结果准确无误，大量灰尘落入将会导致化验结果超标，导致油脂、配件浪费。

2. 制作盛油容器时，要求其抗氧化性、抗腐蚀性等化学性能较强，才能避免油脂的污染，目前车间使用的盛油容器均为金属材料制作，极易影响油脂的重复使用效果。

3. 定期需对油脂、过滤器滤芯进行过滤、检测需要增加一定的人力，在目前检修任务量大的情况下，不能及时抽调人员按时完成该项工作。

4. 过滤好的油脂需在避光、防雨、防火等防护措施下存储，否则会导致油脂污染、变质，加注设备时会损坏液压元件从而出现液压故障。

（三）改革模式推广应用

通过延长保养周期、过滤液压油等举措，油脂、配件使用性能得到有效提高：一方面减少了成本消耗；另一方面对控制保养废弃物排放、保护自然环境起到积极作用。因设备设计原理及使用要求不同，此套方案仅在矿用重型卡车上选择性使用。下一步，公司将全力结合设备设计原理并与相关技术人员沟通，逐步扩大其适用范围，创造更大经济效益。

某公司设备维修作业精益管理的推进实施

综 述

精益管理追求的是管理效益的最大化，体现在设备维修上就是成本的节约、实动率的保障、维修质量的提升。某公司设备维修中心实行设备维修的精细化管理，通过制度的制定，从思想上转变职工的维修习惯，树立责任意识和成本意识，针对设备故障的类别实行状态维修，并对维修质量进行追踪，把追踪结果作为考核标准之一，提升了职工的责任心，延长了设备的寿命和维修周期，保障了设备实动率，为企业生产提供了坚强的技术保障。

一、设备维修作业精益管理的实施背景

现代化大型生产企业的机械化和自动化程度很高，机电设备是生产的主要工具，设备的正常运转是完成生产任务的前提，也是降低生产成本的重要途径。随着煤炭行业竞争的不断加剧，面对诸多强大的竞争对手，企业只有不断深化管理，降本增效，才能在竞争中立于不败之地，才能健康稳定地发展。虽然影响企业盈利的因素很多，但设备管理依然是一个非常重要的因素，对于机械化和自动化程度很高的现代化企业来讲，设备维修精益管理具有重要意义。

（一）提高设备生产效率，降低单位产量设备固定成本

机电设备是煤矿主要生产工具，设备折旧费占生产成本比例较高，对设

备维修作业进行精益管理，可提升设备利用率和生产效率，降低单位产量固定成本。

（二）确保安全生产，降低事故成本

对设备维修进行精益管理，可避免设备带病运转，杜绝大多数安全事故发生，确保安全生产，降低事故成本。

（三）降低能耗及维修费用，提高效益

使设备保持良好运行状态，从而提高设备运转效率，降低设备能耗，也可防止设备零部件非正常磨损与损坏，以减少物资消耗，并延长修理间隔期。

二、对设备维修作业进行精益管理的做法

通过以上分析，可以看到对设备维修作业进行精益管理的重要性。那么，怎样实现对设备维修进行精益管理？

（一）转变观念是推进精益管理的前提

必须从思想认识上完全转变传统的思维模式，建立超前的管理意识和科学创新的管理理念，用精细化的理念规范我们的行为，把精细化的先进管理方式引入日常的管理和工作。

（二）建立精细化管理制度，强化执行力，是实行精益管理的保障

精益管理制度是企业员工在精细化管理和工作中共同遵守的规定和准则的总称，必须结合实际情况，建立一套切实可行的设备维修精细化管理制度体系，并强化执行力来保证精细化管理的实施。

（三）创新维修模式，实现状态维修

旧的维修模式主要沿用计划预防修理制度，采用日常维护、定期保养、

计划修理（小修、项修、大修）等维修方式，状态维修是一种先进的设备预知维修方式，是社会生产力的发展在维修领域的具体体现。状态维修与传统的计划维修相比较，可以延长维修间隔，避免过度维修和紧急抢修。

（四）做好设备配件计划，减少停机损失

配件计划是根据设备发生故障的规律而做出的需求计划。设备故障分为规律性故障和随机故障，在制定配件计划时应区别对待。对于规律性故障，通过熟悉机械设备的结构及工作原理，对维修中涉及的配件做出损坏程度的初步判断，进而做出合理、经济的配件计划。对机械设备的随机故障，要尽可能利用必要的机械故障诊断技术进行状态监测，提前做出相应的配件计划，减少故障停机损失。

三、对设备维修作业进行精益管理的体会

设备维修作业精益管理是我们在维修中需要努力的方向，尽管全面实施还需做大量的工作，只要我们不断努力，不断开拓和创新，相信在不久的将来，有能力在设备维修作业精益管理方面走出自己的特色，走在行业系统前列。同时，员工是企业的第一要素，只有提升员工素质，充分调动员工的积极性、创造性，各项工作才能落实，设备维修精益管理才能达到效果。

某公司机电设备精益管理活动的推进实施

综 述

开展机电设备精益化管理活动，就是要通过规范机电管理，梳理制度流程，理顺工序、工种之间的作业衔接，进一步提升工作效率，扩大效益。某公司通过深入开展该项活动，分析对比活动前后生产效率和生产能力的变化，对改进生产方式、压缩非作业时间、提高生产效率、优化检修流程、提升员工技能等方面进行总结，让精益化管理管出了实实在在的效益。

一、开展机电设备精益化管理的背景及内涵

（一）精益化管理含义

精益化管理的概念始创于丰田公司。丰田公司能够在第二次世界大战后轻松度过历次危机，最终在 20 世纪 80 年代成为世界瞩目的汽车行业巨头，与世界一流的“丰田管理模式”是密不可分的。

“精”——少投入、少消耗资源、少花时间，尤其是要减少不可再生资源的投入和耗费。

“益”——多产出经济效益，实现企业升级的目标，更加精益求精。

精益管理是精益生产理论的扩展，是精益思想在企业各层面的深入应用，精益管理是以精益思想为指导，以持续追求浪费最小、价值最大的生产方式和工作方式为目标的管理模式。

（二）精益化管理探索

对于企业而言，基于自身实际生产条件，研究探索科学合理的精益化生产组织模式，对提高生产效率是至关重要的。某公司积极推进精益化管理，科学合理地安排生产各环节，制定切实可行的措施，保证设备的完好，降低非生产影响时间，提高生产效率，降低生产成本，编制了《企业精益化管理实施手册》，积极组织开展精益化活动。

二、机电设备精益化管理模式的主要措施

机电设备精益化管理的主要措施如表 1 所示：

表 1　　机电设备精益化管理模式的主要措施

序号	主要措施
1	整合原有机电管理制度，全面查找制度空缺，填补新增制度，明确责任，确保规范使用
2	全面梳理、完善设备操作规程，编制更新新增设备相应的操作规程，保证所有设备操作都标准化、规范化
3	全面梳理、完善设备的作业标准，严格按标准进行作业，管理人员加大日常检查或定期检查的力度，发现不符合要求的，限期整改
4	加强包机管理，确保所有设备，所有系统、部位全部责任到人，全面实行包机制。开展定置管理，保证设备卫生整洁，明确规定操作人员参与设备维护保养、检修的职责，实现“操作、点检、维护、故障诊断、修理”的全员、全方位、一体化管理
5	加强班前检查，进一步优化、细化设备班前检查作业流程。完善技术培训教程，开展现场培训，提高点检水平，保证班前检查质量和设备的可靠运行
6	严格加强设备规范化操作，进一步制订完善新增设备的规范化操作规定。针对设备操作中的不规范行为，完善可视化培训教程，展开培训。设备维修人员要及时向设备管理部门反映操作人员因操作不当发生的问题，以促进操作人员规范操作。设备管理人员要定期从设备上下载操作记录，有针对性地实施改进措施，并严格考核

续表

序号	主要措施
7	加强坑下供电管理，严格执行《电气安全操作规程》和《停送电管理制度》。补充完善供电系统规范化管理流程，规范坑下供电系统的维护作业，消除故障隐患，提高供电质量。编制供电维护定额，对停送电作业的时间、人员等进行定额管理，保证用电安全、经济、可靠
8	制定和完善设备安全技术操作规程。设备安全技术操作规程是操作人员规范化操作的理论基础，加强操作人员安全技术规程的培训，使其在操作人员头脑中固化，形成规范
9	以 EAM 系统、ERP 系统为信息平台，提供科学的设备运行参数，通过对运行参数合理分析，制定各设备配件提报计划及各类检修计划，提高设备检修合理性及准确性，保证设备的正常运行
10	加强对机电基础工作和内业工作的管理，认真做好机电统计、机电报表、机电分析与计划等工作，进一步加强和细化对机电档案、台账和机电记录等的管理工作，保证各项资料规范化、标准化，以便更好地查询和考核
11	制定并完善《设备维护保养规程》，保证机电设备的检修、维护保养工作实行工单制，结合 EAM 系统在网上运行，进一步节约维修时间，提高生产效率
12	优化设备报修流程，制定《设备故障报修管理办法》，优化、规范报修程序，明确责任，充分利用各种信息手段，及时、准确地传递设备故障信息，并对设备点检、零故维修、保养、计划检修实行双向量化考核，形成闭环管理

三、机电设备精益化管理活动的主要效果

（一）产量屡创新高

201X 年全年共有几十台次机电设备单月产量超过百万立方米，201X 年上半年就已经有几十台次电铲单月产量超过百万立方米。

（二）卡调系统平稳运行

GPS 智能矿山管理系统为煤矿合理安排生产、控制、监测和跟踪管理及生产统计管理等方面提供有效的技术支撑，实现了露天矿生产和调度的现代

化管理，提高了设备利用率和生产效率。

（三）钻机除尘效果显著

4 台 A 型钻机除尘改造试验已完成，相比较以前除尘效果有了较大改观，提升钻机除尘系统效果。

（四）设备外貌管理再上台阶

将所有设备的外观从正面、侧面、后面三个方向进行了拍照取证，使各单位管理人员能够及时发现磕碰现象，加强了司机的责任心，使设备容貌管理再上一个新台阶。

（五）轮胎管理降成本

从多方面查找轮胎管理使用方面存在的不足，并提出优化措施，持续不断的优化轮胎管理办法，降低生产成本，提高效益。

（六）节能减排争效益

一是明确了该公司领导的成本管理责任；二是给各队部下达了成本节约指标；三是修订完善了奖项，充分调动全体员工参与成本管理的积极性、主动性。

四、机电设备精益化管理活动的启示

（一）理念引领，务求实效是实施精益化的关键

精益化管理源于两级公司先进的管理理念，目标是提高效益，降低消耗。作为基层单位，在方向明确的前提下，扎实工作，务求实效是实施精益化的关键。

（二）高度认识、机构健全是实施精益化的组织保障

精益化管理是一项重大的管理变革，是“一把手”工程。要系统思考、把握关键、突出重点、分步实施、健全机构，才能保证精益化管理工作持续推进。

（三）高素质员工队伍是实施精益化的人才保障

精益化管理的落脚点、执行者是员工。一项管理制度和管理方法能否执行到位，落到实处，关键在于执行力。因此，队伍建设是实施精益化的最重要、最基础的工作。

（四）上下联动、内外结合是实施精益化管理的有效手段

精益化管理需全员参与、全员行动，对于基层单位，必须有坚韧不拔的意志来推进。同时，在上级公司和部门的大力支持和指导下才能更好地推行下去。

某公司物资采购精益管理的推进实施

综 述

当前物资储备金成为公司经营的严重负担，某公司物资供应处把降低物资储备金作为专项课题进行研讨，从管理流程上进行重新梳理，对物资采购中存在的问题进行理性思考，提出了应对措施。针对物资计划管理、采购管理、仓储管理、财务管理等环节都制定了具有实际指导意义的精益管理办法，建立供应管理绩效评价体系，创新了与公司物资采购体系、与煤炭企业物资保障相适应的采购管理模式，追求最完备的供应保障和最经济的物资采购相结合，提升采购效率，降低采购资金使用，为公司经营减负。

一、某公司物资供应精益管理的背景

某公司在物资供应管理方面实行集中统一管理的模式，即物资的计划、采购、入库、保管、领用全部由物资供应处负责。近年来，随着生产规模的日益扩大，每年的材料和配件采购数量庞大，使库存逐年增长，截至201X年底，公司实际库存占用数十亿元，但其中有相当一部分很少领用，成为冗余积压物资，严重占用了公司流动资金，因此制定切实可行的改进措施，降低生产成本、降低采购成本、降低库存、降低储备资金占用已经成为公司紧迫需要解决的现实问题。

二、库存增长原因分析

（一）进口设备配件价格增长

通过该公司近3年进口配件采购价格的统计分析，个别配件存在降价的现象，但大部分配件都有不同程度的涨价。根据统计数据，A进口配件价格每年的涨幅为3%，B进口配件每年涨价5%，C进口配件价格每年的涨幅为10%~15%，平均进口配件价格每年涨幅为7%。

（二）进口设备配件价格增长

通过该公司近3年进口配件采购价格的统计分析，个别配件存在降价现象，但大部分配件都有不同程度的涨价。根据统计数据，A进口配件每年的涨幅为3%，B进口配件每年涨价为5%，C进口配件每年的涨幅为10%~15%，平均进口配件每年的涨幅为7%。

（三）设备附赠随机配件的比例较大

近几年，购买新设备所附赠的随机配件单独作价入账，且使用量又少，导致库存增加。经统计，201X年底随机配件的库存金额数亿元，占存货账面数的13.54%。

三、物资供应精益管理的主要做法

（一）加强管理制度建设

规范的管理制度是企业管理的一项基础工作，企业规范管理、高效运作，离不开完善和可持续优化的制度建设机制。为了改变当前经营管理及库存管理的现状，该公司制定了严格的物资管理规章制度以及制度执行过程中可能出现的问题和应对措施。

（二）严格计划的科学管理

物资计划是物资供应的龙头，是计划期物资供应活动的科学预见和反映，及时、准确、科学地制定物资需求计划是实施采购、控制成本、合理库存的根本保证。

一是加强需求计划及时性。明确规定各类物资需求计划提报的时间要求。

二是提高需求计划的准确性。通过据标准化管理，利用数据统一编码、统一描述来实现“一物一码”，极大提高物资数据的准确性。

三是需求计划要科学合理。坚持计划审批程序，按需求购进的物资，由使用单位及时办理出库手续，防止积压。

（三）加强采购流程管控

降低物资采购成本，堵塞采购环节中的漏洞，确保所采购的产品符合规定的要求，是采购管理的前提和基础。

一是严格执行采购计划审批制度，依据批准后的采购计划按规定实施采购行为报的时间要求。

二是建立一套严密的价格对比体系，通过对比分析，控制采购价格，把采购成本降下来。

三是重点落实效率管理制度。加快了物资采购计划的内部流转速度以及采购寻源速度，压缩采购周期。

四是成立采购监管部门，对物资采购中的各个环节进行全过程监督。

五是严把验收付款关，加强费用结算业务的内部控制，避免因物资质量及物资验收付款产生风险。

（四）选择合适的供应商，对供应商实行全生命周期管理

加强供应商管理是搞好采购管理的首要前提，是采购管理的关键环节。对供应商遵循“控制总量、优化结构、动态管理、优胜劣汰”管理原则，及

时跟踪供应商的供货质量、服务及合同履行情况，并将跟踪结果作为动态调整供应商等级及退出的重要依据。

（五）建立、培养专业采购队伍，为有效降低采购成本提供人才保障

合格的采购人员必须熟知物资采购的专业知识，具有较强的市场信息采集与处理问题的能力；具有高度的职业责任心，忠于职守；要维护公司权益，树立法律意识，规范采购行为，有效地控制采购成本。

（六）物资仓储管理

仓储管理的基本职能就是降低成本，保障生产的顺利进行，最大效率地服务于企业的生产经营；加强仓储管理现代化建设的力度，确保公司仓储管理的工作效率和专业化水平稳步提升。

一是推行6S现场管理，使物资仓储管理的操作流程更加规范，各个环节的衔接更加合理，运转起来更加顺畅。

二是加快仓储信息化建设的步伐，进行物资信息系统、无线条码技术建设，逐步在全公司推广先进技术的应用，提高工作效率。

四、物资供应精益管理的实施效果

物资供应精益管理的实施效果如图1所示：

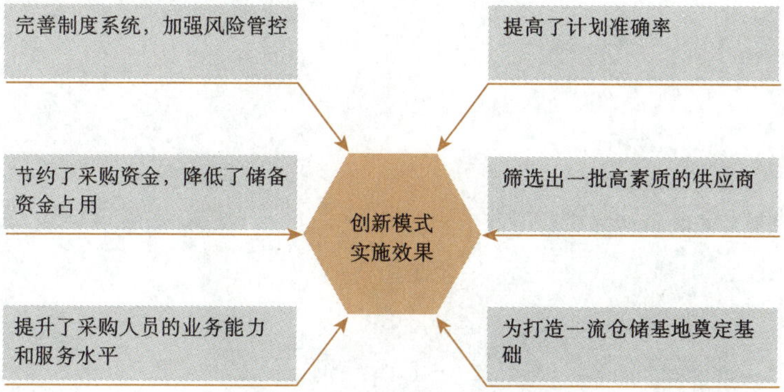

图1　创新模式实施效果

五、物资供应精益管理的体会

（一）转变物资供应理念是企业提高经营水平的关键

树立科学规范意识、优质高效服务意识，变被动服务为主动服务，规范物资采购业务流程。建立供应管理绩效评价体系，对物资供应管理实行科学动态管理。

（二）建立创新的物资供应机制是企业提高经济效益的手段

新的物资供应机制须从生产经营的实际出发，经过企业上下深入研究，形成一整套涵盖物资计划管理、采购管理、仓储管理、财务管理等科学的物资供应闭环管理机制。

（三）信息化建设是企业实施现代管理重要途径

企业信息化管理的精髓是信息集成，宗旨是将企业的各方面资源进行科学的计划、管理和控制。将先进的管理理念和管控方法通过信息化手段固化到企业经营管理的各个环节，以提高管理效益。

某公司固定资产精益管理的推进实施

综 述

企业难以承受低效无效资产之重。固定资产管理是企业生产经营管理的重要组成部分，作为企业长期投资，必须不断优化其结构，时刻关注其收益率。固定资产的管理也必须从这一理念出发研究新的管理办法，加强现实条件下固定资产管理的有益探索。在当前经济环境下，一定要树立轻资产经营的理念，更多地通过管理创新、品牌增值来提高企业效益，而不能继续再沿用上规模、扩资产的方式来经营企业；同时加强内部控制，结合外部环境变化对管理工作进行动态调整，保证企业的固定资产管理工作顺利进行，对企业的经营效率和市场竞争能力实现有效提升。

一、固定资产精益管理的背景

某公司作业采用轮斗工艺系统，启用时间为 199X 年，轮斗系统主要设备使用年限近 30 年，设备折旧已提足。

二、固定资产精益管理的主要做法

经技术人员分析论证，选煤厂扩建工程中 M51 – M54 胶带输送系统可以重新组合利用轮斗系统中部分设备，设计时充分考虑了可以使用的、状态较好的闲置设备及配件，提高闲置资产的使用效率。

胶带输送系统使用轮斗系统设备共计 11 项，明细见表 1。

表 1　　某公司扩能调用轮斗系统设备清单

序号	货物名称	规格型号	数量	单位	备注
1	A	1.8 米胶带机	2	套	B22－1 及 B22 胶带机
2	B	1.8 米胶带机	1	套	B22 胶带机
3	C	1.8 米	347	组	
4	D	1.8 米	1 733	组	
5	E	1.8 米	693	组	
6	F	1 250×2 000	1	件	
7	J	1 000×2 000	5	件	
8	H	ST2500/12＋6	36	卷	5 683 米
9	L		1 386	个	
10	G		4	个	
11	K	1.8 米	3	组	

三、固定资产精益管理的实施效果

实行固定资产精益管理降低了基建投资，闲置资产重新利用共节约建设资金百万元；减少了闲置资产，最大限度利用了公司现有资源。这项措施是公司近年来盘活闲置资产，节约建设资金，降低工程造价的较为成功的一次尝试。

四、固定资产精益管理的体会

实行固定资产精益管理的体会有：

一是实行固定资产精益管理，各级管理人员要深刻认识经济形势，以及公司生产经营面临的挑战，牢固树立成本意识，立足现有的资源，挖掘现有的潜力，不断挖潜降耗。

二是进一步优化决策流程和方案，凡涉及生产基建的重大决策，要优先考虑立足现有资源，把成本联控的关口不断前移。

三是盘活闲置资产应成为一项常态化工作，应不断拓展范围和空间，让闲置资产不“闲”，充分发挥其最大效能。

联控增效篇

联控增效是基于大型综合能源企业的现实需要提出的，概括为“成本倒推、资金授限、联动管控”的理念。联动管控是一个系统工程，是提高企业管理水平和实现企业效益最大化的一种手段。作为一种企业管理模式的创新，尽管提出的时间不长，但是它顺应了企业生产经营一体化的发展趋势，能够为企业在当今市场需求复杂多变、技术创新层出不穷、竞争日益激烈的经营环境中生存和发展提供新的有效手段，因此正越来越受到各个国家企业界的青睐。联动管控的核心是以人为本，消除无效劳动和各种形式的浪费，以最小资源的投入，包括人力、设备、资金、材料、时间和空间，创造出尽可能多的价值，取得最大的产出效益。

探索联动管控的路是艰难的，也是永无止境的，大型制造业联动管控必将成为实施精益化管理，使之成为完成生产任务的有效抓手、降本增效的有力手段、实现管理提升的重要举措，为一流综合能源企业奠定坚实的基础。

某公司选煤厂以消耗定额为基础的成本联控模式

综 述

某公司选煤厂探索以消耗定额为基础的成本联控模式是适应市场形势严峻、企业利润空间被挤压的经营环境，所有的消耗务求效率最大化，使用价值最大化，创造效益最大化，这就要求采购计划与实际消耗高度匹配，避免储备资金积压，增加企业运营负担，而以消耗定额为基础的成本联控模式，既培养了基层班组的成本意识，又能督促其主动提升业务技能水平和责任，加强对消耗的分析，形成科学合理的管理机制，让每一项消耗都产生最大经济效益。

作为煤炭企业，我们感受到了企业经济效益好时带来的喜悦，可如今在煤炭市场低迷、产品价格大幅下降的形势下，企业也受到了很大冲击。面对如此经济环境，企业只有眼睛向内，主动练内功、挖内潜、强管理、增效益，才能实现企业的健康持续发展。

一、创新成本联控模式背景

改革是一个相当艰难而曲折的探索过程，每次改革都需要打破旧模式的依赖性。某公司选煤厂改变以往工作方式，通过广泛开展基层调研，深入基层与基层人员面对面谈经济形势、谈企业管理、谈成本联控，广纳谏言，采纳合理化建议，共同研究探讨成本联控的转型之路（见图 1）。

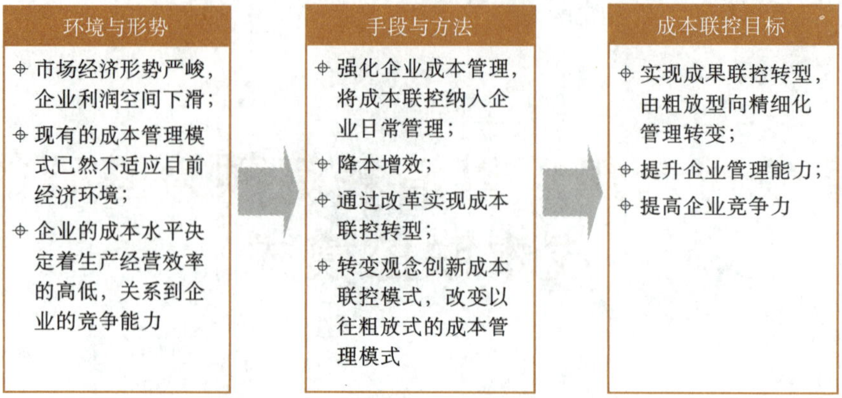

图 1　创新成本联控模式背景

二、创新成本联控模式的内涵

该厂高度分析客观形势，积极应对市场变化，转变思想意识，转变成本管理观念，实现成本管理由粗放型向精细化管理的转变，历经多次基层调研和反复运行测试，推出创新成本联控模式（见图 2）。

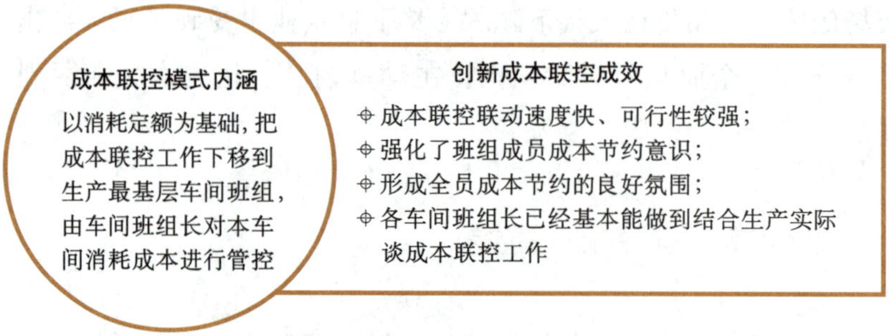

图 2　创新成本联控模式的内涵

三、创新成本联控模式的形成

该厂以降本增效为目的，不断优化成本消耗定额，全面提升成本联控能力，重点狠抓车间直接材料消耗，杜绝“跑冒滴漏”的现象，广泛开展技改技革和修旧利废工作，重点抓全员素质提升与成本联控意识的提升，形成选煤厂新的成本联控模式。以消耗定额为基础的创新成本联控模式主要按图 3 中的五个步骤实施：

01 第一步
2013年
深入车间现场办公，细致分析“项目修”统计工作，明确设备主要配件的消耗周期，确定消耗定额，形成一套科学合理的消耗定额指标体系

02 第二步
2014年
以消耗定额为基础，制定出更加贴近实际生产需要的科学的、合理可行的材料消耗预算。制定了基层车间2014年材料费预算

03 第三步
2015年
成本指标逐月分解，每月进行分析总结。做到谁消耗、谁控制资源、谁分析成本异动。将成本定额、成本核算、成本联控、成本分析有机集成，提升成本联控能力

04 第四步
2016年
成本联控深入车间班组，编制班组经济核算写实手册。树立班组价值管理理念，使员工在生产运营过程中明确价值管理重要性

05 第五步
建立以班组经济核算手册为基础的，成本与工资挂钩的绩效考核模式；促进员工加强降本增效、技改技革、修旧利废的积极性

图 3　创新成本管控模式的实施步骤

四、创新成本联控模式的实施效果

创新成本联控模式的实施效果有：

1. 有效降低公司成本“大户”材料费的消耗，节约了成本费用，提升了成本联控水平。

2. 全员成本节约意识显著增强，材料消耗支出得到有效控制，实现了节支降耗，为选煤厂把好了“成本关”。

3. 大力推行技改技革和修旧利废工作，激发员工参与的积极性。

4. 强化成本节约理念，杜绝车间“跑冒滴漏”的发生，严控非生产费

用支出。

5. 找到成本联控的阀门，堵住成本消耗的“出血点”。

6. 车间材料消耗节约效果显著，有效降低了材料费用消耗。

五、创新成本联控模式的启示

（一）存在不足

创新成本联控模式存在的不足主要有：

1. 车间班组长及核算人员的素质还有待提高。

2. 数据核对工作主要依靠相关人员手工操作、业务量较大，存在人为统计误差。

3. 工作方式不够先进，信息化水平还不够高。

（二）需要改进

创新成本联控模式还需改进，努力方向是：

1. 逐步提高业务人员相关素质。

2. 大力推广信息化手段，有效运用科学方法使其日趋成熟，从而更好地指导生产实际。

3. 继续完善以消耗定额为基础的成本联控模式。

管理创新不仅仅是技术创新，更是生产力的提升，一种管理手段的有效运用，对生产实际具有重要的指导意义，选煤厂将继续沿着成本联控的思路，不断完善体系、内容和方法，为创建一流企业而奋勇前行。

某公司创新联动管控向整体环节要效益的做法

综 述

巧用月度绩效考核杠杆，互评互促凝聚联动合力。某公司煤矿创新绩效考核模式，把生产过程中上一工作环节的绩效考核权交由下一工作环节负责，保证了考核的公正性，也起到了督促提升的作用，真正发挥了考核机制的导向作用。煤矿穿孔、采掘、工务、运输、供电上下互动，整体联动，形成共同促进生产，共同研讨降本，共同实现效益的良好局面。

一、联动管控的实施背景

近几年，某公司煤矿面临两大难题：一是随着煤炭市场持续低迷，产能严重过剩，企业的利润空间逐渐缩小甚至亏损；二是受矿区征地问题长期困扰，采场推进不均衡，生产作业空间受限，设备效能不能发挥，严重影响了正常生产。面对两大难题，该公司煤矿严控成本、深挖潜力，向管理要效益成为工作的重中之重。

如何将管理转变成效益，如何将生产体系与成本联控有机结合，如何将各生产队部关注局部利益的焦点引向整体利益，这是该煤矿在新形势下应该思考的问题。简而言之，关键在于发掘煤矿穿、采、运、排连续工艺的特点，向整体环节要效益，只有不断挖潜降耗，努力降低各项生产运营成本，才能持续提升精益化管理水平。

二、联动管控的主要思路

管理大师德鲁克说过，“企业的使命和任务，必须转化为目标”。当前对于该煤矿来说，其任务就是要安全、低成本地把煤炭开采出来。安全已经渗透到每个人、每个细胞，也有相应的制度在支撑。做到低成本完成计划产量，同样也需要相应的制度做保障，以激励、约束各个生产环节，最终实现组织目标。

通过分析，该煤矿初步确立以月度绩效考核为基础，联动考核为配套指引的绩效考核体系以期实现管理效益的最大化。月度绩效考核根据各基层单位特点设立了三类指标，分别为产量类、成本消耗类、设备类，并将这三类指标进行分解量化。成本消耗类与设备类指标可以依据 KPI（关键绩效指标）对各队成本、消耗、设备实动率进行目标式量化管理。借鉴 BSC（平衡记分卡）思想，在产量类指标中梳理出队部与队部之间生产、成本方面相互交叉的关键性指标，进行联动管控。由此通过对组织运作过程的关键成功因素进行开发、分析、提炼和归纳，形成了具有煤矿特色的、衡量绩效的目标化管理体系。

基于煤矿穿采运排连续工艺的特点，在实施过程中，尤以交叉性的联动指标遇到的问题最多、困难最大、涉及面最广，对原有管理提出很大挑战，但取得的成效显著，故主要介绍成本联动管控的主要内容（见图 1）。

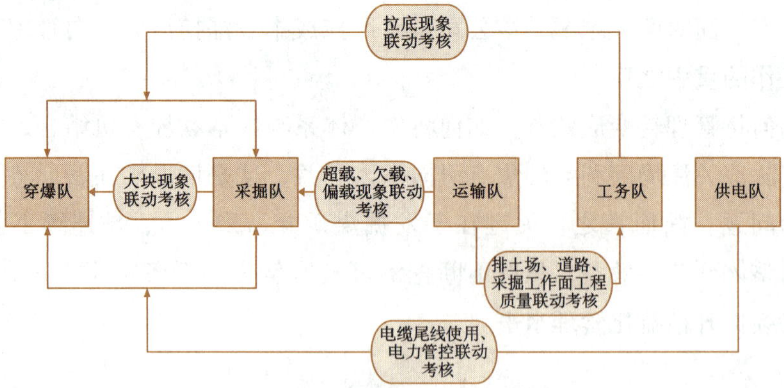

图 1　某公司煤矿成本联动管控模式

三、联动管控的主要内容

（一）选择指标的原则

即绩效指标必须是具体的（Specific）、可衡量的（Measurable）、可以达到的（Attainable），要与其他目标有一定的相关性（Relevant），必须具有明确的截止期限（Time－bound）。但只遵循SMART原则还不够，还应该兼顾内部与外部、数量与质量、结果与动机。

（二）确立指标的过程

1. 提炼指标。根据穿、采、运、排生产过程中下一个工作环节受上一个环节制约的工作质量指标提炼的指标经过相关队、部共同探讨、协商形成。

2. 工作目标设定。如果在上一环节是服务者，那么他的服务对象就是下一环节。每个工作目标在矿内都组织了一次专业研讨，服务者提出对自身的目标要求，被服务者结合生产现场情况提出改进意见。最终由矿领导、部门、队部共同达成一致意见。

3. 设计权重。根据各队部工作特点，赋予6个联动考核指标不同的权重，纳入月度绩效考核。

4. 考核程序。通过分析每个环节工作特点，分清责任，落实考核者、参与考核者、被考核者。

（三）具体做法

1. 拉底现象考核。拉底现象的产生会增加工务队的工程任务量，会增加辅助设备的柴油消耗量，进而使辅助设备成本增加。针对这种情况，对拉底现象进行联动考核。首先由生产技术部定期提供采掘队各台电铲所在平盘标高，穿爆队、采掘队按照标准标高进行作业。考核时由工务队负责判断其工程性质，对穿爆队、采掘队的拉底进行考核，属于爆破质量造成的拉底，由穿爆队承担责任，属于采掘设备超挖造成的拉底，由采掘队承担责任，工务队做好相关记录，月底汇总考核结果。

2. 超载、欠载、偏载现象考核。产量的实测量与统计量之间形成荒实差，荒实差的大小反映装车质量（超载或欠载程度的大小），对运输设备柴油的消耗造成一定的影响。为了减少荒实差大而引发的柴油消耗增加，从201X年2月份开始对荒实差进行考核，由运输队考核采掘队。超载标准设定为超过卡车额定载重量的10%，欠载标准设定为卡车额定载重量的90%以下，若称重系统损坏，则以现场确认为主。通过这项考核，提高装车质量，提升设备效率，减少柴油等能源的消耗。

3. 排土场、道路、采掘工程质量考核。为提高排土场、道路、采掘工作面工程质量，降低工程质量差对后续生产环节的影响，考核标准：一是采掘工作面，铲窝及出铲道路清理及时无明显坑和包，接到呼叫信息后，助铲轮式推土机无特殊情况下，应15分钟内到位；二是道路，路面平整度不允许出现直径超过1米、凹凸超过0.2米的坑包，道路无杂物、无落石，撒块清理及时，接到呼叫信息后，平路机无特殊情况下，15分钟内到位；三是排土场，无明显坑和包、无堆货、无撒块、地表平顺，卡车能够顺利进入排弃位置；四是安全挡墙符合标准（高度不低于1.4米），且连续可靠。做好3%~5%的反坡，沉降后保持在同一水平，不发生返工处理工作面现象。主要由运输队考核工务队，若发现存在上述情况，及时通知工务队，共同确认，并做好记录，作为月度考核处罚的依据。通过这项考核，提高排土场、道路、采掘工作面工程质量。

4. 大块现象考核。设定大块的考核标准（每万立方米≤0.5块），由采掘队对穿爆队的大块现象进行考核，若采掘作业面出现大块现象，由采掘队及时通知穿爆队进行现场确认，做好相关记录，包括大块数量、出现的平盘位置等，月底汇总考核结果，作为月度绩效考核的依据。通过这项考核提升爆破质量，为下一生产环节打好基础。

5. 电缆尾线使用考核。电缆尾线的领用、更换在供电队，而使用单位在采掘、穿爆队。为了减少电缆尾线的损耗，年初由供电队对全年电缆尾线使用量进行分配，对采掘队、穿爆队进行电缆尾线联动考核，穿爆队和采掘队设备电缆尾线更换时，向供电队提出尾线更换申请，经双方确认后，方可进行更换。供电队做好电缆考核办法及统计台账，对电缆的领用、使用寿命、消耗原因进行统计、分析，明确各队责任，统计分析结果作为月度绩效考核的依据。通过这项考核，减少电缆尾线的损耗，节约成本。

6. 电力管控考核。为了准确统计用电量，供电队攻克技术难关，为电铲和钻机安装开关柜，提高了用电设备电量消耗的精确度。供电队及时移设开关柜，做好单台设备电量消耗统计工作，及时同采掘队、穿爆队共同记录，核对使用电量，如确实出现电量计量不准，电量超过预算值等问题，由供电队负总责，实现了穿爆队和采掘队单台设备用电使用情况的准确统计，穿爆队、采掘队共同配合供电队分析查找电量异常原因，分析结果作为月度绩效考核的依据。通过这项考核，指导现场操作，有效控制电耗。

四、联动管控取得的效果

（一）经济方面的成效

1. 通过对拉底现象的联动考核，电铲工作面质量有所改善，根底现象明显减少，履带推土机处理电铲铲窝时间降低了 50%。共减少使用柴油几十吨，节约成本几十万元；修筑坡道的平均时间缩短为 2 天，较以往节约柴油几百吨，节约成本以百万元计。

2. 通过对超载、欠载、偏载现象的联动考核，荒实差均控制在 ±3% 以内，提高了采掘队装车质量，减少了柴油的消耗，共计百余吨，节约成本数十万元。

3. 通过对排土场、道路、采掘工作面工程质量的联动考核，提高了工作效率，也提高了排土场、道路、采掘工作面的工程质量。工程质量的提高使运输设备轮胎单耗有所降低，较计划降低 0.129 条/百万立方米·公里，节约成本上百万元。

4. 通过对大块现象的联动考核，爆破质量得到了明显提升，大块率由过去的每万立方米产生 0. 5 块，降低至每万立方米产生 0. 1 块。设备作业时岩石对设备冲击减小，电铲故障率环比降低 2 个百分点，运行时间环比增加 55 小时，降低了维修中心维修、保养成本。

5. 对电缆尾线使用的联动考核极大地节约了电缆尾线的消耗。穿爆队和采掘队均未出现尾线更换情况，有效降低了生产成本。

6. 通过对电力的联动考核，穿爆队和采掘队及时准确地掌握了单台设备用电使用情况，并配合供电队分析查找电量异常原因，通过分析指导现场操作，有效控制电耗。

（二）管理方面的成效

实施成本联动管控以来，工作效率、工程质量均有明显提高，队部与队部之间的员工关系也和谐了许多。在众多相互关联的环节中，以运输队卡车司机与工务队推土机司机为例做一说明：

没有实施联动管控以前，卡车司机通过对讲机呼唤推土机司机进行铲窝清理，有时会出现拖延现象，且大家都从各自角度出发，卡车司机认为推土机司机不配合，推土机司机认为卡车司机技术不过硬。在实施联动管控后，通过制度进行约束，通过“控成本、挣工资”的理念进行引导，使双方都意识到卡车司机要想节约轮胎，就要及时呼唤推土机进行清理。推土机司机的工作职责就是服务、配合卡车作业。当双方都清楚各自职责后，就会转变思想，由之前的被动配合变为主动配合，如果确有原因造成耽误，也会说明原因进行解释。自从制度执行以来，处罚逐月减少，在每月的经营分析会上，已听不到运输队员工的抱怨。

五、联动管控的体会

（一）改进方向

煤矿机关生产管理人员还应该深度参与，在沟通协调基层生产人员方面多做工作，调度室要加强临时性的统计工作。结合平衡记分卡绩效考核方法，除了现在做的财务、顾客与内部业务流程这三个维度外，加入员工学习与成长这一维度，完善平衡记分卡在绩效考核中的应用。

（二）体会

通过实施联动管控，做到了对内部业务流程关键节点、关键指标的把控，将以往生产环节中只是靠管理者强调转变为基层员工自觉遵守，不仅实现了降本增效，而且工作质量有了明显提高，实现了生产经营双丰收。这也充分说明，遇到困难就要迎难而上，主动作为，调动大家的力量，共同面对，才能取得最大成效。

某公司成本预算管理的创新与实践

综 述

过程、结果双线在握，成本联控得心应手。在当前的经营形势下，成本就是企业的生命线，成本压缩的空间，就是企业生存的空间。某公司成本预算管理创新实践是把成本预算从重结果的单线掌控向过程、结果并重的双线把控的转变，这个转变不仅仅是对成本指标的分解，更构建了对成本发生全过程的立体式监管体系，将成本联控延伸到每一个班组、每一个职工、每一台机组，时刻为企业的生命线把脉，保证了企业的健康稳定发展。

一、成本预算管理创新的实施背景

成本是决定企业盈利水平高低和市场竞争力强弱的关键因素，加强成本联控是提升企业效益的有效途径之一。近几年，面对煤炭市场持续低迷、煤炭价格大幅下滑、企业经营压力增加的新常态，某公司在深化财务预算管理、降本增效方面做了一些有益探索。

（一）预算管理现状

该公司设立全面预算管理委员会，负责全面预算管理工作的组织、协调和考核，对公司董事会负责。公司的预算管理工作以公司的整体发展规划为依托，预算编制遵循全面系统、科学合理、积极稳健的原则，将公司生产经营的各个方面均纳入预算管理体系。预算管理涵盖了经营预算、资本预算、资金预算和财务预算。各职能部门在公司全面预算管理委员会的领导下履行各自职责。

（二）预算编制程序和方法

该公司的年度预算编制按照“上下结合、分级编制、逐级汇总、统一协调”的程序开展工作。财务预算编制的基本方法是以上年实际消耗水平为依据，结合年度预算目标及生产经营实际情况计算成本和损益。

（三）预算管理主要做法

该公司的预算管理实行“统一组织、分级管理”的原则，预算管理全员参与、层层把关、逐级负责，形成了全方位的预算执行责任体系，确保公司总体预算目标的实现。

1. 划分预算控制责任中心。在全面预算管理工作中，该公司自上而下逐级划分责任中心，确定责任中心负责人，预算管理做到横向到边、纵向到底。公司是一级责任中心，负责制定预算目标和指标体系，监控二级责任中心预算执行情况。各直属单位是二级责任中心，负责执行公司下达的预算指标，并监控下级责任中心预算执行情况。各直属单位根据组织机构设置逐级划分责任中心，做到全员参与、层层把关。

2. 分级签订经营责任书。每年初，该公司与各直属单位负责人签订经营责任书，下达年度生产经营指标。各直属单位与车间（厂、队）负责人根据预算目标逐级签订经营责任书。

3. 逐级分解预算指标。预算指标下达后，各直属单位会结合本单位生产组织机构设置情况和内部管理的需要将预算指标逐级分解、层层细化，落实到各级责任中心和责任人。

4. 刚性控制。经该公司批准正式下达的预算原则上不允许调整，如果在执行过程中出现重大变化需要调整预算的，必须按照规定程序审批。首先，由申请调整预算的单位提出书面申请，阐述调整原因，提出预算调整幅度。然后，由职能部门进行审查，提出办理意见，提交预算管理委员会以至董事会审议批准。

5. 定期开展预算执行情况分析。该公司在预算执行情况分析上采取以季度分析为主、月度分析为辅的方式。每季度末，由预算管理委员会办公室召集各职能部门及公司所属各单位召开经营活动分析会，全面总结生产经营完成情况，查找不足、发现问题，对差异形成原因进行分析，提出解决措施或管理建议。

6. 定期开展预算执行情况考核。该公司将预算执行情况的考核作为绩效评价的主要内容，其考核结果与各单位的绩效工资挂钩。全面预算管理委员会每半年组织开展一次绩效考核，公司根据考核结果给各单位兑现奖金。

（四）成本预算管理创新的紧迫性

经过逐步探索，该公司成本预算管理有了较大进步，但也存在一些不足，主要表现：一是定额标准更新不及时，准确性不高，对预算编制工作的指导作用不大；二是管理松弛，手段单一，主要依靠下达成本控制指标进行成本联控，管理精细化探索有待深入；三是经营分析方法比较传统，财务与业务结合不够；四是考核评价体系有待进一步完善。煤炭企业只有坚持苦练内功，加强预算管理，才能确保企业持续健康发展。

二、成本预算管理创新的模式内涵

该公司原先的成本预算是粗放型的管理模式，控制理念不统一，控制职责落实不够，控制工具不够规范，保障机制不太健全，导致的问题是编制和执行两张皮，约束作用乏力，预算编制和控制等其他工作效果不佳。某公司全面预算编制流程如图 1 所示。

做好成本预算管理工作，需要具备以下控制条件：一是做好成本预算管理需控制的条件：梳理明确被控制对象（控制内容）的定义和标准；明确管理层控制方案；技术条件的具备，例如信息化系统。二是强化预算控制：统一控制理念，落实控制职责，规范控制工具，健全保障机制。

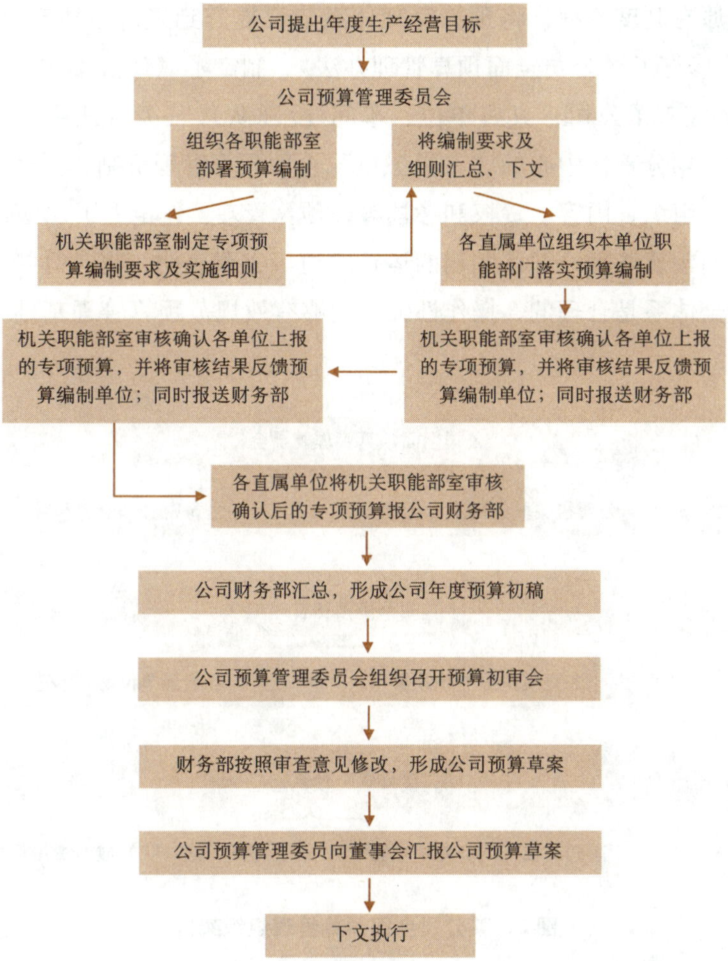

图1　某公司全面预算编制流程

三、成本预算管理创新的主要做法

（一）加强预算管理体系建设，提升预算基础保障能力

完备的制度流程、层级明晰健全的组织机构、分工明确的职责权限是实施全面预算管理的核心要素，三者不可或缺。公司结合开展管理提升活动，

重新梳理原有制度流程，将预算管理体系建设提升到经济本质安全的高度。201X年，修订了《公司全面预算管理办法》、制定了《经济本质安全体系操作手册》，完善了公司、直属单位、车间/段（队）三级责任主体纵向垂直管控、横向划分责任中心的“一纵三横”全面预算管理机制，明确了预算管理的原则、组织、内容、责权和考核等，预算管理工作走上了“法制”化轨道，为公司预算管理开辟了顺畅的运行通道。实践表明，将预算管理纳入经济本质安全体系是合理的，操作性强，能够有效规范预算管理基础工作（见图2）。

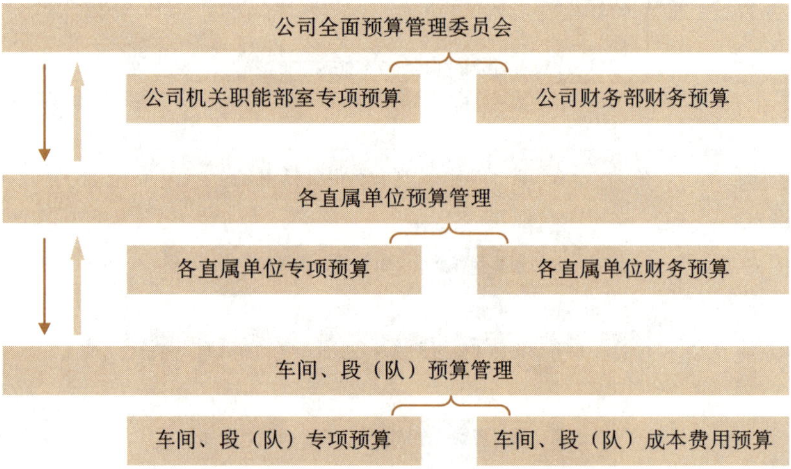

图2　某公司全面预算管理组织架构

（二）完善成本费用定额标准，提高精细化管理水平

针对定额管理工作中存在的问题，公司以“科学合理、实用先进、可操作性强”为指导原则，对公司3年来的主要生产消耗统计数据进行整理，按照“以统计分析为主，以同行业对比分析为辅”的方法，本着“基础、计划、先进”的定额制定标准对原有定额进行修订，最终形成了涵盖煤炭生产、发电、铁路运输和辅助生产各业务板块材料配件、水电、燃料等主要消耗定额标准276项，单独标定了不同型号运输卡车的柴油、轮胎单耗以及辅

助设备柴油等单耗，为公司进一步提升全面预算管理水平，推进精细化管理奠定了基础。实践表明，新的定额标准比较切合实际，对实际工作的指导作用大大加强。

（三）创新预算编制方法，加强成本费用管控

201X 年以来，煤炭市场持续低迷，煤炭行业进入了“低煤价、低效益、低增长、高压力”的新常态。为完成既定任务目标，多数煤炭企业管理层按照一定比例削减成本费用预算，预算管理不考虑企业生产经营的实际情况，重结果轻过程控制，貌似重管理，实则管理不到位。面对新常态，该公司从生产实际出发，将预算“结果控制”和“过程管理”二者有效结合，改变原来相对粗放的预算编制方法，探索出一条按照生产工艺、作业环节、成本性态和成本动因科学合理编制成本预算的新路径，提高了预算编制工作的科学性、合理性和准确性，促进了财务管理与实际业务的有机融合。下面以该公司原煤生产成本预算编制为例进行介绍。

1. 按照生产工艺编制成本预算。该公司煤矿有单斗—卡车和吊斗铲两套生产系统，前者的生产成本构成主要有柴油、轮胎等，后者的生产成本主要为电力和钢丝绳等。成本构成不同，决定了两套生产系统的成本消耗水平也不相同，通过细划不同生产工艺的业务计划并结合实际消耗分别编制成本预算，有效提高了预算编制工作的科学性和合理性。

2. 按照生产环节编制成本预算。该公司煤炭开采主要有穿爆、采掘、运输、排弃、供电等生产环节，不同的生产工艺决定了不同的生产成本。公司通过区分生产工艺、按照业务驱动要素来编制成本预算，较好地提升了预算管理的精细化程度，为加强作业成本联控奠定了基础。

3. 细化成本性态加强预算成本联控。煤炭行业属于重装备行业，固定资产等固定投资较大，煤炭开采成本高，固定成本所占比重超过一半。在产能提升期间，公司通过细划固定成本、变动成本、可控和不可控成本来编制成本预算，对于研判投入与效益之间的关系，确定科学合理的成本联控目标，为公司管理层提供决策支持，挖潜增效、降本节支，提升财务价值创造能力

等起到了积极作用。

4. 联动管控提升预算与业务的结合度。成本费用管控责任主体是否明确，职能部门监管责任是否落实到位，很大程度上决定了企业成本联控的效果。预算编制是否准确，关键要看其内容是否能够落地。为此，公司严格按照部门分工协作的原则，将生产计划、人工成本、大修理等专项作业，生产消耗等预算编制工作的责任分别落实到生产技术、人力资源、机电、工程、计划和财务等负有管理职责的职能部门，促进了预算与业务的紧密结合，预算编制、执行、控制和考核能够很好地“落地”。

某公司生产环节作业成本预算编制模式示例如表 1 所示：

表 1　　某公司生产环节作业成本预算编制模式示例

编制单位：　　　　单位：元

作业类别	成本项目	总成本（元）	单位成本（元/吨）
1. 作业成本			
采掘作业			
吊斗铲			
	柴油		
	钢丝绳		
	……		
单斗			
	柴油		
	钢丝绳		
	……		
穿爆作业			
松动岩石爆破			
	多孔粒状铵油炸药		
	乳化炸药		
	……		
抛掷岩石爆破			
	重铵油炸药		
	乳化炸药		
	……		

续表

作业类别	成本项目	总成本（元）	单位成本（元/吨）
松动煤层爆破			
	多孔粒状铵油炸药		
	乳化炸药		
	……		
运输作业			
运岩车辆			
	柴油		
	轮胎		
	其他材料		
运煤车辆			
	柴油		
	轮胎		
	其他材料		
工务队作业			
供电队作业			
2. 管理用电			
3. ……			
总计			

编制说明：本表数值分别取自各分预算表。

（四）开展月度现场经营活动分析，创新预算管控手段，推动财务与业务有效衔接

为促进财务与业务的有效结合，统一协调解决生产经营工作中遇到的问题，将成本联控压力向下层层传递。201X 年，公司创新月度经营分析模式，推行月度现场经营活动分析会，公司分管经营领导带队，财务、企业管理、生产技术、机电、资产和物资供应等职能部室广泛参与，深入基层单位现场办公，与基层单位分管领导、部门、段（队）负责人及班组长共同把脉会诊生产经营过程中遇到的问题，落实责任主体及时解决了一些实际问题。通过

月度现场分析会方式，机关与基层面对面互动，正视问题，深刻剖析，将成本联控压力层层传递到基层一线负责人和员工身上。201X 年，该公司又将对标管理的理念贯穿到经营分析活动当中，要求公司管理的两个煤矿、两个设备维修中心、两个选煤厂、两条铁路等单位加强对标管理，相互取长补短，加强成本联控。各单位经营管理层以成本管理为中心，深入推进基层核算，加强精细化管理，充分采用趋势分析和动因分析等方法加强成本分析，突出问题导向，加强异常管理，有效提升了成本分析的水平和质量。从一年多的运行情况看，各级管理人员和广大员工成本节约意识普遍增强，成本联控效果较好。

（五）创新考核方法，细化指标设计

1. 细化指标设计。没有有效的考核监督机制，预算管理就失去了生命力。公司全面预算管理以“质量效益型”考核为中心，深入推行“五型企业”建设绩效考评管理。在考核指标设计上，以煤炭生产为例，公司主要围绕煤矿采剥量、原煤量、固定可控成本、变动可控成本、七项费用控制等明确考核部门、确定考核指标值开展考核。近几年，为了有效控制生产成本，公司进一步细化成本考核指标，新增了运输设备柴油和轮胎单耗、综合电耗及设备实动率等考核项目，从源头上加强成本消耗控制。

2. 创新物资储备考核方法。201X 年，为了进一步压缩生产储备资金占用，公司在原有考核物资最高库存占用的基础上，将物资采购资金纳入全面预算管理，增加了“物资需求计划领用率”考核指标，从年度计划、月计划、急需计划和大修理计划领用 4 个方面加强考核。具体做法是：年度计划采购物资领用率考核指标第一年为 75%，第二年为 15%，第三年为 5%，月度计划采购物资领用率考核指标为 95%，急需计划采购物资领用率考核指标为 100%，大修理计划采购物资当年领用率考核指标为 95%，各项指标完成率低于考核指标的要扣除相应的考核得分。此外，公司还将“最高库存限额”考核完成情况与各单位、车间领导班子成员奖金挂钩，有效扼制了物资储备占用持续居高不下的势头。

四、成本预算管理创新的实施效果

通过成本预算管理创新，该公司进一步完善了预算管理组织架构，固化了成本预算管控模式，形成了一套比较完备的成本预算编制基础体系、报告体系和考核评价体系，较好地解决了成本预算管理中存在的问题，预算管理水平得到了提升。预算管理工作能够更好地服务于公司发展规划，更好地服务于公司实现经营目标，为公司持续健康发展奠定了坚实的管理基础（见图3）。

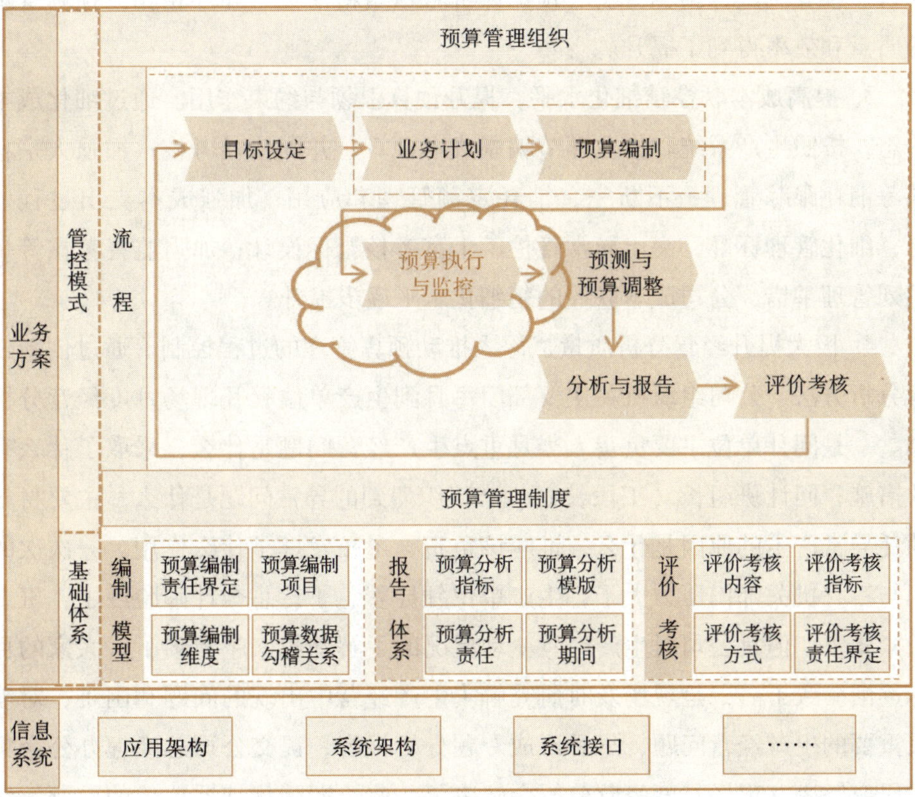

图3　某公司全面预算管控模式示例

此外，成本预算管理创新实施效果还体现在以下几个方面：

1. 推进资源整合，加强财务预算与业务计划的结合度。通过加强预算管理组织架构建设，完善了横向各职能管理部门以及纵向各生产单位在预算工作中的责任体系，明确了各自的职责，加强了相互协调、沟通和配合，充分调动了各业务单位在预算编制和执行过程中的主动性，较好地体现了全面预算管理中业务活动驱动的管理模式。计划和预算责任部门界限清晰了，预算编制工作与计划联系更紧密了，企业资源得到了充分利用。

2. 加强成本预算闭环管理，管理提升效果明显。通过加强预算管控流程建设，明确部门职责，相关业务部门联动管理，有效促进了财务与业务的结合，形成了比较完整的预算闭环管理流程，预算目标设定、预算编制、预算执行、预算调整、预算分析、预算评价考核紧密衔接、环环相扣，预算管理的质量和效率得到了提升。

3. 提高成本联控精细化水平，提升预算引领与约束作用。通过细化成本性态，按照生产系统和作业环节编制成本预算，并同口径考核；加强大宗材料等消耗跟踪管理，不断完善消耗定额管理和应用；加强成本支出过程监督，细化管理标准，突出异常管控，丰富考核指标设计；加强监督考核等一系列管理举措，公司成本联控的精细化水平逐步提升。

4. 极大提升经营分析质量，深入推动预算管理的过程控制。通过创新经营分析方法，公司组织机关主要部门每月到生产单位召开现场月度经营分析会。一是问计单位主要负责人当月重点生产经营问题是什么，采取了什么有效措施；问计班组长（工段长）生产组织遇到的异常问题是什么，主要材料消耗异常产生的原因是什么，谁应该负责，考核发挥了什么作用。一次次的问与答，机关部门压力大了，生产单位领导着急了，总会计师脸红了，班组长紧张了，但是公司对生产经营变动情况的了解却越来越清晰了，大家的目标逐渐一致了。二是现场及时研究解决生产经营中出现的问题和困难，对涉及重要的生产经营问题，每月形成专题分析报告，提交公司总经理办公会集中研究解决。现场月度经营分析会解决了一些长期困扰基层单位的问题，纠正了部门之间推诿扯皮的问题，建立了有效沟通协调的机制，改善了公司的生产经营环境和状态，提升了预算执行分析质量。通过强化异常管理，剖析成本异常原因，落实责任和考核，将成本联控的压力传递到车间段队、班组及一线员工，推动了事前、事中、事后控制的有机结合。

5. 建立预算与成本共享机制，奠定财务与业务信息共享基础。公司通过加强组织体系和流程建设，各专业预算相互衔接、相互促进，形成有机整体。全面预算管理职能部门共同深入基层召开月度现场经营分析会，建立和完善了财务与生产、工程、物资、劳资、设备管理等一体化管理机制，基本上实现了财务与各业务板块的有效结合和信息共享，改善了预算管理工作效率，提升了数据质量，财务决策支撑作用进一步增强。

五、成本预算管理创新的几点体会

（一）上下统一思想，建立相互协作的预算管理机制

全面预算管理是一项全员参与、涵盖企业生产、贯穿企业经营全过程的系统工程，是以全员为基础、全过程为标准、全方位为要求的管理体系，需要企业上下统一认识，树立全面预算管理理念，提高成本节约意识，建立以业务流程为导向、责任分工为基础、各职能部门配合、各管理层级联动的工作体系，形成分工明确、责任清晰、协同高效的责任机制。

（二）开展对标管理，提高预算目标的先进性

开展对标是提升自我、追求先进的有效手段。公司应结合自身特点，选取规模、管理、技术等方面在国内同行业中领先的企业作为标杆单位，同时选取具有可比性、重要性的经营成果指标作为对标指标，找出差距，向行业中标杆单位看齐，提高预算目标先进性。

（三）加强信息化建设，提高预算管理的效率

全面预算信息化是提高全面预算管理效率和水平的重要工具，是搭建各业务单元集成共享的平台。通过信息化系统，实现会计核算、过程管控和预算管控一体化，各项管理体系、管理流程和信息化有机融为一体，建立预算

管理实时、动态的预警机制，固化预算管理行为，减少人为因素，逐步从事后算账向事中控制转变。

（四）建立健全考评机制，确保成本预算目标的实现

制度再完善、机制再健全、预算再准确，如果没严格的考核，也会流于形式，形同虚设，只有加大考评力度，才能确保制度落到实处，成本预算目标控制到位。煤炭企业应根据行业特点，科学设计考评指标，对各级预算主体预算管理工作做出整体评价，通过考评充分调动广大员工的积极性，确保成本预算目标的实现，推动成本精细化管理。

某公司全力构建大物流协同体系新格局

综 述

发展大物流协同是某公司提质增效的重要手段，是公司未来必然的发展方向，也是公司运输发展历程中的深刻变革。必须抢抓机遇、奋发作为，凝聚共识、增强责任感，充分调动各方面积极性，充分利用好各种发展要素，开创运输板块新局面，推动公司运输做强做大，为公司清洁能源战略落地做出贡献。

一、构建大物流体系的实施背景

随着国内蒙、陕、晋、冀等多条运煤铁路大通道的建成，煤炭运输能力大幅提升，但因煤炭产能严重过剩，国家决定去产能、去库存，开展供给侧结构性改革，煤炭运输需求减少，多重因素叠加导致煤炭运输格局发生了根本性变化，煤炭运输已由运能紧张转变为运能过剩。发展大物流协同是铁路走出重围、创新发展的重要举措，也是推动提质增效的重要手段和供给侧结构改革的重要方向，更是深化国有企业改革的主动探索。

二、某公司发展大物流的优势

某公司依托铁路、港口、航运三位一体的自营集疏运产业链，能够实现货物从西到东、从北到南的全过程正反向运输，是客户发运大宗货物的最佳选择。某铁路开通运营后，该公司铁路与周边铁路构成若干个交接口，是内蒙古西部、山西北部货物外运和大宗货物反向运输的最优途径。

三、实施大物流协同采取的主要措施

（一）编制下发大物流实施方案

按照公司规划目标及大物流推进会精神要求，制定了切实有效可操作性强的大物流工作实施方案，确定了大物流工作的指导思想、发展目标及承运范围，成立了大物流工作领导小组，明确了相关单位及部门的职责，制定了合理、有竞争力的运价体系。

（二）加强大物流宣传力度

公司充分利用电视台、报纸、内网和微信平台四大内部媒体广泛宣传非煤运输的优越性，并组织专业宣讲人员深入基层宣讲大物流政策，从当前煤炭运输市场形势、公司面临的困境、非煤运输的优势等多方面阐述开展非煤运输的重要性和紧迫性，改变“铁老大”“运煤专线”等传统观念。

（三）研究确定货源调研方案

本着开拓市场、抓好落实，制定了围绕某铁路周边的县级地方政府、物流园区及有大宗货物运输需求地方企业的调研方案，开展范围更广内容更全面的第二次非煤货物调研工作。

（四）掌握运输路径测算转运成本

充分与相关铁路运输管理部门及运输单位沟通协调，梳理了各条货物发运路径及转运成本，掌握了货车公司车辆的使用费用。

（五）加强相关人员培训工作

组织货运管理人员赴铁路局进行调研、对标和培训，组织召开专题培训，提升非煤运输管理水平。

（六）加强基础设施建设

加强基础设施建设需做好以下工作：

一是确定固定地区物资库作为非煤运输物流基地。

二是与地方政府合作建设铁路物流园区项目。

四、实施大物流取得的成效

该公司通过积极开展大物流宣传，积极吸引货源，已发运的货物主要包括石蜡及氧化铝等物资。同时，在201X年度计划外，通过大物流工作宣传还争取到了每年几百万吨的煤源。

该公司成立货源调研小组后，积极进行实地调研，在铁路沿线周边地区找到了上千万吨的非煤货源，主要包括化肥、高岭土、锰矿、硅锰合金、电石、粉煤灰、氧化铝、钢坯及矿石原料等非煤货源。经过不懈努力，在化肥集装箱运输和钢坯运输上取得重大突破：

一是通过积极协调洽谈，该公司与其他企业共同承揽了一家单位12万吨/年的化肥运输业务，利用集装箱进行“门—站”式服务。此举开创了集团多家单位联合运作大物流的新局面。

二是某一家企业所生产的不锈钢钢坯运输需求为3万~5万吨/月，二期项目建成投产后增加至10万吨/月。通过积极协调洽谈，该公司承揽了上述业务。钢坯在使用专用线装车后，发往XX铁路沧州西站，使用车型为敞车。钢坯运输市场的开辟使该公司铁路运输多元化发展有了历史性突破，为以后运输非煤货物提供了强有力的保障，为周边广大客户提供了多方面的货源运输选择渠道，为清洁能源战略做出了贡献。

五、实施大物流协同的体会

发展现代化大物流协同是该公司贯彻落实国家供给侧结构改革的需要，

是适应货运市场形势变化的需要，是为地方经济发展履行社会义务的需要，是充分发挥自有运能的需要，是铁路改革发展的需要。

今后一段时间，公司将组织进一步赴铁路周边地区开展调研，了解当地有大宗货物需要运输的企业情况，继续开拓非煤货物运输市场，建成覆盖范围广、发送品类多样的物流基地，满足各类非煤货物的发运需求，推动大物流业务向前发展。

某公司煤矿智能管理系统在联动管控中的应用

综 述

工欲善其事，必先利其器。某公司矿山开采从方案设计到终端出煤由若干环节组成，供电、穿孔、采掘、运输、工务生产作业环节管理自成体系，管理难度大，GPS 智能管理系统的应用将矿山管理一体化、智能化、集约化，通过卫星定位、数据监控实现了对矿内设备运行的统一管控，通过智能程序的使用提升了调度系统的快速适应能力，通过系统大数据的采集分析保障设备运行状况良好。GPS 智能管理系统是一把矿山管理的利刃，解决了调度反应慢、管理效率低等问题。

一、系统实施的背景

201X 年 3 月，某公司煤矿开始建设 GPS 矿山智能管理系统，系统建设包含建设覆盖全矿的无线通信系统、在主要生产设备上安装终端、在各生产和管理单位运行智能管理软件系统。系统共计架设 M 固定基站十余座、M 电铲基站数十套、M 移动小车基站数台，在自卸车、电铲、钻机、工程车辆、辅助车辆、指挥车等设备上共计安装了百余套车载终端。

二、系统的应用

GPS 矿山智能管理系统以矿山生产调度理念和管理理念为指导，在硬件系统与通信网络平台上有序工作，共同完成矿山智能管理。系统软件由智能调度系统软件、维修管理系统软件、油量管理系统软件、钻机管理系统软件、三维仿真软件、报表软件等软件构成。

（一）GPS 智能调度系统

1. 设备的实时监控与定位。在矿山地理信息地图（GIS）上不仅可以显示矿山的工程位置，还可以对设备进行实时监控与定位。

2. 报警功能与管理。可以实现对矿山设备非正常生产情况进行总结，并及时报警，包括超速、超载、油量不正常消耗等。

3. 设备的实时跟踪与状态识别。实现对设备的状态自动识别与跟踪，可以实时掌握设备任何时间点的信息，如位置、状态、速度、方向、物料等，从而保证调度员和其他管理者及时掌握设备状态及运行情况，以便合理有效地组织生产与管理。

4. 车辆智能指挥生产。车辆智能指挥生产是整个 GPS 车辆智能调度系统的核心，它以实现优化配车为目的，为工作人员提供合理优化的调度方案，供调度人员指挥生产。

5. 产量自动统计。设备在作业时，无须人工干预而自动统计卡车和电铲产量，避免了作弊，同时也不会发生任何误差，从而确保产量信息的客观性、准确性等。

6. 对历史数据进行查询。可以实现对电铲、卡车等任何设备历史数据进行查询，如生产数据、设备的状态数据等，同时以图表的形式进行展现。

7. 对历史工作状态进行回放。可以实现对过去任意时刻、任何设备的历史轨迹回放，有助于分析矿山生产过程、优化矿山生产计划、挖掘生产潜力、追查事故原因、统计查询历史数据，为管理者提供客观数据。

8. 辅助车辆管理。实现对辅助车辆生产的管理与监控，实时掌握现场辅助车辆生产的情况。

9. 生产数据管理与查询。实时对生产信息数据进行采集与管理，包括设备状态数据、车流规划数据、调度数据、班中实时统计数据等，为矿山数字化管理提供依据。

（二）钻机作业管理系统

传统的钻机作业方式，需要测量人员实地测量，通过皮尺或者拉线来确定钻孔位置，并人工摆放标志物，钻机司机需要两个人，一个人在下面指挥对孔，另一个人操纵钻机；钻孔时，司机需要目测钻孔深度。上述过程存在诸多人为误差，耗费人力，影响爆破质量，所以煤矿急需一套针对钻机作业的智能化管理系统。

钻机高精度定位及作业管理将高精度的 GPS 定位系统应用到钻机上，对钻机进行自动引导，同时自动检测钻孔深度，在钻孔任务完成之后将钻孔情况自动上传到服务器，系统自动验收钻孔任务是否达标，免去一系列烦琐的工作，且避免了执行工作不到位等情况，提高了采矿的自动化水平，提高了生产、作业效率。

钻机引导系统主要应用如下：

1. 布孔及下传。技术人员可通过布孔软件生成孔位设计图，系统将图下传给钻机设备。孔位信息包括：钻孔号、钻孔位置、所处平面、计划深度、完成情况等。下传后，终端界面会显示孔位设计图。

2. 钻孔引导。当钻机对一处钻孔完毕，系统将自动选择下一个钻孔或由司机选择作业钻孔。终端会根据钻孔信息和钻机定位信息提示钻机向哪个方向移动多远的距离。

3. 高程计算。系统可以设定孔底平面的高程，同时可以测量和计算孔顶的高程，可以动态计算实际需要的孔深，这个功能可以确保台阶平整。

4. 深度采集。在钻孔过程中，系统将检测到的钻孔深度数据展现给司机，并实时显示钻孔效率。

（三）维修管理系统

维修管理系统实现维修信息的上传与下达，设备故障后，由司机上报给生产调度中心，调度中心确认后，转达给维修调度，维修调度再下发给对应维修人员，维修完成后，维修人员向维修调度报好，维修调度确认后，报给生产调度中心，设备恢复生产。整个过程以维修管理系统为核心完成故障维修流程，同时采集相关数据，利用图表直观展现，使调度掌控所有的设备状态。

1. 故障库的标准化。由专人维护故障库，通过标准化的故障库来降低歧义率，提高工作效率。

2. 维修管理流程。设备故障由司机从故障库中选择上报，调度对故障信息确认后，系统自动将故障信息记录，自动通知维修调度，维修调度通知维修人员进行设备维修，同时反馈给矿调调车信息，实现故障报修的闭环控制。

3. 车辆保养。从车辆的保养结束时间起计算车辆的运行小时，准确无误地计算出车辆的下次保养时间，并在需要保养之前提醒统计员将信息发给维修中心。

4. 设备运行图表。设备运行图表可以实现设备状态查询，包括作业状态、内部故障状态及原因、外部故障状态及原因。图表自动生成，取代了之前系统的手动描绘和输入原因的方式，减少了人为参与，避免了人为错误。

5. 设备位置显示。当设备发生故障与故障恢复时，在矿山地理信息图上可以实时掌握发生故障的设备的具体位置，方便了设备维护人员的维修工作。管理人员可以通过地图监视掌握系统内所有设备的状态。

（四）燃油管理系统

燃油消耗一直是煤矿较为关注的问题，存在人为损失的情况。另外，在生产过程中，传统的人工记账方式存在信息滞后，不能当日结算油耗的问题，所以露天矿需要一套智能的、科学的油量管理系统，以达到有效提高煤矿管理水平、节约能源、提高产量、降低消耗等目的。

1. 燃油管理系统通过安装在加油车上的流量传感器采集数据，数据传给车载 GPS 终端，由 GPS 终端把采集到的数据传送给中心服务器进行处理，在服务器上经过燃油管理系统软件运算生成各种需要的数据，实现有效燃油监控。

2. 燃油管理系统通过采集在加油车或加油站注油管和出油管上安装的流量传感器的油量数据，并结合车辆的运行情况对燃油进行有效管理。

3. 在加油站和加油车上安装油量传感器，当给车辆加油时，通过加油站或加油车与车辆的定位数据进行模型计算，确定给哪辆车加油，加油量可以通过出油口的流量传感器测量。

4. 将油耗监控系统与 GPS 卡车智能调度系统结合，对卡车生产数据与油耗数据统一分析，实现吨公里单耗分析，对于油耗异常的卡车进行报警，为煤矿提供更加详尽的数据信息。

（五）三维仿真展示系统

三维仿真展示系统是矿山信息化应用的一个重要组成部分，为矿山信息化、自动化应用提供全面的三维仿真解决方案。它利用先进的二维 GIS 技术和最新的三维可视化技术能够实现矿山生产情形的异地展现、三维数据模型和数据的快速更新。与二维相比，三维有其独特的优势。三维因更接近于人的视觉习惯而更加真实，同时三维能提供更多信息，能表现更多的空间关系。

三维仿真展示系统以直观形象的方式展示矿山场景，其数据更新是关键，否则就会出现错误的展示。能够及时准确更新数据依靠的是完善的业务流程和管理制度。

三、系统实施的效果

201X 年 3 月，系统正式上线运行。经过半年的正式运行，各使用单位对该系统的实用性比较满意。系统对各设备的运行状态和重要生产指标的全面监视功能，能让调度人员和生产管理人员全面掌握生产情况，高效组织协调各部门的工作，从宏观上把握生产运输的各个环节，实现对各工艺系统的协调、优化调度，提高生产综合效益。

（一）智能调度应用提高效率

1. 系统整体优化。系统能根据生产计划和设备状态及设备的实时运转情况，自动解算并进行运输车辆和电铲的最优分配，这样既能保证生产任务的完成，又能使用最少的设备，从而节约能源消耗、设备消耗，节省人员费用和维护费用。

2. 智能配车。智能调度系统可以实现动态配车，当电铲挖掘能力发生变化、卸点卸载能力发生变化时，系统会自动识别并自动增加或减少卡车，最终目的是尽力保证铲不等车、车不等铲，保证整体最优，杜绝了车铲配比失衡的情况。

3. 设备状态变化快速适应。当设备状态发生变化时，如电铲故障、电铲延时、卸点故障、卸点延时等，系统不需要调度参与，自动调配车流，以最快的速度适应设备状态变化带来的生产波动。

4. 效率提高。根据现场产量统计，司机每班能多拉两车，每班平均产量为25车左右，平均提高产量8%左右，但是由于智能调度只是局限在小范围运行，还未实现总体效率的提高。

（二）提高调度工作效率，优化生产指挥

一些重复性的工作由系统自动完成，如采场设备的有序运转、运输车辆的合理分配、计划产量的完成情况分析、当前生产过程的监控等，这样既减轻调度管理人员的工作量，又能提高调度的合理性。

通过查看每台设备的效率实时统计数据和系统完成产量预测信息，可以及时发现多余的低效率设备；通过班中生产计划的调整，可以减少设备的投入而减少消耗，提高工作效率；积累的大量生产数据对分析生产过程、优化工艺协调、挖掘生产能力等起到重要作用。

（三）生产数据自动生成、统计准确客观，节省了大量人力物力

产量自动统计，减少作弊情况的发生，减轻人员工作强度，采用计算机

网络技术和数据库存储技术，能将现场信息和生产情况自动处理存档，并根据需要打印输出，实现矿山生产数据的计算机管理，不仅节省了大量的人力物力，而且使生产数据更加准确，使管理效益更加明显。

（四）通过各种报警和生产数据自动采集实现对司机的监督和考核

车辆运行能随时在调度终端显示，并能存储回放，避免了驾驶人员弄虚作假，同时超速报警、停车报警、不按调度指令运行报警、怠工报警等各种报警信息能帮助管理人员更好地、及时地掌握和管理运行车辆，既提高运输效率，又间接提高司机的作业积极性。司机的工作量主要包括产量、运距、油量消耗等，这些数据都是自动采集的，为司机的考评提供了客观依据。

（五）实现零超速，简化司机操作，提高安全性

实现了超速管理，卡车超速有据可查，为管理者提供客观数据，借助超速管理功能的管控，极少有生产车辆超速的现象发生；电铲司机不用手动计量，双手不用离开操作杆，减少操作环节，提高安全性；提供任意时间所有设备的位置、速度、方向、运行状态、设备状态的回查，有助于事故分析。

（六）实现了设备全方位三维实时定位展现

三维仿真展示系统结合 GPS 实现全方位三维实时定位展现，能够在整个采场进行三维漫游和三维导航；能够准确三维定位到各个卡车、电铲，让管理者对生产设备一目了然。

三维仿真展示系统在其他领域的应用已经很多了，但在国内煤矿采矿领域尚属首次。该技术应用带来的极大的视觉冲击力使非专业制图人员也能以直观、形象的方式了解矿山生产情况。

（七）钻机系统的使用提高了工作效率

1. 精确导航。钻机引导系统是站在司机操作的角度去设计的，该系统会

直观显示钻机自身的位置和钻孔设计位置，可以使司机快速融合到系统内，其钻孔定位精度可达5厘米。

2. 高效率。以往的作业方式是，钻孔之前，测量人员需要实地测量标定孔位，然后钻孔。钻机引导系统需要的孔位图，只需要测量人员在办公室设计钻孔分布图，然后通过无线通信系统下载到钻机，司机即可依图作业。司机可以清楚地看到已钻孔位、未钻孔位、钻孔海拔高度（不仅仅是深度）等信息。

3. 台阶平整。可以实时检测钻孔深度和钻头的高程，避免了钻孔过深或者过浅，杜绝了由于非水平开凿导致的台阶不平整。

4. 精确的生产数据。钻孔过程中的各种关键数据可以自动生成、显示和记录，包括钻孔延米、钻孔掘进率、已钻取深度、调平时间、生产时间、钻孔时间和非钻孔时间等。

（八）减轻司机工作量，避免油量的人为损失，自动统计分析设备油量消耗

1. 操作简单化。油槽车司机加油后，无须下车查看并记录油表读数。系统将自动判别加油开始以及加油结束，司机可从终端直接读取受油车加油量以及查看油槽车加油历史记录。燃油管理服务系统会自动将每次加油的记录从终端回传至服务器，统计员可直接查询所需的各种数据或报表。

2. 避免油量的人为损失。系统自动识别油槽车出现的各种异常信息。工作人员可从报警管理系统里查询相关内容，包括开机油量异常报警、司机加油时未选受油车编号报警、油槽车在行车区长时间停留报警、油槽车在非法区域出油报警、油槽车超区域行驶报警等，上述报警可以避免油料的人为损失。另外，系统提供油槽车提油量和出油量的数据对比，为管理者提供客观数据分析。

3. 油量消耗分析。系统将油耗数据与GPS卡车智能调度系统数据结合，对卡车的产量、运距与油耗数据统一分析，实现吨公里单耗分析，判断卡车油料消耗是否正常，分析产出消耗的宏观数据，为露天矿提供更加详尽的数

据信息。

（九）规范了故障处理流程，提升设备状态上报效率

1. 标准化建设。针对所有的设备故障流程都实现了规范化，简单、准确、方便。故障库由专人维护，实时更新故障相关数据，统一故障编码标准，实现故障管理的标准化，为后续的设备故障分析提供了标准化基础。

2. 实现了设备状态上报的实时性和维修过程的闭环控制。开始记录维修中产生的一系列情况，从故障发生到故障恢复自动计算本次故障的开始时间、结束时间、故障原因、故障用时、消耗配件、维修结果等，以最快的速度将设备故障上报给维修调度，维修调度可快速下达任务给维修工，维修工通过地图可快速定位设备位置，较以前的上报方式速度提升了两倍，实现了维修过程的闭环控制。

某公司电厂打造经济核算型班组的实践

综 述

面对外部煤炭市场持续低迷，公司内部扩能改造及改善职工生产、生活条件相关项目建设投资的逐渐转固，再加上原材料价格持续上涨，成本增长因素增多，成本管理压力增大。某公司电厂开展“经济核算型”班组建设，就是要牢固树立“节约就是效益”的理念，强化内部管理，降本节支靠班组。电厂通过班组核算三个主要指标——发电量、发电厂用电率、各项发电单耗，建立起科学合理的核算体系和核算指标，在硬件上以MIS系统做支撑，并配套相应的激励措施，推动了班组经济核算工作的深入开展。

班组是企业生产活动的最基层单位，产品的生产消耗大部分在班组中发生，班组费用的节约和浪费直接影响企业成本的降低与升高，对保证企业经济效益有着直接作用。通过班组经济核算，可以实现全员经济核算，企业职工不仅只是各项劳动消耗、物质消耗的直接耗用者，也是管理者。搞好班组经济核算，对企业挖潜降耗、联动管控降低成本、提高经济效益具有非常重要的作用。

某公司电厂开展“经济核算型”班组的做法，概括为“四化”工作，即强化经营意识、优化运行指标、细化班组核算、量化绩效考核。

一、强化经营意识，确保节能降耗的全员性

班组通过强化班组核算形成一套班组作业与企业成本联控相结合的有效

运行机制，将成本联控真正落实到基层，贯穿生产的全过程，建立并完善以班组管理为基础的成本责任管理体系（见图1）。

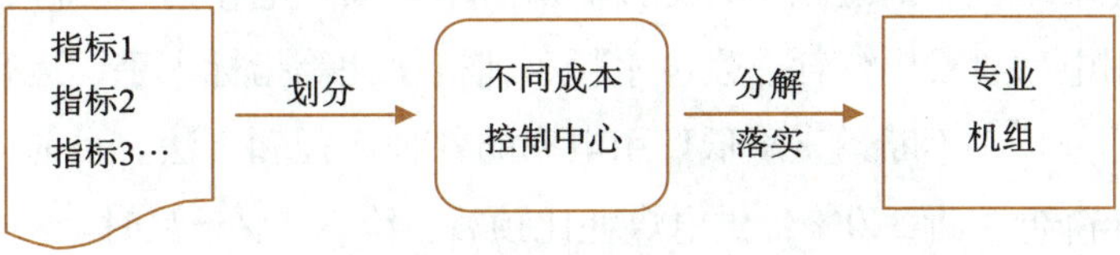

图1　建立并完善以班组管理为基础的成本责任管理体系

利用班前、班后会组织班组成员学习经济核算方法，进一步提高班组成员的经营意识。同时邀请财务专业人员为班组成员讲解成本构成及经营核算相关知识，让员工了解班组经济核算的意义和方法。建立利润—成本—指标—控制方法环环相扣的节能降耗意识。

二、优化运行指标，确保机组运行的经济性

班组核算指标及相关核算项目如图2所示。

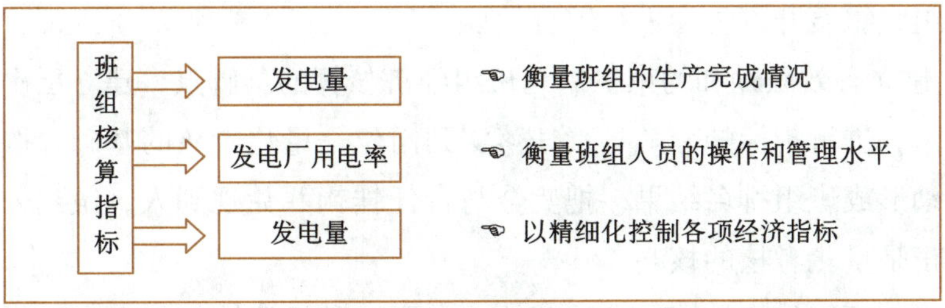

图2　班组核算指标

三、细化班组核算，确保运行指标的可控性

细化班组核算，班组严格执行日经济分析制度，算好经济账。创建日经济成本—利润分析模板。该模板通过生产MIS系统实现信息自动采集，每班

交班后一键输入即可得到本班的净利润，班组严格执行每日的经济分析活动，探讨机组运行操作和指标控制方面的得失，并在月度运行分析会上进行全面总结。在细化班组核算的过程中，把控制煤、水、油、电作为节能降耗的重中之重，从厂用电率、发电煤耗、发电水耗、辅机单耗等指标入手，运行值班员每日进行指标分析，不断摸索降低厂用电率的各种途径和方法。目前，综合厂用电率比往年降低了近3.0%，供电煤耗比预算下降X克/千瓦时。

通过日清月结，班组及时发现运行过程中出现的问题，并采取相应措施予以解决，进而不断优化生产工艺，完善操作方法。班组成员能够认识到控制方法—指标—成本—利润的核算过程，形成人人讲成本、人人算成本、人人降成本的良好氛围。

四、量化绩效考核，确保降本增效的自觉性

1. 量化绩效考核，明确指标责任人；量化考核指标，建立绩效考核制度。

2. 班组将电厂执行的值际小指标竞赛活动中统计的23项主要经济指标按组按岗位分别明确了责任人，根据公司下达的月度值际小指标竞赛考评结果，班组组织召开班委会进行综合评议。

3. 建立有效激励和约束机制是班组经济核算的落脚点，建立层次分明的指标体系，进行指标的分解、责任落实到岗位是量化考核的基础。按照规定分值自动形成班组排名结果，把奖金与责任挂钩并兑现到人，做到公开、公平和公正是量化考核的核心。

总之，班组经济核算具有系统性，全面性和经济性的特点，开展班组经济核算必须把各项管理工作有机结合起来，在构建其基本框架后还需在实践中不断探索、丰富和完善核算方法和途径。

电厂班组经济核算的实践证明，如果班组成功运行经济核算体系，把成本联控的落脚点夯实在班组、落实在每个岗位职工身上，就能充分调动广大职工的积极性，就能实现少投入多产出，使劳动成果真正转化为企业的经济效益，就能真正促进企业现场成本管理水平乃至整体管理水平的提升。

某公司联控模式下“321”绩效管理体系的推广实施

综 述

因势利导，以绩论效，顾及差异才能体现公平。绩效考核是依据工作实绩进行的考评，务求真实全面。某公司积极创建“321”绩效管理体系，三级分解纵向到底，总分结合横向到边，一队部一对策注重差异，构建了与公司中心工作高度契合的绩效管理体系，创效多得，无效少得，因势利导，尊重差异，充分调动了员工降本增效的积极性和责任心，发挥了绩效考核的正导向和二次分配功效，推动了经营管理水平的提升。

一、“321”绩效管理体系的实施背景

在“资金授限，成本倒推，联动管控”的总体经营理念指引下，某公司本着“降成本、保效益，抓管理、促提升”的原则，秉承“成本联控靠全员”的工作思路，结合生产经营实际，突出管控重点，逐步形成了“321”绩效管理模式。

二、“321”绩效管理体系的内涵

“321”绩效管理模式，即生产任务、成本指标三级分解，总体和单项考核两项并举，绩效奖励一队部一对策。

（一）生产任务、成本指标三级分解

年初，根据公司下达的生产任务和成本指标，公司对大宗材料、配件消耗定额进行核定，根据各生产队部作业工艺与任务，将各项材料的消耗以单耗的形式分解到各个生产队部，签订“责任状”。各队部结合自身设备情况，根据“责任状”明确的消耗定额，将具体指标同样以“责任状”的形式下达到机组（班组）。对于任务量、柴油消耗等指标，则直接落实到单机单班（即2人或1人）甚至个人，签订承诺书。

（二）总体考核、单项考核两项并举

该公司根据任务指标对各队部进行考核，考核形式为1+N：“1”即总体考核，是指矿级“五型”企业考核；“N”即单项考核，包括柴油、轮胎、炸药、工程质量、机电工作质量等单项考核。

1. 总体考核。根据公司“五型”企业管理要求，公司制定并下发了《五型企业管理办法》，结合给各队部下达的各类生产任务、成本及消耗指标，从产量、单耗（成本）、实动率、工程质量等方面对各队部进行月度考核打分、季度综合评价。通过实行月考核月兑现、季度考评年底综合兑现的方式，实行对各队部的总体考核。

2. 单项考核。该公司材料消耗占比前三分别是柴油、火工品及轮胎，三项合计占材料消耗的93%，在总体考核的基础上，不断强化大宗材料消耗的管控工作，加强工程质量、机电管理质量等工作，为完成年度生产经营指标奠定基础，具体包括：

（1）制定下发《柴油管理办法》，结合卡调系统和加油计量装置，核定每种型号卡车单耗，真正实现了单车计量和核算，对每台卡车的柴油消耗按考核指标进行奖罚兑现，有效控制柴油单耗。结合柴油消耗管控模式，通过控制怠速时间、减少二次启动及空载消耗、缩减回车间维修项目和提升装车合格率等措施，降低柴油的无效消耗。

（2）制定下发《炸药节约奖励办法》，对炸药单耗、大块率、钻孔合格率进行考核。不断完善装药环节质量、钻孔环节质量的相互考核激励机制，有效控制炸药单耗。结合炸药消耗管控模式，通过采用 GPS 定位提高钻机打孔精准度、加强装药过程的监督管理、调整爆破设计为一爆两采（或一采）、建立“爆破参数及效果分析”数据库等措施，实现“保证爆破质量、降低炸药单耗”的目标。

（3）制定下发了《卡车轮胎使用奖励办法》，将轮胎消耗指标与采装环节和工务环节挂钩（运输队、工务队、采掘队人均奖励基数为 1:1:0.5），实施对装车质量、工程质量的联动监督考核，实现了装车合格率、卡车作业效率及工程质量的提升，延长了轮胎的使用寿命，降低了运输环节成本。结合轮胎“1234”管控模式，消耗指标量化细化后层层分解，逐级考核到班组和个人，责任连带各级管理人员，切实把成本联控意识根植于每台设备、每位职工。

（4）制定下发《工程质量考核办法》，将穿孔队、采掘队、工务队、供电队纳入工程质量考核范畴，结合各队部生产实际，从钻孔质量、大块率、坡面伞檐、装车质量、挡墙规格、道路质量以及供电质量等方面进行考核，通过定期检查与日常检查相结合的形式，月底进行统一打分并按规定兑现奖罚。现场作业环境有了明显改善，为减少柴油、轮胎、炸药及钢丝绳消耗起到重要作用。

（5）制定下发《机电工作质量考核办法》，从设备实动率、运行管理、维护保养、内业管理等 6 个方面对各队进行考核，辅以激励机制，有效保证设备的性能和完好率，在降低设备材料消耗、提高设备实动率方面起到了积极作用。

（三）绩效奖励一队部一对策

公司各一线队部依据公司薪酬分配原则，结合矿级月度绩效考核结果以及各项单项考核结果，制定了各自的绩效考核管理办法，实现考核指标完成情况与工资直接挂钩，将绩效工资向高产量、低成本、创效益、重质量的员工倾斜，积极引导员工努力完成各类考核指标，有效发挥激励与促进作用。

1. 穿孔队。绩效奖由钻机进米指标、柴油单耗指标、电单耗指标、炸药单耗指标、钻机实动率构成，绩效工资系数为工长 1.1、生产一线 1.0、队机关及其他人员 0.95。月度指标完成情况是当月绩效工资发放的依据，全年各季度的综合评价是发放年终综合绩效工资的依据。各项绩效考核指标实际完成数与计划数的对比，按照百分比数据汇总后为当月绩效考核结果。

2. 采掘队。用电设备（电铲、吊斗铲）绩效考核主要包括生产任务考核 5%、电成本考核 6%、钢丝绳成本考核 4%、设备实动率考核 5%；内燃设备绩效考核主要包括生产任务考核 5%、柴油成本考核 10%、设备实动率考核 5%。将以上考核又细分为生产任务量、工程质量、电耗、油耗、钢丝绳单耗、设备实动率、机电设备管理 7 项机组单独考核指标，采取“月考核，月兑现”的方式，根据机组及个人当月考核指标完成情况对月度绩效工资进行发放或扣减。

3. 运输队。生产岗位绩效奖分配指标由 4 个方面组成，生产任务方占 5%，由工长依照考核办法评比打分；设备实动率占 2%，由技术员依照考核办法评比打分；轮胎成本占 5%，由轮胎管理员依照《运输队卡车轮胎管理办法》评比打分；柴油成本占 8%，由柴油管理员依照《运输队卡车柴油管理办法》评比打分。每月将 4 项指标汇总，统一计算个人生产奖金。辅助岗位依据当月生产岗位绩效奖金平均数，以卡车司机奖金系数为基数 1、工长奖金系数为 1.2、副工长奖金系数为 1.1、各辅助岗位人员奖金系数为 0.8，核算出绩效考核的当月奖金。

4. 工务队。绩效奖金分配主要从工程质量、工程进度、洒水质量、柴油单耗、设备实动率 5 个方面考虑。

运行班组绩效工资（除降段）= 应发绩效奖 ×（工程质量得分 ×40% + 生产量得分 ×30% + 柴油单耗得分 ×10% + 设备实动率得分 ×20%）/100；

工程组和降段机组绩效工资 = 应发绩效奖 ×（工程质量得分 ×40% + 工程进度得分 ×30% + 设备实动率得分 ×20% + 柴油单耗得分 ×10%）/100；

养护班组绩效工资 = 应发绩效奖 ×（工程质量得分 ×40% + 工程进度得分 ×30% + 设备实动率得分 ×20% + 柴油单耗得分 ×10%）/100。

5. 供电队。绩效奖金针对供电工区、维修工区和车辆工区不同的工作性质，从供电工作质量、故障停电时间、柴油单耗和变动可控成本4个方面进行打分，结合矿级考核结果对当月绩效工资进行二次分配。针对考核指标，制定了总体的《供电队工作质量考核办法》、“供电队柴油消耗考核表”等，同时建立分工区的“供电队各工区201X年‘五型企业’建设月度指标完成情况打分表”以及“季度综合考评表”，较好地实现了供电队绩效综合管理。

三、“321”绩效管理体系取得的成效

通过坚持逐级分解任务指标、总体考核和单项考核并重、“一队部一对策”的原则，将生产、成本任务指标分解与考核都落实到机组（班组）或个人，实现了降本增效与职工激励有机结合，形成了全员成本联控的新格局。截至2016年上半年，该公司煤矿降本增效效果显著，如图1所示。

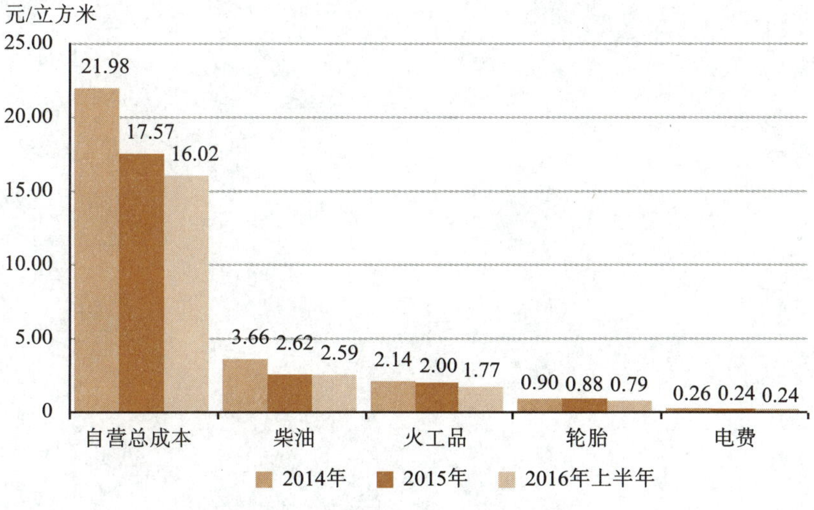

图1　某公司2014～2016上半年主要成本分析表

从图1可以看出，某公司绩效管理工作的深入推进对降低自营总成本的推进作用非常明显，特别是鉴于处于转向关键时期所导致的运距、爬高增大的不利条件，其中成本消耗占比比较大的柴油、火工品、轮胎消耗也呈现了

下降的趋势，为公司完成全年降本增效目标奠定了基础。

四、“321”绩效管理体系的体会

该公司各类指标均已分解到当前最小考核单元，如实动率、柴油消耗、电耗落实到机组，穿孔质量、进米可落实到单机单班2人，炸药单耗落实到设计人员，轮胎单耗、供电故障、钢丝绳单耗落实到个人。但是，用电设备缺少电量计量装置，导致电量单机核算名不符实，靠的是利用经验进行一定比例的分配。另外，目前柴油单耗考核的单机核算已经非常准确，但同机组4个人之间如何区分谁低效、谁高效，即将柴油考核落实到个人，还存在一些障碍。

某公司选煤厂打造“五四”班组管理新模式的实践

综 述

推动班组建设工作再上新台阶，创新班组管理机制是关键。在公司“五八二一”班组建设体系的指导下，各直属单位不断总结提炼近年来好的工作经验和工作方法，积极探索适合本单位实际的管理模式。某公司选煤厂“五四”班组管理模式，先从夯实四项基础工作入手，规范班前会质量、工作记录、工作汇报，强化阵地建设，构建四项机制、创新四项载体活动、搭建四个平台、严把四个安全关口，全方位、全视角地构建选煤特色班组建设管理模式，自下而上地走出了一条有思路、有亮点、有特色、有成效的班组建设之路，为加强基层和基础管理，推进企业科学发展、安全发展、和谐发展发挥了重要作用。

一、“五四”班组管理模式内涵

班组是企业生产组织的最小机构，是任务指标落实完成的基础阵地，是职工工作学习的亲切家园。因此，班组建设关系着企业的发展，生产的稳定，职工的利益。选煤厂一直以来十分重视班组建设工作，历经多年的探索和尝试，形成了一套独具特色又成效显著的“五四”班组管理模式（见图1），有力地推动了选煤厂“五型班组”创建工作。

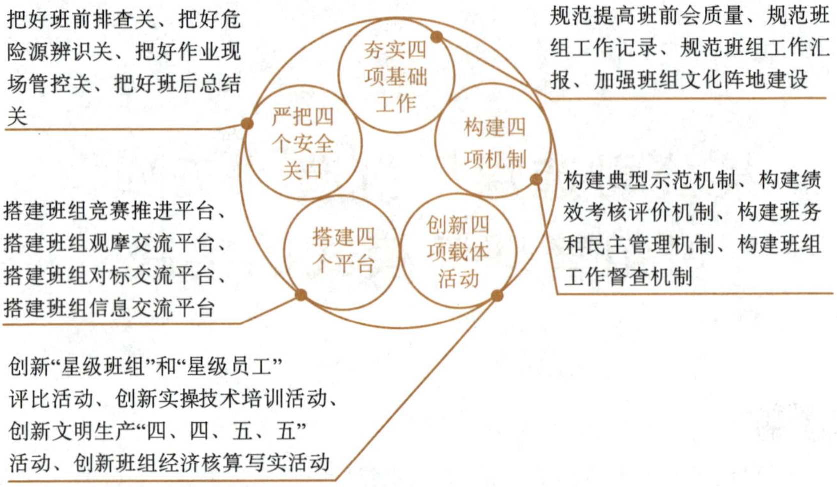

图1　“五四”班组管理模式

二、“五四”班组管理模式产生背景

近年来，随着选煤厂生产规模不断扩大，原有的班组建设管理模式与新的管理需求已不相适应，班组建设工作的方式方法亟待改变和创新。201X年，选煤厂通过深入调研，发现主要存在的问题有：一是管理人员重视程度不够；二是班组长管理经验不足；三是班组工作思路不新；四是班组工作方法不活；五是对班组工作指导不够；六是奖优罚劣的力度不足；七是班组的团队意识不强；八是对班组长的管理和培养不够。

针对以上问题，201X年，选煤厂制定了班组建设工作3年规划，力争用3年左右的时间，把80%以上的班组打造成“三强、一安、一和”（三强，即主人翁意识强、执行能力强、创新能力强；一安，即安全高效；一和，即和谐发展）特色班组。

3年来，选煤厂坚持以创建“五型班组”为目标，把班组建设纳入抓基层、强基础的管理大格局中谋划和部署，通过夯实基础、构建机制、创新载体、搭建平台、严把关口等手段有力促进班组建设的深入开展，逐步形成具有选煤厂特色的“五四”班组管理模式，提升了班组建设管理水平和品质。

三、“五四”班组管理模式具体做法

（一）夯实四项基础工作，强化班组标准化建设

1. 规范提高班前会质量。制定实施了标准化班前会流程及要点，内容包括班前签到、班前排查、工作任务布置、危险源辨识、安全措施落实、技术业务培训、政治学习、每日一题、安全宣誓、班前会确认签字等环节，同时对每个环节提出具体要求。突出了班前会时间短、内容集中、针对性强，实用管用的特点。

2. 规范班组工作记录。针对以往班组工作记录内容单一、填写内容空洞等问题，选煤厂结合标准化班前会的特点和流程要求，根据班组工作所涉及的内容，对班组工作记录进行了重新设计，对具体内容的填写明确了要求，统一了全厂的班组工作记录，使全厂班组工作记录得到进一步规范。

3. 规范班组工作汇报。学习借鉴“班组长三步汇报法”，设计了选煤厂“班组工作展示”工作汇报法，通过训练、竞赛、考核等手段使班组工作展示做到重点突出、语言精练、个性鲜明。

4. 加强班组文化阵地建设。把班组休息室作为班组文化前沿阵地来抓，为每个班组建成了读书角和文化墙，使读书角和文化墙成为激活班组文化细胞、培育班组文化氛围、渗透企业文化、班组文化引领不可缺少的平台。

（二）构建四项机制，激活班组细胞

1. 构建典型示范机制，以点带面。先进典型是企业职工学习的榜样，是推进班组建设的重要引领。选煤厂注重通过日常工作和班组各种竞赛活动大力选树先进典型，充分发挥典型模范的引领示范作用。

2. 构建绩效考核评价机制，奖优罚劣。按照劳动强度和作业环境差距，奖金系数坚持向一线倾斜。根据选煤厂绩效考核结果，对做出突出贡献的班

组长进行物质、精神等综合奖励。对工作不胜任、不称职的班组长及时解聘。出现失职、违纪或严重违章指挥的，按有关规定严肃处理。

3. 构建班务和民主管理机制，凝心聚力。在班组中全面推行民主管理，各班组每月召开一次班务会，广泛听取班组成员的意见和建议。对员工敏感的热点、焦点问题，通过班务公开栏随时公开，接受大家监督，营造公平公正的和谐管理环境。

4. 构建班组工作督查机制，督促跟进。围绕班组建设创建目标，坚持定期对班组建设中的重要文件、会议、月度推进措施的落实情况进行督导、督查、督办，形成督导抓宣传、督查抓落实、督办抓重点的班组建设目标推进机制。

（三）创新四个载体活动，提升班组管理品质

1. 创新“星级班组”和“星级员工”评比活动。“星级班组”（本质安全星、文明生产星、技术创新星、成本节约星、和谐团结星）和“星级员工”（本安之星、文明之星、技术之星、节约之星、和谐之星）采取车间日常考核，季度汇总，厂里季度复审、考评的方式评选，分别对全厂 82 个生产班组做出“星级”命名，并给予相应奖励。

2. 创新实操技术培训活动。积极创新班组培训模式，10 个生产车间先后建成实操室 10 个。各班组可利用工余时间，在实操台上进行常用故障的排除演练。每年集中组织实操技术培训比赛一次，检验各车间实操技术培训成果。201X 年，实操技术培训已作为技术培训手段实现了制度化管理。

3. 创新文明生产“四、四、五、五”活动。4 年连续在班组开展“四无”（无垃圾、无积水、无油污、无烟头）、“四全”（安全遮拦全、沟道盖板全、设备标识全、照明设施全）、“五净”（门窗净、桌椅净、橱柜净、地面净和墙壁洁净）、“五达标”（现场制度落实达标、环境安全达标、设备完好达标、操作程序达标、工作质量达标）活动。

4. 创新班组经济核算写实活动。将车间的材料、配件、工器具按照班组所辖设备分解到班组，编制形成《班组经济核算手册》10 册。各班组根据

《班组核算手册》做好经济核算日常写实工作，职能部门跟踪、分析和考核，将成本压力传递到班组和个人，做到“千斤重担人人挑、人人头上有指标”。

（四）搭建四大平台，强化互动交流

1. 搭建班组竞赛推进平台。以提升班组管理水平为目标，有针对性地开展了标准化班前会竞赛，开展了班组工作展示竞赛，开展了班组实操技术培训竞赛。

2. 搭建班组观摩交流平台。组织班组长进行班前会、班组现场管理、班组工作展示、班组实操技术培训等观摩学习，加强了班组之间的交流沟通，促进班组之间相互学习提高。

3. 搭建班组对标交流平台。经常开展内外部对标学习，如班前会、班组培训、危险源辨识、班组安全管控、班组文化培育、信息化管理等，通过互学互鉴、启发思路，提升班组管理水平。

4. 搭建班组信息交流平台。利用各种传媒，全方位传播班组知识、弘扬班组文化、展现班组风采，促进了职工不断学习新知识、了解新信息、掌握新技能，实现新提高。

（五）把好四个关口，筑牢安全防线

1. 把好班前排查关。积极推行“望闻问切”法，把脉安全，及时排查精神不振、身体不适、酒后上岗等状态不佳者；严格检查劳动防护用品佩戴情况和特种作业人员持证上岗情况；严格执行当班人员对生产任务和安全防范措施明白无误，然后确认签字，通过严把班前排查关，为安全生产筑起了第一道防线。

2. 把好危险源辨识关。班前会危险源辨识“四清楚”（即任务清楚、危险源清楚、作业程序清楚、安全措施清楚）交代，分析可能存在和发生的危险因素，讲解安全防护知识；现场操作前危险源再确认清楚，危险源熟记于心，管控重点明确。

3. 把好作业现场管控关。只有抓好班组现场安全管控，才能抓住安全生产的主动权。通过对作业现场的严格排查、管控，使人的不安全行为、物的不安全状态、环境的不安全因素得到有效控制。

4. 把好班后总结关。工作结束后，班组长对当班工作进行及时认真总结，对工作中存在的问题提出整改意见和措施，对工作中好的做法给予表扬和肯定，从而养成一种良好的操作习惯。通过班后总结，不断优化了班组作业流程、操作流程得以优化，标准化作业水平得到提高。

四、“五四”班组管理模式效果

选煤厂“五四”班组管理模式的应用收到了比较明显的效果，达到了“九化”，即：模式管用实效化、班组建设制度化、日常工作程序化、技能提升职业化、人文关怀亲情化、团队力量协同化、先锋模范示范化、价值引领外行化、争创活动新颖化。归纳总结的“六在”效果如图2所示。

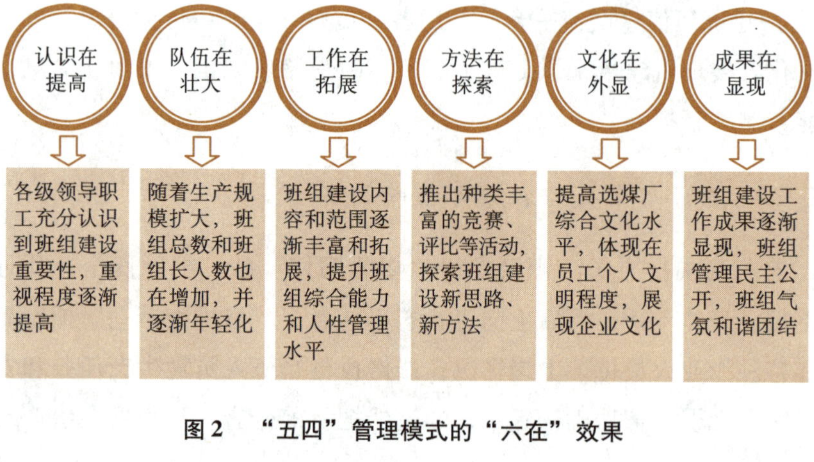

图2　“五四”管理模式的“六在”效果

新形势下的班组建设是企业发展和创新的重要基础，其重要性和必要性将越来越显现。因此，我们要不断学习，不断探索，不断创新，将班组建设工作紧密融入日常安全、生产、经营等各项管理工作中去，使班组真正成为职工群众展示自我业绩、自我风采的舞台，成为实现自我发展、自我成才的大家庭。

某公司班组核算联控系统的建立与应用

综 述

班组核算是点，单位核算是线，唯有点清晰，才能线规范。班组是企业成本发生的前沿阵地，班组核算是企业经济核算的基本单元。某公司不断完善班组核算管理模式，提升班组核算管理水平，把成本因素融入班组管理的各个环节，强化消耗的定额管理，真实反映成本的消耗情况，为企业经济核算的精确性提供了数据支撑，为企业精益管理奠定了基础。

一、班组核算联控系统开发背景

班组核算是某公司经济核算的基础，是进一步落实内部经济责任、降低成本、提高经济效益、增强生存能力的重要手段。该公司提出激活班组细胞建设思路，建设符合自身特色的班组管理系统，对企业安全生产、经济目标实现无疑具有十分重要的意义。

自 201X 年以来，该公司在实践中不断摸索，形成了符合自身特点的“333”联控体系，即三级预算、三级核算、三级考核，旨在建立一种具有系统性、循环性和可操作性的基础经营联控模式。班组经济核算管理正是“333”联控体系高效运行的关键和保障，但长期以来，因为班组经济核算的监督和管理都在车间，中心一级对班组核算工作缺乏必要的监督和约束，各项核算工作也缺乏一定的规范性和标准化流程。班组作为生产任务直接执行者和成本费用消耗的最前沿，将成本费用直观体现在每项检修任务中，把成本联控渗入检修各个环节。只有将班组经济核算工作制度化、规范化并形成统一的考核机制，方可实现全员、全过程、全方位控制成本，方能适应新常态下精益管理的要求。

二、班组核算联控系统的内涵

班组核算是在班组范围内，通过对投入的各项成本和产生的经济效益进行分析评价，对整个投入产出的全过程进行精细化管理，以取得良好经济效果的一种管理方法。

班组核算是整个生产现场管理的基础，又是组织职工当家理财的一种好形式，也是现场成本联控不可缺少的重要环节。

按照“干什么、管什么、算什么”的原则，建立规范的标准化核算报表体系，形成标准化核算报表。

建立能反映实际情况的分析模式，清楚反映班组某一时点的成本、工作量等指标，并能对成本升降的原因进行深入细致的有效分析。

建立有效的激励和约束机制，使车间对班组、班组对个人的考核做到指标量化和执行制度化，奖优罚劣。

三、班组核算联控系统的主要做法

（一）建立健全规章制度规范标准核算流程

树立“大经营”管理理念，结合自身管理特点，整合安全、生产、经营等方面的管理制度，做到要办事制度先行。制定下发“经济核算型”班组建设方案，对班组经济核算制度、核算流程、核算范围、统计台账、报表等相关内业进行统一规范，制定了分类检修成本预算、核算表、故障维修统计分析表、常消耗件明细表、交旧领新台账、废旧物资回收台账等表样及班组经营报表说明等8项基础内业模板，要求各车间班组遵照执行。制定相应的成本核算考核办法及细则，形成格式规整、条理清晰、易于操作、可用性强的班组经济核算内业。

（二）层层落实责任细化指标分解量化

在考核与班组工作密切相关的产量、设备出动率指标的基础上，将维修材料成本、废旧物资回收指标细化分解到成本发生的前沿。依据三级预算模式，中心按照全年预计产量、历史成本等因素核定各车间全年预算，车间按照班组承修设备及以前年度成本发生情况为班组核定全年预算，班组依据生产实际将成本指标继续分解到单机和个人。同时，班组根据检修计划及配件到货情况按月编制点检及零小故障、设备保养、常消耗件、计划性及预防性检修、其他故障分类型的成本预算。通过逐级细化预算编制，班组每月能结合生产任务、配件库存情况，合理安排检修计划，成本联控意识明显增强。目前班组预算准确率可达到85%。

（三）按故障类型核算强化成本分析

班组以月检修计划和成本预算为依据，每位包机人员检修完工后，开展故障维修核算分析，实现一故障、一核算、一分析，总结是否按预计情况完成工作，及时寻找差异，采取跟进措施。月底按设备保养、计划性和预防性检修、常消耗件、点检及零故、其他故障5种类型进行核算汇总，与预算和上年同期对比，剖析异常差异原因，及时采取相应措施进行整改，并跟踪管理。

（四）强化考核重点建立双重考核机制

建立《全面质量标准化考核实施办法及细则》与《“五型企业”绩效考核评价管理办法》，每月底按照业务分工不同，对各型指标的完成情况进行分析、考核，每季度兑现奖罚，同时为提高团队及领导者的执行力，拓展设备维修质量保障体系、领导班子生产组织执行力、安全执行力、成本联控执行力4项单项考核办法，形成了事事、人人有约束的双重考核机制。班组内部考核根据自身特点从安全、生产、经营等工作建立考核细则，细化至每次检修任务，使各项管理制度及措施真正落地，被考核人员确认签字后将考核结果在班组公示栏进行公示，与当月绩效工资挂钩，并将考核结果作为年底员工评先评优的重要参考，做到奖罚分明，公平公正。

（五）分级分权审批机制物料消耗闭环管理

在实际物资管理中，首先由班组提出采购申请，经车间、维修中心逐级审批后交由物资供应处集中采购，班组包机主修工更换任何配件均由班组长和技术员进行鉴定，确需更换新件，由班组长提出领料申请，经车间、生产技术部、中心分管领导按金额大小分级审批，再由技术员领取后交给班组使用。其次，物料使用过程严格执行“一领新一交旧”的交旧领新管理制度，及时将回收的旧件建立台账登记造册，同时对旧件进行鉴定，按可修复、能拆装和无使用价值分类存放。最后，经鉴定应报废的旧件，由维修中心废旧物资管理部门统一交送公司废旧物资回收站。经过严密的物料管理流程，实现了物料的闭环管理，保证了库存物资和成本的可控。

四、班组核算联控系统取得效果

（一）实现“五标准、五统一”

实现所有班组“五标准、五统一”，即制度标准统一、业务管理流程标准统一 、核算内容方式标准统一、统计账表标准统一、绩效考核兑现涵盖标准统一，建立班组经济核算标准化管理手册，为完成降本增效整体目标夯实基础。例如：该设备维修中心穿采车间电工班根据承修设备和人员配备情况，对日常检修业务过程进行全面系统总结，提出了“334”班组经营核算思路（3个层次分解成本指标，3个步骤跟踪配件管理，4项措施节约成本），使得班组管理工作得到进一步优化，班组承修的9台电铲电器故障同比下降5%。

（二）员工成本节约意识提高

从培养员工成本节约意识入手，节约成本从点滴做起，真正把节约成本当成自己的事情。一是废物再利用，小件修理主要包括修复拼装泵、阀、启动机以及电路板等措施，实现成本节约数千万元。二是员工节约成本意识提高体现在每一次检修任务的决策过程中，配件究竟应该更换还是应该修理，员工结合投入成本与产生的效益进行决策。三是更换国产化配件还是进口配件，员工考虑短期与长期节约成本目标进行决策。

（三）制定切实成本联控措施

各班组结合检修工作特点，制定适合检修业务的成本联控措施，提升班组管理水平。201X年共制定成本联控措施百余项，计划修复再利用配件上千件，节约成本上亿元，其中可量化至月度考核措施的百余项，配件上千件，节约成本千余万元。例如，强化MT系列卡车前轮轴承保养工作，每千小时更换润滑脂，万小时检查轴承及附件，根据轴承情况及时更换，可节约生产成本几百万元。201X年力争使设备故障率降低0.5%，节约成本几千万元。

（四）班组横向对标取长补短

针对公司两设备维修中心有同类型设备的特点，将两中心人员配备、承修设备、成本消耗、产量以及同类型设备的产量、成本消耗、出动率、单位吨煤成本等方面进行对比，对消耗差异大的项目进行分析，寻找有效的成本联控措施。同时，对两中心车间的班组核算工作进行对标，综合各车间的先进经验和亮点措施，发挥优势互补的管理效果，使中心整体管理水平进一步提升。例如，针对斗齿牙尖属于磨损件这一特点，某中心穿采车间钳工班与露天矿采掘队联合制定了牙尖更换标准，明确规定了牙尖磨损到什么程度才符合更换要求；另一中心穿采车间钳工班进行了技改技革，使牙尖翻转后再使用。通过对标，两穿采车间相互借鉴，对于牙尖一类的磨损件既有了更换的标准，也有了技改技革的办法，有力提升了两穿采车间钳工班的管理水平。

五、班组核算联控系统的体会

（一）充分利用成本消耗定额手册，实现成本的实时监督

制定《生产成本消耗定额手册》，班组、车间逐级按照承修设备分类编制故障维修项目消耗定额，但目前对于定额手册的利用还不够充分。今后要依据具体检修计划，结合标准定额，进行故障定额核算，对计划检修的项目在事前可核算出定额成本，对成本可以实时掌控，实时监督。

（二）努力实现班组核算的电算化

该公司大部分班组内业仍由人工记录，需要填写的台账较多，耗时费力，且无法实现资源共享的效果。急需建立一个可以提高班组工作效率的信息化交流平台作为支撑，利用大数据的统计分析功能，实现生产维修过程管理与班组经济核算工作有机结合，根据班组分类型故障检修特点，开发出一个电算化平台。可以实现如下过程：一是ERP数据出口→与储备定额对比→制定采购计划；二是ERP数据出口→与消耗定额对比→与班组保养、计划检修等预算对比→班组统计单个故障→核算单个故障成本→核算分类型故障成本→同比分类型故障成本→生成分类型故障核算报表→分类型故障成本分析→对能够量化指标的进行考核→对定性的考核通过系统进行打分→根据考核结果进行全面分析。该电算化平台正在开发中。若此分类型故障检修电算化平台开发成功，不但可以提高班组核算的效率和准确性，更大的贡献在于实现了数据的共享，使经营管理水平提升到一个新的高度。

某公司煤矿投入产出经济性研究与探索

综 述

投入是生产过程中所消耗的各种资源，而产出是一个企业在一段时间内生产的使用价值的总量。用同样数量的资源消耗生产出更多的商品，经济效益就高；反之，经济效益就低。某公司在露天煤矿深入开展投入与产出经济性分析研究，努力做到全生命周期经营分析，充分调动联动管控的因素，既要算好眼前经济账，又要算好长远经济账，确保企业发展持续健康。

一、开展投入产出研究的背景

当前，随着国家煤炭工业向生产高度集约化、集团化的方向发展，露天开采方式将在我国的煤炭开发工艺中有着越来越广泛的应用。煤矿以其规模大、效率高、作业安全等特点在世界煤炭开采范围内占据着较高的比重，而我国露天采煤的比重只有10%左右。究其原因，存在煤炭赋存状况、工艺装备水平、煤炭产业发展水平等各方面的因素，但与我国煤炭行业对露天开采的投入产出的经济性缺乏深入了解也有较大关系。因此，对露天采煤的基本特点及规律、投入与产出的经济性等进行深入研究有着十分重要的意义。尤其近几年来，我国煤炭经济运行形势十分严峻，煤炭市场供大于求的态势短期内无法改变，煤炭企业经营困难进一步加剧。为有效应对不利的经营形势，某公司对所属露天煤矿积极开展了投入产出分析与评价研究，探析投入产出要素的作用机制，为投入产出决策提供科学依据，提高企业的决策效率和经营效益。

二、开展投入产出研究的主要内容及思路

投入产出分析是研究特定经济系统各个部分间表现为投入与产出的相互依存关系的经济数量方法。露天煤矿投入产出系统可以从广义和狭义两个角度理解。从广义角度讲，露天煤矿投入产出系统应涵盖资源勘探、煤矿建设、岩土剥离、原煤开采、煤炭洗选、煤炭运输、煤炭销售等露天煤矿全生命周期中所有环节的投入产出活动。狭义的露天煤矿投入产出系统则仅包含岩土剥离、原煤开采等环节的投入产出活动。某公司开展的露天煤矿投入产出经济性研究主要包括两个方面。

（一）露天煤矿投入产出水平评价

以露天煤矿投入产出水平评价为研究对象，从 4 个角度开展研究：

一是根据投入产出理论和数据包络分析理论，通过文献梳理和访谈调研识别筛选露天煤矿投入产出技术经济指标体系。

二是收集露天煤矿投入分析数据，分析露天煤矿生产经营量、本、利状况。

三是根据投入产出理论，选择合适的生产函数，借助对露天煤矿投入产出数据统计分析，构建适合公司露天煤矿投入产出生产函数模型，探析投入产出要素的作用机理，并从纵向和横向角度对露天煤矿投入产出水平进行比较分析，为公司提供相应的政策建议。

四是根据数据包络分析理论，选择合适的数据包络分析模型，借助对露天煤矿投入产出数据统计分析，构建适合公司的投入产出有效性评价模型，探析投入产出差异的形成机理，并通过纵向和横向比较对露天煤矿投入产出水平进行评价，为公司提供相应的决策依据。

（二）露天煤矿投入产出决策支持

以露天煤矿投入产出决策支持为研究对象，从 3 个角度开展研究（见图

1）：

一是根据情景分析理论，借助对露天煤矿投入产出数据的统计分析，通过量、本、利分析，生产函数分析和数据包络分析识别筛选露天煤矿投入产出的关键情景因素。

二是根据情景分析理论，结合公司实际情况，选择合适的情景分析路径和方法，构建露天煤矿投入产出情景分析模型。

三是根据投入产出情景分析模型，设定各种情景分析情景及组合情景，借助对露天煤矿投入产出数据统计分析，通过分析不同情景下露天煤矿投入产出的仿真决策，为公司提供相应的决策支持。

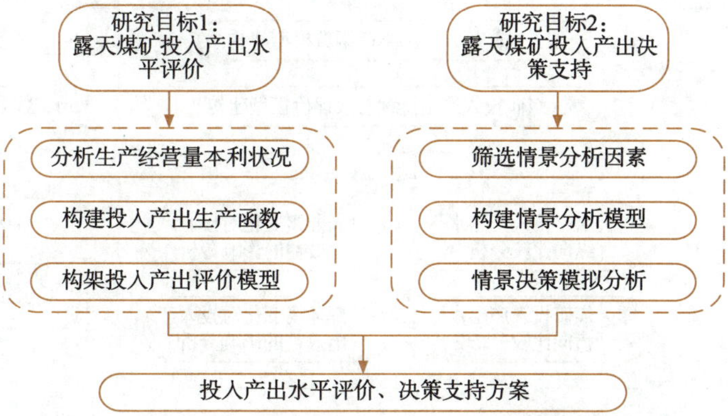

图1　某公司露天煤矿投入产出经济性研究框架图

（三）开展投入产出研究的主要思路

开展露天煤矿投入产出分析研究，大致按照理论研究、量化研究和实践研究三大步骤进行，如图2所示。

三、开展投入产出研究的主要方法

该公司在研究过程中以投入产出理论为基础，借助文献研究、访谈调研、量本利分析、多元统计分析、数据包络分析、情景分析等方法展开研究。

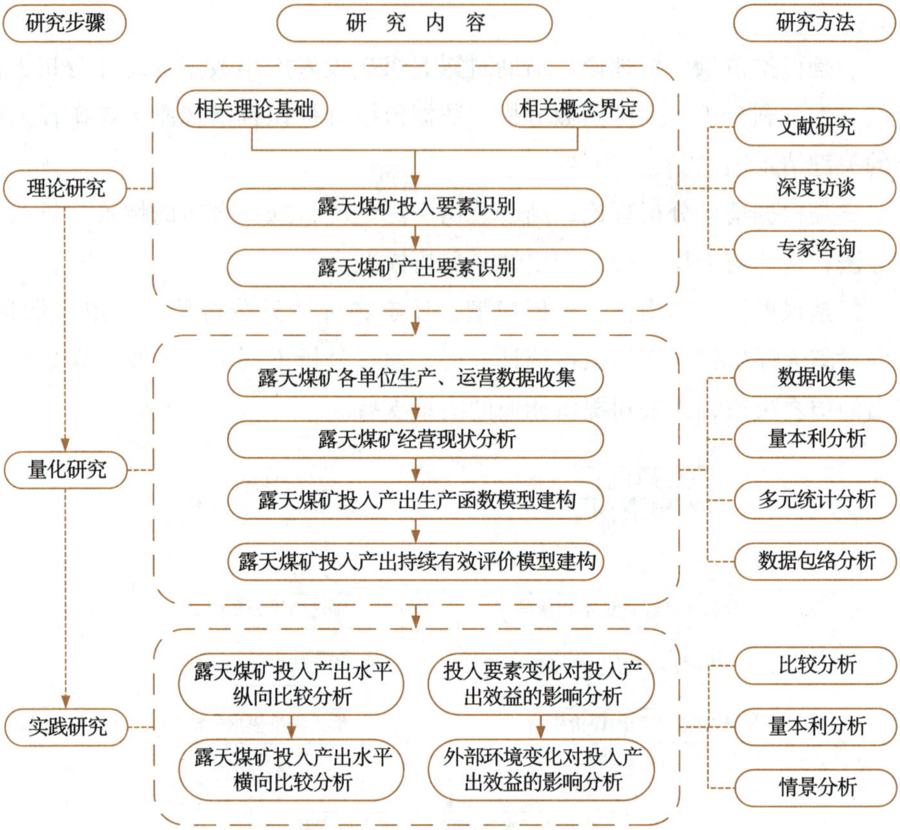

图 2　某公司露天煤矿投入产出经济性研究思路示意图

（一）文献研究

通过收集、整理相关研究成果，掌握投入、产出、投入产出表、柯布—道格拉斯函数、不变替代弹性生产函数、情景分析等相关理论和概念获取常用的投入产出指标和情景分析方法。

（二）访谈调研

通过收集露天煤矿的财务报表、生产报表，分析获取财务指标、生产指标，并对露天煤矿管理人员进行深度访谈，获取投入产出指标在生产运营实践中的作用关系和相对重要性，为投入产出分析奠定基础。

（三）量本利分析

本利分析法，全称为产量成本利润分析，也叫保本分析或盈亏平衡分析。通过分析生产成本、销售利润和产品数量这三者的关系，掌握盈亏变化的规律，指导露天煤矿企业选择能够以最小的成本生产最多产品并可使企业获得最大利润的经营方案。

（四）多元统计分析

以露天煤矿的历年生产运营数据为基础，借助投入产出表、柯布—道格拉斯函数、不变替代弹性生产函数、Eviews 6.0、SPSS 19.0、Matlab 7.0 等模型工具和统计分析软件，分析投入要素和产出要素之间的关系。

（五）比较分析

露天煤矿投入产出分析需要进行纵向比较和横向比较。纵向比较用于分析露天煤矿投入产出投入水平的变化；横向比较通过对不同煤矿进行比较，评价露天煤矿投入产出水平。

（六）数据包络分析

数据包络分析（Data Envelopment Analysis），简称 DEA，是一种使用数学规划模型进行评价对象之间的相对有效性的研究方法，特别适用于多输入、多输出的系统。该公司采用数据包络分析方法对露天煤矿投入产出经济有效性进行评价，构建露天煤矿投入产出经济有效性评价模型。

（七）情景分析

情景分析法就是露天煤矿从自身角度出发，假定某种现象或某种趋势将持续到未来的前提下，对预测对象可能出现的情况或引起的后果做出预测。情景因素既可以是露天煤矿投入产出的各类要素，也可以是整个煤炭行业环境甚至社会环境。

四、开展投入产出研究的思考

该公司以露天煤矿的原煤开采环节为研究对象，开展投入产出进行经济性分析和评价研究。依据波特企业价值链理论，完整的露天煤矿原煤开采投入产出边界包括穿爆、排土、采煤、运输等基本活动，以及人力资源、成本联控、经营计划、安全管控、技术开发、生产调度、设备维修、物资采购等支持活动，如图 3 所示。

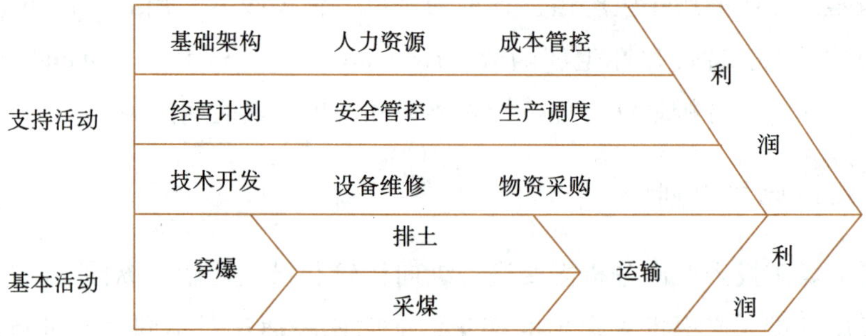

图 3　某公司露天煤矿波特价值链及投入产出边界示意图

（一）投入要素确定

露天煤矿在生产经营过程中主要的业务环节包括：穿爆、排土、采煤、运输。这些环节包含了诸如材料、设备等的实物投入，以及人工成本、期间费用，安全费等非实物投入。针对露天煤矿复杂多样的成本构成，结合经济学对投入的一般分类方法，将露天煤矿的投入分为三大基本要素：劳动投入、资本投入和资源投入。

1. 劳动投入。劳动投入一般是指生产过程中实际投入的劳动量，发达国家一般用标准劳动强度的劳动时间来衡量。考虑到露天煤矿在实际生产过程中存在着大量的劳务派遣人员，并且这部分人员的数量容易随着生产情况的变动而产生波动，流动性较大，进行一定时期的劳动投入的统计处理时情况较为复杂。因此，在进行劳动投入的技术经济指标分析时，不再以一般意义上的劳动量来度量劳动投入，而是选取一定时期内劳动投入的成本，即员工的工资、福利费及培训费等相关费用作为露天煤矿的劳动投入。具体的劳动投入技术经济指标包括两个方面：一是合同制员工费用和劳务派遣员工费用；二是收集露天煤矿投入分析数据，分析露天煤矿生产经营量、本、利状况。

2. 资本投入。资本是指生产出来的生产要素，是耐用品。在西方经济学理论中，资本是投入（生产资料）的一部分，投入包括：劳务、土地和资本。根据现今主流宏观经济学观点，资本可以划分为物质资本、人力资本、自然资源、技术知识，而在现实生活中，资本总是表现为一定的物，如货币、机器、厂房、原料、商品等。结合两矿的生产实际，本课题中具体的资本投入技术经济指标包括折旧费、火工用品、油脂（柴油）、轮胎、维简费、安全费、税金及附加以及其他资本投入。

3. 资源投入。在露天煤矿的生产经营活动中，影响煤炭产出的投入除了劳动和资本之外，还有许多其他的影响因素，如煤矿征地补偿的费用、环保绿化投入、资源税等方面的投入。根据露天煤矿实际情况，具体的资源投入技术经济指标包括资源税、环境保护费以及其他资源投入。

（二）产出要素确定

露天煤矿“产出”不仅是指成果的数量，而且包括各类成果的分配使用去向，即反映各类成果的具体用途（是用于生产和劳务，还是用于该时期的消费与积累）。任何一个部门的生产经营活动都可以同时从消耗（投入）来源与成果（产出）分配使用去向两个方面来做出反应。针对露天煤矿实际，产出分为实物型产出技术经济指标与比率型产出技术经济指标。实物型产出技术经济指标主要包括原煤产量、剥离量、采剥总量；比率型产出技术经济指标主要包括总资产增长率、资本积累率。

该公司针对露天煤矿投入产出基本概念和露天煤矿投入产出系统进行界定的基础上，构建了露天煤矿投入和产出的技术经济指标体系，对各个指标的名称、含义、计算方法进行了相应说明，具体如表 1 所示。

表 1　　某公司露天煤矿投入产出技术经济指标体系表

指标类别	一级指标	二级指标	指标含义
投入指标（A）	劳动投入	合同制员工费用	用人单位向本单位的合同制员工支付的职工工资、奖金、津贴、职工教育经费、社会保险费、住房公积金、职工福利费等相关费用
		劳务派遣员工费用	用人单位向本单位的劳务派遣人员支付的相应的劳务派遣费
	资本投入	折旧费	定期地计入成本费用中的固定资产的转移价值
		火工用品	装有火药或炸药，受外界刺激后产生燃烧或爆炸，以引燃火药、引爆炸药或做机械功的一次性使用的元器件和装置
		油脂（柴油）	煤矿用油脂，主要包括柴油、润滑油、液压油、齿轮油、机油、乳化油等
		轮胎	在各种车辆或机械上装配的接地滚动的圆环形弹性橡胶制品
		维简费	用于煤矿生产正常接续的开拓延伸、技术改造等的相关费用
		安全费	企业按照规定标准提取，在成本中列支，专门用于完善和改进企业安全生产条件的资金
		税金及附加	企业经营活动应负担的相关税费，包括营业税、消费税、城市维护建设税、资源税和教育费附加等
		其他资本投入	其他材料消耗、电费、水费、修理费、期间费用，营业外净支出、其他营业支出等费用
	资源投入	环境保护费	政府为了维护、治理和保护人类社会的自然环境而对有污染、损害、侵蚀环境行为的单位和个人收取的费用
		其他资源投入	煤矿征地补偿费、采矿权价款、水利建设基金、价格调节基金等
产出指标（B）	实物型指标	原煤产量	从地上或地下采掘出的毛煤经筛选加工去掉矸石、黄铁矿等后的煤
		剥离量	露天矿山剥去的废石废土量
		采剥总量	露天矿山在最终开采境界范围内剥离的岩石与采出矿石总量之和
	比率型指标	总资产增长率	反映企业本期资产规模的增长情况
		资本累积率	反映企业所有者权益在当年的变动水平

降本增效篇

“成本线”是企业的“生存线”，一个企业要想立于不败之地，其核心就是要抓好成本联控。降成本是成本联控的过程，是对企业在生产经营过程中发生的各种耗费进行计算、调节和监督的过程，也是一个发现薄弱环节、挖掘内部潜力，寻找一切可能降低成本途径的过程。

面对当前经济下行的严峻形势，降本增效已经成为企业在经济新常态下谋生存求发展的重要手段。某公司积极应对经济新形势，深入贯彻落实中央经济工作会议关于“去产能、去库存、去杠杆、降成本、补短板”的精神，积极寻求成本联控的创新手段和方法。通过港口到坑口的成本倒推设定了生存的成本红线，再利用各二级单位的三级预算、三级核算和三级考核逐步把成本联控落到班组和单机，在有效控制生产成本的同时，增强了职工成本红线意识。降本增效没有“完成时”，综合施策、久久为功，降本增效必有大成。

某公司矿用设备煤基柴油替代应用与推广

综 述

某公司经过两个阶段的试用，煤基柴油具备矿用设备燃油的使用条件，具有普遍推广价值。以煤基柴油代替石油基柴油，每吨约节省成本几百元，经过协调，该公司调整了煤基柴油的采购流程，直接效益在每吨数千元，对于公司生产成本的控制、经营效益的提升具有积极意义。在煤基柴油的使用上，公司本着谨慎的态度，逐年扩大试用范围，201X 年计划试用煤基柴油几十万吨，直接效益将上亿元。

一、矿用设备柴油替代方案背景

柴油消耗一直是煤矿最大的生产成本支出，某公司自建矿以来，一直使用石油基柴油作为矿用设备燃料，针对公司柴油消耗量较大，采购价格较高导致成本居高不下的问题，如果能够找到更为安全、经济的替代燃料，将会为公司带来巨大的经济效益。

从 201X 年开始，该公司一直在针对矿用设备柴油替代方案的可行性进行调查研究，其中研究了天然气、甲醇、煤基柴油等燃料，从研究结果来看，煤基柴油替代目前使用的石油基柴油方案是可行的，煤基柴油的质量和价格都优于目前社会成品柴油，若公司全面推广使用煤基柴油，采用寄售模式通过铁路运输，预计每年可节约成本数亿元。

二、矿用设备柴油替代的调研论证过程

201X 年，由公司牵头组织，相关单位有关人员参加，组成调研组，到某煤制油化工有限公司进行了调研，并提取了油样送到国家石油质量监督检验中心进行化验。

（一）某煤制油分公司基本情况

1. 采用具有自主知识产权的煤直接液化工艺，以煤炭为原料，通过高温、高压加氢提质反应生产柴油。

2. 该公司投入使用了第一条生产线，设计能力为年生产百万吨，其中柴油数十万吨，其他产品数十万吨，为世界上唯一一条煤直接液化生产线，也是世界上产能最大的煤制油生产线。

3. 第二、第三条生产线正在积极筹建中，生产规模与第一条相同。

4. 柴油存储容量为 X 万吨，可保证在每年为期 XX 天的计划停机检修期间的柴油供应。

（二）某煤制油分公司对其生产的煤基柴油测试情况

某煤制油分公司对其生产的煤基柴油进行测试，结果如下：

一是煤直接液化柴油各项指标均符合国家标准，其中多项指标优于石油基柴油。

二是尾气排放的一氧化碳、一氧化氮化合物含量均低于石油基柴油。

三是动力性提高，燃油经济性改善。从神东试用结果看，煤基柴油百公里油耗低于石油基柴油百公里油耗 2 ~6 升。

四是使用，某煤制油分公司生产的煤基柴油对发动机没有造成任何不良影响。

（三）煤制油分公司煤基柴油的特点及优势

1. 冷凝点低，煤基柴油的冷凝点一般为 -38℃ ~ -40℃，非常适合寒冷

气候地区使用。

2. 硫氮含量低，燃烧排放物污染性小。

3. 密度大，单位体积热值高，成分以环烷烃为主，芳烃含量少，燃烧性能好，普通石油基柴油密度为0.81~0.85g/立方厘米，煤基柴油密度平均为0.85g/立方厘米。

4. 含硫及有机酸少，基本不含无机酸碱，对机械和储油设施无腐蚀性。

5. 有合适的黏度，发动机内雾化性能良好，燃烧平稳，不磨损油泵和喷嘴。

6. 组分轻，90%馏出温度在300度以下，燃烧完全，积碳少，发动机磨损轻。

7. 氧化安定性好，不易变色变质，适合长期储存。

直观来看，该煤制油分公司生产的煤基柴油清净度极高，目测优于市场上的石油基柴油。从该公司提供的化验数据来看，产品完全符合国家标准，硫、氮含量极低，应该对发动机有利，尤其是凝点非常低，非常适合寒冷气候使用。

针对我们对润滑性能的担心，该煤制油分公司提供了岳阳和维柴油润滑性改进剂化验数据。数据显示，该煤制油分公司生产的煤基柴油通过添加适量的润滑性能改善剂以后，润滑性能较好，磨痕直径为419μm（国家标准不大于460μm）。

（四）供货及运输

该煤制油分公司主要运输途径为公路和铁路。其中，公路运输每天用油量较大，所需油罐车数量较多，且卸车困难，不易采用。

铁路方面，该煤制油分公司已经取得铁路专用线危货运输资质，其柴油铁路装车线有两条路线，从对位车节数和装车时间来看，年设计装车能力达到百万吨，完全能满足公司的需求。

该煤制油分公司柴油通过已有铁路运输到该公司，另一条铁路开通后，预计运费每吨可减少至百万元，柴油价格可再次降低。

三、煤基柴油试用情况

经过调研，该公司认为煤基柴油能满足公司矿用设备使用，且可降低采购费用。201X 年 9 月 30 日，公司下发了《关于试用某煤制油公司煤基柴油的通知》和《煤基柴油试用方案》。201X 年 10 月 28 日，煤基柴油到货，该煤矿按照计划安排了 5 台卡车试用。试用结论如图 1 所示：

第一阶段（250 小时）结论

煤基柴油试用情况评估：

- ☑ 5台试用卡车运行未见异常，发动机润滑油主油道的油压稳定；
- ☑ 机油压力、燃油压力均在正常范围；
- ☑ 转速和功率变化合理范围内；
- ☑ 发动机油取样化验，各项指标正常；
- ☑ 煤制油分公司生产的煤基柴油符合使用要求。

第二阶段（500 小时）结论

煤基柴油试用情况评估：

- ☑ 5台试用卡车运行未见异常，发动机润滑油主油道的油压稳定；
- ☑ 机油压力、燃油压力均在正常范围；
- ☑ 转速和功率变化在合理范围；
- ☑ 发动机油化验结果表明机油金属含量无异常。

图 1　煤基柴油两次试用情况评估

从技术性考虑，煤基柴油完全适合公司工况和在设备上使用，甚至优于石油基柴油；从经济性考虑，若推广使用煤制油分公司煤基柴油，可使公司燃油成本显著下降，效益可观。

四、煤基柴油使用范围的进一步推广

经过两个阶段的试用，该公司认为扩大使用能够节约大量生产成本，决定扩大煤基柴油使用范围。经研究，慎重起见，保留甲矿 14 台 A 卡车和乙矿 30 台 A 卡车、37 台 B 卡车使用原石油基柴油，两矿其他内燃设备从 201X 年 6 月份开始使用煤基柴油。

截至 201X 年底，该公司共计使用煤基柴油几十万吨，以市场价与煤基柴油单价相比，仅使用煤基柴油已为公司节约成本上千万元。

某公司煤矿建立降本增效考核体系的做法

综 述

某公司煤矿一线生产队部高举绩效旗帜，注重价值创造引导，以全方位的绩效考核体系促进职工强化成本意识，树立全局理念。通过工程质量的提升，服务后续环节，减少返工、无用功造成的成本浪费。

一、建立降本增效考核体系的背景

近年来，因煤炭市场持续低迷、煤炭产能严重过剩，煤炭企业面临的困难日益增加，经营管控难度加大，某公司所属煤矿一线生产队部紧紧围绕全方位增效益主线，树立点滴节约汇成河的意识，从多方面入手进行经营管控，建立降本增效考核体系，从员工思想到现场作业进行深层次的降本增效改革。

该煤矿一线队部现有穿孔设备 10 台牙轮钻机，A 型钻机 3 台，B 型钻机 5 台，C 型钻机 1 台，D 型钻机 1 台。这些设备都属于高耗能大型设备，电和油的消耗量较大，且适合在作业区域较大而地形受限性小的区域作业，才会发挥较高生产效率。

该煤矿一线队部爆破作业是在牙轮钻机完成穿孔作业任务后使用炸药填充连线爆破，因此炸药是最大的成本消耗。

针对以上情况，该队部建立了降本增效考核管理体系，尽可能地节约成本。

二、降本增效考核体系的主要内容

（一）单耗考核办法

爆破工分组，炮区负责人的爆破任务属于本组，月末统计本组放爆破总炸药量和总爆破量，核算出月综合单耗，岩石炸药单耗考核指标为0.375千克/立方米，煤炸药单耗考核指标为0.1695千克/立方米；必须保证在上述炸药单耗的基础之上改善爆破质量，炸药单耗每超出0.01千克/立方米处罚相应爆破小组本月爆破工程质量奖金1/30，处罚所得金额用于奖励或者分配给其他小组。

（二）大块考核办法

除特殊地质结构，岩石爆破区单耗合格，大块考核按照1万立方米出现1~2块为合格炮，不奖不罚；大块少于1块是优秀炮，奖励相应爆破小组本月爆破工程质量奖金1/30；大块多于2块，处罚相应爆破小组本月爆破工程质量奖金1/50；大块多于4块，处罚相应爆破小组本月爆破工程质量奖金1/30。

（三）拉底考核办法

由于爆破工人为原因发生拉底，每万立方米出现1.5个单位（100平方米是一个单位）的拉底属于罚款类型，处罚本炮区爆破小组月爆破工程质量奖金1/30，每增加一个单位拉底多处罚1/30。

（四）布孔质量考核办法

布孔工程质量考核孔位偏差、缺孔、多孔、布孔不及时、布孔区域选择不合理、布孔区域未衔接或重复布孔等，孔位偏差和设计孔位误差大于0.3米为处罚情况，扣罚当班布孔组工程质量奖金，缺孔、多布孔每发现一处，处罚当班布孔组工程质量奖金，人为原因造成布孔不及时导致钻机停机，每次处罚当班布孔组工程质量奖金，布孔区域选择不合理导致道路不够宽、帮线歪斜等，处罚当班布孔组工程质量奖金，有人为原因发生布孔区域未衔接出现岩石未解体、重复布孔导致重复穿孔，处罚当班布孔组工程质量奖金。钻机作业面整理不达标，不能满足钻机安全高效作业要求，处罚当班布孔组工程质量奖金。

（五）验孔质量管理办法

验孔组工作质量、劳动纪律由爆破工长考核，占比50%，验孔质量和成本结余由技术组考核，占比45%，岗位标准化学习情况由爆破组相关工作负责人考核，验孔组及时提供当天放炮炮区穿孔情况，包括孔数、孔深、水孔情况、补孔情况，并及时报送验孔记录单，如果因验孔组提供验孔数据不准确导致爆破组作业现场补孔、备料不够等影响爆破工作进程的情况发生，处罚当班验孔组工程质量奖金。

（六）小额消耗材料成本结余考核办法

小额消耗材料成本结余考核针对爆破组、布孔组、验孔组，所有与成本相关的消耗均在本条考核范围之内，爆破使用间隔器每发现有遗弃情况，处罚本相应小组月爆破工程质量奖金，人为原因丢失工器具（对讲机、警戒牌、警戒桩、处理间隔器卡堵工具、新尺子、量绳、新塑料袋、安全帽等）处罚相应小组本月爆破工程质量奖金。

（七）钻机油、电考单耗考核办法

A钻机考核额定值为8.7度/米，B钻机考核额定值为6.4度/米，C钻机考核额定值为0.62千克/米，D钻机考核额定值为0.71千克/米（以上数据来源为上年实际消耗量的基础上适当降低）。考核数据来源：钻机油量消耗来源于卡调系统，钻机电量消耗来源于尾线后开关柜电量表，钻机进米来源于卡调系统与验孔组统计数据。

如果全生产队部哪一项成本指标超出核定指标，则根据考核扣除奖金。首先由单耗指标超出的爆破小组或钻机机组承担，其余部分由其他相应的爆破工种或钻机工种承担。

上述考核方案为联动考核方案，环环相扣（见图1），对各作业环节采用循环监督、逐层追究的办法，钻机司机监督布孔质量，发现布孔不合格，停止穿孔做记录向上反馈，并联系工长处理，如果未上报造成穿孔质量问题，追究钻机司机责任。

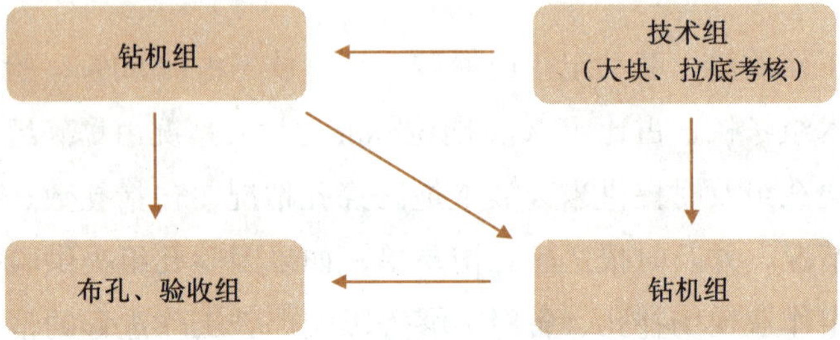

图1　某公司煤矿一线生产队部降本增效考核体系运作示意图

验孔组考核穿孔质量，发现穿孔质量问题记录考核并及时要求钻机处理，如果未查验考核由爆破小组反馈处理则追究验孔组责任。

爆破小组爆破前检查穿孔质量，如发现问题及时记录考核验孔组，并联系工长处理，如果因为穿孔质量未上报，直接爆破造成大块拉底等，追究爆破小组责任。环节监督考核，减少成本浪费，从作业工序上节约成本，从以前的发工资真正变为挣工资，让一线工人了解到，节约得越多，工资收益越丰厚，节约的成本不只是单位收益，也有自己可观的回报，点滴节约汇聚成河的思想以慢慢融入一线工人内心，一线工人收到节约成本后的高回报，提高了工作热情，节约降本理念日益高涨。

三、考核体系的实施效果

成效一：单耗考核办法给一线爆破工增加工资收益，人均达到万元，极大提高了一线爆破工的工作热情，作业时认真填充每一个炮孔，填充量精确到30厘米以内，尽量做到不多填充一分也不少填充一厘，一线爆破工慢慢将节约思想融入日常工作，对日后成本节约的各项管控及实施，有助力之势。

成效二：自以上考核办法实行以来，大块和拉底出现的情况已基本杜绝。该项降本增效考核办法直接节约成本几十万元（产生大块需要破碎锤处理，处理过程中发生柴油成本），间接节约成本不可估量（拉底由工务队履带处理，处理过程中发生柴油成本）。

成效三：柴油和电消耗发生的成本是穿爆队的第二块较大的成本消耗，钻机油、电考单耗核办法有奖有罚，极大提高了钻机司机工作热情；部分司机还主动提出各项节约办法，精准贴合实际生产作业情况，有效地提高了效率，节约了成本（见表1）。

表1　某公司煤矿一线生产队部炸药单耗对比表（201X年7月底）

项目＼对比	累计	矿内预算	差额	上年同期	差额
A炸药单耗（千克/立方米）	0.362	0.375	-0.013	0.369	-0.007
B炸药单耗（千克/立方米）	0.162	0.1695	-0.0075	0.165	-0.003

四、考核体系取得的经济效益

以某公司煤矿一线生产队部为例，表2数据显示，该队部本年成本持续减少，截至7月份，已节约成本百万元。实际发生成本都低于预算成本及上年同期累计成本，有力地证明了队部实施的降本增效考核体系效果显著。

表2　某公司煤矿一线生产队部实际发生的成本统计表（201X年1～7月底）

项目	201X年累计				
	实际	预算	差值	上年同期	差值
实际发生成本	6 443.3	7 371.94	-928.64	9 077.04	-2 633.74
单位成本	1.46	1.64	-0.18	1.89	-0.43
A材料	5 816.728	7 109.9	-1 293.172	7 804.14	-1 987.412
B材料	56.84	76.7	-19.86	98.97	-42.13
其他材料	14.91	15.9	-0.99	11.01	3.9

备注：增加以“+”代表，减少以“-”代表，单位为万元

以某公司煤矿一线生产队部实际发生成本为例，图 2 中炸药部分实际发生成本为穿爆队最大实际发生成本，比预算节约 1 200 多万元，比上年同期节约 1 900 多万元。这是联动考核直接节约经济成本情况。其降本增效考核体系主要节约方式方法为：考核体系为联动考核体系，逐步节约，细化作业考核工序，减少无用功、多返工和不必要的浪费，牢固树立“所有成本都可控”的理念，促使一线工人在穿孔爆破作业中每一工序节约一点，最终点滴汇成河，做到最大化的成本联控与节约。本项降本增效考核体系隐性节约成本不可估量，减少了补孔作业、拉底、大块，相应减少了电与柴油的消耗、设备磨损消耗，直接节省掉这些不必要的成本，使得此项降本增效考核体系作用无限放大化。

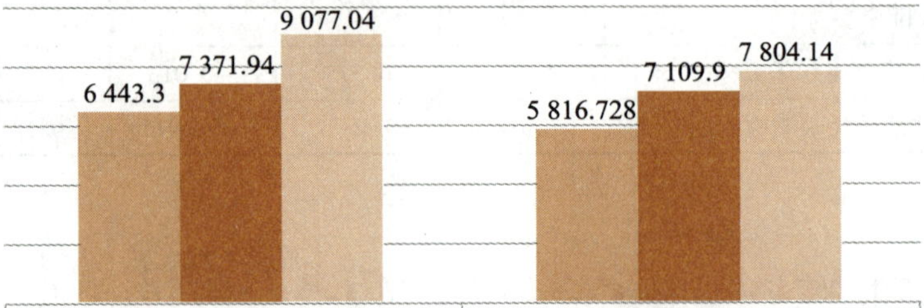

	实际发生成本（万元）	炸药（万元）
实际	6 443.3	5 816.728
预算	7 371.94	7 109.9
上年同期	9 077.04	7 804.14

图 2　某公司煤矿一线生产队部实际发生的成本（201X 年 1 ~7 月底）

某公司推进设备国产化助力降本增效的做法

综 述

设备国产化是公司成本节约化和效益最大化的重要手段。进口设备及备件，采购成本高、周期长，维护费用昂贵，造成维修成本居高不下，物资储备金严重积压，对企业经营造成沉重负担。在严峻的市场形势下，降本增效成为提升企业核心竞争力的关键所在，某公司积极推进设备国产化进程，根据使用效果的反馈，逐渐尝试放宽国产化范围，增效显著。设备国产化，成本低、运距短、售后协调方便，成为企业降本增效的重要途径。

一、设备国产化开发的背景

我国矿用设备的设计制造业起步晚、规模小。长期以来，大型设备主要依赖进口，进口设备配件价格昂贵且逐年上涨，供货周期长。为保证生产，不得不提前大批量采购，配件库存量大，储备资金占用较多，设备维护费用高，矿山经营压力巨大。“低谷—转好—爬坡并行”是市场经济的主趋势，降本增效势在必行。某公司推进矿用设备国产化作为降本增效的有效途径和措施，具有见效快、延续性好、性价比高等特点，可以有效降低设备及配件采购价格，降低生产成本。

二、设备国产化开发性能和价格对比

（一）设备国产化原因

该公司煤矿在用进口设备百余台套，价值几十亿元。每年进口配件采购额数亿元，平均采购周期8个月左右，必须提前进行大批量采购才能满足生产需求，造成库存积压，储备资金占用较多。为此，公司从199X年开始了进口设备配件国产化工作，制定《进口设备配件国产化管理办法》，明确责任和目标，规范程序，并不断修订完善，以指导国产化工作有序开展。

（二）进口与国产化差距

通过开展国产化工作，设备、配件和总成件国产化方面均取得了骄人业绩，为公司节约了大量生产成本，公司受益颇多。该公司采用国产设备替代进口设备超过几十台套，总价值数十亿元，其中尤以矿用电铲的价格差异较大，如A电铲的采购价格以千万元人民币计，而进口B电铲的采购价格约为几亿元人民币，价格相差60%；而A电铲的生产能力与B电铲基本相当，维护成本仅为B电铲的55.77%。

（三）国产化具体成效

截至201X年7月，该公司累计开发国产化配件千余项，数千件，开发金额上亿元，约占进口配件采购价格的40%。其中，很多国产化配件性价比优于进口配件。例如，200X年开发的A电铲铲杆，使用寿命超过进口铲杆，价格仅为进口铲杆的59.4%。该公司A电铲已全部使用国产化铲杆；201X年开始对B卡车电控系统的A1、ICM、相位模块等核心部件开始国产化试用，其稳定性优于进口件，并且通过国产化开发对软件进行了优化，消除了原来进口软件的固有缺陷，使得卡车运行更加安全可靠，而价格仅为进口件的40%；对A电铲电气系统进行了国产化开发，实现了电铲交流变频控制系统的完全自主知识产权的国产化，可以完全取代进口，价格仅为进口系统的 37.5%；201X 年开发的 B 卡车电动轮总成，运行稳定性优于进口总成，价格仅为进口件的 36%。

三、设备国产化开发原则

以前，该公司国产化开发的配件大多为易损易耗件，但也不乏对核心部件开发的探索，为降本增效做出了一定的努力，更重要的是，经过多年的设备国产化开发工作，积累了许多经验，形成了一套成熟的设备国产化开发管理理论，为设备国产化工作的不断深入奠定了坚实的基础。

目前，该公司国产化开发原则是由小型简单结构件向复杂的大型结构件扩展；由非关键部件、低值易耗配件向关键部件扩展；由简单电器元件向集成控制单元、甚至系统集成扩展；由原来的小厂、中间商向大型研发制造企业扩展；由部件开发向整机开发扩展。

四、设备国产化开发的具体做法

（一）制定落实国产化开发计划

201X 年初，依据《公司引进机电设备配件国产化管理办法》，该公司确定了国产化开发项目，制定了 201X 年国产化开发计划，全年累计实施进口配件国产化开发项目百余项，共计几千件。其中，A 型卡车交流电动轮总成国产化研发和 A 型卡车 IGBT 国产化研发两个项目列科技项目，按科技项目进度实施。

（二）进行国产化专题调研

高度重视进口配件国产化，按照统一安排，该公司组建两个调研小组，对矿用电铲钢丝绳、卡车轮胎、电缆、大型齿轮和工程机械传动系统等成本消耗数额较大的进口配件国产化进行了专题调研。按照“走出去、引进来、降成本”的原则，与国内先进制造企业接洽，拓展国产化项目，提高国产化配件质量。

（三）国产化调研结论

1. 甲公司自主研发制造的 A 型平路机和乙公司自主研发制造的 B 型推土机在某煤矿进行工业试用。

2. 通过调研，国内企业已具备卡车轮胎的生产制造能力，产品质量与米其林、石桥等国际制造商接近，采购价格约为进口轮胎价格的 70%。

3. 针对两次调研的项目，积极组织国产化开发项目计划的提报并实施，公司共制定国产化开发计划百余项，进口采购总价上亿元，计划投资金额约几千万元，采取公开招标或询比价的方式，分两批确定开发厂家。

五、设备国产化开发经济效益分析

201X 年，该公司计划国产化开发配件百余项，进口采购总价几千万元，计划投资金额和节约金额均达到数千万元。

针对国产化专题调研项目，计划国产化开发配件百余项，进口采购总价数千万元，计划投资金额和预计可节约金额分别以千万元计。

201X 年，公司通过进口配件国产化开发累计节约生产成本数十亿元。

某公司实施爆破网格化管理降低成本的主要做法

综 述

某公司网格化管理是针对爆破质量开展的专项管理模式。网格化的爆破模式根据爆破区域地质条件及岩石结构的不同，实施不同的布孔方式，以实现帮齐底平的爆破效果。同时，配以爆破质量与炸药单耗考核办法的管理措施，形成追求爆破质量既经济又高效的导向。穿爆作业的网格化管理为爆破后续的工务、采掘、运输作业创造了良好的作业环境，实现了联动效益。

一、爆破网格化管理的实施背景

某公司于200X年开始自营生产煤矿，与其他相邻煤矿的地质条件有所不同，需要采掘的岩石量大且岩性较为坚硬，采坑周围地下水较为富集，岩层含水量较大，给矿山爆破作业增大难度。同时，为了尽快见到经济效益，采矿设计中采坑布置与其他煤矿也有所不同。

近几年来，该煤矿穿爆人员一直在探索提升深孔松动爆破质量、降低爆破单耗的办法与方案。从爆破作业工序的源头抓起，全面提高爆破技术人员、布孔人员、施工人员的专业理论知识水平，确保每一次爆破设计科学合理，孔位布设、穿孔深度精确。爆破作业实现了作业流程化、标准化，各流程节点全面实行了责任人负责制，并与个人的月收入挂钩，确保各环节、各工序按章操作无差错；同时，加大了爆破现场岩性勘测力度和密度，根据软岩、硬岩的岩层分布确定炸药单耗和装药结构，现已形成了较为系统、科学的精益化爆破管理办法，即网格化管理模式。

二、网格化管理的主要内容

（一）穿爆作业流程

穿爆作业流程如图 1 所示：

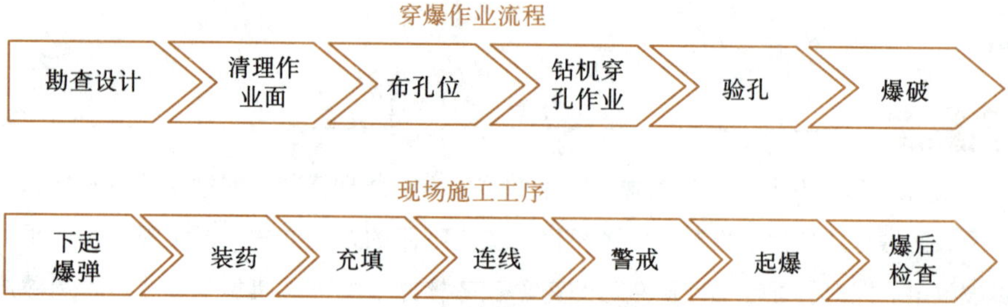

图 1　穿爆作业流程

（二）实施网格化爆破设计

针对采场岩石硬度呈北高南低的状况，在同一平盘内，按照岩石硬度划分为不同的爆破网格，分别进行不同的设计，以确保爆破效果和爆破单耗的最优匹配。

技术人员在爆前实地勘察是所有穿爆工作中的第一道工序。爆破技术员在准确掌握月度、年度生产计划的基础上，实地勘察各工作面情况，根据采掘推进情况、地质状况，及时制定爆破方案，编制穿孔和爆破说明书，其中包括划定每次爆破区域的大小和形状、穿孔孔网参数、爆区前排孔和后排孔不同炸药量、网格间及每个爆区的衔接等内容（见图 2）。

图 2　网格化爆破的设计过程

在同一网格内，按照炮区形状、有无抵抗，再进行设计细化、优化，尽全力以合理的爆破单耗实现最优的爆破效果。例如，在图 3 中，在 1055 平盘，按照岩石硬度划分为 5 个爆破网格。

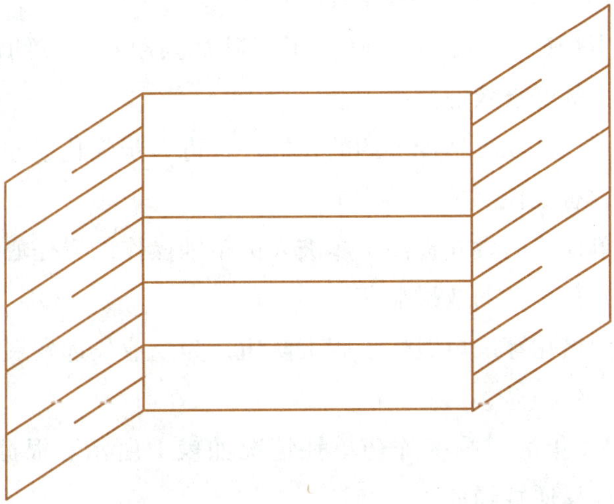

图 3　1055 平盘爆破网格示意图

（三）设立奖罚措施，提高职工节能降耗积极性、主动性

1. 穿孔质量奖罚双重控制。穿孔工作是保证爆破质量的前提，要按照设计的“三距一深”进行穿孔，穿孔深度控制及护孔要按照质量标准化要求执行。为了保证穿孔质量，某露天煤矿穿爆队设了“穿孔工程质量奖”，依靠管理人员日常检查和专职验孔人员进行穿孔质量考核并进行奖罚。

2. 炸药单耗奖罚双重控制。仔细分析地质资料，精心计算好炸药用量，既要确保爆破总成本“零增长”，又要确保爆破前冲可控，不发生飞石，爆后岩石块度适中，为提升采掘效率创造条件。在具体工作中，关键看施工作业在下弹、装药、充填、连线、警戒每个环节的精细化水平。201X 年出台了“炸药单耗奖”，每一次爆破后，根据爆破效果、设计炸药量、实际用量进行分析比对，奖罚分明。

三、实施网格化管理取得的成效

实施网格化管理取得的成效主要有:

一是提升了爆破质量，大幅降低了爆破炸药单耗，节约成本超过千万元，取得了巨大的经济效益。

二是调动了广大职工增产节约的积极性，进一步强化了职工对炸药单耗的管理和控制，有效控制了生产成本。

三是炸药单耗奖的设立提高了爆破人员精细操作的责任心和节约炸药的积极性，降低炸药单耗的效果显著。

四是实施网格化穿爆也锻炼了职工队伍，为企业长远发展打下了坚实的基础。

201X ~201X 年第一季度炸药单耗情况如表 1 所示。根据对比可得出，该煤矿炸药单耗呈递减趋势。

表 1　　201X ~201X 年第一季度炸药单耗情况

类型	炸药单耗情况表		
	201X 年	201X 年	201X 年一季度
A	0. 44	0. 42	0. 41
B	0. 22	0. 18	0. 18
综合	0. 40	0. 37	0. 365

某公司矿用卡车修补轮胎的管理及效益分析

综 述

矿用卡车轮胎作为煤炭生产的大宗消耗材料之一，是成本联控的重点对象。在煤矿强化管理，降低轮胎消耗的同时，设备维修中心向技术要效益，以轮胎维修为课题展开系统研究，对问题轮胎实行分类管理、分类处置，根据轮胎损耗情况有针对性地进行维护修补，有效降低轮胎消耗，实现每条轮胎的寿命最长化、效益最大化，为公司的降本增效贡献力量。

矿用卡车轮胎管理直接关系到卡车的安全运行、运营成本的降低和运输效率的提高，某公司所属煤矿引进了 A、B、C、D、E 型卡车共 101 台，平均每年损坏轮胎数百条。由于行驶的道路状况较差，尤其是在电铲铲窝附近和排土场，电铲装车时掉块，卡车在进入装车位置时，路面浮石多、尖石多，导致轮胎被割伤和刺破程度严重，卡车轮胎的消耗成本比较高。就其运输成本来说，轮胎的费用仅次于维修费用而居第二位，约占 20% ~30%，随着卡车吨位的增大，轮胎费用所占比例更大。因此，加强轮胎使用管理及修补能力为降低矿用卡车运行成本提供很大的节约空间，对于管理好、使用好、维护好轮胎有着十分重要的作用。

一、修补胎的筛选

对损坏的轮胎进行逐一筛选是轮胎修补非常重要的环节。应先根据轮胎的整体状况判断是否具备可修性，针对轮胎型号和轮胎修复经验确定如下修复条件：

一是轮胎花纹磨损率不得低于新胎的30%，胎面胶无脱空现象，胎体内气密层无脱层。

二是趾口上的钢丝层无损坏（不可修理区域的钢丝层）。

三是充分考虑到修补补片最大尺寸及修补设备的最大尺寸，要求轮胎胎侧伤口最大不得超过 480 × 100mm 范围，胎冠伤口最大不得超过 100 × 150mm 范围。

四是轮胎不能出现多处扎伤或割伤口，最多不能超过 2 处以上伤口，并标记出所有伤口。

五是确认属于可修范围内，再进一步检查整条轮胎，探寻所有未被发现的潜在的伤口，提前做硫化处理。对于热剥离、割破导致爆裂等轮胎一律不能修复。

六是对于筛选出的待修胎，还要预测修复后的剩余寿命有多长，再将剩余寿命同修复所需要的费用进行比较，测算修复经济性，确保轮胎修补能创造更大的效益。最后，将可修补的轮胎按照伤口大小、伤口位置排队，安排修补。

总之，轮胎修补前，确保胎面胶无脱胶现象，趾口不得伤及钢丝圈或有钢丝露出现象，胎内气密层无脱层现象，伤口在 2 处或 2 处以下，胎体整体状况良好。检查以上情况无误后，按照修补工艺流程对轮胎伤口进行处理，处理流程如图 1 所示：

图 1　硫化机对胎冠和胎肩的硫化过程

二、修补轮胎的使用及管理

确定轮胎属于可修补范围后，要统一管理，分类存放，严格按照要求进行搬运。

（一）修补轮胎的使用

1. 将修补胎保存在室内冷暗干燥处，避免轮胎长期暴露在室外，水分、尘土及其他杂物进入轮胎，轮胎的橡胶会急剧老化、轮胎钢丝层生锈、轮胎修复率降低。

2. 远离电器设备。

3. 不可与汽油等油类放同一处。

4. 不可积成堆垛，垂直存放。

5. 不允许用钢丝绳、叉车等工具，防止轮胎趾口损伤。

轮胎管理人员要对修补轮胎的修补质量、使用搭配、损坏原因、报废全过程进行跟踪，做好轮胎的安装位置及运行时间，轮胎气压按周期进行检查。

（二）修补轮胎的管理

1. 修补轮胎不能安装于卡车前轮。

2. 安装修补的轮胎时，轮胎补片不允许安装在轮胎的外侧，一侧不能同时安装两条修补胎。

3. 修补胎与其他轮胎拼装时，两轮胎的磨耗差距不能超过 15 毫米。

4. 拼装在后轮上修补胎必须与其他轮胎是同一厂家、同一型号的轮胎。

（三）修补好的成品轮胎应达到的要求

1. 未遗漏应修的损伤部位。

2. 填充胶应完全硫化。

3. 填充胶无脱落现象。

4. 补片无脱落现象。

5. 填充部位未出现缝隙。

6. 修补胎侧时外观未出现鼓包现象。

7. 外观缺陷未超过行业标准。

三、预防性维修

由于工程轮胎胎面橡胶较厚，异物通常难以一次性刺穿轮胎。普遍存在的状况是，造成轮胎刺穿的异物最初只是部分刺入轮胎橡胶内。由于未得到应有的注意和修复，最终在反复碾压后完全刺穿了整个轮胎结构，甚至造成不可恢复的伤口。

根据统计分析，如果轮胎胎侧割伤深度到 20 毫米，未及时进行修复，轮胎寿命缩短 20%，若及时修补，可避免进一步损坏。

在日常轮胎维护工作中，最常见的也是最容易被忽视的，是轮胎的非结构性损伤。大部分工程轮胎结构性损伤是由非结构性损伤恶化引起的。这种对小伤口隐患的漠视，最终将付出高昂的维修成本甚至轮胎报废的代价。轮胎及时的专业修补及预防性修补能大大提高轮胎的再生能力，延长轮胎的使用寿命。

在对损坏轮胎修复的同时，应开展预防性的状态维修。对所有卡车轮胎进行检查，对轮胎夹入石块或贮留在割破口内的石块及其他东西及时清除。凡遭受深入胎体帘布层的割伤轮胎，应及时拆卸并予以适当修补，否则会造成二次切割损坏、碾压剥离，最终会导致爆胎大范围的损坏，直至失去修复价值甚至爆炸，造成巨大的经济损失。

四、修补轮胎效益分析

（一）统计数据及结论

可修补轮胎的数量约占损坏轮胎总数的 10%，修补轮胎的平均使用寿命占轮胎总寿命的28%，也就是进行轮胎修补可节约28%的总成本。

修补轮胎的型号及范围在逐渐加大，修补胎的使用寿命也在逐年增加，修补轮胎的技术逐渐成熟，修补轮胎的质量在逐步提高。

从经济效益方面或从缓解轮胎供货紧张、节能减排等方面，发展轮胎修补业务意义重大。

（二）修补效益计算方式

修补效益的计算公式为：

修补效益 = 原值/修补前寿命小时 × 修补后寿命小时 − 修补材料成本（不含人工费和设备折旧费）

通过对修补轮胎的使用分析可知，其创造的经济价值非常高，应从加强修补胎的选胎工作入手，严格规范修补程序，保证修补胎的胎体质量。在今后的轮胎修补工作中，将进一步扩大修补轮胎的范围，提高修补质量，使每条修补轮胎在保证安全的前提下寿命最长化，效益最大化，为降成本、创效益进一步做出贡献。

矿用卡车修补轮胎的管理及修补技术应用是降低轮胎消耗的主要途径之一。修补轮胎的使用寿命较长，修补成本低廉，对于降低成本、废旧物质的循环有效运用做出突出贡献，是一项成功的创新创效管理成果。

某公司加强油品使用管理降低成本的主要做法

综 述

某公司在油品的使用管理上，建立了从油品选择、油质化验、加注流程、保养维护、废油回收的全过程管理机制，树立“保养就是排除隐患，渗漏就是故障”的保养维护理念，强化成本节约意识。通过油品使用各个环节的严格把关，规范油品的使用，最大程度控制因油品而引发的设备故障，提升设备使用寿命、使用效率，降低维修成本，深度挖潜增效，向精细化管理要效益。

一、加强油品使用管理的实施背景

面对目前复杂的经济形势，必须落实“成本为王”的大经营理念，深入开展精细化管理，进一步挖潜增效，狠抓成本联控，找出行之有效的应对措施。

公司设备及相关辅助设备是煤矿生产的主要工具，为了使生产正常进行，就必须保证设备经常处于良好的运行状态。经测算，80%的机械故障是由于润滑性不好，从而造成部件之间摩擦、磨损。设备润滑过程发挥主导作用的就是各种润滑油品。就维修中心而言，每年发生的油品成本占总维修材料配件成本的15.02%。由此可见，加强设备润滑及油品管理，对增加设备使用寿命、提高设备使用效率、降低设备维修成本以及减少设备故障有着非常重要的作用。

二、加强油品管理的具体措施

（一）正确选择润滑油品

综合考虑油品质量和成本效益两个因素，避免造成润滑油品选型不佳造成的成本浪费。

（二）充分发挥油品化验的作用，科学合理地预防设备润滑故障

对新购油品进行及时检测，防止不合格油品投入使用。对设备在用油品进行经常性检测，提早预报润滑、磨损故障。

（三）规范油品加注程序，严格执行加注标准

掌握合理的加注标准是控制设备非正常磨损和节约油品成本的必要措施。应保证每种油品都采用专用的加注工具进行加注，避免油品污染造成润滑不良。

（四）注重维护技巧及创新节油

在保证设备正常润滑的前提下进行技术创新，从而节约油品成本。应根据季节气候的变化，区分选择冬季和夏季适用的油品型号，保证设备保持良好的使用状态，避免油品浪费。

（五）提高总成件检修质量，减少油品非正常排放

1. 总成件质量不达标造成返修，必然会对油品造成浪费。因此，应建立维修质量保障体系，加强电动轮、发动机、油缸等总成件的检修质量管理。

2. 成立专门的维修质量保障监督小组，对总成件的检修质量和装机运行效果进行日常监督考核，杜绝非正常故障造成发动机、电动轮等总成件下机放油、重新加注的现象。

（六）加强设备的点检保养力度，减少“跑、冒、滴、漏”现象

通过加密各类设备漏油点的检查，及时采取预防措施或补救措施，防止油品泄露浪费。每一次点检排查带来的效益看似微小，但单位设备数量较多，长此以往必将带来较大的经济效益。

（七）大力推行“333”成本联控模式

1. 在中心、车间、班组大力推行纵向的成本预算、核算、考核三级管控模式，将成本联控压力重心下移，在班组开展设备故障维修预算、核算和分析工作，把每个检修项目材料成本的消耗与个人工资、奖金挂钩。

2. 推行成本联控执行力单项考核办法，将直接参与成本联控的车间管理人员，按职责分工不同，按月考核兑现。进一步将责任与任务明确化、具体化、直接化。

（八）加强废油回收利用，减少环境污染

1. 新设备第一、二次更换下来的液压油经沉淀和通过过滤精度不低于20tan的过滤器过滤后可重复使用；使用一年以上的液压油，在经过沉淀、过滤，并确认未变质，油的物理化学成分未改变的情况下，方能回收过滤重复使用。

2. 冷却液专为设备的冷却系统使用，各类设备对冷却液的使用量较大，对未被污染的冷却液进行回收、循环使用可以节约大量成本。

3. 加强对废油的回收管理工作，将回收的废旧油品送炸药厂作为生产炸药的原材料，降低生产炸药成本，也避免对环境造成污染。

（九）加强沟通配合，降低油品成本

1. 与采购部门沟通，及时反馈油品使用过程中出现的问题，为采购物美价廉的油品、控制合理库存提供重要信息。

2. 设备使用的部分油品由露天矿司机直接加注。非专业维修人员难免造成油品的浪费或检修成本的增加，通过维修人员与司机进行技术交流，对司

机油品加注进行培训等，多渠道降低油品成本。

3. 加强总成件维修车间与主设备维修车间的沟通与配合，避免因沟通不畅出现维修质量问题而再次返修，造成油品的非正常加注和排放。

三、加强油品管理工作后取得的成效

设备维修中心高度重视油品管理工作，各项油品管理工作有条不紊开展，特别是在“333”经营管控模式和维修质量保障体系的推动下，“保养就是排除隐患，渗漏就是故障”理念深入人心，油品管理工作取得较大成效：

1. 截至201X年9月，油品化验室共化验分析油样几千例，检验出异常油样百余例，为润滑、磨损故障预报，减少非计划停机和重大故障提供保障。

2. 通过对车用冷却液的科学分析，采取回收循环使用，201X年1~9月共节约冷却液成本百万元。

3. 优化卡车保养程序，加密油脂化验次数，延长设备保养周期，201X年1~9月共节约直接油脂及滤芯成本百万元。

4. A电铲，合理调整润滑时间和双线分配器，加密检查润滑系统油管和注油器，避免自动润滑造成润滑油浪费和泄漏。201X年1~9月共节约油脂成本数十万元。

5. 吊斗铲，合理调整注油量和注油时间，使润滑效果与节约成本达到最佳匹配，201X年1~9月共节约油脂成本数十万元。

6. 201X年1~9月电动轮非正常下机较上年减少6台次，发动机非正常下机较上年减少4台次，提高设备出动率，减少维护成本。

7. 废油回收指标分解到车间、班组，加强管理，规范程序，强化考核，201X年1~9月共节约成本百万元。

采取有力的油品管理措施保证了矿用设备在良好的润滑环境中平稳运行，从根本上提高了设备的生产效率及出动率，又降低了生产成本，最终使单位的整体效益得到提高。

某公司设备维修中心降本增效管理体系的建立及应用

综 述

某公司设备维修中心从顶层设计到具体落实，建立了完整的降本增效管理体系，方案定目标，管理抓落实，考核看成效，工作开展全面、系统、深入，内定经济指标，外树绩效考核，促使职工成本意识植于心、见于行，形成了人人参与、遍地花开的良好局面。

一、降本增效管理体系的实施背景

近年来，经济下行压力不断增加，就煤炭市场而言，仍旧是需求低迷。实现降本增效能有效提升企业核心竞争力、提振企业摆脱困境的信心，对煤炭企业尤为关键。在如此严峻复杂的经济形势下，某公司所属设备维修中心主动适应客观事实，积极推进产业升级，追求精益化管理，结合自身检修业务特点，从每一个检修动作、每一项检修任务做起，找准成本联控关键点，将降本增效贯穿日常检修任务的始终。

公司维修中心承担煤矿共计 194 台卡车、56 台穿采设备以及 200 多台辅助设备的点检、保养、日常检修和大修理等工作，设备种类繁杂、数量之多对成本联控和检修技艺提出了更高要求，所以全面精准的降本增效措施和系统精湛的检修技艺是维修中心生产经营的两大保障。为了更好地落实执行降本增效任务，维修中心规划并形成了“111”降本增效管理体系，即 1 个基础、1 个根本、1 个保障系统，全面开展降本增效工作。

二、降本增效管理体系的具体做法

公司维修中心通过调整大修为状态检修、加强自修减少新件更换、提高检修质量等手段，不断挖潜增效、节约成本支出。为进一步推进增收节支工作，维修中心设立目标，分阶段有计划贯彻执行“111”降本增效管理体系（见图 1）。

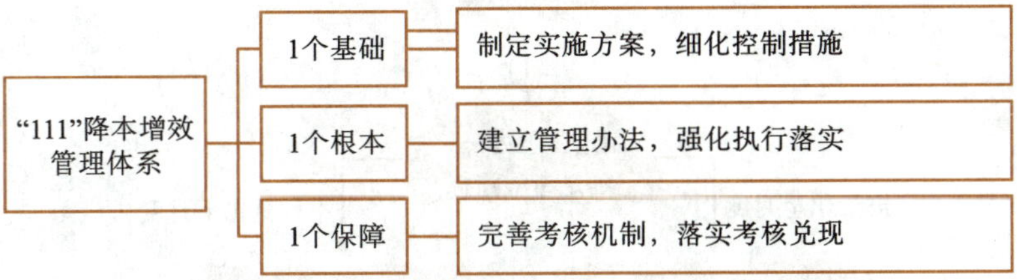

图 1　“111”降本增效管理体系

（一）1 个基础——制定实施方案，细化控制措施

制定《设备维修中心降本增效专项工作实施方案》，建立专项工作领导小组，明确职责分工，确定重点工作内容，为开展降本增效工作奠定基础。

维修中心提前规划安排降本增效工作，以车间为单元，以主要生产班组为重点，通过总结归纳近年检修和成本联控经验，结合 201X 年检修计划，全面深入挖掘制定降本增效措施，并逐项落实到班组及个人，最终确定为包含废旧件再利用、小件修理、技改技革、国产化开发、调整保养周期、工作室创新增效等 7 大类 356 项降本增效措施，计划修复再利用配件 6 996 件，节约成本数千万元。

不断加大部分主采设备关键部件的国产化开发力度，强化降本增效工作（见图 2）。

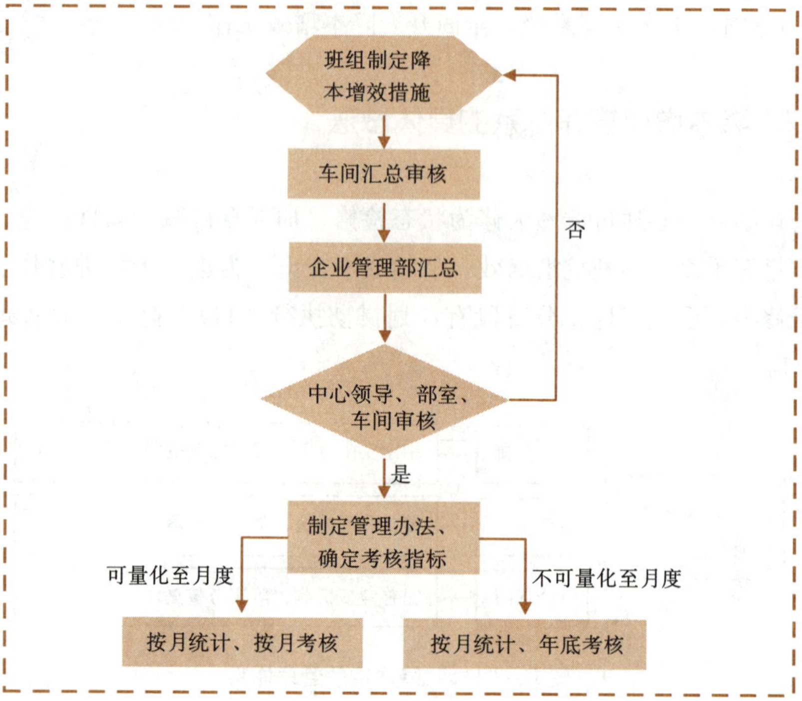

图 2　1 个基础工作

（二）1 个根本——建立管理办法，强化执行落实

1. 强化制度约束。制度是执行过程的“基本法”，强化制度约束是保障执行落实的关键。根据集团降本增效专项奖励办法，公司结合实际量身制定了《设备维修中心降本增效专项工作实施细则》，进一步明确责任分工，阐明工作重点，规范日常工作程序，形成监督考核机制，强化责任落实，实现从制定执行到考核兑现的一体化管理。

2. 健全内业资料规范执行落实。班组是降本增效工作的最小执行单元，车间则是监督落实的重要一环，车间必须按要求对年初制定的各项措施严格执行落实，建立降本增效管理台账，对修复件的名称、型号、修复时间、修复数量、使用方向、上机时间、运行情况、修复人及奖励兑现等重要信息记录备案，做到有据可查、有据可依，每月定期报送本月降本增效完成情况以及下月计划量。

3. 强化验收管理保障业务质量。在降本增效措施的执行中，验收是至关重要的环节。验收包括配件修复后的技术标准检验以及上机运行后的效果检验，两项检验均能顺利通过，方可认定验收合格，否则视为不合格，不计入降本增效收益。维修中心规定，修复配件的鉴定、验收工作由车间自行组织进行，由车间领导和技术骨干组成验收小组，车间领导担任组长，验收合格后填写验收单并签字确认，年终整理存档。维修中心企业管理部联合生产技术部定期对车间降本增效工作的实际开展、修复件验收、台账建立、奖励兑现等情况进行检查指导，进一步强化措施的执行落实。

（三）1 个保障——完善考核机制，落实考核兑现

三个层面的全方位考核兑现全面激发了员工创新创效热情，保障了降本增效整体目标顺利完成。

1. 降本增效单项奖励。要求车间针对废旧件再利用、小件修理、技改技革、工作室创新增效四方面量化措施制定单件奖励标准，奖励标准依据配件修复的难易程度、技术标准、创造经济效益等因素权衡。对于利用工余时间开展修旧利废等工作的人员，车间则按照内部降本增效工作开展情况和单件奖励标准对修复人员进行奖励，奖励兑现在当月奖金中，并进行公示，以激励更多人的创新创效积极性。

2. 降本增效纳入月度绩效考核。进一步将降本增效措施分为可量化至月度考核与不可量化至月度考核两大类（其中可量化至月度考核的措施 267 项，配件 5 186 件，节约成本数千万元），并纳入月度绩效考核，占考核权重的 10%，其中：可量化至月度考核的措施按月根据计划量与完成情况对比进行考核兑现；无法量化至月度的措施要按月报送完成情况，年底统一考核兑现。维修中心将核定工资总额的 30% 作为绩效工资，与考核结果挂钩，其中 20% 与月度考核结果挂钩，10% 与年终综合考核结果挂钩。

三、降本增效管理体系的实施效果

（一）定量分析

1. 出动率完成情况。甲维修中心：1～7月综合出动率为83.95%，比考核指标提高2.95%，同比上升1.98%。乙维修中心：1～7月综合出动率为91.37%，比考核指标提高5.87%，同比上升3.48%。

2. 成本节约情况。

（1）废旧件再利用方面（属废旧物资回收及再利用成果），主要包括常消耗件等废旧件的回收再利用如铲斗牙尖、工程设备铲刀刀片、液压油、防冻液等，共实现节约成本几千万元。

（2）小件修理方面（属技改技革和修旧利废成果），主要包括扩大各类泵、阀、插件板、充电机、启动马达等小总成件的自修范围，共实现节约成本几千万元。

（3）技改技革方面（属技改技革和修旧利废成果），总结设备以往频繁出现的技术问题，根据工况及检修实际对设备进行改造优化，延长部件使用寿命，提高设备运行效率，如吊斗铲铲斗销子改造、WK－55电器柜改造等，共实现节约成本几百万元。

（4）国产化方面（属配件国产化开发成果），主要包括扩大A电铲、MT系列卡车、吊斗铲、B卡车、C推土机、E钻机等设备配件的国产化开发力度，共实现节约成本几千万元。

（5）工作室创新增效方面（属技改技革和修旧利废成果），主要包括继续推进DM－H2的分体钻杆改造、电铲斗前臂加固防裂等项目，共实现节约成本几百万元。

（二）综合分析

全面系统的降本增效工作不仅给维修中心创造了经济效益，更让员工的降本增效意识有了明显提升，如日常检修任务节约使用破布，破布的领用量明显减少；采取筛选、扶扣、除锈措施重复利用符合技术要求的履带板螺栓、螺母，全年预计重复利用1 600余件，节约成本数十万元。每位员工在日常工作中从自身做起，点点滴滴的积累和沉淀将成为企业发展的宝贵财富。

四、实行降本增效管理体系的体会

实行降本增效管理体系的体会：

一是经过共同努力，该公司维修中心降本增效工作在201X年得到全面升华，生产成本控制在了计划指标内，设备出动率得到有效提升，这对于正在严峻的煤炭形势下经受考验的企业来说是一个良好的业绩。

二是“有胆”“有识”对于成功缺一不可。优化降本增效管理体系更是煤炭企业发展的重中之重，奖罚机制是一个成熟管理体系的核心，完善的奖罚机制是激发员工创新创效积极性的关键所在，形成一套易于操作、更加合理的奖罚机制是该维修中心下阶段降本增效工作的努力方向。

某公司降本增效在供热工作中的实践与应用

综 述

随着国企“三供一业”分离移交的推进，“三供一业”的主要责任单位某公司路在何方？唯有内强素质，外拓市场，完成从依附于企业的服务部门向具有专业服务竞争力的服务机构转变，该公司控制供热消耗、优化人力资源、强化经营意识的系列举措，说明已经积极调整定位，做好迎接深化改革的准备。

一、降本增效在供热工作中的实施背景

某公司供热总站主要负责企业中心区供暖和供浴（生活热水）的热源工作，供热服务范围约 105 万平方米，8 600 户。供热站主要负责 13 个换热站，1 个浴水加热站的运行和检修管理工作。换热站于 200X 年完成基本建设，主机为板式换热机组，并配有水处理系统等辅助设备，热源由某电厂提供，供热系统通过一次管网的热输送，在换热机组进行一次与二次的间接换热，调整二次侧分支的水力和热力平衡，并经二次管网系统将热能送至用户终端。换热工艺主要包括间接换热系统、二次网补水定压系统、循环增压系统以及为之提供过程控制的电气系统等。浴水加热系统主要由冷水补水系统、管式换热系统和循环系统组成，换热方式为汽水换热，蒸汽由某电厂提供，经管式换热器进行热交换，循环泵加压后送至热水用户。

二、降本增效在供热工作中的综合分析

201X 年，公司下达供热总站的各项经营指标，总成本千万元，其中：电费数十万元，热源费上千万元，材料费百万元，人员工资百万元。

热源费是成本支出第一大项，由蒸汽费和供暖热源费两部分构成，其中蒸汽用于生活热水，消耗占比在 1/3 以上。有效控制热消耗，降低热源费用支出，是降低成本主要努力方向。

加强设备的维保管理，开展技术创新、升级改造，提升设备能效，延长服务周期，实现电耗与材料支出“双降”。

虽然人员工资为不可调整指标，但如何充分发挥现有人员的力量是我们要进一步考虑和探讨的方向和目标。

三、降本增效在供热工作中的开展情况

（一）卡住热消耗

在降低热消耗方面，工作思路是：加强运行管理，实现精细化操作；深挖设备潜能，开展技术升级改造。

1. 考核管理的实施。在运行管理上，公司率先在运行班组开展“吨水耗汽量”考核工作，并将考核落实到员工效益工资中，促进、提高运行人员在操作中的主动性和责任心。此项管理侧重加强管理层与运行人员的交流与沟通，一方面与员工阐明降低热消耗不仅停留在降低成本这一点，更关系到“三供一业”政策实施后如何生存与发展的问题，将员工的切实利益与企业的发展结合在一起，让员工与企业形成共识，达成统一的目标，并去努力实现目标。另一方面，组织运行人员和技术人员，共同商讨如何操作，如何改造。同时，在管理上加强运行跟踪，确保操作质量，实现耗汽量不断稳中有降。

2. 实施的具体过程。基于基本思路，通过分析生活热水用量将用汽量划

分成不同时段，在满足供热需求的前提下，在休息日和工作日用水高峰期加大供汽量，保证供水温度。在其他时间段调整并减少供气量，维持用热基本需求，避免供水温度偏高。

经过 4 个月实践，蒸汽消耗同比和环比如表 1 所示：

表 1　　某公司近两年同期蒸汽日消耗对比

日均用气量（吨）	4 月	5 月	6 月	7 月	8 月	平均指标
201X 年	282.91	270.3	295.4	253	260.3	272.4
201X 年	189.6	181.3	207.1	144.6	137.6	172

从表 1 数据可以看出，日均蒸汽消耗有较大降幅，与 201X 年同比平均降幅达到 36.8%，吨水耗汽量由原来的 0.12 降至 0.08。从 201X 年 4 ~8 月数据环比分析，蒸汽用量逐月下降并趋于稳定，从侧面证明了降低蒸汽消耗工作取得初步成效。

开展技术升级改造的主要内容及成效：

一是改造现有供汽管道系统，因为蒸汽管道是利用电厂的原有管道，通过改造，避免系统漏汽、串汽问题。

二是提高自动化水平，利用现有设备，通过对循环泵进行变频改造，实现分时段恒压控制；通过浴水出水温度与蒸汽进汽量的 PI 联锁控制，实现对汽量的自动调节。针对板式换热机组，完成了电动调节装置与一次回水温度、二次供水温度热追随的控制。

三是通过这些改造，减少了人工干预造成的误差，提高了操控的精准性，在技术改造工作中实现了“向小投入要高收益”的推进。

（二）控制电消耗

在供热工艺中最大的用电对象是水泵电机，如何控制电动机，使水泵运行在合理、经济的技术指标内，是降低电耗的重要手段。工作思路是：抓住供暖规律，挖掘设备潜能，在控制方法上做文章。

1. 供暖控制措施。供暖的最大特点是在供暖初、中、末期，以及一天中不同时段，热需求量是动态变化的。一方面，控制换热系统的给热量。另一方面，控制二次侧的出水温度和温差，实现热源侧（机组供热量）与用户侧（热消耗量）的动态匹配。实现这一目标，换热机组循环泵的控制方式就必须是多变、可变的，且通过实现水泵变频运行，达到对水泵运行指标的控制，进而实现电动机电耗的降低。

2. 换热机组改造。在201X年度夏季停暖检修期间，组织自有检修技术力量，针对两个具有代表性的换热机组进行系统性改造。一是针对控制系统进行模组化改造，更改控制柜线路，实现机组多方控制权的切换，水泵多控制宏的转换，以及循环泵的变频控制改造，可以看出系统的回路变得简单，操作更加便捷。在供暖初、末期，我们可以选择循环泵在变频状态运行，降低水泵转速，通过变频实现电耗的降低。水泵转速变化，循环量随之变化，在保证最不利点供暖压力的前提下，通过这种方式增大温差，实现供需热力平衡。二是针对换热站供配电系统，对电容补偿部分进行维修与改造，提高用电侧因数，减少线路损耗。

（三）优化人力资源

1. 员工结构现状。该公司现有人员配置中女职工占65%，45岁以上职工占90%以上，运行人员占66%，技术人员占比不足15%，在年龄、工种以及技术力量配比上严重失衡，制约了未来的发展。在无法增减和调整人员的情况下，如何发挥现有人员力量，提高工作效能，给管理带来极大考验。

2. 技术人员培养。针对设备台套数量大，但技术共同点多的特性，在技术人员培养上采取几何级数培养方式，在人员选配上集中所有可从事技术工作的人员，培养一切可以进行技术培训的人员，一项技术由一个人牵头带两个人，两个人再带四个人，一个人学精一项主要技术，再学会一项相关技术。

3. 工种优化。年龄偏大或无法从事技术工种的人员，主要是做好机组运行工作，将换热机组的运行工作做精、做细，努力做到极致，切实做到通过运行，为检修工作提供设备保养判断分析的基础数据。通过对远程监控系统的完善，建设热网监控中心，换热站将不再增加人员，逐步通过自然减员运行人员占比降低。

4. 业务资源。利用某公司原电厂仪表检验资源，继承并发展了原有的业务内容，在开展热工仪表校验和传感器维保工作的基础上，承担对外校验工作。同时，发挥原电厂煤质检验和化学车间人员的技术力量，组建成立了水质化验中心。通过对人员的技术培训，目前化验中心人员已能够完成公司水源地的水质检验、监测工作，拓展了单位业务范围和能力。

四、开展降本增效的体会

在供热工作中开展降本增效有如下体会：

一是随着“三供一业”改革工作的推进，必须树立不断探索降本增效的意识，寻找迈向市场的盈利模式，并在这个过程中完成人才的培养和发展方向的确立。

二是加强现有换热系统建设和完善，按照确立的降本增效既定目标，逐步推进，用两年的时间将系统建设成同行业排头兵。

三是继续发挥、培养当前技术力量，在企业中形成技术角色由内到外的转换，对内完成设备维保的全过程自维修，对外利用自有技术和经验，在热力运维这一块业务实现对外项目的承揽。

四是完成企业由热力运维向换热设备成套市场的进军。公司已在民用换热行业经营近 10 年，积累了一定的经验，形成了自有成熟的技术体系，并在未来尝试开展成套加工业务。

某公司煤矿优化上煤运输系统降低成本的主要做法

综 述

困难千万个，办法万千个。针对征地制约、剥离受制情况，某公司所属煤矿因地制宜，通过优化采矿方案、改设上煤运输系统，解决了征地制约和剥离滞后对生产的影响，保证了顺利出煤。同时，改设上煤运输系统后，可节省运距 200 米，节约运距就等于降低生产成本，可谓“一举两得”。这是职工智慧与成本联控意识的完美结合。

一、优化上煤运输系统的实施背景

某公司是我国建设和发展速度最快的煤矿，随着煤矿的不断发展，其产能逐年增大，201X 年该煤矿计划生产原煤千万吨，计划剥离上亿立方米，其中含自营剥离和外委剥离两种情况，生产任务十分严峻。

在严峻的生产形势下，该矿还面临征地无法解决及外委剥离工程未开工等问题，严重影响剥离工程进度，致使东部推进方向上部台阶无法推进，各平盘剥离量不足，电铲无法推进，上煤主干道无法移设。经研究，将上煤主干道改至内排土场，优化了上煤运输系统，剥离紧张的不利局面得以缓解。

二、优化上煤运输系统的具体做法

由于内排土场上煤路需要从中间排土桥位置（标高 1020）爬坡至永久

端帮路（标高 1130），按 8% 坡度展线长度不足，该煤矿决定将 1095 至端帮路 1130 段修成转弯式，但因为排土工作线为垂直端帮，所以必须将南部排土工作线提前排出，如此可具备上煤路修建条件。

优化上煤运输系统的具体做法为：

1. 将南端帮下部煤台阶并段，以此将南部 6 下煤提前采出。

2. 将南部排土场 995 平盘用剥离物排出，将 995 排土路向东侧改道。

3. 上部排土场及道路都向推进方向偏移，至上部 1095 排土场时，可将排土场 1095 水平至 1130 水平端帮路修通。

4. 从中间桥与内排土场 1025 水平交界处预留 50 米平段，之后由内排土场 1025 平盘向内排土场 1060 水平起坡，搭建内排土场 1025 水平至内排土场 1060 水平道路。

5. 由内排土场 1060 水平向内排土场 1095 水平起坡，搭建内排土场 1060 水平至内排土场 1095 水平斜坡道。

该上煤道路修建完成后，采场东部推进方向台阶可将原有上煤道路废除，1160 剥离水平及以下数个平盘可继续向东推进，缓解了在征地问题解决之前剥离量紧张、工作面不足面临停产的威胁。

该矿为端帮半移动式破碎站，1#、2#破碎站与 3#破碎站距离约为 800 米，随着采场的不断推进，采煤工作线、上煤干道与破碎站的位置关系直接影响上煤运距。其特点是：形成简单，与破碎站位置关系尤为密切（见图 1）。

由图 1 可知，当采场位置为当前位置，破碎站位于破碎站 A 的位置，此时应采取从排土场上煤的方案，这样运距较短；当破碎站位于破碎站 C 的位置，应采取从采场上煤的方案，这时运距较短；当破碎站从位置 A 过渡至位置 B 的过程中，运距不断增加，当处于位置 B 右侧，从采场上煤则运距相应较近，应选择从采场一侧上煤。

该煤矿破碎站位置正处于图 1 中从破碎站 A 位置过渡至破碎站 B 位置，因此从排土场设置上煤干道运距较近，属经济合理范围。

该煤矿运输成本约为 2. 12 元/千米 · 立方米，每月生产原煤百万吨，上煤路两个月累计通过原煤约百万立方米，节省运距数百米，大幅节约了总成本。

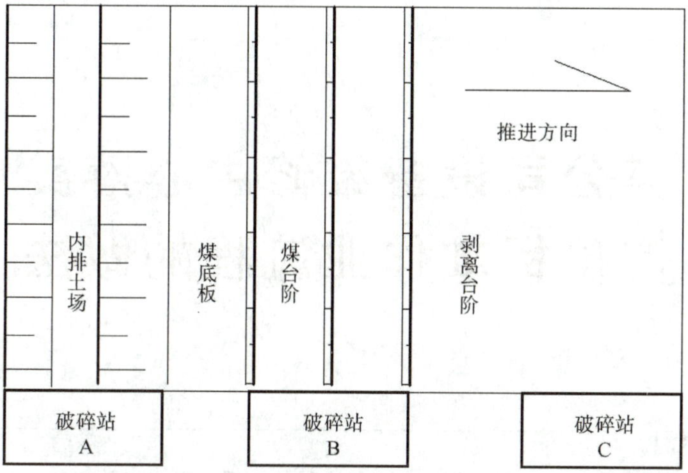

图 1　破碎站位置与采场、排土场位置示意图

排土场设置上煤干道缓解了煤矿因征地困难造成的剥离量紧张、电铲无工作面等问题，节省了上煤运输成本，创造了较高的经济效益。

三、优化运输系统取得的成效

（一）经济效果

截至 201X 年底，预计通过此上煤路煤量可达千万吨，缩短运距最少 200 米，每月节约运距成本至少百万元。

由于排土场上煤路与 1#、2#破碎站的上煤运距会不断缩短，此上煤路可使用至 201X 年底，预计可节约成本约千万元。

（二）释放工程位置

由于征地以及 201X 年外委剥离工程未开工等问题，该煤矿上煤主干道迟迟无法移设。将上煤主干道改至内排土场使煤矿上部剥离台阶可继续向东推进，剥离量可继续维持至 201X 年底，保证了顺利出煤。

某公司设备维修中心落实岗位标准作业流程的做法

综 述

某公司设备维修中心将岗位标准作业流程的执行与降本增效工作有机结合，通过流程执行来指导经济安全的业务操作，有效避免成本浪费；以标准的落实来培养职工克俭为家、节约维修的作业习惯，将降本增效理念融入日常作业，实现低成本生产常态化，实现了管理效益，创造了经济效益。

一、岗位标准化作业流程的实施背景

充分认识岗位标准化作业流程的重要意义。岗位标准化作业流程是指在作业系统调查分析的基础上，将现行作业方法的每一操作程序和每一动作进行分解，以科学技术、规章制度和实践经验为依据，以安全、质量效益为目标，对作业过程进行改善，从而形成一种优化作业程序，逐步达到安全、准确、高效、省力的作业效果。

认真宣贯学习岗位标准作业流程任务。通过“三学”，即手机 App 学、班前会讲读学、相关 PPT 和视频学习岗位标准作业流程。

在实际生产任务中应用岗位标准作业流程。通过“三学”岗位标准作业流程，员工的标准作业意识得到大幅提升，员工作业的安全能力也随之增强，严格作业标准步骤，极大减少了曾因作业配合协调不一致而存在的安全隐患。

二、岗位标准化作业流程的具体实施

（一）具体措施

1. 成本预算（年度、月度）要求结合设备运行状态、检修工艺、配件库存情况、生产安排等因素按检修类型编制，其中保养和计划预防性两类检修成本预算准确率不得低于90%，零故障点检不得低于80%，常消耗件准确率不得低于85%。

2. 成本核算按检修类别分项目进行归集、汇总。每月点检、保养工作配备的未使用配件必须于月底回收统计。项目归类准确率不得低于90%，金额准确率必须达到100%（剔除特殊情况，如寄售件先领用后出库单价确定不及时等）。

3. 成本分析要结合检修过程，全面细致地剖析，包括检修项目增减情况、材料配件价格影响因素、检修质量、工作效率等对成本的影响。单项检修成本超过十万元需单独分析。

4. 电气一班严格贯彻交旧领新制度，建立交旧领新台账。车间及班组技术人员要对旧件进行鉴定，能修复的不批新件，以此提高班组人员的成本节约意识，并且保证交旧领新要按照目录做到95%以上回收率。

5. 班组要建立废旧物资管理台账，与交旧领新台账一一对应，即将材料、配件等物品领新、使用、报废、处理程序实现闭环管理。

6. 班组要按照中心统一内业标准建立工器具台账，工器具报废严格按照《公司设备维修中心工器具管理办法》中相关规定执行，以减少工器具的丢失或无端损坏。班组工器具的存放按照中心目视化标准要求进行分类摆放。每月底对电气一班7个工具包及场地工具箱的各类工具进行检查并记录，对损坏、遗失的工具负责人进行考核，并及时补配、复查。

7. 严格执行检修标准和工艺，按检修质量保障体系要求开展标准化检修，提高检修质量，保证车间规定出动率的完成。正副班组长及维修负责人严抓各项检修任务，每月汇报记录检查结果。

8. 修旧利废制度。每月将更换下的废旧配件根据是否存在修复价值进行归类整理，将修旧利废工作作为硬性任务在工余时安排到班组成员中，对积极进行修旧工作的员工予以一定的奖励。

9. 积极开展技改技革活动，调动班组成员成立技术攻关小组，针对易损耗的配件、易出现的故障进行技术改进、技术研发，从配件的使用周期与设备的出动率两方面提升效益。

10. 每月班组长及副班组长对班组休息室内及库房的未使用配件与废旧件进行清点统计，确保未使用配件无遗漏，废旧配件无遗失，核对各项使用核算。

11. 利用班前会宣读成本联控措施，公司下达各类关于成本联控的文件，调动员工降本增效积极性，培养员工节约意识。

（二）修旧利废工作

在对废旧物资的处理方式中，班组内部培养形成独具特色“老抠儿”风气，通过“修、拆、拼”将废旧物资物尽其用，变废为宝，加强修旧利废，降低配件成本消耗。班组对库房存放的各类更换下费、旧配件进行归类与统计，整理出具有修复价值的总成件与零件，制定详细的管理与奖励办法，调动员工工作之余开展修复工作，6 个月累计修复接触器 6 个、各类开关 14 个、预润滑马达 4 个、传感器 5 个，仅修旧利废工作共计节约成本数十万余元。

（三）创新维修，自制工具

针对更换马达作业任务工作空间狭小局促，员工更换作业中十分吃力与效率缓慢的问题，班组组织设计制造了一套用于狭小空间更换马达的专用工具，工具的材料是通过废旧工具焊接改造而来。通过利用废旧工器具制成的专用工具，较大程度上提高了更换马达的作业效率。

三、岗位标准化作业流程的效果

为了贯彻落实公司发展战略，以“保安全、调结构、促改革、降成本、升质量、提效益、防风险、强党建”为主线，全方位增效益的发展思路，班组全体员工将在落实公司各项指标任务的基础上，积极发扬“克俭为家”的精神，勤恳检修设备保障生产，不断追求提升作业效率，勤俭节约修旧利废，坚持实现降低生产成本。

某公司细化物资管控流程降低成本的具体做法

综 述

轮胎精细化管控流程实现的是对轮胎使用、维修的全过程跟踪、全员参与闭环式的管控。在激励机制的引导、考核办法的督促与成本理念的宣传贯彻之下，轮胎的管控模式由事后管控变为事前预控、事中控制、事后分析的精益化管理模式。在管控过程中，使用与维修各个环节涉及的每个人都制定了明确的管理目标，实施定责、定量的考核。现实针对性强的机制创新，精细管理的具体运作，让轮胎管理产生了最大的效益。

一、物资管控的实施背景

某公司年煤炭生产规模为每年千万吨，主要采用单斗—卡车间断工艺，其中卡车有6种型号，百余台。运输成本占总成本的55%以上，轮胎消耗占运输成本的20%，如何控制轮胎消耗数量始终是全矿上下要破解的难题。

某煤矿轮胎消耗及运行情况如表1、表2所示：

表1　　201X～201X年某煤矿轮胎消耗统计表

形式	数量（条）	比例（%）	原因
扎破	678	55.62	采场、道路、排土场工程质量和卡车司机操作等
脱胶	241	19.77	气压检测、鼓包处理、运行时长、运行速度、超载、偏载、运输方案优化、质量问题等
爆胎	91	7.45	
热剥离	37	5.99	
磨损到限	128	10.5	

表 2　　　　201X～201X 年某煤矿卡车轮胎运行里程统计表

车型	运行里程（万公里）	核定里程（万公里）
A 卡车	10. 43	11
B 卡车	6. 99	9
C 卡车	6. 48	8
D 卡车	7. 15	9

对比分析，近几年轮胎非正常损坏比例偏高，平均运行里程偏低，主要原因如图 1 所示：

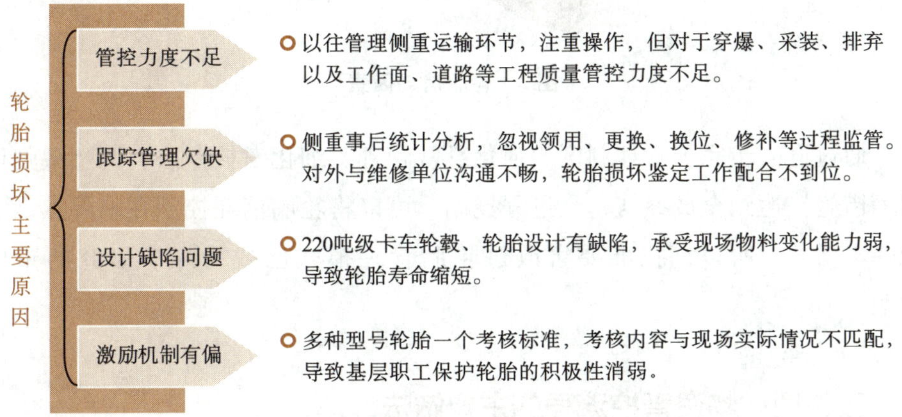

图 1　轮胎非正常损坏原因

表 3　　　　201X 年两矿 A 卡车轮胎使用情况对比

201X 年	项目	甲煤矿			乙煤矿		
		消耗数量（条）	所占比例（%）	平均运行里程（万公里）	消耗数量（条）	所占比例（%）	平均运行里程（万公里）
A	扎破	46	61. 33	7. 15	71	52. 21	9. 63
	脱胶	13	17. 33				
	热剥离	4	5. 33		24	17. 91	
	爆	9	12. 00		6	4. 48	
	鼓包	1	1. 33		7	5. 15	
	磨损到限	2	2. 67		28	20. 59	
	合计	75			136		

统计分析结果表明，由于工程质量、方案优化，司机操作等因素的轮胎消耗占50%，日常管理和及时维护等因素的轮胎消耗占30%，正常磨损不足20%（见图2）。

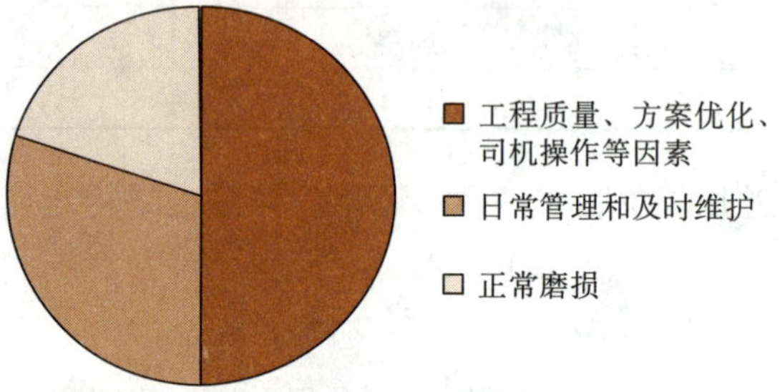

图2　轮胎消耗因素

通过进一步完善管理制度、强化日常管理、细化考核办法、调整激励机制等措施，达到全员参与、全过程控制，可以将轮胎消耗控制在临界点，实现降本增效。所以，找准要害改进轮胎管理模式已成为煤矿研究的重要课题。

二、细化物资管控流程的主要做法

围绕201X年修订完善的《某矿用卡车轮胎管理办法》《某矿班组建设管理办法》和重新制定的《某矿工程质量管理办法》，以控制轮胎消耗为目标，以提高穿爆、采装、道路维护、排土场工作面的质量为出发点，以规范卡车司机操作和强化轮胎日常管理、维护为落脚点，完善、细化激励机制和考核办法来开展工作。

（一）明确任务和职责

1. 企业管理部、人力资源部负责制定、修改、完善卡车轮胎管理办法，细化考核细则，完善激励机制。

2. 调度指挥中心充分发挥GPS智能调度系统的作用，合理调配车辆，使综合运距最优。

3. 机电管理部负责监督指导轮胎的日常使用，非正常损坏的轮胎，组织相关人员分析鉴定，出现质量问题，协调相关部门、供货厂家鉴定，开展索赔工作。

4. 生产技术部负责完善工程质量管理办法中的质量标准，监督、指导各生产环节的工程质量。

5. 安全监察站负责监督卡车运行状态，减少超载、偏载，杜绝超速。

6. 党工部将卡车轮胎消耗列为效能监察重点，按月监督检查其使用管理的全过程。

7. 运输队为卡车轮胎的使用单位，职责为：领用、监装、气压监测等，卡车司机点检和翔实记录轮胎状态，轮胎管理员负责统计、分析、反馈、上报轮胎使用情况。

8. 采掘队确保采装工作面的平整和装车质量；工务队保持采场、排土场工作面的平整，确保运输道路的维护质量。

（二）生产环节分工配合，闭环管控

1. 采装环节。

（1）电铲采装工作面平整，30 米范围内凹凸不得超过 ±1 米。

（2）工作面有掉块及时清理，卡车轮胎在电铲工作面扎爆，电铲司机受到处罚。

（3）采掘台阶坡面不能留有大角，大角不得超出采掘台阶坡面外沿 5 米。

（4）严禁装偏车和超装，不得高吊铲斗装车，装完后卡车上不得出现悬浮大块。

2. 运输环节。

（1）轮胎管理员建立卡车轮胎台账，定期对现场新轮胎进行清点，填写更换轮胎记录单。

（2）卡车司机每班检查设备打石器完好情况，行驶中严禁超速、急刹车，发现装偏或超载时，应联系工长卸货处理。

3. 工作面和道路维护环节。

（1）建立日常检查制度，开展班前检查、班中检查和班末检查。

（2）建立班组责任区，制定责任区作业标准，将采场和排土场划分为5个责任区，由运行班组、车辆组和工程组负责。

（3）建立班组长工作责任制，对工程质量实施动态监管。

（4）进行专项工程质量考核，建立了排土场、道路修筑、道路养护、洒水等专项考核制度，每日进行总结，每月汇总并与当月绩效考核挂钩。

4. 实施闭环管控的效果：

（1）前三季度实际发生轮胎成本比轮胎预算成本节约几百万元，比上年同期减少千万元。

（2）消耗轮胎比预算降低数十条，综合单耗下降0.277条/百万立方米·千米，综合单耗下降0.446条/百万立方米·千米。

（3）轮胎消耗向好的趋势发展。前三季度，共报废轮胎数百条，扎破上百条，占38.02%，比上年同期下降14.39%；磨损到限几十条，占10.65%，比上年同期上升4.53%；脱胶和热剥离百余条，占45.24%，比上年同期上升15.65%，部分是质量原因造成；爆数十条，占4.56%，比上年同期下降7.02%。

三、取得效果

从以上数据分析，因操作、工程质量造成损坏比例大幅下降，轮胎使用寿命达到规定运行里程的占50.19%，比往年明显提高；轮胎管控已取得阶段性突破，逐步实现轮胎的临界消耗（见图3）。

四、细化物资管控流程的体会

公司利用市场倒逼带来的机遇，通过管理创新、挖潜增效、优化结构等手段，对轮胎进行管控，使得轮胎成本明显降低。下一步，将对柴油、炸

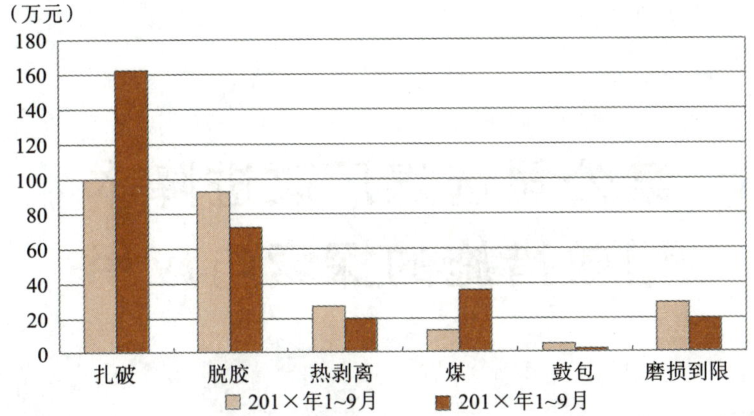

图 3　某煤矿 201X 年与 201X 年轮胎使用情况对比

药、钢丝绳等大宗消耗品实施类似全方位、闭环管控，实现降低生产成本，打造企业管理“升级版本”。

1. 培养全员成本意识，变少数人的成本管理为全员参与管理，建立完善的企业成本联控系统。

2. 纵向、横向比照对标，寻找指标差距，找出成本管理中存在的问题和不足，明确薄弱环节的“症结”所在，制定切实可行的整改措施。

3. 随着生产的变化，成本消耗千差万别，需要发挥成本联控防御性作用，转变事后管控模式。

4. 作为管理者，必须在经营管理机制上做出调整、改变，调整分配机制，调动职工积极性和创造性，实行成本有效管控。

某公司选煤厂改进降本增效措施的探索与应用

综 述

降本增效无小事，滴水汇集成江海。某公司选煤厂广泛动员大众创新，全员参与降本增效，职工立足岗位，充分发挥聪明才智，将创新思维转化成增效的措施和动力，技改技革遍地花开。

一、某公司选煤厂改进降本增效措施的实施背景

面对煤炭市场持续低迷，煤炭产量过剩，竞争激烈的不利形势，某公司A煤种价格降幅约40%，C煤种价格降幅约50%，A煤种只能实现微利，而C煤种已经处于亏损状态，销售形势严峻，利润微薄。降本增效是增加企业利润的有效途径，在销售价格受市场制约无法提高的形势下，降本增效就显得尤为重要。

二、某公司选煤厂降本增效的实施方案和措施

（一）降低变动成本

措施一：精确防冻液喷洒量，避免浪费。

防冻液喷洒：实时关注天气预报，回收车帮喷洒遗留的废液，降低生产成本。防冻液喷洒量能够根据铁路沿线的最低温度人为设定，温度变化时应

及时调整，既能保证喷洒效果，又不会造成防冻液浪费。防冻液喷洒量与温度的关系，要符合铁路局规定的不同温度时防冻液喷洒比。

措施二：控制介质。

介耗是重要的消耗指标，是生产成本的主要组成。降低介耗要从以下方面着手：控制介质质量，把好介质入厂关是关键。各项指标，如介质颗粒，必须经过本厂试验，合格方可进厂入库。介质回收方面：保证介质回收系统高效运行，磁选机的磁性定期检测，脱介喷头及时清理，杜绝跑介现象。磁选机是重介质选煤厂回收介质的重要设备，公司选煤厂洗选二车间洗选工艺系统设计了4台磁选机，选用美国某公司生产的A型湿式磁选机，负责对生产系统的稀介质液进行处理，回收其中的磁性介质。

（二）消除设备缺陷，优化生产工艺

措施一：精煤脱介筛和矸石脱介筛的脱介系统改造。

洗选工艺中，浅槽分选出的精煤和矸石必须通过脱介筛脱除磁性介质这道工序，脱介效果的好坏直接影响介质的回收，影响煤炭洗选的成本，对煤质也有一定影响。精煤脱介筛和矸石脱介筛选用某公司生产的双层香蕉振动筛，上层筛板筛孔为25毫米方孔，下层筛板为2毫米的条缝筛板。运行时，介质液随煤块在筛板上运动的过程中自然脱除一部分，在喷管的冲洗下脱除一部分。经对产品采样化验分析，产品煤和矸石中仍有残留的介质，说明脱介筛脱介不够彻底，需对脱介筛的脱介过程、效果进一步分析研究。分析认为，两个方面的原因造成脱介筛脱介不彻底：一是脱介冲洗水中有杂质，造成脱介喷头时有堵塞，形成脱介盲区；二是单根脱介管冲洗煤块的面积、时间不足，造成介质随煤块和矸石溜走。

对精煤脱介筛的脱介系统进行三个方面的改造：一是在原来基础上又增加了一根冲洗脱介管和相应喷头，相当于进行了两次冲洗脱介，延长了冲洗脱介的时间和强度。二是将冲洗管两端的堵头割开，安装了蝶阀，方便停机时对管中杂质的冲洗、清理，避免管内杂质积聚、堵塞喷头，影响脱介。三是在上层喷管对应的筛板位置处焊接了一排翻转挡板（耐磨板材质），促进

煤块在运行中的翻滚，保证煤块的各个面都得到有效冲洗，减少煤块带走介质的数量，提高冲洗脱介的效果。

措施二：对进入澄清池的水系统进行改造。

车间的产品煤仓设计为半地下室槽仓结构，槽仓最底层及装车皮带走廊的积水，原设计通过水泵抽到集中水池，用于浅槽工艺系统的冲洗脱介、脱泥。由于抽上的水内含有煤粒，经常造成脱介喷头堵塞，直接影响脱介效果。针对这种情况，对槽仓底层的排水系统进行了改造，将进入澄清水池的管路延长到脱泥筛的水冲溜槽中，含有煤粒的水进入下一步的煤泥水处理系统，避免了脱介喷头堵塞对脱介效果的影响。

改造后的效果：通过开展技改技革、加强生产运行工作、完善经营管理等综合措施的实施，目前生产运行良好，取得了理想效果。

措施三：空压机集中供风整合。

该厂共有空压机数十台套，其中 A 公司生产的占多数（重介车间、洗选一车间、洗选二车间二系统均在使用），B 公司生产的数台套（洗选二车间三系统），目前存在一个车间启动 n 套空压机出现风量不够的现象，如果启动 n+1 套又存在风量浪费，如果将某处所有风路改造连成一体，实现集中控制，既可以保证供风，又不造成浪费，互通以后，每年至少可以少启动一台空压机，预计一年可节约成本约数十万元。

对进入澄清水池的水系统改造前后流程如图 1、图 2 所示：

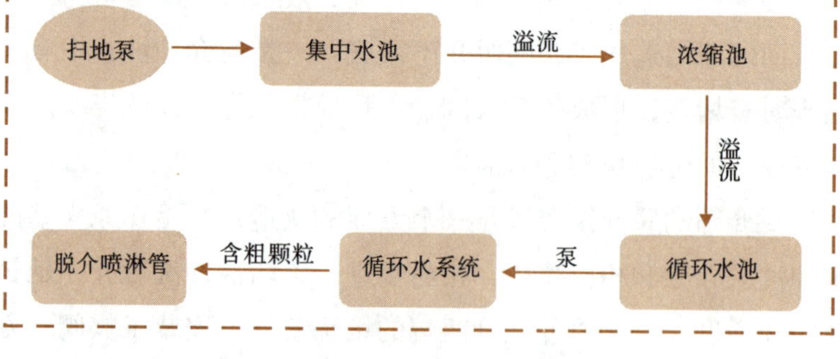

图 1　某公司未改造之前槽仓平面扫地泵流程

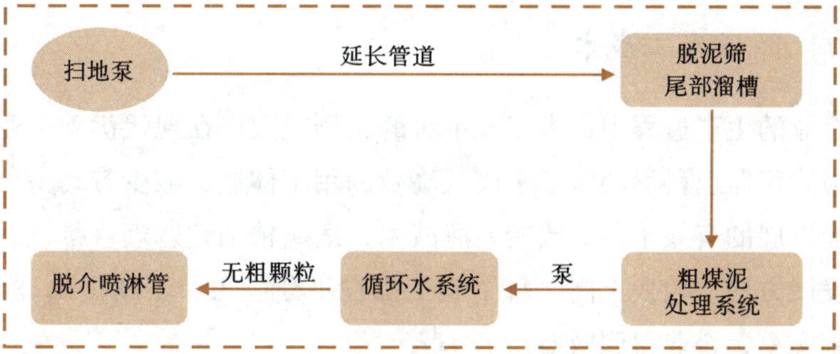

图 2　某公司改造之后槽仓平面扫地泵流程

（三）降低材料、配件成本

1. 修旧利废。材料、配件的使用是企业很大的成本支出，所以材料、配件要选质优产品，严格意义上要选用性价比高的产品，还要选用新材料，如耐磨材料的选用，筛板材料的选配，在落料点选用耐砸的产品，非落料点选用耐磨的产品。

经过煤炭 10 年黄金期，煤矿职工养成了大手大脚的习惯，配件只换不修，造成了很大的浪费。废旧物资并非毫无用处，如果利用得当，仍能产生非常可观的经济价值。在新形势下，修旧利废已经成为降本增效的有效手段。为此，该选煤厂加大了修旧利废的奖励力度，调动员工修旧利废的积极性，充分挖掘废旧物资的潜力，使修旧利废为降本增效做出更多贡献。

2. 主要成效。201X 年上半年，该选煤厂各车间共进行修旧利废项目数十项，节约成本几百万元，发放奖励数万元。主要项目有：破碎机齿板的堆焊修复再利用，修复几十块 MMD 破碎机齿板人工加材料成本数万元，修复后的使用寿命与新齿板相差无几，节约成本大约几十万元；修复一套耙式浓缩机耙架，修复成本数千元，修复后使用寿命能达到新件的 80%，节约成本数万元；振动筛筛板长期使用会出现磨损、断裂等问题，利用废旧筛板完好的部分对破损的筛板进行修补，延长了筛板的使用寿命，节约成本数万元；利用废旧胶带制作成挡煤皮，极大地减少了挡煤皮的采购数量。

（四）降低人工成本

在企业的生产过程中，人工成本占的比例很大，在现代优秀企业，利用先进的检测仪器、科学的管理手段及高效的用工体制，减少劳动力、减员增效是企业发展的有效手段。改变人海战术，适应精细化管理，科技兴企才是企业的发展方向。轮换上岗，每个职工都在不断学习，不断提出技术方案，职工得到实惠，企业得到效益。

（五）提高点检、检修质量，保证设备完好率

设备频繁或非正常故障不仅增加检修人员工作量、影响生产计划，而且加大了材料、配件的消耗，增加了生产成本。因此，提高点检、检修质量显得尤为重要。通过组织各级培训，提高检修、运行、点检人员的技术水平及责任心。增加各级检查考核的奖惩力度，落实到个人，督促各级人员认真工作。

三、某公司选煤厂降本增效取得的效果

效果一：洗选二车间介质消耗已从原先的 1.5 千克/吨逐渐控制在 0.5 千克/吨以下；空压机集中供风整合，预计一年可节约成本数十万元。

效果二：201X 年上半年，各车间修旧利废项目节约成本百万元。设备完好率能保证在 98% 以上，可动率保证在 95% 以上，为选煤厂的持续高效运行提供了可靠保障。

四、某公司选煤厂降本增效的体会

面对日趋激烈的市场竞争形势，煤炭企业要生存和发展，必须实施低成本战略，在降本增效上下功夫，降低吨煤成本，提高商品煤质量，煤炭企业才能立足长远，这也是企业可持续发展的必然选择。

挖潜增效篇

挖潜增效是控制生产成本、减少内耗的一项重要举措，是提高生产效率、杜绝成本浪费、加快企业发展的重要途径，是一项常规的、持之以恒的重点工作。

面对经济发展大势趋缓、煤炭市场持续不振的宏观经济形势，某公司逆势而上，取得了骄人的业绩。答案只有一条，他们以强烈的危机感和责任感，千方百计地积极探索挖潜增效的有效做法，将成本联控责任严格落实，将挖潜增效任务贯穿于生产、运输、销售的各个环节。做好增量、盘活存量，挖掘潜力、驱动增长，既注重挖掘系统性的潜力，把大的投资、大的支出管住管好，又盯住“跑、冒、滴、漏”，把能省的“小钱”也省下来，积少成多、集腋成裘。企业结合自身业务特点，科学地组织生产，从每一个生产组织环节和工艺环节，每一项检修任务环节和日常消耗环节做起，找准挖潜增效关键点，将挖潜增效工作贯穿各项日常工作的始终。

“不积跬步，无以至千里，不积小流，无以成江海。”只要全员上下同心协力，树立主人翁意识和成本联控意识，集思广益，从细处着手，把控好每一个细小环节，形成人人关爱企业的氛围，相信公司的挖潜增效工作定会取得新的、更大的成绩。

某公司产运销一体化决策支持系统的开发与应用

综 述

信息科技支撑决策，联动创造效益。应对市场新常态，需要产运销整体联动。是市场需求决定产品结构，产品结构决定生产方式的被动适应，还是稳定的生产方式经过合理的资源配置，寻求最大的市场效益，需要科学全面的决策支撑，而这非脑力所能及，某公司积极开发产运销一体化决策支持系统，充分发挥科技优势，体现各环节的直接关联，提升了一体化运营决策效率，有效增强了公司价值创造的能力。

一、产运销一体化决策支持系统开发的背景

根据商品煤销售的具体需求，某公司自主开发产运销一体化决策支持系统，该系统紧紧围绕挖潜增效的总体目标，为煤炭运输、销售、采购提供辅助决策方案，便于使用人员获取最优的煤炭生产经营决策方式，提高了煤炭利润测算的精确度以及业务人员的工作效率，实现信息化精益管理，为煤炭生产经营提供有效的决策方案。

二、产运销一体化决策支持系统

201X 年，出于商品煤销售业务需要，公司提出了建设“产运销一体化决策支持系统”的需求，主要内容为：将业务人员日常手动测算工作，利用信息系统自动实现，为煤炭经营提供辅助决策帮助。

由于系统需求紧迫，公司经过需求分析之后，决定采用 c/s 模式开发，历时两个月左右完成系统功能，提供给业务部门使用。在此后的一段时期，软件开发人员紧密关注系统使用情况，随时解决系统中功能不完善的方面。

在公司统一规划指导下，软件开发人员对该系统界面进行了美化，使系统界面显示更加友好。目前，该系统运行情况良好，得到了相关业务部门的肯定。

三、产运销一体化决策支持系统主要功能模块

“产运销一体化决策支持系统”由三个主要模块组成，分别为自产煤利润测算、外购煤利润测算和基础数据维护。

（一）自产煤利润测算主界面

1. 自产煤利润测算。自产煤利润测算是指自主输入自产煤的成本价，利用销售价，减去中转费用和成本，计算出各个销售路线的利润，进行对比分析，获得最佳销售方案。自产煤利润测算界面采用了列表和图表两种方式展现，具备导出 Excel 表功能，增加了系统的美观度，并且方便业务人员直观观察和导出打印。

2. 自产煤销售价倒推。自产煤销售价倒推是指自主输入自产煤的成本价，根据中转费用和成本，默认各个销售路线的整体利润为零，倒推出对应的最低销售价。自产煤利润测算是指自主输入自产煤的成本价，利用神华销售价，减去中转费用和成本，计算出各个销售路线的利润，进行对比分析，获得最佳销售方案。

（二）外购煤利润测算主界面

外购煤利润测算界面具体分为：利润测算、反推采购价和反推销售价。

1. 外购煤利润测算。外购煤利润测算由业务员自主输入销售价和采购价，根据选择的路线，计算出吨煤利润和整体利润。与自采煤测算不同之处

为外购煤测算只是选择一条路线进行计算。

2. 外购煤反推采购价。外购煤反推采购价由业务员自主输入销售价，默认吨煤利润为零，根据选择的路线，计算出采购价。

3. 外购煤反推销售价。外购煤反推采购价由业务员自主输入采购价，默认吨煤利润为零，根据选择的路线，计算出采购价。

（三）基础数据维护界面

基础数据维护界面总共包括六张数据表，具体为目的地表、煤台表、煤种表、税率表、电厂杂费表和港口杂费表。

基础数据维护模块实现了对各个数据表的增加、修改和删除功能。在实际情况发生变化时，操作人员可以根据需求进行更改。

四、产运销一体化决策支持系统升级

“产运销一体化决策支持系统”在日常工作中发挥了积极的作用，大大提高了业务人员的工作效率，为公司煤炭运输、销售以及采购方案的决策提供了一定的帮助。201X 年 8 月，公司为进一步加强产运销各个部门的业务衔接，提升产运销一体化运营决策效率，增强产运销一体化运营价值创造力，决定成立产运销一体化运营决策系统开发工作组。系统开发内容包括：

1. 年度最优煤炭销售方案比选确定。
2. 月度煤炭销售方案比选。
3. 分运户煤炭销售一体运营效益比选。
4. 块煤销售一体化运营效益测算。
5. 煤炭产品结构优化效益测算。
6. 外购煤采购和销售效益测算。
7. 矸电自供与外购燃煤效益测算。
8. 年度经营目标完成情况测算。
9. 月度及累计煤炭销售及结算价格报表。

10. 数据查询模块。

（一）年度最优煤炭销售方案比选确定

1. 项目主要内容：通过比选年度不同煤炭洗选及销售方案，确定一个效益最优方案来指导年度煤炭销售工作，并将其作为年度财务预算编制的价格计算基础。

2. 主要实现路径：公司选煤厂制定煤炭洗选产品方案→生产技术部制定煤炭销售流向计划→生产技术部对不同方案煤炭销售效益做比选测算→确定年度效益最优煤炭生产和销售方案，为年度财务预算编制提供价格计算依据。

3. 主要使用单位：公司生产技术部。

（二）月度煤炭销售方案比选

1. 项目主要内容：通过比选月度不同煤炭洗选及销售方案，确定一个效益最优方案来指导月度煤炭销售工作。

2. 主要实现路径：公司选煤厂制定煤炭洗选产品方案→调度指挥中心开展一体化运营效益比选→指导月度煤炭销售工作。

3. 主要使用单位：公司调度指挥中心。

（三）分运户煤炭销售一体运营效益比选

1. 项目主要内容：通过比选不同煤种年度（或月度）产运销一体化运营效益，为公司煤炭销售提供决策依据。

2. 主要实现路径：公司选煤厂制定煤炭洗选产品方案→财务部开展一体化运营效益比选→煤炭销售决策。

3. 主要使用单位：公司财务部。

（四）块煤销售一体化运营效益测算

1. 项目主要内容：对块煤生产、销售和运输一体化运营效益进行测算，为公司块煤销售提供决策依据。

2. 主要实现路径：公司选煤厂制定块煤洗选方案→煤炭经销公司开展块煤产运销一体化运营效益测算→块煤销售决策。

3. 主要使用单位：煤炭经销公司。

（五）煤炭产品结构优化效益测算

1. 项目主要内容：公司选煤厂调整煤炭产品结构，会对煤炭销售价格、效益和生产成本产生影响，通过对不同煤炭产品结构效益进行比选，最终确定一个效益最优方案来指导煤炭生产、装车和销售工作。

2. 主要实现路径：公司选煤厂制定煤炭产品结构调整方案→生产技术部将其与煤炭销售向进行对应→财务部门进行效益测算比选，生产技术部门做出分析总结→煤炭生产、装车和销售决策。

3. 主要使用单位：公司生产技术部、选煤厂、财务部。

（六）外购煤采购和销售效益测算

1. 项目主要内容：比选不同煤种、不同煤源地外购煤采购、销售一体化运营效益情况，为公司外购煤采购和销售提供决策支持。

2. 主要实现路径：煤炭经销公司制定外购煤采购和销售方案→煤炭经销公司开展外购煤采购和销售一体化运营效益比选→外购煤采购和销售决策。

3. 主要使用单位：公司财务部。

（七）公司自有电厂自供与外购燃煤效益测算

1. 项目主要内容：以现金流为依据，比选自有电厂用自产煤与外购煤一体化运营效益情况，为公司决策自有电厂供煤方式提供财务数据支持。

2. 主要实现路径：计算自有电厂使用公司自有煤炭产运销一体化效益情况→与自有电厂对外采购燃煤做效益对比→自有电厂供煤方式决策。

3. 主要使用单位：公司财务部。

（八）年度经营目标完成情况测算

1. 项目主要内容：根据产量、价格、剥离量等变化，重新测算年度利润、成本等变化情况，具体包括煤炭生产、发电和铁路运输三个板块。

2. 主要实现路径：业务部门提供煤炭、发电和铁路运输变化情况表→财务部结合最新价格等数据进行利润和成本测算→为公司适时掌握年度经营目标预计完成情况提供依据。

3. 主要使用单位：公司财务部。

（九）月度及累计煤炭销售及结算价格报表

1. 项目主要内容：公司煤矿月度及累计煤炭销售流向、结算价格等实际情况报表。

2. 主要实现路径：公司生产技术部提供月度、累计煤炭销售流向及煤质统计报表→财务部根据市场煤炭价格及转运成本等分煤种分流向推算车板价→按月向公司反馈煤炭销售情况。

3. 主要使用单位：公司财务部。

（十）数据查询模块

1. 项目主要内容：将价格、生产成本、分流向转运成本，外购煤供应商、供应煤种和运输距离等基本信息录入系统，便于实时查询。

2. 主要实现路径：财务部和煤炭经销公司分别搜集整理各自业务范围内的数据资料→数据资料录入→日常数据维护与修正→用户信息查询。

3. 主要使用单位：公司领导、相关部室（单位）。

五、产运销一体化决策支持系统开发应用效果及启示

1. 挖潜增效工作是公司发展到一定阶段，积极创新管理模式、夯实管理基础、实现管理突破的内在要求，更是适应客观现实，主动推进产业升级，

提升企业核心竞争力，一流清洁能源供应商的必然选择。

2. 根据业务人员的工作需要，"产运销一体化决策支持系统"实现了煤炭运输经营方面的精确测算，提高了相关人员的工作效率。后续升级的产运销一体化运营决策系统将进一步加强产运销各部门业务衔接，提升产运销一体化运营决策效率，增强产运销一体化运营价值创造力，实现了向信息化要效益的目标。

某公司煤矿探索柴油消耗“163”管控新模式

综 述

节省柴油消耗，才能保证发展动力。某公司煤矿力抓降本增效的主要矛盾，为柴油管理量身制定了“163”管控模式，紧盯柴油消耗的关键环节，分析存在问题，制定节能措施，推进整改落实。管理有的放矢，效益立竿见影。以精细管理堵塞消耗漏洞，抓主要矛盾推进降本增效。

一、“163”柴油管控新模式的实施背景

某公司煤矿核定生产规模为每年千万吨，剥离采用单斗挖掘机—自卸卡车间断工艺、抛掷爆破—吊斗铲倒堆工艺，采煤为单斗挖掘机—自卸卡车—坑口半固定破碎站—胶带输送机的半连续工艺，其中卡车运输占80%。现有主采设备198台，其中燃油的T级卡车108台，平路机、推土机、洒水车等工程设备58台。

201X年，煤矿采剥总量为数亿立方米，直接采剥成本每立方米数十元。抓好柴油、炸药、配件和轮胎“四大项”是成本联控的关键。为此，煤矿通过不断探索创新，形成了以“实现一个目标，采取六项措施，抓好三个环节”为内容的“163”柴油消耗管控模式。

二、"163"柴油管控新模式的内涵

"163"柴油管控新模式可通过图 1 来说明：

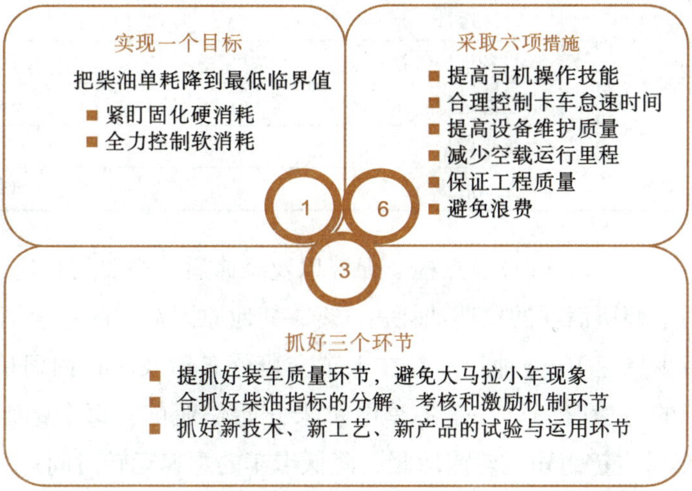

图 1　"163"柴油管控新模式

（一）实现一个目标

1. "硬消耗"：内燃设备一旦运行必然要消耗的燃油量。

2. "软消耗"：受人为因素干扰而变化的消耗。

3. 影响柴油消耗的因素有 8 项，其中"软消耗"占比 27%，意味着改善人为干扰因素的空间很大（见表 1）。

（二）采取六项措施

1. 提高司机操作技能。同一车辆不同司机使用的油耗有的相差 7%。主要表现在能否平稳起步、匀速行驶，不猛踩油门、不急踩刹车，进入装车和卸载位置时能否做到一次到位等。

2. 合理控制卡车怠速时间。怠速运行油耗占总油耗的 8%，其中装车等

表 1　　影响柴油消耗的因素

类别	影响因素	占比
硬消耗（73%）	1. 设备性能	70%
	2. 设备状态	3%
软消耗（27%）	3. 司机操作技能	7%
	4. 怠速运行	8%
	5. 设备维护保养	3%
	6. 空载运行	3%
	7. 工程质量	5%
	8. 无端浪费	1%

待、启动后热车（5 分钟）、点检、保养以及维修后等必要的怠速占 3%，待令期间使用空调所消耗的怠速油耗占 3%，其他原因造成的怠速消耗占 2%。倡导每班减少怠速 10 分钟：一是在卡车交班停车后及时接回司机，缩短司机等待期间的怠速时间；二是冬季电铲未开始作业前，每个铲组每次启动 2 ~3 台卡车供本铲组司机轮流取暖，降低卡车的怠速运转时间；三是夏季卡车交接班停车时，卡车按"头东尾西"的方式停放，司机点检后可在卡车前方乘凉，避免怠速使用空调。

3. 提高设备维护质量。一是做好交接班设备点检工作，发现跑冒滴漏等情况及时联系维修人员处理；二是按时按级别对燃油设备发动机进行保养，使燃油燃烧充分。

4. 减少空载运行里程。根据某公司现场跟踪软件计算，卡车空载运行油耗为 10 升/千米。经现场实测，剥离最远铲位到维修场地约 11 千米，最近铲位到维修场地约 8 千米，运煤卡车从停车卡车在零点班交班停车时，按前后顺序一字排列，省去了白班加油二次动车环节。做法是明确现场维修项目（见表 2），卡车故障后就近在现场指定场地维修，避免卡车往返车间的空载运行耗油。另外，规定卡车在零点班交班停车时，按前后顺序一字排列，省去了白班加油二次动车环节。

5. 保证工程质量。采掘工作面、排土场工作面和道路的质量也直接影响卡车耗油量，统计分析占 5%，主要表现在工作面及道路是否平整、路面有

表2　　某公司矿用卡车现场维修项目明细

序号	故障类型	具体故障
1	灯泡更换	照明、示宽、倒车灯泡更换
2	控制开关更换	驾驶室仪表开关、控制开关、指示灯
3	部分开焊开裂故障	焊护栏、焊车梯、焊发动机梯子、焊后桥门、倒车灯架子等
4	电气故障	断牵引、更换接触器等
5	部件更换	换油管、换倒车镜、换接头、换风扇皮带、换发电机皮带、门窗玻璃；换后轮蹄片、换活塞、换碳刷等
6	钳工类	修车门、修门锁、处理氮缸拉绳、螺栓松动、紧轮胎螺栓、紧锁片、换横拉杆和转向助力缸销子、掏断丝、涡轮增压器卡子、蓄能器卡子开等
7	油液渗漏类	油管漏油、接头漏油
8	油液气补加类	防冻液、液压油、机油、氮缸充气等

无洒块、爆破有无拉底等，实行“养中间、平两头”的工作标准，可以保证工程质量。“养中间”是保养好采场到排土场的道路。定期铺设磨耗层，及时做好异常天气对道路造成破坏的修复，平路机、压路机、洒水车24小时随时跟进，确保路面平整、无尘无洒块。“平两头”是保持采场采掘工作面和排土场工作面的平整。一是改善爆破质量，减少因块度大、拉底造成的作业面不平整；二是提升电铲装车质量与工程质量，缩短清理工作面时间；三是推土机及时清理铲位和排土场，保持装车位置和排土工作面平整，为卡车进出铲位和排土场创造良好条件。

6. 避免浪费。柴油无端的浪费主要体现在领用、加注环节以及丢失的情况，可以通过规范操作程序，细化监督与管理流程来控制浪费。一是领用环节。油槽车司机持队内已签好的领料单到供应处油库提取燃油，并向油库索要付油票据；满载油槽车到达队部后，需经燃油管理员验收并在油库付油票据上签字后方可向生产车辆加注，付油票据要在燃油加注完毕后同加油记录一同返回至燃油管理员。二是加注环节。加注时，加油枪与加油孔对接紧密，防止油滴漏和溢出；加注结束后，双方核实加油时间和数量，并在交接班记录本上登记，在加油记录单上签字确认。三是控制丢失。运用高精度燃油计量系统，实行一车一卡加油制度，特殊情况用备用加油卡加注，加油管理员要在当日进行登记录入，具体数据通过传输系统上传监督。

（三）抓好三个环节

1. 抓好装车质量环节，避免大马拉小车。欠载不能充分发挥卡车能力，通过对现场统计数据分析和对比厂家提供性能参数，确定95%～100%的额定装载量是最优装载量，由此确定各种型号的电铲与对应卡车的装载斗数（见表3），确保不存在大马拉小车情况。

表3　　某公司各类矿用车型车铲比一览表

斗容车型	$55m^3$	$35m^3$	$32m^3$	$28m^3$	$20m^3$
A	2	3	3	4	5
B	2	3	4	4	6
C	3	4	5	5	7
D	4	6	7	8	11

2. 抓好柴油指标的分解、考核和激励机制环节。一是注重柴油指标的分解与落实。经营管理部门通过综合考虑工况、运距、工程质量、设备使用状态等影响油耗因素，制定出科学合理的考核指标，并在此基础上将成本指标层层分解，落实到班组、机组，做到人人头上有指标。二是注重考核与激励，激发全员成本节约积极性。通过实施《煤矿柴油管理办法》和《煤矿“五型企业建设”绩效考核管理办法》，按照单耗指标值控制程度进行兑现激励政策。

3. 抓好新技术、新工艺、新产品的试验与运用环节。一是运用智能调度系统、高精度燃油计量系统、ERP系统等现代化管理工具，提升成本核算工作的高效性、准确性，为柴油的单机核算工作提供便利条件。二是逐步全面使用物美价廉、低碳环保的煤基柴油代替普通柴油，其标号相当于－40#柴油，四季通用。三是与具备强大研发实力的公司共同研究试验，从燃油加注、功率调整、空调改造等方面寻求节能降耗的突破口。

三、“163”柴油管控新模式取得的成效

近几年，某公司煤矿的燃油单耗如表4所示。201X～201X年，综合燃油单耗总体呈下降趋势；201X年，由于采场平均爬升高度较201X年增加了24米，柴油单耗同比提高了0.006千克/立方米·千米，若去除该因素影响，则下降0.002千克/立方米·千米。

表4　　某公司煤矿201X～201X年柴油单耗统计

项目	单位	201X年	201X年	201X年	201X年
综合运距	千米	2.863	3.012	3.018	3.275
运输设备燃油单耗	千克/立方米·千米	0.168	0.160	0.160	0.166
A卡车燃油单耗	千克/立方米·千米	0.193	0.162	0.177	0.150
B卡车燃油单耗	千克/立方米·千米	0.119	0.134	0.127	0.159
C卡车燃油单耗	千克/立方米·千米	0.135	0.164	0.160	0.185
D卡车燃油单耗	千克/立方米·千米	0.171	0.156	0.139	0.178
工程设备燃油单耗	千克/立方米	0.061	0.055	0.057	0.056

某公司煤矿向轮胎全生命周期的管理要效益

综 述

某公司煤矿把强化轮胎管理作为挖潜增效的重要途径。该矿以“大数据”的管控模式为每条轮胎建立终生台账，跟踪使用过程，总结保养经验，归类常见故障，优化修补效果，延长轮胎的使命寿命，挖掘降本潜力，节省大宗成本消耗，通过有效管理创造了经济效益。

一、“1234”轮胎消耗管控模式的实施背景

某公司煤矿核定生产规模为每年千万吨，剥离采用单斗挖掘机—自卸卡车间断工艺、抛掷爆破—吊斗铲倒堆工艺，采煤为单斗挖掘机—自卸卡车—坑口半固定破碎站—胶带输送机的半连续工艺，其中，卡车运输占80%。现有主采设备百余台，其中，燃油的T级卡车上百台，平路机、推土机、洒水车等工程设备数十台。

201X年，煤矿采剥总量上亿立方米，直接采剥成本每立方米数十元，占比较大的柴油、炸药、配件和轮胎四项成本占变动可控成本的90.7%。该矿经过多年摸索实践，形成了以“一个目标，两个责任，三个办法，四个环节”为内容的“1234”轮胎消耗管控模式。

二、“1234”轮胎消耗管控模式的内涵

“1234”轮胎消耗管控模式如图1所示：

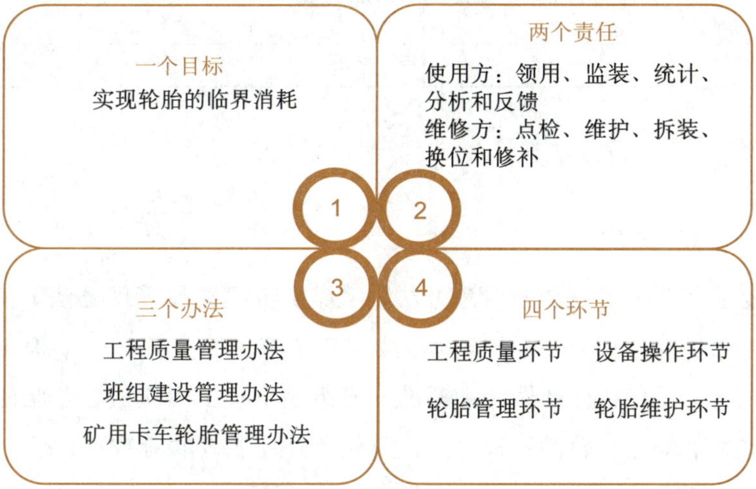

图1 “1234”轮胎消耗管控模式

（一）一个目标

以实现轮胎的临界消耗为目标。轮胎消耗的理想状态是自然磨损比例达到100%，把扎破、热剥离和脱胶等其他损坏形式的发生率控制到零，但不扎破的极限应该是工作面和道路质量相当于柏油路的状态，实际不能实现。工程质量与轮胎消耗需要有个平衡点，根据以往数据分析，轮胎损坏比例状态如表1所列，即轮胎管控的最佳状态是自然磨损比例为80%的临界状态。

（二）两个责任

明确了使用方在领用、监装、统计、分析和反馈等环节的责任，并加强与维修方的沟通与联系；明确了维修方在点检、维护、拆装、换位和修补等环节的责任。双方分工明确、密切配合、严格管控，实现了轮胎管控的无缝

表 1　　某公司所属煤矿轮胎损坏比例状态表　　单位:%

损坏原因	201X～201X 年状态	201X 年状态	临界状态	理想状态
扎破	55	30	10	0
热剥离、脱胶	25	15	5	0
自然磨损	15	50	80	100
质量问题	5	5	5	0
合计	100	100	100	100

对接和闭环管理。

（三）三个办法

制定了《煤矿工程质量管理办法》《煤矿班组建设管理办法》《煤矿矿用卡车轮胎管理办法》。三个管理办法相互依存、互为补充。工程质量是主心骨，规定了质量达标的做法和标准；班组是实现工程质量、轮胎使用和维护的载体和落脚点；轮胎管理办法是对轮胎管控成效的考核和激励。

（四）四个环节

1. 工程质量环节。实行“养中间、平两头”的工作标准，实施动态监管和考核的管理模式。“养中间”是保养好采场到排土场的道路。定期铺设磨耗层，及时做好异常天气对道路造成破坏的修复，平路机、压路机、洒水车 24 小时随时跟进，确保路面平整、无尘、无洒块。“平两头”是保持采场采掘工作面和排土场工作面的平整。穿爆、采掘环节不发生拉底，跟铲推土机及时清理铲位，保持装车位置平整；排土场必须有反坡，挡墙高度符合要求，工作面平整。采用班前、班中、班末检查、督导、巡查的方式，下达针对性整改措施，随时进行处理。建立专项考核制度，日考核，月汇总，与绩效考核挂钩。

2. 设备操作环节。采取监督、考核与奖罚的方式，规范司机在电铲装车和卡车行驶时的操作行为。电铲在装车时，卡车司机会监督电铲是否存在装偏车、超装、高吊铲斗装车等不良操作；卡车司机在行驶中做到不超速、不踩急刹车、不过速转小弯或转急弯、不压挡墙行驶、下坡时保持恒速，发现洒块及时联系清理，杜绝碾压石块强行通过。

3. 轮胎管理环节。一是建立科学合理的轮胎跟踪记录，设立专职轮胎管理员进行轮胎数据的跟踪统计，每条轮胎都建立了台账，翔实记录了其型号、编号、轮胎胎位、安装日期、使用状态、运行里程、更换日期、损坏原因、换位情况、备胎情况等信息，确保每条轮胎的使用情况有处可查；定期对现场新轮胎进行清点，详细记录领用新轮胎的型号、编号、生产厂家、数量等，保证轮胎库存满足使用需求。二是建立轮胎奖罚制度，并将奖罚范围从卡车司机扩展到电铲司机、平路机司机、推土机司机等岗位，每月根据轮胎使用情况对运输队、采掘队和工务队进行奖罚，从而提高广大司机的节约轮胎成本、保证装车质量和工程质量的意识，减少轮胎扎破、热剥离和脱胶等情况的发生。

4. 轮胎维护环节。施行日点检、勤维护、规范化装配的工作程序，对轮胎的运行状况进行每日检查，发现问题主动维修；对气压不足的轮胎及时充气，使各种车型的轮胎都在标准气压内运行；及时进行轮胎换位，延长轮胎使用寿命。开展轮胎修补业务，使用硫化机对部分已损坏的轮胎进行修补，修补好的轮胎可平均再行驶 3 万公里，有效延长了轮胎使用寿命，节约了轮胎成本。

三、取得的效果

（一）成本大幅降低

从轮胎成本使用情况看，轮胎成本逐年降低，自实施成本联控，平均每年比上年降低千万元。

（二）单耗降低，平均运行里程升高

各类型卡车单耗均有所降低，各型号卡车平均运行里程逐年升高。

（三）非正常损坏减少

在轮胎损坏原因中，201X 年扎破所占比例比 201X 年下降 13.32%，爆胎下降 5.94%，磨损到限比例提高 2.25%。201X 年比 201X 年脱胶比例下降 11.6%，磨损到限比例提高 8.3%；因操作、工程质量造成损坏比例大幅下降，使用寿命达到规定运行里程的正常消耗的轮胎比例 201X 年占 72.99%，201X 年占 53.29%，比 201X 年明显提高。

（四）轮胎管控已取得阶段性突破

逐步实现轮胎的临界消耗，将进一步降低轮胎成本，提高经济效益（见表 2）。

表 2　　某公司煤矿轮胎单耗及平均运行里程表

项目	单耗（条/百万立方米·千米）			平均运行里程（万千米）		
	201X 年	201X 年	201X 年	201X 年	201X 年	201X 年
A 卡车	1.70	1.40	0.97	10.43	12.78	14.64
B 卡车	1.23	1.45	1.24	6.99	9.3	10.42
C 卡车	2.07	1.25	1.51	6.48	7.92	9.44
D 卡车	1.24	0.96	0.87	7.15	8.61	10.47

某公司矿用设备润滑油使用和更换周期的研究及应用

综 述

管理不教条，增效有妙招。润滑油的使用和更换周期涉及设备出动率、人工效率、油脂成本、人工成本等方方面面，某公司在设备厂商建议更换周期的基础上，经过科学实验与谨慎计算，得出延长使用周期的结论，实践验证措施可行、增效明显。矿用设备润滑油使用和更换周期的研究应用，不死板，不教条，最好的管理是与实际相结合的、卓有成效的管理。

一、项目实施背景

某公司共有电动轮卡车数百台，工程机械百余台，配置千瓦以上发动机400余台，使用的是级别最高、质量最好的进口润滑油，每年保养费用高昂。设备制造厂家推荐的发动机保养换油周期为几百小时，经设备维修中心化验分析表明，几百小时保养时，机油的润滑性能仍非常好，各项指标均无异常，存在浪费。200X年以来，公司将甲煤矿用卡车的发动机机油更换周期延长，化验监测表明，润滑效果良好，发动机运行平稳，各项指标未见异常。

另外，随着煤基柴油在公司的推广使用，煤基柴油含硫量极低，对发动机机油的酸化污染小，使得机油寿命更长。因此，研究润滑油使用期限和更换依据具有很强的现实意义，不仅可以提升公司润滑油管理水平，而且有助于公司降本增效。

二、项目调研情况

基于上述情况，该公司对矿用设备润滑油使用、化验情况进行了调研，实地了解了矿用设备使用的润滑油油品型号、使用量、化验情况和更换依据。同时，与周边同类矿山、设备制造商、发动机制造商、油品供应厂家就润滑油管理事宜进行了交流。调研结果如下：

1. 公司共计使用润滑油数千吨，其中机油千余吨，齿轮油百余吨和液压油千余吨，均按照设备厂家推荐使用周期定期更换，期间设备维修中心对润滑油进行定期取样、化验工作，化验发现不合格油样及时进行更换。

2. 201X 年 8 月，经现场试验后，将矿用卡车发动机机油更换周期延长，保养项目更换机油时同步实施。

3. 外部某公司矿用卡车和工程设备的发动机机油更换周期为 330 小时，保养项目更换机油时同步实施。

4. 201X 年初，外部某公司将 T 级矿用卡车发动机机油更换周期延长到 350 小时，E 级以下矿用卡车发动机机油更换周期也有所延长，保养项目更换机油时同步实施。目前，发动机运行正常，油品检测各项指标均在正常范围内。

5. 国外甲公司和乙公司均表示，润滑油更换周期与设备主机厂的服务和保养项目无冲突，除发动机保养内容外，其他项目建议仍按操作手册执行。

6. 国外丙公司、丁公司通过对润滑油使用情况和化验情况进行跟踪，认为延长矿用设备发动机机油更换周期是可行的，可以提高综合效益，在保证发动机润滑性能的前提下可以实现以化验报告指导润滑油更换。

三、以化验报告指导润滑油更换的研究试验

该公司组织设备维修中心、K 公司和 Q 公司共同对延长矿用设备保养周期进行了试验。

（一）矿用卡车润滑油使用检测

公司设备维修中心与某公司共同在煤矿选取了 9 台矿用卡车进行了试验，在发动机运行一定时长后，每隔数小时取样一次，每次取样均为 2 份，一份由公司油品化验中心检测，另一份由康明斯公司委托第三方润英蓝地计量检测（上海）有限公司检测，经对比，双方检测结果一致。

检测表明，运行一定小时范围内，机油黏度、总碱值、磨损金属元素和污染元素指标均在柴油机通用换油标准和重要设备厂商推荐换油标准规定范围内，发动机运行正常。在运行百余小时后，大部分试验车运行正常，少部分轴瓦出现轻微磨损，分析认为是由于高负荷导致机油频繁受到剪切应力，润滑性能下降所致。

（二）设备维修中心矿用卡车发动机机油更换周期延长试验

公司设备维修中心从煤矿共选定几十台试验车辆，对矿用卡车发动机机油更换周期延长到百小时进行了试验。经过两轮的试验得出结论：主要型号的卡车发动机机油更换周期延长到 500 小时后，发动机的铁磨损量有不同程度增加，但是均在柴油机通用换油标准和重要设备厂商推荐换油标准规定范围内，其他指标均未见异常；A 和 B 型卡车发动机保养换油周期延长后，各项指标与原保养频率时比较，均无明显变化。

四、实施情况及效果

根据试验检测情况，公司组织了专题研讨会，对试验、检测情况进行认真分析，对相关技术问题进行了讨论。为了提升润滑油管理水平，实现公司降本增效的目的，从 201X 年 8 月份开始，将矿用卡车发动机机油更换周期上限定为一定小时，达到换油周期上限时进行强制更换，上限以内的通过取样、化验指导润滑油更换，保养项目在机油更换时同步实施，实现了成本节约。

按照每台卡车年运行千余小时计算，每台卡车每年减少保养数次，随着保养次数的减少，保养费用、卡车行驶里程、工人工作量和回厂保养所需燃油消耗均大幅下降，设备出动率有明显提高，保养周期延长，经济效益分析结果如下：

1. 煤矿每年共可节约保养费用百万元。矿用卡车发动机机油更换周期延长后，每年每台卡车保养次数减少 6 次。经测算，甲、乙煤矿每年可减少机油、机油滤芯和柴油滤芯费用约数百万元。

2. 煤矿每年共可节约燃油费数十万元。由于更换润滑油需要将矿用卡车调回车间，矿用设备因保养次数下降，设备调回车间次数随之减少，润滑油更换周期延长后，每年每台卡车减少调回车间 6 次，甲、乙两矿共减少卡车往返千余次。经测算，甲、乙两矿合计节约燃油费用数十万元。

某公司设备维修中心降低设备维修成本的做法

综 述

节约维修就是创造效益。降本增效是企业发展的永恒主题，成本的压缩空间就是企业的效益空间。某公司设备维修中心打破思维定式，积极推进备件国产化进程，引进维修新技术，不断提升设备维修水平，增加自维种类，有效缓减了进口设备备件价格高、维修成本高的问题，实现了向备件国产化要效益，向维修质量提升要效益的阶段性胜利。

一、降低设备维修成本的实施背景

随着近年来经济形势低迷，煤炭行业身处困境，某公司设备维修中心积极贯彻落实“提质增效、精益管理”的工作部署，结合自身实际情况，创新管理模式，提高检修效率，降低维修成本，努力提升整体管理水平。

二、降低设备维修成本的具体做法

D 履带推土机是美国某公司生产的代表目前同类设备世界最先进水平的矿山工程设备，是某公司煤矿的主力工程设备，于 200X 年陆续投入使用，承担吊斗铲降段、排土场建立和土石排弃、工作面清理等多种复杂恶劣环境下的工作任务。首先，必须明确设备维修的标准作业流程（见图 1）。

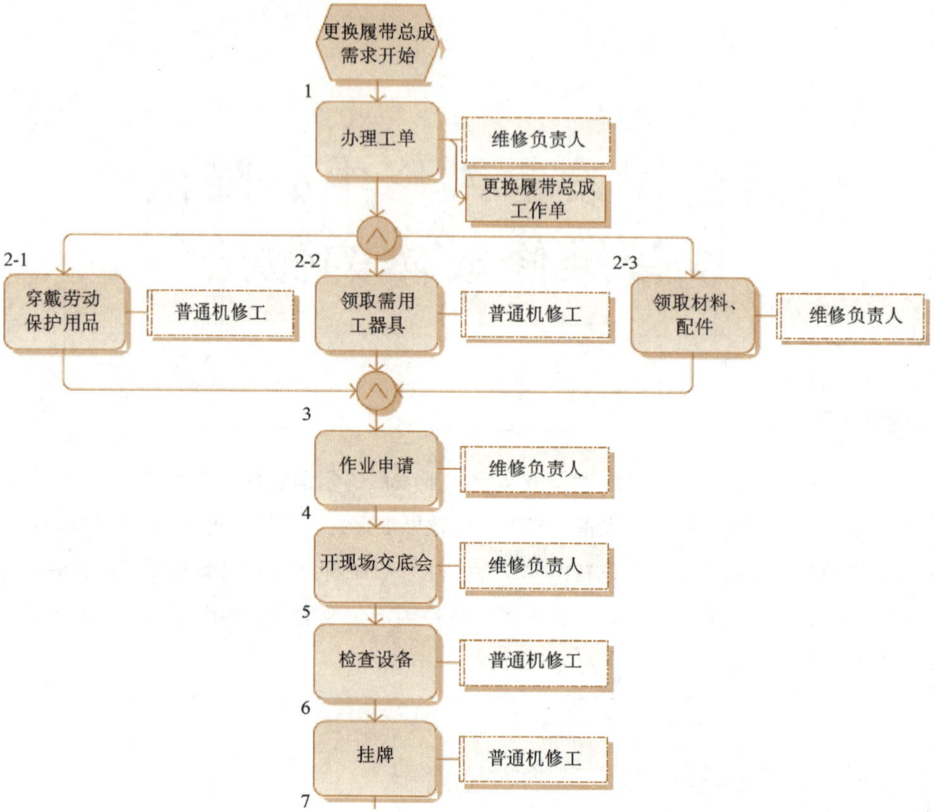

图1　设备维修标准作业流程

（一）大力开发国产化配件并扩大使用范围，向"常用件"要效益

D履带推土机是由超过10万个零部件组成的"庞然大物"，检修所需备件种类繁多，进口原厂配件采购周期较长、配件价格高昂，现在部分国产配件无论是在材料使用还是加工工艺方面都完全能够满足D履带推土机现有工作环境的需要和使用要求。在目前的经济形势下，成本压力巨大、成本使用捉襟见肘。所以，零部件的进口化向国产化转变是降本增效的一个有力支持，也将是今后很长一段时间的必然趋势。

201X年，成本压力不断增加，配件采购周期延长，公司开始逐步扩大D

行走机构国产配件的比例。一年多的试验证明，国产履带链使用寿命与进口链相当，单条价格较进口降低31.09%，按年均18条计算，每年履带链可减少支出数百万元。随后，工程机械车间继续向更多的常用配件“下手”，陆续开发了支导轮、提升油缸、倾斜油缸、铲刀刀片等一系列常用消耗件和耐磨件，从设备检修的源头上把好成本使用这一关。

（二）从日常检修细节入手，向“小配件”要效益

D履带推土机平时生产任务重、作业环境恶劣，零小故障占总故障比例的50%～60%，做好日常零小故障检修工作就是精益管理的精髓，同样是控制成本的重要手段。工程机械车间成立工具库，对日常检修保养中消耗量较大的滤芯、刀片螺栓、电气元件以及工器具等实行专人专管。进口螺栓、螺母要求包机人至少反复使用2次；对常用滤芯，按设备运行时间定额发放；对损坏的泵阀等小总成，车间无法修复的，进行拆解，对拆解的螺栓、垫片等小件定点存放，以备其他设备检修使用。

所有配件的使用情况与职工的奖金和荣誉挂钩，对职工在配件使用上的节俭和浪费情况，要在经济和精神上双重奖罚，以提高职工的节约意识。

（三）向技术革新、修旧利废要效益

1. 执行标准作业流程，延长总成件寿命。根据公司统一部署，所有检修按照标准作业流程执行，工程机械车间自制定了标准作业流程起，维修变速箱、终传动等总成件全部按照流程严格执行，将各处螺栓的力矩和活塞及壳体的安装顺序打印成册，检修过程中随时翻阅，通过流程的学习、应用、执行，检修总成件的能力和水平有了显著提高，总成件修复后的使用寿命有了明显增长。例如，D变速箱平均使用寿命达千余小时，最长修复的变速箱目前已使用上万小时仍未下机，修复的变矩器目前已运行超过几千小时（仍在用），其他主控阀、终传动等总成件也较往年修复的总成件寿命有显著增加。

2. 加大自修总成件数量和种类，减少外委依赖。一是工程机械车间积极

组织技术骨干进行技术攻关，制定检修工艺标准，将以前计划外委修理的D变矩器总成、终传动总成、主减速器总成，以及各类泵阀组件全部进行自修，既提高了检修人员的技术水平、延长了总成件的使用寿命，又为企业节省了大量的外委修理费用。二是由于生产成本压力一降再降，工程机械车间开始尝试对D变矩器进行修理。由于变矩器属于精密耦合件，对修理的要求非常高，对轴承转动情况、油液压力、螺栓力矩等都有严格的要求，对变矩器上的超大螺母，需要克服困难，自制工具，配合扭力扳手将力矩拧紧，因变矩器修复后无试验台，还要想方设法在更换发动机时将进行变矩器安装试验。经对进出油口压力、传动轴转速等进行跟踪测试，数据全部正常，变矩器首次修复成功，单台为车间节约数万元，大大缩短了总成件修理时间，较外委修理一台变矩器可缩短检修时间25天。三是旧件再利用降低成本支出。对达到使用寿命的旧配件，无渗漏、损坏的，由车间保存。例如，D支重轮规定使用周期为千余小时，但根据实际情况，对使用时间超过规定使用周期但无明显异常的支重轮，更换至中间位置或拖链轮部位（受力较少），通过位置的调换，能够使支重轮寿命延长上千小时。对一些铲刀刀片也做铲刀铲面的耐磨材料使用，通过旧件的再利用，减少了新配件的支出，同样为车间节约了成本。

（四）引入新技术，向科技创新要效益

1. 使用液压油过滤技术，降低油脂费用。D履带推土机的液压油按照厂家提供的标准需全部更换，但科学化验证明，这时的液压油品质其实并未改变，完全可以继续使用，只是需要在洁净度方面保证达标即可。为此，采用某公司生产的液压油过滤设备对D液压油每千小时进行过滤并更换液压油滤芯，保证液压油洁净度保持在NAS 8（液压油纯净度）以内。延长液压油更换周期、减少液压油使用量，利用技术手段科学降低油脂消耗。

2. 引入金属裂缝修复工艺，修复破损总成件。引入金属裂纹修复技术，修复破裂壳体。以前D履带推土机终传动壳体开裂损坏后无修复能力，只能选择报废处理。由生产技术部帮助引进的某公司特殊材料修补技术，通过螺

纹结构的不同使得开裂部分缝合，并保证了原有的轴向和径向的受力情况，解决了困扰技术人员很长时间的技术瓶颈和技术难题，同时也为 D 履带推土机检修的降本增效工作开辟了一条新的路径。

三、降低履带推土机维修成本取得的成效

1. 在国产化开发方面，D 履带推土机使用国产化配件一项，较购买进口配件减少支出百余万元，占 201X 年工程机械车间全年总成本的 5. 97% 。

2. 在小配件使用方面，通过多次利用、小零件拆补等举措，滤芯、铲刀刀片螺栓、支重轮螺栓的消耗量较上年同期减少数万元；发电机、启动电机较上年同期减少使用了 4 台次，减少费用数万元。

3. 在总成件检修方面，变矩器的成功修复大大激发了职工创新的积极性，随后又修复了主减速器、主控阀等原来全部外委的配件，通过各类大、小总成件的维修，减少支出数百万元。

4. 凭借车间引进的特殊材料修补技术，成功修复 D11T 履带推土机终传动总成壳体 4 件，目前已上机使用 2 件，运行时间数千小时状态良好，创造（节约）经济价值数十万元。

5. 工程机械车间过滤液压油 27 台次，液压油用量减少数千升，全年可节省油脂成本数百万元。

某公司设备维修中心提高焊修质量的方案及应用

综 述

维修如治病，找准症结才能“药到病除”。针对电铲铲斗的焊接问题，某公司设备维修中心不是简单的头疼医头，脚疼医脚，而是追本溯源，从问题原因分析入手，找到症结所在，改进铲斗受力结构，从根本上解决了类似问题的频繁发生，减少了电铲的故障停机时间，提高了设备生产效率。

一、提高焊修质量的方案实施背景

W系列电铲铲斗外形接近正方体，主要由斗体、提梁、斗底、开斗杠杆和连接组件构成。其中铲斗是直接用来挖掘、收集、搬移和卸出物料，在工作过程中承受着较大的冲击载荷与剧烈的磨损。铲斗斗体主要由斗前壁与斗后壁两大部位构成，其中斗后壁上主要为一些连接组件中的耳座，与电铲的铲杆进行连接，要有足够的强度和刚度支撑整个斗体。斗前壁主要由三个主要部件构成，分别为斗唇、主体母板、斗栓插座。因斗前壁需直接插入料堆，故要求其材质应具备较高的强度和耐磨性。斗唇主要用于安装铲斗斗齿。主体母板主要用于承载物料和构成铲斗主体。斗栓插座主要用于开斗栓销的定位，固定斗底。

W电铲在某公司煤矿生产投入运行使用过程中，铲斗频繁发生裂纹损坏，需停机焊修或停机拆卸后进行焊接修复，严重降低了电铲的出动率，增加了生产检修成本。

二、提高焊修质量的实施过程

（一）损坏情况分析

对损坏铲斗进行裂纹频发部位的统计，发现其裂纹频发部位主要为斗前壁的主体母板及其背部纵向拉筋，磨损开裂部位主要为斗前壁的斗栓插座及其周边范围。

（二）斗体受力情况分析

1. 斗体受力情况分析背景。W 系列电铲铲斗的斗容为 58 立方米，最大提升力达 2 890 千牛，故匀速情况下，提升力百余吨。在该公司煤矿若按照一般矿岩松散密度为 1.9～2.4/吨·立方米计算，满载时岩土重约 110.2～139.2 吨，铲斗（带斗门）自重和斗门各约重数十吨。

由于斗前壁为主要承载部件（不涵盖斗唇），斗深 3 465mm，宽约 4 900mm，其面积大致为 17 平方米，对其进行静载受力分析。

2. 斗体受力情况分析。铲斗满载时仅物料重便大于其变形力临界值。斗前壁背部存在纵向加强筋板，但其主要起对纵向变形的抵抗强化作用，在横向上作用不大。推断铲斗在装载卸料过程中斗前壁主体母板不断受力发生横向为主的挠度变形，最终导致斗前壁主体母板材质出现疲劳裂纹，裂纹拓展后发生较大裂纹损坏。

对于更换过斗栓插座的铲斗，引起对接焊缝变宽，且焊缝的强度远低于母板材质强度，导致短期内在对接焊缝处出现新的裂纹损坏，符合铲斗在更换新斗栓插座后的使用寿命仅 40 天左右的实际情况。

（三）结构改进

1. 斗栓插座的结构改进意见。在进行斗栓插座的焊接更换过程中，由于对接部位的多次开裂和反复焊接，其进行裂纹清根后刨削量增加，对接焊缝增宽，焊缝宽度值约为 150～200 毫米，斗栓插座的材质为高锰钢，主体母板材质为低合金高强度钢板。

因异种钢对接焊缝的力学性能要明显低于母材，故焊缝的宽度值增加，也提高了对接焊缝再次受力时的裂纹发生机率，降低其使用寿命，故针对斗栓插座的更换提出以下建议：

（1）增加斗栓插座两侧翼的长度，两边各增加约 100 毫米，用以缩减对接焊缝宽度。

（2）若购进新斗，建议制造厂家改进斗栓插座的结构，让其外形成梯形结构，尽量避免两侧翼过大，缩小斗栓插座的整体体积。

（3）目前斗栓插座为铸钢件，若购置成本相似，建议将其改成锻件结构，以提高其力学性能和对接更换时的焊接性。

（4）若对已发生裂纹损坏的斗前壁斗栓插座端进行整体更换，建议对接焊缝位置高度位于 U 型过渡处约 1 米处，且更换件为整体铸件时，建议其背部结构铸造为内凹矩形或菱形，起到加强筋的强化作用。若更换成结构件，建议其背部结构同样焊接加强筋，用以强化其刚度，抵抗满载时的挠度变化。

2. 在用旧斗的结构强化和维修方案。

维修方案一：针对现有 W 铲斗共有 8 根纵向拉筋，拉筋长 2 500 毫米，均高 85～90 毫米，宽约 70 毫米，纵向拉筋间隔 490 毫米（HR 铲斗，存在纵向与横向拉筋，纵向拉筋宽 110 毫米，横向宽 150 毫米，纵向间隔 160 毫米），增加纵向拉筋，宽 100 毫米，高 70 毫米，增加横向拉筋，宽 150 毫米，高 70 毫米。所有增加的纵向及横向筋板总重量有数千千克，铲斗增重数吨。依据铲斗匀速情况下的最大提升力载重能力为数百余吨，增加筋板后铲斗及物料自重达 226 吨，小于 294. 9 吨，对铲斗提升运行无影响。

维修方案二：新增横向、纵向拉筋高度要求低于原始纵向拉筋，焊接方式选择多层多道角缝焊接，焊缝形成圆弧过渡。

（四）焊接工艺优化

1. 斗栓插座焊接。斗栓插座是材质为高锰钢 ZGMn13Mo 的铸件，与斗体为低合金刚强度钢的材质对接，属于异种钢焊接。且在进行斗栓插座对接焊接过程中要严格按照以下几点工艺进行焊接操作。

（1）施焊前将斗栓插座及斗前壁部位的泥土等杂质进行清理，利用碳弧气刨焊进行坡口的加工，且利用角向磨光机将斗栓插座及斗前壁主体母板对接焊缝坡口及其周边100毫米，范围内进行打磨，至少要磨削掉1毫米，直至漏出金属光泽。坡口处理结束后应对其进行周边范围的探伤检查，确认是否依然存在碎裂纹。

（2）焊缝两端设立引弧板，将焊缝预热至38℃左右，采用多层多道焊，单道焊缝宽度小于焊丝直径的3倍，且当前焊缝应将前道焊缝重新熔覆宽度的1/3～1/2，焊接过程中及时清渣，随时用风铲锤击焊道，降低焊接应力。严格将层间温度控制在120℃左右，焊接操作结束后用石棉布保温，缓慢冷却。

（3）焊接操作过程中，焊道间的起弧点、收弧点应相互错开。起弧点、收弧点不允许设在焊缝的拐角处。若焊接过程中出现气孔、夹杂等焊接缺陷，应立即清除干净后再继续施焊；焊后利用角向磨光机将焊缝表面余高进行打磨平整、光滑过渡，余高控制为0毫米，对焊缝进行无损探伤检查，保证焊接质量。

（4）斗栓插座焊接结束后，在其背部焊接加强筋板或耐磨板。

2. 加强筋板的焊接。根据斗体的材质和用于强化的加强筋板材质，选择加强筋板的角缝焊接填充材料。

（1）横向与纵向加强筋板均利用氧乙炔自动切割机完成，要求切割边缘光滑，无错边等缺陷，且切割过程中保障筋板无变形。

（2）加工好的纵向、横向筋板要进行角缝的焊接，因为加强筋板与斗前壁主体母板进行结构焊接。

（3）横向与纵向筋板的交接处要焊满，且禁止存在夹杂等缺陷。

三、提高焊修质量的实施效果

《W电铲铲斗前壁结构改进及焊修加固方案》制定后，该设备维修中心机修车间先后完成了2件W电铲铲斗前壁结构的改进和焊修加固。修复后的铲斗，其中 1 件已在某煤矿 4#W 电铲运行使用，1 件已在 2#W 电铲运行使用，两件修复后的 W 铲斗均运行使用情况良好，未出现裂纹损坏故障，电铲铲斗故障大大降低，斗栓插座的使用寿命得到了有效延长。

四、提高焊修质量的经济效益分析

201X 年公司 3#W 电铲的铲斗斗前壁及斗栓插座的焊修记录、201X 年4#铲斗斗前壁及斗栓插座的焊修记录如表 1、表 2 所示。通过对两表进行对比分析，201X 年 3#W 电铲坑下停机焊修铲斗斗前壁及斗栓插座的碎裂纹总工时为 133 小时 31 分，全年 3#W 电铲因斗前壁及斗栓插座的更换和焊接检修设备停机约 192 小时，平均每月因铲斗斗前壁及斗栓插座的焊修导致设备停机约 17 小时 30 分。

结构改造和焊修加固铲斗斗前壁及斗栓插座在 4#W 电铲装机后，因铲斗斗前壁及斗栓插座的碎小裂纹焊修设备停机约 3 小时 25 分，平均每月因铲斗斗前壁及斗栓插座的焊修导致设备停机时间仅为 34 分，且铲斗斗前壁及斗栓插座尚未发现较大裂纹，无须更换下机整体焊修。201X 全年较 201X 年减少 W 电铲停机时间为 204 小时。

表 1　　201X 年 3#W 电铲的铲斗斗前壁及斗栓插座的焊修记录

201X 年	1.1～3.25	3.26	3.27～6.22	6.23	6.24～11.30
焊修项目	铲斗碎小裂纹焊修	铲斗更换下机整体焊修	铲斗碎小裂纹焊修	铲斗更换下机整体焊修	铲斗碎小裂纹焊修
停机时间	16 小时	29 小时 42 分	91 小时 40 分	29 小时 4 分	25 小时 51 分

表 2　　201X 年 4#W 电铲的铲斗斗前壁及斗栓插座的焊修记录

201X 年	1.1～2.24	2.25	2.26～8.31
焊修项目	铲斗碎小裂纹焊修	更换结构改造和焊修加固铲斗	铲斗碎小裂纹焊修
停机时间	12 小时 21 分	32 小时 3 分	3 小时 25 分

若按照一台 W 电铲每 8 小时装 E 卡车的装车量计算，全年单台 W 电铲因缩短铲斗停机焊修时间而增加的岩土剥离量为数十万立方米。

某公司煤矿降低矿用卡车运行成本项目研究及应用

综 述

降本增效抓大宗，商品替代效益好。柴油是矿用卡车运行成本构成的重要部分，本着降本增效抓大头的思路，某公司积极探索用价格更为低廉的煤基柴油替代石油基柴油。经过两年多的试用，使用效果良好，进一步扩大了使用范围。同时，公司与多方主动协调，对柴油的采购模式与运输方式做出合理调整，缩短采购流程与运距，提升了效益空间。

一、项目研究背景

柴油消耗一直是某公司煤矿最大的生产成本支出。某公司自建矿以来，一直使用石油基柴油作为矿用设备燃料，近几年平均年消耗柴油数十万吨。针对柴油消耗量较大、采购价格较高的问题，公司积极探索矿用卡车节油、降低运行成本的措施或方法。

从201X年开始，针对矿用设备柴油替代方案的可行性，公司一直进行调查研究，其中研究了天然气、甲醇、煤基柴油等燃料。从目前的研究情况来看，煤基柴油替代目前使用的石油基柴油方案是可行的，煤基柴油的质量和价格都优于目前社会成品柴油，若公司全面推广使用煤基柴油，采用寄售模式经铁路运输，每年预计可节约成本1.5亿元。

从201X年开始，该公司与A公司共同研究，可以通过甲公司A发动机控制参数标定达到节油目的。通过现场调研，该公司可以进行标定的车辆包括矿用 A 和 B 卡车共计 54 台，如果全部进行标定，预计可以节油 1.5%，每年可以省成本数百万元。

从 201X 年开始，通过与 A 公司共同研究，如果将 A 卡车电控系统升级，预计可节油 3.5% 以上。升级需将原 XXX 板升级到 XXX 板，并升级相关软件。按 201X 年油价计算，若达到 3.5% 的节油效果，每台卡车每年可节省燃油消耗数十万元。

二、项目实施方案

（一）煤基柴油项目

某煤制油公司采用具有自主知识产权的煤直接液化工艺，以煤炭为原料，通过高温、高压加氢提质反应生产柴油。该公司投入使用了第一条生产线，设计能力为年生产数百万吨，为世界上唯一的煤直接液化生产线，也是世界上产能最大的煤制油生产线。与此同时，第二、第三条生产线正在积极筹建中，生产规模与第一条相同。该公司柴油存储容量目前为数万吨，可保证在每年的计划停机检修期间的柴油供应。201X 年，该公司计划生产柴油数十万吨。

经过调研和探讨，公司认为煤基柴油能够满足矿用设备使用，且可降低采购费用。201X 年，公司在煤矿按照计划安排了 5 台卡车试用。

经过两阶段的试用，公司决定扩大煤基柴油使用范围，节约生产成本。为避免试验意外，公司保留 A 卡车、M 卡车使用原石油基柴油，其他内燃设备开始使用煤基柴油。

201X 年，公司进一步扩大了煤基柴油的使用范围。目前，仅剩 MT 卡车未使用煤基柴油，其余内燃设备已全部使用煤基柴油，有效降低了内燃设备的运行成本。

（二）矿用卡车发动机参数标定项目

201X 年，该公司通过与乙公司进行技术交流，形成 54 台矿用卡车（10

台A型和44台B型）发动机运行参数标定项目的初步试验方案，由某公司提供免费技术支持，在7台卡车上进行试验，测试是否可达到预期节油1.5%的效果。

矿用卡车发动机参数标定项目的步骤为：

第一步，结合公司矿用卡车实际运行环境，确定关键优化区间。

第二步，降低额定转速、制动转速和怠速转速。

201X年7～12月，通过对4台卡车运行参数进行标定，这4台卡车与另外3台同工况运行的卡车对比，综合节油比例达到1.54%。目前，公司54台卡车已全部进行标定，全年可节约燃油费用数百万元。节油比例如表1、表2所示：

表1　　第一阶段的节油比例为1.08%

201X年7月4日～201X年10月12日

	非节油标定			节油标定				节油比例
设备编号	502	504	506	508	510	512	514	
运行时间（小时）	1 406	1 460	1 545	1 482	1 553	1 468	1 499	
总油耗（升）	237 013.47	238 797.62	248 947.12	244 893.5	241 679.83	252 449.85	250 406.1	
平均油耗（升/小时）	168.57	163.56	161.13	165.25	155.62	171.97	167.05	
平均油耗（升/小时）	164.42			162.64				1.08%

表2　　第二阶段的节油比例为2.44%

201X年10月13日～201X年12月13日

	非节油标定			节油标定				节油比例
设备编号	502	504	506	508	510	512	514	
运行时间（小时）	934	1 004	974	945	1 013	965	925	
总油耗（升）	139 307.8	146 889.4	138 669	132 984.4	145 051.2	136 962.3	133 282.8	
平均油耗（升/小时）	149.15	146.30	142.66	140.72	142.19	141.93	144.09	
平均油耗（升/小时）	146.04			142.48				2.44%

（三）A卡车电控系统升级项目

201X年，通过进行技术交流，并在现场进行数据采集和分析，公司A

卡车可以进行电控系统升级。如果将 A 卡车电控系统升级，可节油 3.5%以上。

将原 XXX 板升级到 XXX 板，并升级相关软件，可以提升整车的控制性能，优化卡车的运行效率。按当前油价计算，若达到 3.5% 的节油效果，每台卡车每年可节省燃油消耗数十万元。

公司建议升级 2 台 A 型卡车进行对比试验，以检验实际节油效果，试验期为 6 月至 10 月。如果试验结果达到预期目标，两年可以节约出投资成本，以后每年可节约燃油费用数百万元。

三、项目实施的成效

与普通柴油的价格相比，通过使用煤基柴油，该公司每年可节约成本数千万元。另外，由于煤基柴油纯度较高，有合适的黏度，发动机内雾化性能良好，燃烧平稳，不磨损油泵和喷嘴，一定程度上提高了发动机的使用寿命。

通过发动机运行参数标定和卡车电控系统升级等措施，每年可节约成本几百万元。

综上所述，该公司通过研究矿用卡车的运行特点，制定并实施具体改进方案，不断降低矿用卡车运行成本，实现了降本增效的目的。

某公司设备维修中心设备国产化改造方案及应用

综 述

攻克技术难题，打破国外垄断，向技术创新要效益。某公司设备维修中心全力攻关A电铲电路技术难题，打破国外厂商的技术垄断，发挥自身技术优势，自主研发电路控制系统，有效解决了故障频繁造成的效率低下问题。同时，自主研发系统选用更为经济稳定的国产备件，节省了库存储备，降低了维修成本，实现了向技术创新要效益。

一、A电铲使用背景及改造方案

（一）A电铲各项生产运行数据统计

电铲这类设备，可以直观反映性能的运行指标有三个，即产量、出动率、消耗费用。当产量高、出动率高、消耗费用低时，设备的效能就高；当产量低、出动率低、消耗费用高时，设备的效能就低。

表1对A电铲的这三类数据进行统计，统计从时间200X年到201X年。

表1　　某公司200X～201X年5台A电铲运行参数对照表

年度	200X	200X	200X	200X	200X	201X	201X	201X
费用（万元）	3 682.32	4 256.89	6 710.78	6 600.02	10 693.24	10 458.18	6 750.34	7 858.05
出动率（%）	74.23	73.56	72.48	67.16	67.97	67.11	69.12	70.43
产量（万立方米）	3 550	3 569	3 099	2 776	2 725	2 731	2 976	2 753

表1统计出200X～201X年5台A电铲年总消耗费用、年平均出动率、年总产量。年总消耗费用包含配件费、材料费、大修费，出动率和产量由该公司煤矿提供。

可以看出，5台A电铲出动率和产量呈逐年下降趋势，消耗费用呈逐年升高趋势。出动率下降对应故障率升高，为了解决这部分超出预期的故障，必投入更多的人力与物力，从而达到保证出动率的目的。产量的下降、消耗费用的上升造成的结果就是利润逐渐缩小，最终导致A电铲的生产运行效能降低。

1. 费用统计。自200X年开始，A电铲消耗费材料、配件用量逐年升高，到201X年达到顶点，费用为6千余万元，是200X年费用的2.09倍。200X年至201X年5年的平均费用数千万元，是200X年费用的1.89倍。

2. 产量统计。如表2所示，201X年的总产量比200X年下降22.45%；另外200X～200X年产量均在3 000千万立方米以上，后5年均在3 000万立方米以下，200X～200X年平均年总产量为3 406万立方米，后5年平均年总产量为2 792万立方米，后5年与200X～200X年平均年总产量相比下降18.03%。

表2　　200X～201X年5台A电铲产量情况对照　　单位：万立方米

设备＼年度	200X年总产量	200X年总产量	200X年总产量	200X年总产量	200X年总产量	201X年总产量	201X年总产量	201X年总产量
1#	644	712	409	664	557	535.00	569	409
2#	690	686	683	497	456	665.00	655	628
3#	815	772	719	467	524	402.00	635	540
4#	693	686	588	641	596	673	695	639
5#	708	713	700	507	592	456	422	537
总计	3 550	3 569	3 099	2 776	2 725	2 731	2 976	2 753

3. 出动率统计。如表3所示，201X年的出动率比2005年下降3.8%；前3年平均出动率为73.42%，后5年平均出动率为68.36%，前后相比较下

降 5.06%；由平均出动率可以看出，近年来出动率整体下降比较严重。

表 3　　200X～201X 年 5 台 A 电铲出动率情况对照　　单位：%

年度/设备	200X 年出动率	200X 年出动率	200X 年出动率	200X 年出动率	200X 年出动率	201X 年出动率	201X 年出动率	201X 年出动率
1#	66.13	74.16	68.27	72.15	73.61	64.52	72.93	67.08
2#	70.67	70.68	71.1	56.7	57.67	72.03	78.97	73.17
3#	83.13	77.52	74.74	63.34	58.42	58.29	67.03	71.26
4#	73.72	70.61	68.94	71.72	70.66	73.62	72.39	70.47
5#	78.5	74.85	79.35	71.91	70.49	67.09	54.28	70.17
平均	74.43	73.56	72.48	67.16	67.97	67.11	69.12	70.43

（二）A 电铲生产运行数据综合分析

1. 数据分析。201X 年比 200X 年 A 电铲年总产量减少的数量相当于少了一台 A 电铲的年总产量还多，如果将这些产量折算，利润可达亿元（按 25 元/立方米计算）。

201X 年比 200X 年维护费用增加，多花费的相当于一台 A 电铲原值的一半。总体来说，201X 年比 200X 年仅 A 电铲这一类设备，由于自身生产运行效能下降就造成亏损上亿元。因此，出动率降低，产量随之下降，故障率增高，维护维修费用增大，最终导致 A 电铲的生产运行效能降低。

2. 机械故障多——A 电铲使用效率下降严重的原因。公司处理机械故障的方法是更换损坏配件。因为每一个机械配件都有使用生命周期，所以机械故障是有规律的，随着使用年限的增加，出现一些以往没有出现过的大型故障，那也是一些重大部件到达使用年限造成的。

设备整机大修理，整机大修电气系统主要就是保养，主要对机械磨损、达到使用周期的部件进行全面修复。因此，机械故障对故障率的影响不是很大，不是造成设备故障逐年增多的主要因素。

3. 电气故障多——A 电铲使用效率下降严重的原因。电气故障多是影响 A 电铲效率的主要因素，原因是 A 电铲已经投入使用 20 多年，其使用的电气系统已经在国际范围内淘汰，并且该套系统的部分配件已经停止生产，一些电路板只能使用翻修的。

电铲厂家进行的嫁接式 IGBT 改造也仅仅是保证 A 电铲可以继续使用而已，逆变器 IGBT 改造部分导致的电气故障成为新的“制高点”，使 A 电铲电气故障进一步增多，因此电气故障多是使用效能低下的根源。

为了摆脱 A 电铲低效、低能的状态，做出正确决策是解决问题的关键。公司出于科技创新打破垄断，提高电气系统效能，节约经费和节能的目的，提出了 A 电铲电气系统自主设计国产化改造。

（三）A 电铲电气系统国产化改造的优势

改造方案有两套：一个是使用甲厂家提供的已经成型的电铲电气系统；另一个是自主设计开发一套电气系统，实施国产化改造。该公司选择了自主国产化开发、国产化改造，优势有以下几点。

1. 打破国外对同类技术的垄断。自 198X 年以来，以 IGBT 为代表的功率原始件异军突起，到 20 世纪 90 年代已经占领了国际市场，形成了一套国际通用的电铲电气驱动系统，即由 IGBT 组成 AFE 和逆变器，以及 B 公司 PLC 系统辅助控制的电铲电气控制系统，如 A 系统、B 系统和 C 系统。这些技术一直由国外垄断，国内的 WK 系列电铲也采购的此类产品。改造的目标也是瞄准国际同类水平，使 A 电铲电气系统具备国际同类水准。

2. 一次性投入费用大大减少。A 电铲电气系统国产化改造由公司自主设计改造方案，公司可以继续使用现有电机，只对变频器和辅助控制系统进行改造，也采用 IGBT 为功率原始件，采用 AFE 为可控前端，采用 B 公司 PLC 系统等，这样改造只需要投入百万元左右，此项费用仅为进口系统的 1/6。

3. 配件采购周期缩短和配件采购费用大大降低。A 电铲国产化电气系统改造采用一系列手段规避上述问题，IGBT 是核心器件，因为大功率 IGBT 器件国内无法制造，所以采用国内广泛通用的 IGBT 器件，国内采购不存在问题。为防止电路板垄断和停产问题，电路板全部由国产化电气系统合作单位生产。

4. 能耗减少、效率提高。目前，一台已改造完的 A 电铲在矿坑下开展重载调试运行，6 月份出动率为 82.74%，7 月份出动率为 85.49%，受调试和露天矿安排等影响，两月产量均在数十万元。根据统计数据规律，出动率达到 80% 以上正常运行时产量应在数百万立方米。保守估计这台电铲正常投入使用后出动率应在 75% 以上，年产量应在几百万立方米。

5. 后期维护费用大大降低。A 电铲改造前每年处理 IGBT 爆炸故障，需要更换 IGBT 模块 200 块左右，还要更换其他辅助配件，那么处理此一项故障每年需花费数百万元。改造后此种故障将基本避免，维护费用也将节省下来。其他方面改造前与改造后对比每台 A 电铲电气部分每年至少可节省维护费用几百万元。

三、设备国产化改造的体会

实施 A 电铲电气系统自主设计国产化改造，不但彻底解决了电气系统故障居高不下的难题，提高 A 电铲的出动率、产量，降低维护费用，还引领国内电驱领域进行了一次技术突破。

某公司设备以租代购的探索实践

综 述

在新常态下，重资产已经成为国企经营的沉重负担，某公司对于资产的管理理念、经营理念正在发生着深刻的变化，设备由自采自用向不求所有，但求所用转变，以租代购成为一种最经济合理的选择，不仅减少了资金投入与储备资金占用，也增加了企业的净资产收益率，提升了企业的经营质量。

一、设备以租代购的实施背景

一直以来，某公司的生产设备都是直接采购使用，此种方式需首先支付设备采购资金，设备到货后，公司自行维护保养设备，还需储备足够的备件，占用大量储备资金。

201X 年，该公司组织调研了设备融资租赁方案，通过深入调研和对比，认为以拉运量结算租金的设备租赁方式较为合理。为此，该公司以此种方式尝试租用了 1 台 B 型 363 吨卡车和 2 台 S 型 300 吨卡车。此种租赁方式在未投入设备采购资金的情况下直接获得了设备的使用权，节省了设备购置成本，也降低了设备运营成本，对公司较为有利。201X 年，公司计划以此种方式继续租赁 14 台矿用卡车。

二、设备以租代购的实施方案

（一）卡车租赁数量和级别

根据生产需要，租赁卡车台数和级别为：14 台额定载重不小于 300 吨的电动轮自卸卡车。

（二）使用方向和用途

在某煤矿使用，配合斗容为 55 立方米级别电铲进行岩石运输作业。根据生产现场实际情况具体作业位置须服从公司生产指挥中心安排（尽量安排配合 W 电铲作业，但根据生产情况有可能调剂配合 I 电铲、P 电铲进行作业）。

（三）通过招标确定出租厂家

1. 国内范围招标。要求具有自主研发和生产能力的国内卡车制造厂家参与投标，但公司不接受没有成型的 300 吨卡车（包括 300 吨及以上）产品生产下线的投标人参与投标。

2. 关于设备的鉴定。所租赁设备应为经过国家质检总局授权的矿用自卸车检验权威机构，依据《电传动矿用自卸车技术条件》检测合格的设备。

（四）分包及相关要求

目前国内大多数 300 吨级矿用卡车生产厂家在 8 个月内的生产能力为 5 ~ 10 台。为保证所需卡车能够及时到位，同时形成竞争机制，公司建议将需租用的 14 台卡车分 3 包进行招标。投标人可以同时投本项目内 3 个包次，但一个投标人只能中一个包次。

（五）租赁期限

招标租赁期限为 5 年，但合同一年一签。

若无国家政策性要求，租赁单价在租赁期限内不予调整。由于未来煤炭市场形势变化，若该公司缩减煤炭产量，须先保证公司自有卡车的运行，首先停用租赁设备。

（六）租赁费用的核算和结算方式

租赁费用采用固定单价、据实结算的方式，根据运量、运距据实按月结算。要求投标人按照在公司煤矿以3千米为基础运距，以运输每立方米剥离物所发生单价的形式进行投标（见图1）。

租赁费用的核算和结算方式

1	单价构成情况：投标方操作、维修人员工资；柴油、轮胎、附属油、脂、液费用；材料、配件、维修、保养、大修理和设备折旧费用；劳保用品、工器具费用；税费、管理费、利润等；其他
2	设备的租赁由出租人配备合格的操作人员操作设备；出租人负责设备的保养和维修工作，确保设备完好
3	设备综合运距以3千米为基础运距，由公司和出租人共同按照实际发生位置进行运距测量，做好记录，以实测运距作为结算运距
4	设备所需燃油由出租人负责加注，要求出租人配备燃油运输车，所消耗燃油费用由出租人自行结算
5	轮胎由出租人负责提供，公司不针对其费用做任何调整
6	结算方式：采取按月结算的方式。双方共同核定拉运量，每月根据实际运距调整承运单价，按照实际发生的拉运量进行结算
7	要求出租人保证投标卡车每月平均可动率不低于90%，若达不到要求，可动率每降低1%，将按照扣除合同单价0.01元/立方米的费用进行结算

图1　租赁费用的核算和结算方式

（七）承包合同的解除

出租人必须保证设备的可靠运行，若在租赁期间出现以下情况之一，公司要求无条件中止合同，出租人将退租设备撤离生产现场。

1. 租赁设备存在重大安全隐患。

2. 在租赁期间出现出租人责任性重大安全事故。

3. 租赁设备设计制造方面存在重大缺陷。

4. 租赁设备年平均可动率低于85%。

5. 租赁设备年平均故障率高于10%。

6. 租赁设备平均年产量低于公司同类型其他设备平均年产量的90%。

7. 因备件支持不及时影响了公司正常生产。

8. 不服从公司现场管理和调配，严重违反了公司相关规章制度。

9. 出租人内部管理不到位，现场服务不及时，导致故障设备不能及时恢复。

10. 出租人在租赁期间企业法人发生变化或破产。

待5年租期届满，公司会对租赁情况进行评估，确定是否继续租赁。评估范围包括设备设计制造质量，安全性能，经济指标，设备可动率、故障率，备件支持和现场服务等。

根据生产计划，若公司自有设备能够满足生产，则不再租赁，出租人将设备撤离公司。若公司仍需租赁卡车以满足生产需要，则按照公司流程公开招标。

（八）安全责任（见图2）

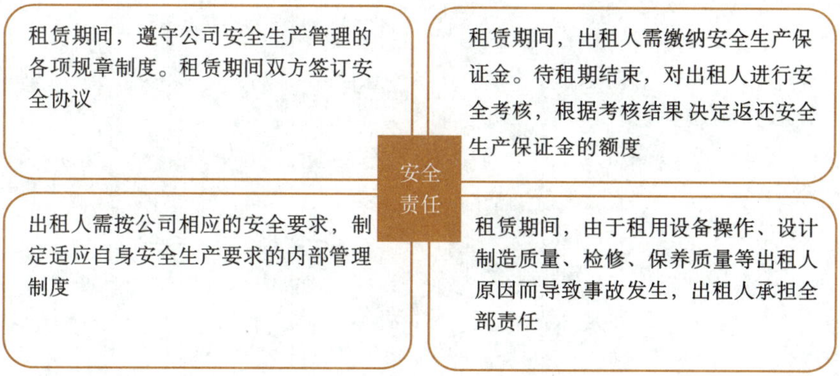

图2　以租代购的安全责任要求

三、设备以租代购方案的启示

采用以租代购方式的主要启示：

一是无设备购置费用，降低了资金投入。

二是租金支付方式较直接购买设备发生的运营费用更低。

三是由于按产量的方式支付租金，设备可出动率是决定租金大小的重要环节，出租方势必会精心维护设备以提高设备产量，对租赁双方来说是双赢的。

四是无须采购储备设备维修保养所需备件，减少储备资金的占用。

五是可以增加企业净资产收益率，优化财务指标。

六是租期灵活，可调节设备使用效率，减少闲置设备。

某公司矿用大型卡车轮胎采购管理的实践与研究

综 述

挖潜增效处处花开，创新模式采购创效。某公司物资供应中心在保障供应的前提下，积极发挥挖潜增效的能动性，向采购管理要效益，主动调整轮胎采购方式，降低采购成本，增加经营效益，为公司降本增效再添光彩一笔。

一、矿用大型卡车轮胎基本情况

某公司煤矿是目前国内煤炭开采拥有卡车类型最多的矿山，有几种车型的百余台卡车（不包括租赁卡车、洒水车和救援车），主要用于黄土、岩石和煤的拉运（见表 1）。载重量最小为 154 吨，最大 350 吨。主要配置了 MC、BS、GY 3 个厂家的轮胎。

表 1　　某公司煤矿拥有卡车明细

卡车型号	轮胎型号	轮胎厂家	卡车台数
A	36.00R51	BS、MC、GY	59
B	37.00R57	BS、MC	5
C	40.00R57	MC	10
	46/90R57	BS	
D	40.00R57	MC	25
	46/90R57	BS	

续表

卡车型号	轮胎型号	轮胎厂家	卡车台数
E	53/80R63	BS、MC	44
F	46/90R57	BS	18
	50/80R57	MC	
J	56/80R63	BS、MC	37
	59/80R63	BS	

201X 年，该矿共计使用轮胎几百条，发生费用约十几亿元，占该年度全年材料、备件采购额的 11.73%。由此可以看出，轮胎的采购成本在整个材料、备件采购额中占据着重要的位置。因此，降低轮胎采购成本，为公司降低生产成本起着举足轻重的作用。

二、往年矿用大型卡车轮胎采购情况

201X 年，公司经过充分了解国内外巨型矿用轮胎研发及制造情况以及各二级单位的计划需求趋势情况后，分别与 MC、BS 厂家多次协商后签订了长期供货协议。

201X～201X 年，公司的矿用大型卡车轮胎采购均按照长期供货协议约定的价格及采购模式向 MC、BS 两厂家采购。

这种采购方式保证了采购及货源的渠道，也缩短了采购的周期。但也应看到，采购中不能充分形成竞争，在采购价格上还存在很大空间。尤其在煤价低位徘徊，煤炭板块利润下滑的压力下，更要尽最大努力节约采购成本。

三、矿用大型卡车轮胎采购方案及情况

201X 年，公司煤矿计划采购总金额几千万元。采购前，经反复讨论，在满足现场生产需求的前提下，需要制订最经济实用的采购方案，要让采购价格充分竞争。最终与 MC、BS 两厂家实施了竞争性谈判与单一来源相结合

的采购方案（见图3）。

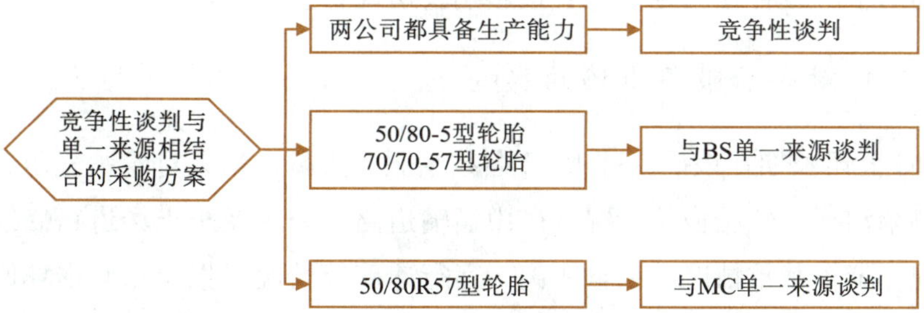

图3　竞争性谈判与单一来源结合的采购方案

201X年，公司煤矿实际采购大型轮胎百余条，计划总金额数千万元，经过竞争性谈判和单一来源洽谈后，签订合同总金额数千万元，较计划总金额节省千余万元，总体降幅为39.6%。通过重新制定采购方案，打破以往的采购模式，公司节约了采购资金，降低了采购成本。

降低储备资金占用。根据煤矿轮胎消耗情况，公司充分均衡轮胎的交货周期，制订了详细的分批到货计划并同时实行联储举措，既保证能满足现场使用，又不长期大量占用储备资金。例如，E卡车所用的36.00R51型号轮胎及D卡车所用的46/90R57型号轮胎，月均消耗都在几十条左右，在制订到货计划时要求供应商每月到货一定数量上述型号轮胎。

四、矿用大型卡车轮胎采购方案的实施

201X年以前，MC、BS两厂家在公司矿用巨型轮胎供应量所占份额相差不大。201X年采购方案重新做出了调整，最终竞争性谈判采购结果为BS一家中标，虽然中标价格相比201X年以前的历史采购价格降幅较大，但对今后存在以下影响：

（一）降低采购价格的同时，保留供应商渠道

矿用卡车轮胎属于瓶颈类物资，货源有限，若长期保持一家供应商，势

必失去另外一家重要供应商，在市场紧缺、产能有限的轮胎市场，一旦唯一供应商的生产链存在问题，将直接影响公司现场生产。

（二）对今后服务市场的影响

MC 公司长期在该矿区驻 1～2 名技术服务人员，每天对轮胎气压、胎面磨损剩余沟深、轮胎换位情况，矿山运输道路、采区及排土场道路修筑及维护情况，卡车载重情况、运输距离、运行速度等情况，报废轮胎损坏原因分析及轮胎寿命统计等内容进行现场服务，并且定期将每季度检查的数据整理分析后以报告的形式提交给轮胎管理部门，帮助用户探讨提高轮胎使用寿命的最佳方案。

（三）MC 公司专业的售后服务对轮胎使用水平的提高有较大帮助

1. 加强轮胎国产化试用工作。打破国外轮胎市场的垄断局面是破解轮胎采购难题的有效途径。近年来，公司陆续试用了多家国内单位生产的矿用卡车轮胎，试用效果不大理想。但公司不能放弃对民族工业的支持，仍要继续试用，目前国内矿用卡车轮胎制造水平日趋成熟，要继续加强国产化开发，彻底打破国外轮胎垄断局面。

2. 通过对近几年轮胎市场和价格进行研究，该公司认为轮胎价格目前已趋于合理。在国产轮胎试用成功之前，为了降低成本，降低储备资金占用。同时为了稳定货源，目前公司正在积极与 MC 公司探讨轮胎寄售采购的方案。若轮胎寄售成功，储备资金占用指标将得到大幅缓解。

3. 待国产化轮胎试用成功后，将国产化成功的轮胎与进口轮胎放到一起进行招标采购，激发充分的竞争。

某公司设备维修中心开展设备“再制造”的实践

综 述

“再制造”产业日趋流行，成为工业企业科学可持续发展的一个重要课题。公司对过滤液压油的循环再利用便是一个典型的“再制造”实例。过滤液压油再利用创新模式工作原理的应用使得使用过的液压油实现了循环利用，提升了液压油的使用效益，也为公司节省了生产成本。企业经营管理中，节能降耗、降本增效是永恒的主题，也是企业增强竞争力、增加经营效益的有效手段。

以最小的成本创造最大的利益是严格控制成本、实现利润最大化的关键，面对当前煤炭市场利润持续下降、成本压力不断增强的严峻形势，如何控制成本消耗、提高经济效益、保持稳定发展是企业迫切需要解决的问题，设备维修中心在不断的摸索和经验积累中，对液压油循环再利用进行了尝试，取得了一定的效果。

一、设备“再制造”创新模式背景

经统计，201X 年某公司设备维修中心机油和液压油总计消耗成本高达数千万元，其中液压油消耗约千万元，主要是对运行到一定时间的液压油进行更换，因为在设备运行过程中，液压油中的杂质逐渐增多，清洁度逐步降低，当含有杂质的液压油流过泵、阀等液压元件时容易造成液压元件堵塞、损坏等故障。更换新液压油虽然能够保障设备的正常运行，但消耗成本非常大，如果能够对换下来的液压油去除杂质，循环再利用，就能极大地降低油脂消耗成本。

为了验证更换周期的液压油能否继续使用，抽取油样做了润滑油性能指标的试验。试验结果显示，液压油的黏度、酸值、铜片腐蚀、色度、含铁量、水分、介电常数等指标变化都较小，只有清洁度的变化非常大，因此只要将使用过的液压油中的污染颗粒过滤掉，满足液压系统的要求，液压油就可以再次使用。通过清洁度实验发现可以采取机外过滤的方法使机内产生的污染颗粒立即被清除掉，过滤后的液压油清洁度能够满足各液压元件的要求标准。

二、过滤液压油再利用创新模式工作原理

（一）液压油过滤形式

采用机外自循环过滤方式进行过滤。机外自循环过滤是利用滤油机通过外循环对在用的液压油进行过滤净化。对如反铲、钻机、卡车和工程机械等设备液压系统的油液经机外自循环过滤，能达到系统所要求的目标清洁度的机械，实行液压油的机外自循环过滤。目前主要对液压反铲和钻机设备进行液压油过滤。

（二）液压油过滤周期

没有条件对液压油进行清洁度测试的单位可实行定期过滤，过滤周期按液压系统滤清器更换周期同步进行。根据各类设备液压油从新油到清洁度不达标的运行时间，综合确定各类设备的液压油过滤周期，目前在对反铲和钻机设备进行液压油过滤时，过滤周期为每两月一次。

（三）液压油过滤的主要程序

1. 过滤液压油前，将所有油缸伸缩到底。

2. 用过滤装置将油箱中的液压油抽到干净的油桶里，油箱底部剩下的油液可以通过放油口放出来再过滤，同时用过滤过的油液对油箱进行冲洗，将

油箱底部沉淀的杂质冲洗出来。

3. 用过滤装置将油桶中过滤后的油液抽入液压油箱。

4. 将所有马达运转30秒以上，使油缸至少完成一次伸缩，这样可将油缸、马达和油管中的大部分液压油冲出来，然后再按步骤1到3重复操作一次，确保液压油中的杂质得到充分的过滤。

（四）液压油过滤注意事项

1. 过滤前应检查液压油是否应该更换，一般可以通过检查液压油是否有异味、有无黏性、时间是否太长（是否超过4 000小时）来判断，过滤后可以再利用的液压油主要是指清洁度超标的在用油脂，若在用油脂黏度、酸值、色度等指标发生较大变化，无法再行使用，则失去过滤的价值。

2. 按厂家要求定期更换液压油滤芯，滤油前检查滤芯是否正常，液压油滤芯能够在设备运行时及时将油脂中存在的较大颗粒杂质滤除，有效保护液压元件。

3. 液压油过滤的次数越多，油脂中含有的杂质越少，对液压元件使用寿命的影响也越小。

4. 新油最好通过过滤装置加入油箱，可以避免空气中的灰尘及注油枪口黏上的杂物随油脂直接进入油箱污染液压油。

5. 更换液压泵、主阀和马达时，不要在周围环境存在灰尘等污染物的地方进行，空气中存在的灰尘容易粘在液压泵、主阀、马达等元件上造成液压油污染，甚至损坏液压元件。

6. 更换液压元件后需要检验时，切不可频繁操作手柄换向，这样最容易发生液压元件卡滞现象。

7. 液压油工作约2 000小时后，油脂中的杂质肯定会很多，这时需要对液压油进行过滤处理，可以很好地保护液压元件。

三、过滤液压油再利用工作实施效果

在经济成本上，油脂消耗是生产成本消耗的重点项目；在社会环保层面，国家大力提倡节能减排，创建节约环保型企业。

201X 年 2 月初，公司开始对液压反铲和钻机设备开展过滤液压油循环再利用工作，经过 7 个月，取得了明显实效，在保证液压系统清洁度的条件下，液压油的使用寿命比原机规定时间延长 3 ~4 倍，与之相关的液压元件使用寿命也得到一定延长。液压油的消耗大大减少，液压元件的损坏也相对减少。截至 9 月底，反铲和钻机设备液压油消耗共计节约成本约数十万元。

四、过滤液压油再利用工作实施体会

（一）过滤液压油的投入和创收分析

过滤液压油的投入和创收主要分析两方面的费用：

一是购进滤油机的成本费用。

二是每次滤油时消耗的成本，滤油主要使用滤纸的费用。

（二）过滤液压油存在的问题和困难

1. 对在用液压油进行过滤时，首先要保证滤油装置清洁干净，滤纸质量完好，这样过滤后的油脂清洁度才能达到使用标准。

2. 开展过滤工作的场所要保障没有粉尘等污染物，灰尘等杂质进入液压油中会对各类液压元件造成不可估量的损坏。

3. 定期对液压油进行过滤需要一定的时间和人力。

（三）过滤液压油再利用拓展推广

1. 维修中心主要对液压反铲和钻机设备的液压油进行过滤再利用，取得了实质效果。

2. 下阶段，根据试验情况，逐步扩大液压油过滤的范围，为公司创造更大的经济效益。

科技创效篇

“科学技术是第一生产力”。科技创新不仅是国家富强、社会进步的助推器，更是企业发展的新引擎。纵观全球主要的一流企业，其基本特质无一不是以科技创新为主导，除拥有一流的发展理念和一流的管理水平外，都拥有一流的科技创新能力，帮助企业引领行业领域的技术制高点，利用知识产权和技术标准等手段，不断提高其技术垄断地位和竞争优势，创造一流的经济效益。

某公司作为一个大型煤炭综合能源企业，在跌宕起伏的经济变革中一直把科技创效作为求生存谋发展的一个重要手段，通过建立卡调系统、铁路 TIMS 系统、电厂 DCS 等应用系统，逐步建成一个高度智能、高度统一、高度协调的科学管理体系。除了充分利用本身已有的科技成果，公司也十分重视与高校、科研院所的合作，利用这些资源来解决生产中的具体问题，进一步推动企业发展。

某公司构建科技创新管理体制机制的实践

综 述

科技创新引导有方，企业发展动力更强。科技是第一生产力。某公司把“科技创新”列为发展之首，就是要通过科技创新引领企业的发展方向，提升企业自主创新能力。科技创新不是一时之功，是长久之计，这就更需要有效机制体系的支撑。公司科技创新体系的构建有益于培养创新人才队伍，形成科技创新导向，加速科研成果的转化，增强企业发展的引擎动力。

一、实施背景

某公司始终坚持广泛集成国内外先进管理和技术，结合生产经营实际，积极进行消化吸收和再创新，努力提高全方位自主创新能力：加大科技创新工作力度，让科技创新成为引领行业科技进步、引导企业发展的驱动力；建立了一整套科学、务实、高效的创新体制与机制，凝聚和培养了一大批优秀科技创新人才；强化了科技创新过程的精细化管理，产生了一大批科技创新成果；加强了科技创新成果的转化，提高了企业的经济效益；逐步形成了涵盖煤、电、路、循环经济四大板块，拥有自主知识产权的科技创新目标体系与科技成果体系，不断推动企业向着世界一流的目标迈进。

二、坚持科技引领战略，实现引领采矿行业科技进步

某公司构建科技创新管理体制机制的思路是：科技引领—和谐共赢—综

合利用—低碳高效—绿色发展。

“科技引领”是整个发展战略的旗帜。某公司在建设“世界一流煤矿”的实践过程中，以解决生产中遇到的重大工艺技术问题为科技创新的出发点，围绕工艺、技术、设备、本质安全等环节实施了一系列科技创新举措，不断提高矿产资源开发利用水平，着力打造科技创新型绿色煤矿。

200X 年，该公司投资数十亿元引进集采掘、运输、排土作业于一体的先进露采工艺——抛掷爆破—吊斗铲无运输倒堆工艺，首次将该工艺用于厚覆盖层、厚煤层、宽采掘带条件下的露天矿，首次在一个爆破区内同时使用乳化炸药、重铵油炸药、铵油炸药、低密度炸药，采用深孔爆破孔间亚临界、排间超临界的爆破方式，一次起爆药量数千吨，填补了国内多项工艺技术空白。有效抛掷率达到35%左右，每年可减少运输剥离物几百万方，实现了耗电替代耗油，年均节能2万吨标准煤，节约成本数亿元。

在保证安全的前提下，使用陡帮开采技术，动态调整开采台阶参数，合理控制开采、内排进度，最大限度回收资源；抛掷爆破使用倾斜炮孔欠深技术，对炮孔底部1～3米进行回填，防止爆破对煤层破坏、污染；优化露采方案，提高帮坡角扩大露采深部境界，减少采区间边坡煤柱量。煤矿资源回采率一直保持在98%以上。

把打造数字矿山作为兴矿之本、强企之策，以计算机及其网络技术为手段，把矿山的所有空间和有用属性数据实现数字化存储、运输、表述和深加工，应用于各生产、经营环节中，实现生产组织合理化、管理精细化、决策科学化、利润最大化。通过应用 EAM 系统、GPS 卡车防碰撞系统、GPS 卡车智能调度系统、抛掷爆破吊斗铲倒堆工艺模拟分析系统、吊斗铲等大型设备自带的集控系统等，建立完善了经济分析和决策支持系统，初步实现了矿山的数字化和信息化。

从多个重大安全隐患点入手，实施了一系列科技安全保障措施，如“煤矿运输车辆交通预警技术”最大限度减少了车辆相撞事故的发生，为煤矿车辆安全运行和安全生产提供了保障；“高台阶崩塌、滑坡动态实时监控预警技术”解决了爆破及大型设备运行等引起的振动对雷达监测影响的技术难题，实现了对滑坡、片帮远距离、全过程的连续监测；选煤厂粉尘治理项目最大程度解决了选煤厂的粉尘污染问题，改善了人员的作业环境。

打造“世界一流煤矿”是公司发展的一个目标，只有做好前瞻性的转型，以科技创新为抓手，才能转变原有粗放型的煤炭开采方式，实现精细化、集约化、绿色化开采，让有限的资源以最优方式发挥其最大能效。多年量的科技创新累积为实现“世界一流煤矿”质的跨越奠定了雄厚的科技基础。

三、积极构建促进体系落地和推广运用流程的保障机制

（一）树立“打造绿色矿山”的循环经济理念

某公司以科技创新为动力，依托所在矿区拥有的“高铝、富镓”煤炭资源，从200X年开始即进行了粉煤灰综合利用项目研发工作，已形成世界首创、具有自主知识产权的循环流化床粉煤灰“一步酸溶法”制备冶金级氧化铝工艺，申请专利多项。

（二）在矿区建设煤炭绿色开采及伴生资源综合利用示范基地

某公司形成“煤炭开采—煤矸石发电—粉煤灰制取氧化铝、镓及氧化硅—氧化铝、镓及氧化硅的深加工等”循环经济产业链，构建煤炭“绿色开采、深度开发、综合利用、榨干吃尽”的循环经济大格局，成为我国重要的煤炭伴生资源综合循环利用及其研发示范基地。

（三）大力投资矿区煤炭伴生资源循环经济产业项目

煤炭伴生资源循环经济产业项目一期工程计划投资数百亿元，规划包括新建百万吨粉煤灰提取氧化铝工程、新建十万吨电解铝及预焙阳极工程、新建十万吨铝加工工程、新建超临界循环流化床空冷机组、新建铁路运输专用线。

（四）煤炭伴生资源发展循环经济项目是又一有力经济增长点

煤炭伴生资源发展循环经济项目为国内煤炭企业转型树立了一个新的标

杆，走出了一条新的发展道路，绘制了一幅煤炭企业的“绿色开采、深度开发、综合利用”宏伟蓝图。矿区资源循环经济产业项目能有效改变我国煤炭资源综合利用水平，提高煤炭的附加值。

四、建立科学、务实、高效的科技创新体制

体制创新和机制创新是提升科技创新水平的重要环节。公司坚持科技创新与机制创新相结合，把握科技创新的内在规律，加强科技规划导向，积极跟踪国家和行业科技创新工作的最新变化，制定了符合实际的、科学的、务实的、高效的科技创新体制。

（一）探索科技创新分类考核

把科技投入（争取科研立项、科研条件建设等）、科技产出（科研成果、获奖、专利、论文等）、成果转化及科技管理等作为考核要素，分解到所属主要单位进行量化考核、综合评价，使科技创新工作与生产经营实际有机地结合在一起，加快科技成果产业化，强化了科技创新对生产经营的引领作用。

（二）完善激励人才创新创业机制

鼓励技术、管理等生产要素参与收益分配，实行了骨干技术人员、高级经营管理人员年薪制，有力地调动了各级管理、技术人员的积极性。

（三）制定激励与约束机制

充分调动员工积极性，使他们积极投身公司大发展、大跨越的变革，形成争相进行技改技革，争相提出小建议，争相发表对本单位、本行业有理论思考与现实指导价值的科技论文，使公司广大技术人员的聪明才智得以充分展示，成为公司各行业大发展、大进步的重要推动力。

（四）建设科技合作平台

加大与高校和科研院所的科技交流合作，发挥产、学、研联合优势，加

大实施与推广应用力度，逐步形成具有公司特色的科技研发体系。目前，已经与某集团公司等建立了工艺、设备等方面的技术研发平台，在煤炭伴生资源综合利用领域取得了创造性的科技成果。

五、加强科技创新过程的制度化、规范化

为了着力解决科技创新管理工作中内容过于宽泛、考核难以量化、成效不好检验等现实问题，促进科技创新管理的制度化、规范化，该公司在科技创新活动中引入精细化管理理念。

（一）在观念上树立精细化管理的意识

强化精细化管理意识是实施科技创新和精细化管理的前提。公司立足实际，管理层在研究、规划和部署科技术创新管理工作中确立精益求精的思想，充分考虑服务对象的需求和能力，真正把国家、行业要求和自身实际充分结合起来，形成本单位具体而不复杂的贯彻落实措施。科技创新管理内容包括：科技创新项目管理，科技创新成果管理，知识产权管理，技术标准管理，群众性科技创新工作管理，新技术、新工艺、新材料的推广应用，科技交流与合作，科技创新奖励与考核。每一项内容又设定细致的、可操作的管理办法，科技创新人员根据管理细则能准确领会、精确贯彻落实科技创新的具体要求，在工作中不打折扣，真正负起责任，做到一丝不苟、精益求精。

（二）管理过程中体现精细化管理的内涵

某公司制定和实施一系列管理办法统筹科技创新工作全过程，在立项（立项申报、立项评审、项目批复）、项目实施（含中间过程控制）、项目验收（含项目后评估）、经费使用、专家咨询和成果管理、知识产权保护等方面有“法”可依，重过程、重实施、更重质量。同时，加强精细化管理的过程管理，就是要做到实施每个科技创新项目都要分解目标，分阶段落实，监督阶段目标的实现，以阶段目标的质量保整体项目目标的实现。注重调动科

技管理人员的积极性，让每个人明确工作应当如何做、何时做、做到什么程度，才能真正体现“点点滴滴求合理，细微之处见管理”的精神。

六、建设科研攻关团队

没有强大的人才队伍做后盾，科技创新就是无源之水、无本之木。某公司根据发展需要，凝聚和培养了一批高水平、创新能力强的技术人才，带动科技人才队伍实力的整体提升。

（一）以点带面，用事业造就人才

在公司科技创新的工作中，每位员工都是科技发明者，把培养有知识、懂管理、会创造的新型劳动者队伍作为小发明、小创造、小设计、小建议“四小”工作的目标。

（二）高端引领，用目标选配人才

站在行业的制高点上，充分利用战略合作院校或其他行业领先科研院所的学术、人才优势，全面审视公司各板块在技术、工艺、安全等方面存在的差距或不足。全面梳理生产实践中遇到的各种技术、工艺、安全等方面的难题，引进优秀人才，攻坚克难，建设科技攻关团队，建设实验室。

（三）产学研结合，加强科研团队建设

公司高度重视科技攻关团队建设，着力解决生产过程中资源利用与产业协调发展的问题。201X 年开始建设粉煤灰提取氧化铝项目。该项目研究的技术成果转化为工业化生产后，将使粉煤灰实现资源化，减少潜在有价资源浪费。该公司坚持广泛集成国内外先进管理和技术，结合实际，积极促进消化吸收和再创新，转化科技创新成果，形成自己的核心技术体系，并切实加强知识产权保护，逐步形成了拥有企业特色的核心技术成果体系，使公司始终处于煤矿、粉煤灰综合利用两个行业领跑者的位置，不断推动公司向着国内一流、世界领先的目标迈进。

某公司煤矿监测预警系统的应用

综 述

某公司煤矿边坡稳定性雷达监测预警系统是将现代化手段应用于安全管理的一项技术创新。与生产经营同样重要的安全稳定也是煤炭企业追求的另一项目标。企业的现代化不仅体现在生产效率的提升上，而且应是涵盖生产、安全、管理等全方位、多领域的现代化。边坡稳定性雷达检测预警系统的应用体现了企业对科技保安的态度和对职工人身安全高度负责的使命意识。

一、监测预警系统的实施背景

自200X年开始使用抛掷爆破—吊斗铲无运输倒堆工艺开始，某煤矿煤层上部岩石高台阶达XX米，边坡角XX度，煤层平均厚度为XX米，边坡角XX度，开采过程中形成的煤、岩混合台阶垂直高度达XX米。由于高度高、倾角陡，加之地质构造、岩石性质等一系列因素的影响，极易造成片帮、滑坡危险，严重威胁上部钻机钻孔作业及下部电铲采煤作业、卡车运输作业的人员和设备安全。

为了解决该安全隐患，经多方论证，该煤矿于200X年决定引入边坡稳定性雷达监测预警系统。该系统能够及时、清楚、准确地反映高台阶边坡变化的相关参数及运动情况，为技术人员决策提供坚实的数据基础。

二、监测预警系统的内涵

边坡稳定性雷达监测预警系统的产生，一方面源于原有监测方法无法实现对高台阶片帮的有效预警；另一方面则得益于公司智能矿山的科学发展理念。

所谓边坡安全管理模式，就是在定时测量裂缝宽度及现场观测坡面变化的原始监测方法的基础上利用边坡稳定性雷达监测预警系统对高台阶进行24小时不间断监控，保证生产现场人员和设备的安全，提高煤矿经济效益、安全效益。

1. 以人为本的安全管理理念。坚持以人为本是煤炭企业维护职工根本利益的需要，是煤炭企业健康发展的需要，是构建和谐社会的根本要求。

2. 智能矿山的科学发展理念。边坡稳定性雷达监测预警系统引入使边坡安全管理实现了自动化、专业化、标准化，使煤矿企业一向建成现代化智能矿山迈进了一步。

3. 落实安全生产责任制制度。边坡安全管理是煤矿安全生产的重要一环，边坡监测工作是煤矿赋予边坡组技术人员的安全责任。

三、监测预警系统的主要做法

该煤矿为了加快建立健全边坡雷达监测预警响应机制，加强煤矿安全生产管理，确保作业人员及设备的安全，先后出台了《煤矿边坡稳定管理办法》《煤矿边坡雷达监测预警管理办法》《边坡稳定性雷达移设规程》《边坡稳定性雷达操作规程》等一系列管理制度，使边坡管理更加系统化、专业化。

（一）明确任务和职责

生产技术部负责边坡的测量以及监测数据的整理分析，提供监测区域的地质资料；及时汇报临滑阶段边坡的实时状况，在滑坡危险区域上部和下部划定安全警戒范围，并设置醒目的安全标识，严禁人员和设备进入；提供边坡预警预报和滑坡后的分析报告，总结边坡滑坡的规律，为滑坡的预报和治理提供可靠依据。

生产调度指挥中心负责边坡临滑阶段的坑下危险区域的生产组织，保障坑下设备及人员的安全；如遇到边坡监测系统报警，与生产技术部沟通分析报警原因。

安全监察站负责定期到露天矿排土场、排矸场、高台阶巡查，检查边坡是否存在安全隐患。一旦发现险情，应立即将滑坡影响范围内的人员、设备撤离到安全地带，同时向矿里汇报。

（二）专业技术人员的日常管理

边坡从出现滑动预兆到最终完全滑落要经历一段时间，或数月，或数年，其移动速度即单位时间内的位移量由小变大，最后发生急剧变化，因而根据移动速度的变化可预报滑坡。在发生滑坡之前，边坡的内部应力应该表现为急剧增加或者突然变小，且应力的变化体现在位移变化之前。

生产技术部边坡组技术人员执行四班三倒制度，对高台阶实施 24 小时不间断监控，技术人员要结合现场实际生产情况，参考影响危险区域速度、位移变化的相关因素，对监测数据认真分析，确认其变形的性质。

报警发生后由生产技术部相关技术人员对监测数据进行分析，根据不同的情况，设置相应的报警参数。

当边坡监测雷达报警发生后，由技术人员通知煤矿生产指挥中心，及时将相关情况上报矿领导及生产技术部领导；生产指挥中心值班主任通知坑下危险区域作业人员，组织人员及设备撤离危险区域。

滑坡后，由技术人员确定滑坡区域有无危险，确认无危险后由生产指挥中心通知露天矿工务队对滑坡区域进行清理，迅速恢复生产。

（三）建立健全值班人员安全监控交接班制度

技术人员实行 24 小时值班制度，值班人员必须严格执行《稳定性雷达操作规程》和《交接班制度》，严禁违章操作：

一是技术人员在监控过程中，对异常情况要及时向调度指挥中心和当日值班领导汇报，并做好记录。

二是接班技术人员必须提前10分钟到达岗位，认真检查雷达运行情况及燃油情况，确保雷达正常运行。

三是每隔半小时检查一次雷达信号传输情况，确保雷达24小时不间断监控。

四是交班人对本班发现的安全隐患及时交代给接班人员，交接班人员在交接班记录上签名后完成交接班工作。

五是接班人检查扫描文件是否完好，每周必须新建扫描文件。

六是边坡技术人员经常深入现场，了解情况，对高台阶定期巡视，排除由爆破及卡车移动等因素对边坡稳定性雷达监测系统引起的干扰，及时进行技术处理，保证数据的准确性。

四、监测预警系统的应用效果

监测预警系统的应用效果主要有：

一是边坡稳定性雷达监测预警系统在已成功应用，通过技术改进和经验总结，使雷达原来预警时效由24小时缩短至2小时，确保了在危险发生前人员和设备及时撤离，同时大大延长了危险发生前设备运行的时间，产生了巨大经济效益。

二是每年可为煤矿多回收危险区域煤炭十多万吨，直接经济效益达到千万元，提高了煤矿的经济效益。

三是安全方面，边坡安全管理模式实施后，已成功监测预警28次片帮、滑坡，未造成一起伤人及设备损坏事故，提高了煤矿的安全效益。

五、应用监测预警系统的启示

边坡安全作为煤矿安全生产的重大安全隐患之一，是众多煤矿企业所面临的头等难题。该煤矿在全国率先引进边坡稳定性雷达监测预警系统，对抛掷爆破—吊斗铲无运输倒堆工艺条件下所形成的岩石高台阶进行监测，开创了煤矿边坡安全管理模式的新篇章。边坡安全管理模式的成功实施带来很多启示：

一是积极引进新技术为煤矿安全生产保驾护航。边坡安全管理实现了自动化、专业化、标准化，使该煤矿向现代化智能矿山迈进了一步。

二是因地制宜选择新设备，坚定科学选型。边坡稳定性雷达（SSR）是目前国内外唯一能够提供连续扫描整个边坡表面并可以精确到亚毫米级的边坡监测仪器。其移动式的工作平台和相对较大的扫描角度更适合露天煤矿灵活多变的采矿方式。

三是培养自己的专业人才。为煤矿培养出一批专业的边坡技术人员，为今后煤矿新设备投入及人才培养提供了宝贵的经验。

四是由于工作具有特殊性，会出现无人值守的情况，故提出了开发报警辅助系统的构想，将报警信息截图发至邮箱、手机等终端。在组员的共同努力下，完成“煤矿报警辅助系统”软件的开发工作并成功应用，较好地完成了报警信息远程无线发布，真正实现了边坡监测的 24 小时不间断监控。

某公司煤矿改进生产工艺技术及应用

综 述

科技是第一生产力。煤矿高台阶抛掷爆破与吊斗铲倒堆工艺技术的应用在煤炭露采行业发展史上具有重要地位。煤矿引进国际上经验成型的抛掷爆破与吊斗铲倒堆工艺是现代化技术手段的典型应用，不只提升了生产效率，更环保节能，其精细化的操作要求以及体系化的管理模式也是对煤炭行业管理提升的促进。

一、应用背景

近些年来，我国改扩建和新建煤矿均积极采用以电为能源的无运输倒堆工艺和半连续工艺，既可以降低生产成本，又能够减少对石油产品的消耗及汽车运输造成的环境污染。我国煤矿有覆盖层厚、多煤层开采的特点。由于受煤层赋存条件复杂的制约，我国许多煤矿多半采用两种或两种以上开采工艺并存的综合工艺。

近 20 年来，国际上已将抛掷爆破技术用于吊斗铲无运输倒堆工艺，将相当大的一部分剥离物直接抛入采空区，减少吊斗铲工作量 20% ~50%，从而进一步提高剥离效率，大幅度降低剥离成本。20 世纪 80 年代初，美国、澳大利亚、加拿大、印度、约旦等国家的煤矿都先后试验采用此项技术，实践经验表明，采用大型倒堆剥离设备和抛掷爆破剥离技术可将 30% ~65% 的覆盖物直接抛掷到采空区，剥离费用降低 30% 以上。

大型吊斗铲无运输倒堆工艺是一种先进的露天开采工艺，它集采掘、运输与排土 3 项作业于一体，将剥离物直接倒堆排弃于采空区内，具有设备少、作业效率高、生产成本低、生产能力大、生产可靠性强等显著特点，在国际矿山开发中已成为首选的开采工艺。

二、工艺内涵

抛掷爆破与吊斗铲倒堆工艺是国内首次采用国际上最先进的工艺，对促进我国露天煤矿的技术进步具有非常重要的意义，对于我国露天矿采用和发展先进高效的大型吊斗铲工艺具有推广示范作用。

吊斗铲倒堆工艺及抛掷爆破技术与单斗—卡车工艺相比，在很大程度上减少了卡车运输，以电耗代替油耗，减少了运输费用，极大地降低了生产成本；采用吊斗铲倒堆工艺，生产能力强，生产效率高，有利于扩大露天煤矿生产规模，为实现煤矿大型化提供了技术保证；以抛掷爆破与吊斗铲倒堆工艺为主，其他生产工艺配合形成的综合工艺系统既扩大了生产规模，又提高了原有设备利用率，使生产更加灵活和协调；抛掷爆破与吊斗铲倒堆工艺的应用简化了管理环节，同时减少了生产人员，提高了劳动生产率。抛掷爆破与吊斗铲倒堆工艺在矿区的应用对中国相同条件的煤矿具有重要的指导意义，同时对于推动中国露天采矿技术的发展具有重要的现实意义和理论价值。

三、主要做法

某煤矿抛掷爆破与吊斗铲倒堆工艺是将煤层以上 45 米厚的岩石剥离任务由抛掷爆破—吊斗铲倒堆完成，穿孔爆破采用多排孔毫秒延时抛掷爆破加预裂爆破先进的控制爆破技术。实体采幅被抛掷爆破后，按原设计，吊斗铲扩展平台需由推土机完成。考虑到推土机运距长，成本明显高于单斗—卡车成本，采用推土机和单斗—卡车做扩展平台，吊斗铲站在由推土机降段和单斗—卡车扩展作业建立的联合扩展平台上，先将靠近高台阶下部量倒入排土场，然后吊斗铲走铲至下一个位置，把下部量倒入内排土场。

某煤矿首次系统开发应用了抛掷爆破—吊斗铲倒堆剥离工艺开采技术，并逐步形成了属于该煤矿的创新成果：

一是系统开发了厚覆盖层（160 米）、厚煤层（34 米）条件下以抛掷爆破—吊斗铲倒堆工艺为主，以轮斗挖掘机—带式输送机—排土机连续工艺、单斗—卡车间断工艺、单斗—卡车—半固定破碎站—带式输送机半连续工艺为辅的 4 种开采工艺优化匹配综合开采技术，创立了现代露天煤矿综合开采优化理论。

二是提出并实施了厚覆盖层、厚煤层条件下，吊斗铲宽采幅（80 米）推土机与吊斗铲联合做扩展平台的倒堆剥离作业方式，倒堆剥离和采煤作业分别由中部向两端部错开一个采掘带反向交错的开采程序，吊斗铲沿端部斜坡道经内排土场绕中部沟的“∞”字形最佳行走路线。

三是建立了以吊斗铲倒堆工艺为主的综合开采工艺动态调整模型，提出了吊斗铲倒堆剥离实体台阶高度、吊斗铲倒堆作业站立水平位置的确定和动态调整方法，保证了在煤矿生产能力、煤层厚度、吊斗铲效率和状态、回采煤量变化的情况下，系统效率的最大化和稳产高产。

四是提出并优化了深凹煤矿运煤通道的布置和移设方式，建立了运煤通道移设步距优化数学模型。

五是开发应用了倾斜深孔柱状药形式的平面药包法、亚临界孔间延时间隔、超临界排间延时间隔、多排倾斜深孔、排间斜线逐孔同向顺序起爆、孔间及排间毫秒延时定向控制的抛掷爆破技术。

六是开发应用了在岩体裂隙较发育（裂隙系数 0.5 ~ 0.99）的条件下，采用大孔径（310 毫米）倾斜（65° ~ 75°）深孔（35 米 ~ 80 米）、横向不耦合气囊式空气间隔分 3 段装超低密度炸药，上部不堵塞，一次起爆的预裂爆破技术。

七是研究确定了煤矿吊斗铲倒堆抛掷爆破的台阶高度与采宽的比例、钻孔倾角、孔网参数、欠钻深度、炸药类型、炸药单耗、装药结构、起爆顺序、孔内孔间排间延时时间间隔等最佳爆破参数，首次在国内开发了吊斗铲倒堆抛掷爆破技术。

八是研制出了超低密度炸药和以负氧平衡的乳胶基质为添加组分的重铵油炸药。

九是研究确定了煤矿在 8 毫秒内爆区最大药量指标不超过 15 000 千克的一次起爆安全药量。

四、实施效果

某矿区首次在我国成功研究应用了以抛掷爆破—吊斗铲倒堆剥离岩石为主的综合开采新工艺，显著提高了煤矿的生产效率和综合开采效益，原煤生产效率达到 158 吨/人·工，高于国内外煤矿的 12～120 吨/人·工水平，企业直接经济效益数十亿元。同时，该矿区现代综合开发技术取得了显著的社会效益，真正实现了煤矿安全、高效、低耗及环境的协调开采。

该煤矿应用抛掷爆破—吊斗铲倒堆剥离工艺系统后，生产剥采比降低了 1 立方米/吨，服务年限 XX 年，按照 200X 年煤矿综合剥离成本静态计算，服务期内共节约剥离费用数百亿元。

抛掷爆破—吊斗铲生产工艺实施后可以减少一台 108 吨的洒水车、一台平路机，一年的洒水量，可节约标准煤 1 287 吨，每年可为煤矿节约柴油消耗折合标准煤约 1.4 万吨，并降低了汽车尾气等有害气体的排放，节能减排效益明显。

五、体会

改进生产工艺技术及应用的体会有：

一是抛掷爆破—吊斗铲倒堆工艺给煤矿带来效益的同时，也带来了更高的技术管理和安全要求。抛掷爆破高台阶坡面的稳定状况直接关系到吊斗铲及辅助设备、后续单斗—卡车采煤的作业安全。

二是构建了抛掷爆破—吊斗铲倒堆剥离工艺优化设计理论，提高了我国煤矿装备水平，促进了我国采矿事业的技术进步和快速发展，其成果填补了国内空白，处于世界领先水平。

三是吊斗铲倒堆抛掷爆破技术应用研究取得了很有价值的技术和经济成果。吊斗铲倒堆剥离系统单位成本仅为单斗—卡车系统的1/3～2/3，一般在2/5左右，具有显著的社会效益和广阔的推广应用前景。

四是引进世界先进的生产工艺不仅对矿山管理者提出了更高的管理要求，对一线员工的素质也有促进和提高，使员工观念得以更新、技术得以进步，使企业组织机构、经营管理得以优化重组。

某公司发挥科技及资源优势的实践

综 述

煤炭企业转型升级已是大势所趋，但转型之路任重道远。对于未来的发展，某公司紧抓机遇，立足优势，凝心聚力，克服转型路上的重重困难，建立行之有效的风险规避措施和盈利模式，推进企业从煤、电、路“三位一体”到煤、电、路、循环经济“四轮驱动”的转型升级，确保企业在市场竞争中立于不败之地。

一、企业转型升级的背景

近年来，国民经济增长放缓，煤炭产能、产量过剩，市场疲软，产品供大于求，价格持续下跌，煤炭企业经济效益大幅度下降，不少煤炭企业经营已陷入困境。随着国家关于发展清洁能源产业政策的推进，煤炭企业依赖于政府政策救市再迎“黄金十年”已全无可能，因此探索和研究新的发展途径，推进煤炭企业转型升级已迫在眉睫。

二、企业转型升级的优劣势分析

管理创新、所有制改革固然能够节约资金，提高企业经营效率，但在当前煤炭市场普遍不景气的大形势下，对企业转型升级、实现持续盈利的拉升作用有限，而战略创新作用的发挥又依赖于企业自身的定位和优势。因此，煤炭企业转型升级最关键的是找准企业优势，实施可持续发展战略。某公司转型升级的最大优势是资源、科技创新及政策资金优势。

（一）资源优势：丰富的“高铝、富镓”煤炭资源

地质勘探报告显示，某公司所处煤田的煤属高灰熔点、较高挥发分的“高铝、富镓”长焰煤，从燃烧后产生的粉煤灰中发现的氧化铝和镓含量来看，是世界上氧化铝和镓含量最高的煤种。

该煤田已探明的地质储量中，氧化铝的蕴藏量达几十亿吨，镓的蕴藏量几十万吨，远景储量中氧化铝的蕴藏量达百亿多吨，镓数百万吨，具有极其重要的综合利用价值和开发前景。

该公司拥有的煤矿商品煤产能现已超过每年千万吨，且通过运用已有的采矿洗选加工控制技术，可以使开采出来的煤炭经电厂循环流化床锅炉燃烧后所产生的粉煤灰中氧化铝含量达 XX% 以上。

按当前产量计算，该公司每年产出的粉煤灰中含氧化铝百余万吨，镓千余吨。如果能够实现铝、镓的回收利用，必然能够拓宽公司的产业结构，形成新的利润增长点。

（二）科技优势：世界首创粉煤灰提取氧化铝技术

该公司从 200X 年开始致力于粉煤灰提取氧化铝技术研究工作。根据科学研究步骤，经过 2 年技术路线论证、5 年实验室研发、4 年工业化中试装置建设及研发，开发出了用盐酸直接溶出高铝粉煤灰生产氧化铝、镓的工业化工艺技术——一步酸溶法。

核心工序由配料、溶出、分离洗涤净化、蒸发结晶、焙烧、酸回收 6 部分构成。该工艺技术生产的氧化铝产品化学品质达到国标冶金级一级品标准，镓产品纯度达到国家标准。

利用废水资源化技术对工艺过程中产生的废水进行处理，可生产高附加值铁系产品；利用白泥综合利用技术对固废白泥处理，可开发出橡塑填料、硅微粉、白炭黑等系列产品。上述专有技术不仅能够达到“零排放”环保要

求，而且具有较好的经济效益。

（三）工艺技术的优点及中试成果

工艺技术具有流程短、技术条件宽泛、减量化、安全环保、酸循环利用、能耗低、成本低等优点，适用于从高铝粉煤灰中提取氧化铝。

实践证明，工艺技术还适用于低品位铝土矿和经简单活化处理的煤粉炉粉煤灰。

大规模的推广应用可有效解决我国高硅的铝资源生产氧化铝问题，使我国铝资源得到全面利用，对缓解我国铝土矿资源紧缺的局面，促进铝工业的健康、可持续发展具有极其重要的战略意义和现实意义。

（四）工艺技术发展前景及效益预测

公司依托所处煤田“高铝、富镓”煤炭资源和拥有自主知识产权的工艺技术，遵循“减量化、再利用、资源化”的循环经济原则，规划建设“矿区煤炭伴生资源循环经济产业”项目。

项目规划分3期建设6条循环经济产业链，包括：循环流化床锅炉自备电厂、氧化铝厂、镓车间、铁红车间、电解铝厂、铝材加工厂、白泥利用厂以及配套的铁路专用线、煤气站、预焙阳极厂等公辅设施。项目规划总投资数十亿元。

该循环经济产业项目实施前景：

一是创造显著的经济效益，促进企业和地方经济快速发展。

二是产生良好的资源效益。按照总体服务年限30年计算，相当于增加4.5亿吨可利用的铝资源，1.8万吨可利用的镓资源。

三是环境效益明显，可解决粉煤灰污染环境问题。

四是社会效益显著，项目建设将提供两万多个直接就业岗位，促进企地共赢、社会和谐发展。

五是该项目将建设样板型示范基地，实现劣质煤和煤矸石就地转化，完成由单一的“燃料”向“燃料+原料”企业的升级，优化产业结构，对矿区及其他高铝煤炭资源地区和国内低品位铝土矿资源地区传统能源企业的转型升级和可持续发展起到标杆示范作用，产业示范性强。

（五）政策及资金优势

国家发改委、工信部、能源局等部委已出台相关文件，明确建议开展高铝粉煤灰资源的有序开发利用工作，提高资源综合利用水平，促进铝工业可持续发展。

《国务院关于进一步促进经济社会又好又快发展的若干意见》指出，“要充分发挥煤炭、有色金属等资源优势”“发展铝电联营，支持高铝粉煤灰资源综合利用，推进铜、铅、锌等有色金属采、选、冶一体化建设，实现资源就地高效转化”。

该公司煤炭伴生资源循环经济产业项目获得国家大量资金支持。

三、企业转型升级的对策

该公司在循环经济建设领域具有巨大的利润空间和发展空间，又拥有天时地利人和的优势，转型升级，主要从以下几个方面开展。

（一）以降低成本为目标，加快粉煤灰提取氧化铝中试装置试验进度

粉煤灰提取氧化铝中试试验是发展循环经济产业项目的关键环节。截至目前，氧化铝中试装置已进行了6次全流程系统试车运行，技改上千次，取得显著成效，这表明集团在粉煤灰提取氧化铝科技创新领域抢占了先机，下一步应持之以恒，继续加大科技投入，以降低循环经济产业项目投资成本为着力点。

（二）突破传统，探寻最优循环经济产业项目建设模式

循环经济产业项目建设模式是非常重要的研究课题，关系着项目的健康

发展。

1. 应充分利用社会资源，发挥名优企业资金优势，在集团的指导下，积极引入混合所有制开展循环经济产业项目建设。

2. 应以创造显著效益和起到循环经济示范为目的，引入具有跨行业管理经验的公司，对项目进行有效管理。

3. 该项目规划一期工程投资较大，为降低投资风险，应探讨先行建设最小产业链。待上市后再行建设后续规划项目。

此外，该项目建设还应对拓展空间引起足够重视，可利用工艺技术的首创性和对资源的多次开发利用特点，开展经济、文化、生态等方面的建设，迸发技术与经济、文化、生态的“几何效应”。

（三）做好循环经济产业项目建设风险分析，增强企业凝聚力

为规避投资风险，全方位、多角度评价工艺技术工业化的可行性，该公司将从技术风险、经济风险、环保风险、产业链整合风险等方面对循环经济产业项目进一步深入剖析，积极规避项目建设可能带来的各种风险。同时，项目风险分析可进一步解除疑虑、统一思想，加强凝聚力，有利于项目的顺利实施。

（四）加快推进项目建设前期工作，为转型升级做好充分准备

该项目采用的产业链模式结构稳定、风险小、利润空间大、竞争力强。其中，电力、氧化铝、电解铝三者构成核心产业链，配套的白泥、镓产业和废水资源化综合利用是产业链不可分割的组成部分。该公司将加大协调力度，加快项目建设所需手续的报批进度，尽快推进项目落地投产，发挥示范效应及经济效益。

（五）继续深化企业改革，激发企业活力

作为资深煤炭资源型国有企业，该公司将在当前经济形势低迷的情况下继续深化改革，重点应落在绩效考核机制构建上，将各级单位和职工个人纳

入考核体系，并将绩效考核与薪酬挂钩，更新职工观念和思维，增强其责任意识、竞争意识，充分调动工作积极性和活力，共同推动企业转型升级。

（六）继续推进基础管理提升，做好循环经济产业项目建设的管理准备

高效的基础管理将加快战略目标的实现。该公司将加快基础管理提升途径、精益化管理方法、现代化科学管理体系的探索和研究，通过建标、对标、追标、创标等方式，找准差距，提升管理水平，满足循环经济产业项目发展的需要。具体措施可以先行试点，成功后在公司范围内进行推广，全面提升运营效率和执行力。

某公司班组信息化管理系统的开发与应用

综 述

化繁为简，化难为易，科技让班组管理变得简单。某公司班组信息化管理系统为班组管理提供了一个标准模板，有助于班组管理水平的整体迅速提高。系统融管理、成本、安全等内容于一体，便于各项工作有计划开展，避免了“东一榔头、西一棒槌”的粗放式管理，有利于对班组管理的整体掌控。班组信息化管理系统让管理简洁又高效。

一、班组信息化管理系统开发背景

为大力推进班组建设工作，有效提升班组管理水平，转变班组管理方式，201X 年，某公司对班组建设工作进行了全面调研，发现各班组的内业工作较为繁杂，还停留在传统的管理方式上，班组管理缺乏有效的手段和推进平台，与现代企业的高效、快速发展不相适应。一线单位自行开发的班前会管理、考勤管理、生产任务管理、绩效考核管理等单机版的信息化管理软件，不仅简单实用，而且具有很强的操作性，使班组从繁杂的内业管理中得到解放，有效提升了班组的管理水平，极具推广价值。受此启发，201X 年初，公司组织召开专题工作会议，专门讨论、研究、部署了班组信息化系统建设工作，决定根据班组实际管理需求，在煤质室进行软件开发和试点工作。通过近半年的软件开发，班组日常管理的基本功能都整合到了信息化系统，且系统运行顺畅。201X 年下半年，信息化系统在公司 4 个车间进行试运行，并进行了反复修订完善，信息化系统简单、实用、易操作、效率高，具备了在全厂推广的条件。201X 年初，公司几十个生产班组配备了电脑和显示器，班组信息化管理系统正式在公司进行推广和使用。通过 3 个多月的基础数据录入、基本应用技能培训、操作演练竞赛，5 月份班组信息化正式投入使用并发挥作用。

二、班组信息化管理系统开发思路

该公司班组信息化管理系统的开发紧紧围绕公司工作思路开展，系统以标准化班前会为出发点，以生产任务分配为主线，将人员管理、生产作业、设备管理、材料管理、成本核算等模块进行串联，同步产生工作量数据、设备管理数据和材料消耗数据，并在生产任务交接后自动形成班前会记录、生产报表、查询报表、成本核算报表，使系统接地气、有灵气，具有生命力。为此，公司总结了“1234”工作思路，如图 1 所示。

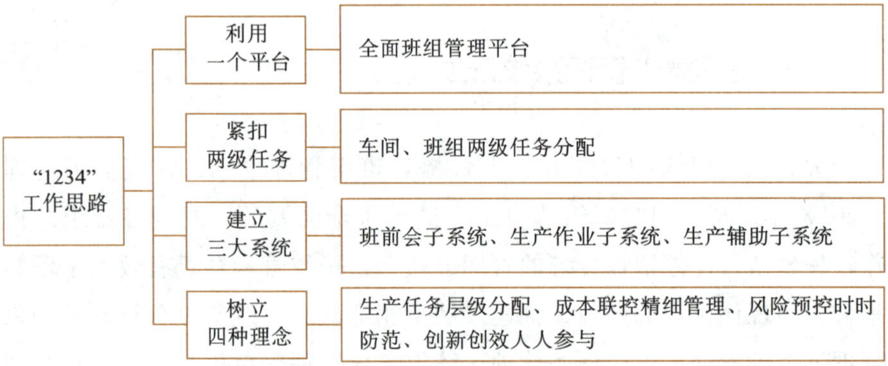

图 1 “1234” 工作思路

三、班组信息化管理系统开发思路

（一）班前会子系统

班前会子系统包含了考勤点名、上一班工作回顾、文件传达、作业任务安排、示警提醒、培训学习、安全宣誓等模块（见图2）。

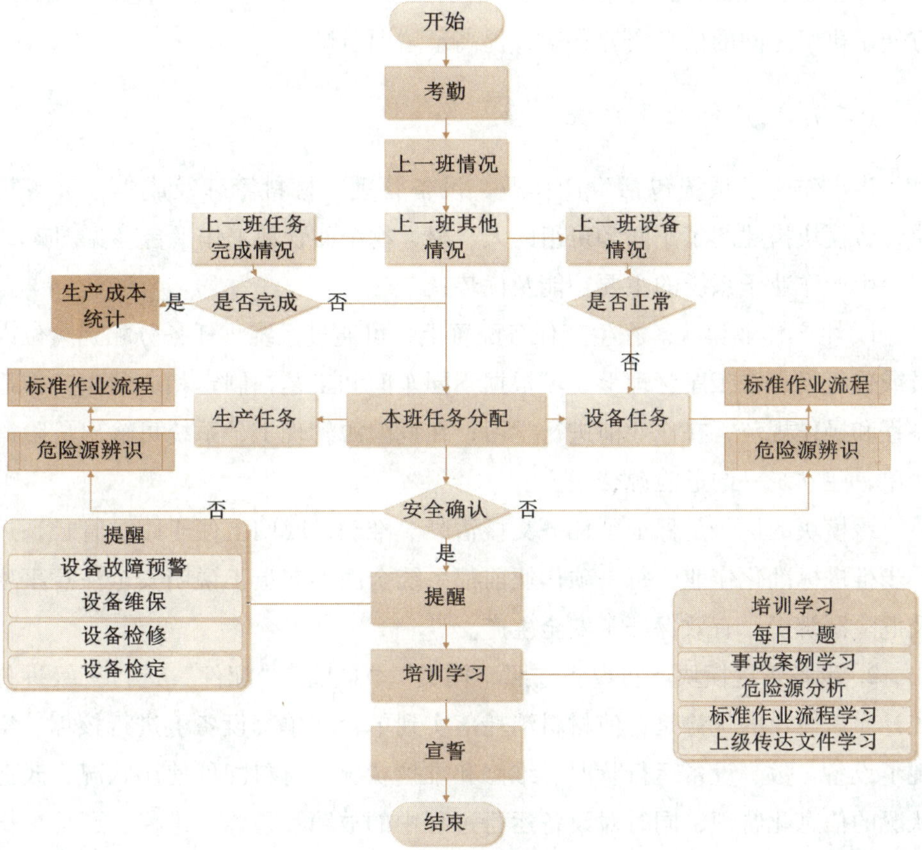

图2　班前会子系统流程

班前会子系统具备的主要功能及优势：通过使用考勤点名模块的点名和请销假功能，使员工管理一目了然，月底车间自动汇总员工考勤表，方便了对员工的考勤管理；上一班工作回顾模块，可自动显示上一班工作质量和具体数据，确保了交接班责任清晰，任务完成可追踪；作业任务安排模块，对生产任务、新增任务和维修维保任务分别布置，同步强调学习标准作业流程和危险源辨识，保证了任务安排条理清晰，强化了员工的责任意识和安全意识；示警提醒模块，自动在班前会报警提醒哪些设备和配件需要维修或保养，确保了设备正常运行；培训学习模块，提供了培训信息库上传功能，车间可以根据生产现场实际情况将危险源辨识、安全注意事项、事故案例、技术培训教案、每日一题等培训材料以图片、视频、文档等形式上传至系统，方便了班组之间的信息资源共享，提高了培训质量。

（二）生产作业子系统

生产作业子系统包括生产作业、设备管理、材料管理及成本核算等模块，各模块搭建起了车间和班组的人、财、物全面管理工作平台（见图3）。

生产作业子系统的主要功能及优势：

1. 生产作业模块。在生产任务配置上，可通过系统将任务分配到岗位人员或包机组；在工序管理上，可根据不同车间和工艺，制定相应的生产作业流程和操作规范，在作业前进行学习；在危险源管理上，系统可输出危险源清单，建立统一的危险源档案。

该模块的优势是保证了任务交接清晰、准确，时间上便于跟进管控，进一步推进标准化作业，每一项作业前都系统全面地向员工说明安全注意事项及危险源辨识，有效保证了安全生产。

2. 设备管理模块。将设备按照“同类”“总成”“配件”进行三级拆分统计。该模块的优势是：使材料消耗落实到单台或单套设备上进行核算，实现了设备参数、设备运行状况、维修和维护状况、材料配件使用状况、改造状况的信息化管理，同时对设备运行过程中的故障、检修、维保、巡检提供数据端口和汇总渠道，为实现设备全生命周期管理提供了完整的技术资料，方便随时调阅。

3. 材料管理模块。提供了入库、出库、返库、盘点、统计等功能。选煤厂常用大型材料几大类百余种，普通材料几十类千余种，配件几十大类千余种，种类繁多、数额较大，管理、使用、统计、控制工作量巨大。为此，系统对材料的日常管理进行了科学规划：提供了需求计划审批功能，方便了车间材料计划的汇总审批工作；模块详细列出了材料编号、名称、单价、数量、型号、出库时间、录入人员姓名、领用申请人、物资用途、审批人等信息。

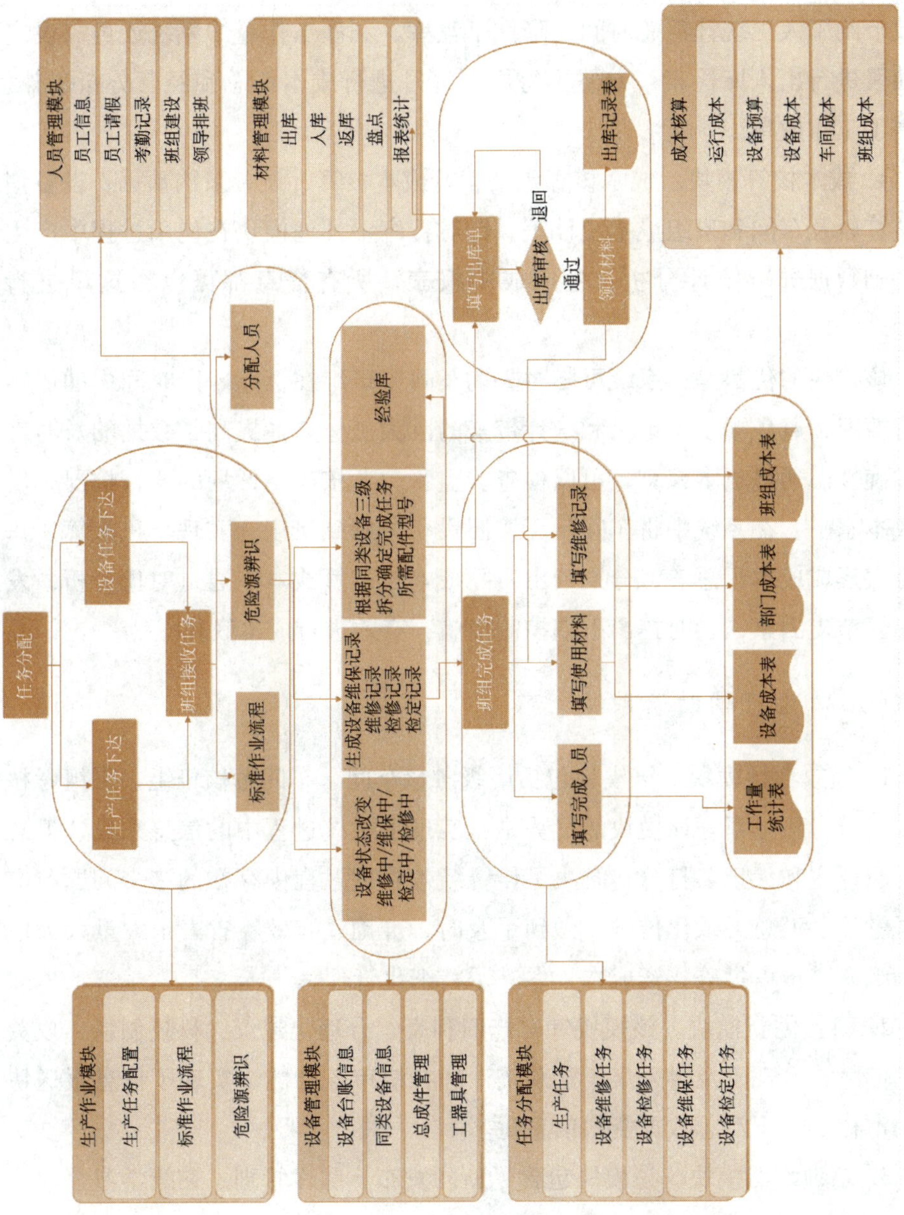

人员管理模块
员工信息
员工请假
考勤记录
班组建设
领导排班
材料管理模块
出库
入库
返库
盘点
报表统计
填写出库单
出库审核
退回
通过
领取材料
出库记录表
成本核算
运行成本
设备预算
设备成本
车间成本
班组成本
分配人员
经验库
任务分配
设备任务下达
生产任务下达
班组接收任务
危险源辨识
标准作业流程
根据同类设备三级拆分确定完成任务所需配件型号
生成设备维保记录维修记录检修记录检定记录
设备状态改变维修中/维保中/检定中/检修中
班组完成任务
填写维修记录
填写使用材料
填写完成人员
班组成本表
部门成本表
设备成本表
工作量统计表
生产作业模块
生产任务配置
标准作业流程
危险源辨识
设备管理模块
设备台账信息
同类设备信息
总成件管理
工器具管理
任务分配模块
生产任务
设备维修任务
设备检修任务
设备维保任务
设备检定任务

图3 生产作业子系统

该模块的优势是：规范了物资管理台账，使每件物资从ERP出库到实际消耗都有据可查；系统可及时完成对班组、车间物资库存情况的汇总统计，有效节约了人工统计汇总时间，降低了盘库、利库工作量。系统还可以设定时间段进行出入库检索，方便了每周、每月进行成本汇总和经营分析工作，提高了工作效率。

4. 成本核算模块。成本核算包括运行成本核算、设备采购预算、设备消耗核算以及车间和班组成本统计等。针对程序中其他模块在使用过程中产生的基础数据进行统计分析，生成成本报表，所有信息都可以在这里进行查询。

该模块的优势是：系统可随时查询车间或班组在任意一段时间内的成本运营情况，避免了手工记录和统计带来的巨大工作量，提高了数据的及时性和准确性。通过成本核算，可以检查、监督、考核成本计划的执行情况，反映成本水平，在系统中将车间预算按照设备分解到班组，实现单机核算，每月月底形成成本汇总表，分别列出实际成本与预算成本，通过对比分析，发现超、节支因素，及时提出下期控制措施，有效进行成本联控。

（三）生产辅助子系统

1. 绩效考核模块。该模块包括厂级考核车间、车间考核班组、班组考核个人三级考核体系。该模块的优势是：实现了考核过程中的信息采集、汇总统计、评定和无记名打分，解决了传统绩效管理过程中存在的诸多问题，实现了考核、汇总无纸化传输，做到了及时、准确、有效，省去了大量人力成本和纸质呈报审批等物资成本，促进了精细化管理。

2. 科技创新模块。该模块针对修旧利废、合理化建议、科技创新、攻关课题信息，实现了及时采集、汇总统计和在线审核功能，实现了信息报送快捷、审核及时，汇总数据资料信息化。

3. 培训学习模块。该模块包含了新闻发布、题库管理、在线学习、在线考试、成绩统计查询、数字图书馆等功能。优势是：建立了员工培训考核数据库，支持题库的分类批量导入功能；提供随机出题组卷和管理员选题组卷功能；还提供了在线考试和导出试卷线下考试功能；在线考试完成后实现自动评分，并录入员工培训数据库，方便了对员工的培训及考察，有效地促进了员工素质提升。

生产辅助子系统包括绩效考核、科技创新及培训学习等模块，搭建起了与班前会、生产作业系统相配套的辅助管理平台。生产辅助子系统的功能及优势如图 4 所示。

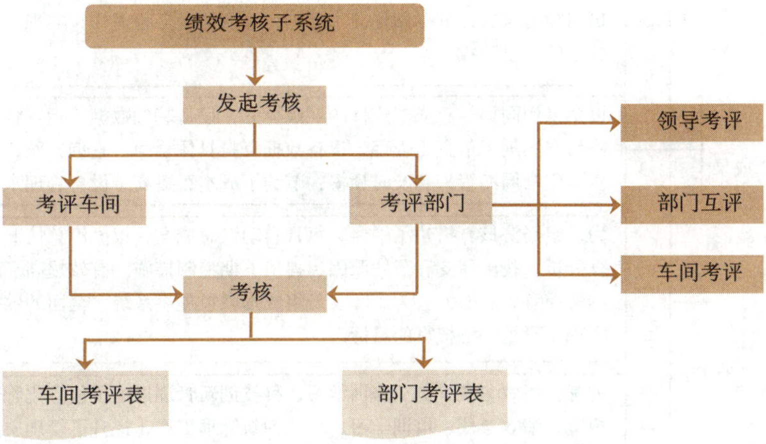

图 4　生产辅助子系统的功能及优势

四、班组信息化管理系统应用效果

班组信息化管理系统的应用效果：

1. 减轻了车间、班组内业记录的工作强度。

2. 最大限度减少了键盘录入工作量，易用性较强。

3. 实现了自动完成数据录入、报告提交等工作。

4. 方便了随时查询成本和工作量等数据。

5. 通过系统授权，在系统内，针对各车间、班组生产、管理各项工作进度及完成情况，实现随时、随机、随意调阅信息，强化了监管渠道，体现了直接管理。

6. 实现无纸化办公，节约了成本。

针对各子系统模块，具体应用成果主要体现在以下五个方面（见图5）。

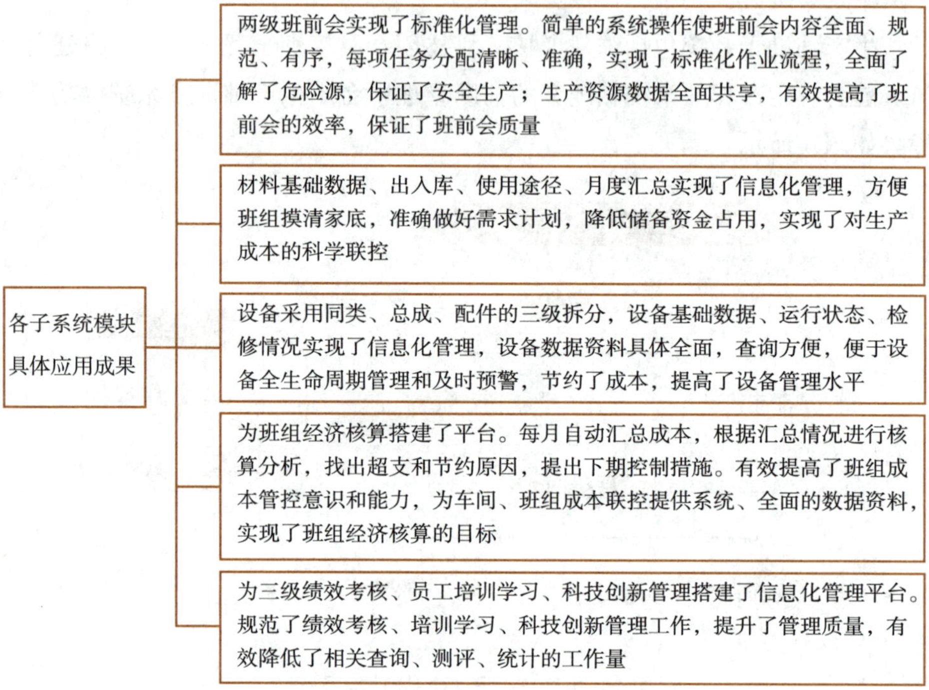

图5　各子系统模块的应用成果

五、班组信息化系统建设的体会

为进一步提升信息化、精益管理水平，该公司将在下一步自动化升级改造中增加整体投入，实现生产运行网络与局域网络相互连通，推动班组信息化管理系统完善升级，确保系统使用更加科技智能，更加灵活便捷，更为优化有效。

某公司选煤厂班组经济核算信息化系统建设及应用

综 述

某公司选煤厂通过班组经济核算信息化平台建设，提高了基层班组核算的便捷性、指标分析的科学性、信息搜集的准确性、信息上报的及时性，为经营管理决策提供了可靠依据。创新精益化管理途径，依靠科技手段提升了工作效率，释放了管理红利，推进班组经济核算信息化进程。

一、班组经济核算信息化的实施背景

某公司选煤厂现有几十个生产车间和班组，千余名员工，全厂没有一套完整的核算管理软件，班组核算全部手工作业，每天由车间材料员进行材料出入库手工登记，月底核算员凭材料消耗登记表进行手工成本核算、出报表；考勤、工资由班组长手工记录，然后交由车间办事员汇总，整理形成车间汇总，上报厂级人力资源部，由人力资源部进行工资汇总核算。在此过程中，由于手工操作容易出错、耗时长、工作效率低下，成本数据可用性不强，真实成本数据不能及时反映，决策支持能力不足，班组核算水平较低。为此，该选煤厂通过多方调研，选择了引入班组信息化平台来加强班组经济核算管理，收到减人员、提效率、降成本等显著效果。

二、班组经济核算信息化的具体措施

（一）引入信息化平台

1. 班组精细化管理。精细化管理是管理文化的精髓，是保证企业又快又好发展的原动力。班组是企业发展的效益源头，是精细化管理的具体实践者。以班组精细化建设推动企业全面实现精细化管理是强化基层核算、提升发展水平、增强发展实力、加快发展步伐的必由之路，也是企业实现科学、安全、和谐、可持续发展的必然选择。为进一步推进精细化管理，加强成本联控，降低企业生产成本，提高工作效率，该选煤厂深入剖析班组管理现状，经过反复研究讨论，最终决定引入一套班组核算管理软件，全面推进班组核算管理工作，加强基层成本联控的电子化、信息化，全面提升选煤厂班组核算管理水平。

2. 班组信息化建设。该选煤厂班组信息化平台主要开发了 7 个模块，模块间数据实现共享，已基本涵盖了车间班组的日常业务，基本满足了车间班组日常管理需求。班组经济核算工作有效融入班组信息化平台，实现了班组经济核算日常业务电子化、信息化，全面提升了车间班组经济核算水平。

（二）班组经济核算信息化前期准备

1. 前期调研。该选煤厂从 201X 年开始做前期准备工作，通过广泛开展基层班组调研，转变机关管理人员工作态度，深入基层班组，与班组人员面对面谈经济形势、谈成本联控、谈班组经济核算，广纳谏言，采纳合理化建议，共同研究探讨选煤厂班组核算的新路径。

2. 发现问题。通过向班组人员充分调研，发现现有的班组核算主要存在以下两个问题：一是车间班组人员普遍反映目前手工登记设备消耗材料情况和维修情况，工作量大且准确性差，增加班组工作负担；二是当前生产任务较重，班组人员不足，很难完成厂部下达的任务，有时做不到每日统计，基本都是月底突击加班加点完成，真实性和准确性根本没法保证，大部分车间都是“凑数”完成任务。

3. 出台制度。在充分与广大基层班组管理人员深入沟通的基础上，综合考虑选煤厂班组核算的实际需要，出台了新的《选煤厂基层核算管理办法》，对选煤厂班组经济核算工作进行了信息化改革。为什么采用信息化管理呢？通过电子化平台操作可以降低班组核算人员手工记录的负担，减少了数据重复记录，把班组核算融入日常工作任务，使班组核算数据更加准确；同时通过电子化平台操作可以实现班组核算数据共享，提高了数据准确性和及时性。

（三）班组经济核算信息化建设

班组经济核算信息化改革方案初步形成以后，继续深入车间班组征求意见。各车间对此积极响应，对总体方案一致认可，在充分征求车间和机关管理部门意见的基础上形成了《选煤厂班组经济核算信息化方案》。

班组经济核算信息化改革工作是选煤厂班组信息化管理平台建设体系的一部分，选煤厂开发班组信息化管理平台系统主要包括 7 大模块。

201X 年 6 月，选煤厂班组经济核算信息化方案形成雏形，有效嵌入了班组信息化平台实施方案。选煤厂组织车间班组核算人员对班组核算模块进行了反复测试，针对测试中存在的问题，与厂家协调逐一解决，经过近半年的反复测试修改，终于完成了选煤厂班组经济核算信息化建设，并投入试运行。

（四）班组经济核算信息化运用

车间班组经济核算信息化工作主要通过班组管理信息化平台系统内两个模块来实现，分别为材料管理模块和成本核算模块。

1. 材料管理模块。材料管理模块主要是将选煤厂从物资供应处领回来的材料配件进行二次入库，然后由车间根据检修计划合理安排出库领用，实现了车间班组库存的电子化管理，材料配件的消耗基本都是挂到单机设备统计上。

该模块具有入库、出库、返库、盘点、统计功能，选煤厂大型材料 4 大类 205 种，普通材料 19 类 1 262 种，配件 28 大类 3 170 种，如此种类繁多的材料，管理、控制、使用、统计都是通过系统完成，规范了物资管理台账，使每件物资从 ERP 出库到实际消耗都有据可查；系统可及时完成对班组、车间物资的库存情况的统计，有效节约了人工统计汇总时间，降低了盘库、利库工作量。系统也可以设定时间段进行出入库检索，方便了每周、每月进行成本汇总和经营分析工作，提高了工作效率。

本模块的优点是：方便班组维修管理，及时摸清家底情况，准确做好需求计划，降低储备资金占用，实现了对生产成本的科学管控。

三、班组经济核算信息化应用效果

班组经济核算信息化工作经过两年半的推进，已完成了初步建设且试用效果良好。该选煤厂 XX 个车间、XX 个班组全部实现了班组经济核算电子化管理，告别了手工记账时代，使选煤厂班组经济核算水平再上一个新台阶。201X 年，选煤厂班组信息化平台正式投入使用，班组经济核算信息化全面推广应用，班组经济核算通过班组信息化平台的运用来实现核算工作，班组经济核算水平显著提高。

班组经济核算信息化应用效果如图 1 所示。

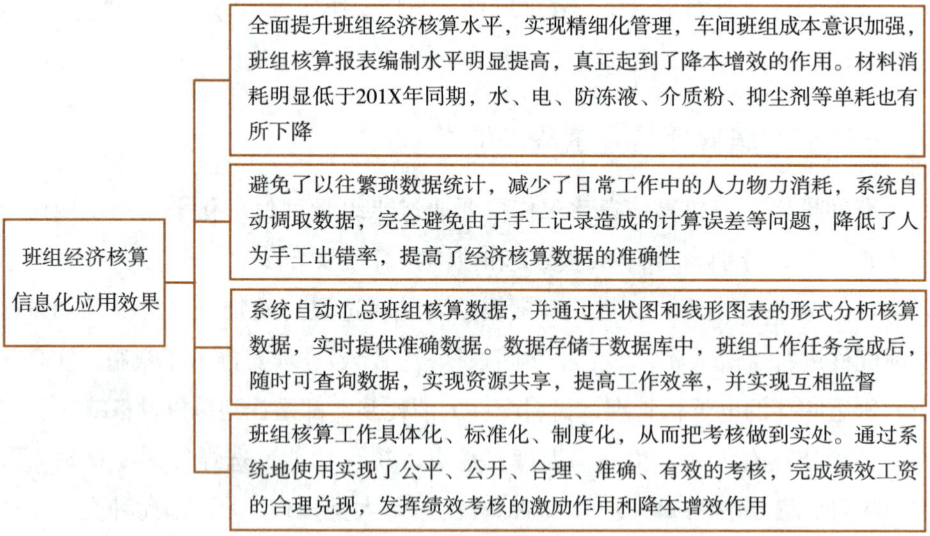

图 1　班组经济核算信息化应用效果

四、实行班组经济核算信息化的启示

实行班组经济核算信息化有如下启示：

一是煤炭企业粗放式的管理已然不适应目前经济环境，只有通过改革来实现转型，通过转变观念推陈出新，通过创新管控模式来改变以往粗放式的成本管理模式，实现降本增效，提升管理能力，提高竞争力，使企业走上良性发展之路。班组经济核算信息化建设的推广应用经历了一个相当艰难的过程，最后取得了良好的成绩。这证明，改革是一个相当艰难而曲折的探索过程，每次改革都需要经历打破旧模式推动新模式的过程。

二是该选煤厂班组核算水平还有待进一步提高。主要表现：一是车间班组长及核算人员的技能水平不足，存在人为统计误差，人为原因出错现象较多；二是班组经济核算信息化核算意识有待加强，个别存在忘记进行系统登记、错用部分功能等情况，今后需要继续加强班组的信息化平台应用培训力度，找出典型问题予以纠正说明；三是信息化系统并未涵盖所有业务，今后将会继续完善信息化平台建设，逐步把所有关键成本项目纳入核算体系。

三是该选煤厂将大力推进班组经济核算信息化建设，使之更好地指导生产实际，为降本增效、提升管控水平做出更大贡献，为企业带来管理红利。

四是管理创新不仅仅是技术创新，更是生产力的提升，一种管理手段的有效运用对生产实际具有重要的指导意义。该选煤厂正是沿着精细化管理的思路，不断完善成本联控体系、内容和方法，加强经济核算信息化建设，不断提升煤炭洗选管理水平。

某公司煤矿做实采矿科技创新的实践

综 述

经济与技术齐飞，打造一流效益型煤矿。某公司煤矿坚持问题导向与效益导向，围绕降本增效主题，不断优化生产组织方案，深入挖掘采场、排土场运距优化的增效潜力，实现了技术创新与经济效益的双赢。该矿还积极研讨半连续工艺在剥离平台的应用与协调开采的技术课题，勇于打破思维定式，以科技创新力促经济效益型煤矿建设。

一、采矿技术创新的实施背景

某公司煤矿采取“L”形采区转向开采方式，正处于转向关键期，首采区将在201X年底采掘到最终边界，二采区剥离工作面已经全面展开。首采区高台阶和二采区最下部单斗台阶工作面长度均已经达到2千米，首采区下部水平未到界，无法实现双环内排，增加绕行运距；内排土场增加数千平方米排弃水平，增加爬高，对运输成本影响较大。因此，转向过渡期的煤矿生产成本可控难度剧增。

新的经济环境对煤矿传统的生产方式、经营模式产生了更加严峻的挑战。从现实看，只有不断技术创新、降低成本、提升企业的抗风险能力，才能在新的市场环境下健康、稳定、持久发展。

二、创新举措及效果

（一）陡帮开采，提高资源回收率，为增效添动力

该矿首采区南部到界形式是根据南部煤底部境界向上返出各个台阶位置直至地表境界形成最终边坡，最终边坡角确定在26度。在实际设计过程中，多次邀请设计院的专业人员及资深专家研究到界边坡的岩土力学参数，分析影响稳定的因素和边坡保存时效性。众多专家表示，34度最终边坡能够保持稳定，得到设计院专业人员及资深专家的认同后，将原设计中1140平盘局部宽度由95米调整到40米，1140平盘下部台阶局部可以向南推进55米，使得原设计中局部不可采的煤炭资源可以开采。调整后的设计比原设计可以多采出几百万吨原煤，增加生产效益数千万元。

（二）中间沟移设技改，减少二次剥离，为降本增活力

中间沟由垂直于采煤工作线的道路（称为垂直段）和平行于工作线的道路（称为平行段）组成。中间沟移设即平行段、垂直段沿推进方向，按预定步距移设。按照201X年初设计，从煤底板标高开始算起，按照7.5%的坡度，垂直段长度在XXX米左右，末端标高为XXXX米，然后向西转弯起坡与平行段搭接。平行段道路通过内排场，需要进行二次剥离内排土场工程量，二次剥离量约几十万立方米。

工程技术人员多次现场考察地形，测量实际数据，精心对比分析，最终决定将垂直段起坡段与6下煤顶板搭接，末端标高由原来的1078调整到1090，将垂直段整体增高，相应平行段随之增高，减少二次剥离数十万立方米；同时垂直段末端向推进方向多移设一定距离，增加了内排空间几百万立方米，节约生产成本数千万元。

（三）打破传统理念，优化运输道路，为降本加助力

二采区北部形成1180～1236水平直搭运输通道。根据201X年计划的设

计，该矿二采区 1180 水平和 1195 水平剥离工程量需要经过二采区北 1180 端帮路绕行至二采区原一号搭桥坡道进入内排土场 1205 水平爬升至 1236 水平，再爬升至 1280 水平进入排弃位置，运输运距约为 2 659 米。其设计理念较为保守，不破坏已形成排土台阶的标准性、完整性。在新的经济形势下，传统的设计观念不足以满足企业的降本增效要求、达到国家节能减排的要求、满足新形势下环境保护的要求。采矿技术员打破传统设计理念，在保证边坡稳定的前提下实现破排土场台阶的新的设计理念。

技术人员在现场多次实际测量计算后，依据现场实际情况，将二采区端帮路直接搭接至内排土场，形成数百米长运矩。运输道路缩短使成本降低数百万元。

“Z”字形折返坡道连接哈矿 1260 排土场。由于二采区南部与某另一矿交界，受另一矿推进影响，该矿 1135 ~ 1240 水平推进严重滞后，上部 1240、1225、1210 水平剥离量进入内排场 1200 水平，需重车下坡运行至 1135 水平，再爬升进入内排土场 1200 水平，运距 4. 6 千米。

为了解决运距过长问题，生产技术部的采矿技术人员积极创新，以运距最短的理念，根据排土场既有道路、最终排弃标高等情况，经过多次现场勘察、测量实际数据，经技术专家详细论证后，在满足道路坡度要求的前提下，实现了下部运输道与上部排弃水平直接搭接，即在南部修一条直通另一矿内排土场 1260 水平的运输道路，从二采区南部 1130 水平开始起坡，先搭接到原去另一矿道路 1181 水平，再向西延伸回转搭接到 1225 水平，再向南回转起坡搭接到另一矿内排土场 1260 水平。

该道路整体坡度 6. 1%，直接减少了 1. 4 千米运距，可以服务工程量有几百万立方米，直接节约运输成本数千万元。

（四）变革开采程序，减小无效倒堆，为降本添利器

该矿吊斗铲抛掷爆破台阶分为东、西两区，西区超前东区一个采幅。在西区抛掷爆破时，中部开切口位置剥离量大，剥离进度慢，经常出现吊斗铲进入西区作业时，扩展平盘未准备好且电铲仍在吊斗铲作业半径之内的情

况，不利于安全生产，并对采煤接续影响严重。为保障露煤速度，吊斗铲需要参与开切口剥离工作，因开切口处没有倒堆空间，故将物料倒至西区6上运煤路。待电铲远离吊斗铲作业半径时，吊斗铲才能正常向西倒堆。

第四种方法的优势：

一是避免了电铲与吊斗铲交叉作业，保证了露煤速度。但是，吊斗铲倒堆至西区6上煤运道路的物料属于无效量（约30万立方米），需要电铲二次剥离，增加了倒堆成本。

二是如何减少吊斗铲重复倒堆量，减少生产成本，是该矿的攻关课题。通过对吊斗铲循环时间、开切口剥离量、电铲刷帮能力、吊斗铲倒堆程序及能力等多方面数据的统计分析，经多次研究论证，对吊斗铲在开切口位置的开采程序进行变革，即吊斗铲不参与开切口剥离工作，增加一台电铲一次性剥离开切口物料。

三是吊斗铲进入西区，向西进行“砍帮”作业；当电铲完成开切口上分层剥离时，吊斗铲向东走铲，进行“砍帮＋拉沟”作业，并将回程路部分的物料倒堆；当电铲完成开切口剥离量时，采煤与剥离均正常接续。

变革后的开采程序避免了开切口处的吊斗铲无效倒堆量数十万立方米。按吊斗铲剥离单价计算，单次开切口可节省开采成本几十万元。按全年吊斗铲在西区剥离5次计算，可节约生产成本百万元。经过技术人员不懈努力，不断优化采矿方案，截止到201X年6月底，实际综合运距较计划运距缩短了数百米。

上述技术改造极大增加了该矿的经济效益，详见表1。

表1　　技改项目效益表

技改项目	技改前情况	技改后情况	原运距（米）	技改后运距（米）	成本效益
首采区南部到界台阶陡帮开采	最终边坡角27°	中西部区域最终边坡角34°，多采原煤130万吨	—	—	创效千万元

续表

技改项目	技改前情况	技改后情况	原运距（米）	技改后运距（米）	成本效益
中间沟运煤通道技改	二次剥离量 80 万立方米	减少二次剥离量 55 万立方米，增加内排空间 200 万立方米	—	—	降本千万元
二采区留沟位置北侧 1236 水平形成与 1180 运输平盘直接搭接的运输通道	绕行内排道路	300 万立方米剥离量节约运距 633 米	2 659	2 026	降本千万元
“Z”字形折返坡道连接哈矿 1260 排土场	绕行排土场平盘及损失爬高	550 万立方米剥离量节约运距 1 400 米	4 600	3 200	降本千万元
吊斗铲西部抛掷区开切口开采程序优化	每年二次剥离量 150 万立方米	每年减少二次剥离量 150 万立方米	—	—	每年降本百万元
合计创效			XXXX 万元		

三、启示

1. “以电代油”是煤矿降低生产成本的重要思路，半连续工艺在剥离台阶的应用是该矿的一项重要研究课题，公司正与相关科研院校共同研究，已形成了初步的可行性方案。另外，“煤矿协调开采”有利于减小二次剥离量，降低生产剥采比，有利于改变吊斗铲作业方式，统筹优化单斗卡车剥离运距，缩短运距是降本增效的发展方向。

2. 在煤炭市场持续低迷、煤电市场严重过剩、降本增效任务异常繁重的形势下，某公司技术部门紧紧围绕“向科技创新要效益”这一工作重心，以降本增效为目标，以技术创新为手段，打破传统思维定式和主观偏见，深度挖掘每一种工艺的优势，实现综合开采工艺的高效联动衔接，不断做实做优采矿技术增效工作。

某公司煤矿班组技术创新降本增效的实践

综 述

某公司煤矿供电队检修五班以创建“学习创新型”班组为目标，采取各种有效方法开展班组学习，提升组员综合素质，并且在日常生产实践发现问题、解决问题的过程中实现了创新创效、节支降耗，不仅增长了员工的技术本领，也为公司培养知识型员工、打造学习创新型班组积累了宝贵经验。

某公司煤矿供电队检修五班现有员工 76 人，是一支专业文化水平较高的年轻团队，主要承担的任务是维护和检修采区内移动变电站、高压开关柜、分线箱、箱式变压站、裸式变压器；维护和检修包括发电车、电缆车等在内的供电工程车辆、辅助设备车辆；对采区内电缆进行检修，并修补各类破损电缆；根据生产需求提前制作新的高、低压电缆。

班组把“博采众长 创新创效”“打造一流煤矿供电创新品牌员工”作为共同的愿景和目标，让班组员工在生产实践中不断发现问题、解决问题，并以解决问题为契机对生产设备和生产环节进行创新和改善，让员工在提升个人技能的同时实现个人价值。近两年，班组在优质高效地完成各项工作任务的同时，为节约生产成本、降低生产费用、提高生产效率、增加经济效益做出了积极贡献。

检修五班采用“定目标、建机制、集中力量完成任务”的创新四步工作法，成为该班组建设创新驱动型班组的有效方法。

一、定个人进步目标，规范员工成长机制

（一）规定学习，不走过场

通过“一日一练、一周一技、一月一考”，建立了“班组岗位练兵台”。业务学习安排如图1所示。

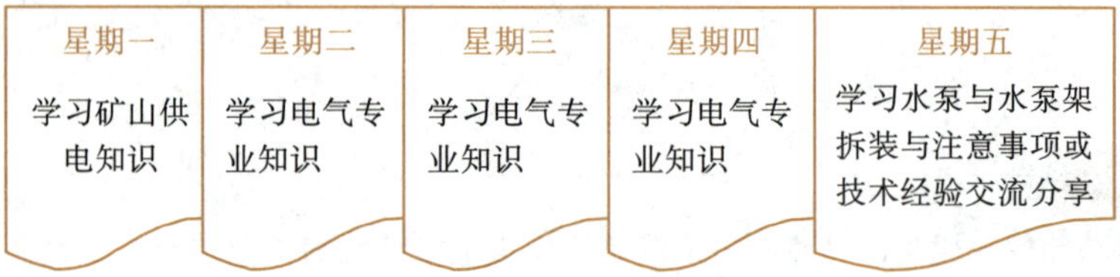

图1　一周业务学习安排

（二）自主学习，学深学透

通过自主学习（见图2）在班组中让“差一点都不行、一点都不能差”成为班组检修是否过关的标准和理念。利用考核激励机制让学习渗透在日常工作中，融于工作环境中，让学习用在不知处、成在无形中，让职工的本领在不知不觉中成长。

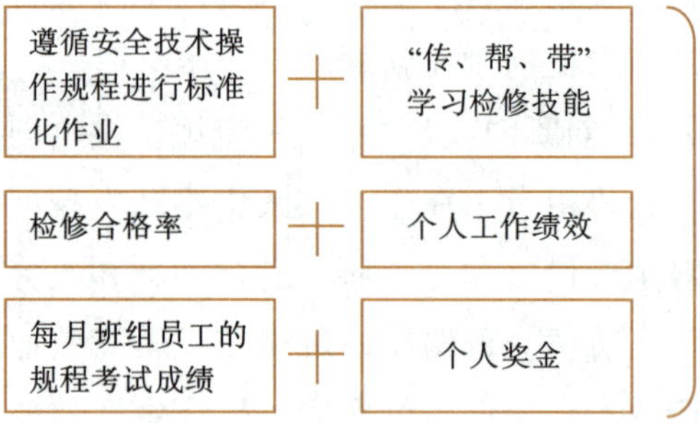

图2　自主学习与个人收入挂钩

（三）互相学习，共同进步

利用每周五“班组技术座谈会”、月底的“每人每月一件事”，让班组

成员将自己的工作经验、技能小窍门讲出来供大家共同学习参考。例如，听声音辨别移动站的服务变压器是否正常等工作经验都能与全体组员分享提高。

二、定自主技术创新目标，建立“先用后评”机制

（一）不断攻克国外进口设备故障检修技术难关

某煤矿供电、用电设备80%以上都是国外进口，其中高压发电车的发动机等主体部件都是从美国某公司引进的，移动变电站、高压开关柜以及一些断路器全部是加拿大某公司的进口设备。如何提高进口设备的使用效率和检修维护质量成为摆在班组面前的头等大事，也是班组的首要技术攻关目标。

为了克服对进口设备不熟悉这一难关，彻底了解设备的工作原理及每个部件的作用，特别是为解决设备发生故障时能查出故障原因，班组成员集体行动起来，将图纸的每个部件与现场设备相对应地一个个找出，对不懂的部件通过书本、网络查阅，了解其功能及结构原理，最终全体班组成员对这些电气设备有了全面的、深入的认识和了解。进口设备一旦出现故障，班组都能做到迅速查出故障原因并及时处理解决，从而节约了外委维修时间和检修成本，保证了供电系统生产效率的高效发挥。

（二）成功进行供电设备技术革新改造

如何对设备、设施进行技术革新改造，为生产提供优质高效电力保障，让现有设备能在生产现场使用中更好地发挥生产效率是班组第二个自主创新改造目标。

班组按照工作任务将人员划分为3个专业小组，分别负责移动变电站、高压开关柜、发电车等辅助工程设备和电缆检修维护，有效调动每名组员的创新创效热情。

一是党员做引领，攻坚克难燃激情，科学发展当先锋，党员融入生产抓关键。选择项目，进行专题立项，开展技术改造。

二是开展“双培双带”工程，为技术人才提供成长摇篮。一方面注重“抓培养”，做好那些在安全上是标兵、生产上是骨干、技术上是能手的非党员职工的培养工作；另一方面是“搭平台”，做好那些工作业绩一般，作用发挥一般的入党积极分子和青工的培养。

201X 年以来，班组完成了 5 项技术创新项目，分别是移动变电站监控系统技术创新、发电车急停开关技术创新、坑下供电线路系统改造、电缆软桥改造、坑下可移动式抽水系统技术创新，为保障供电生产效率和工作质量提供了技术支持。

三、定“疑难杂症”课题攻关目标，建立荣誉激励机制

（一）创新“采区内高效率抽水模式”

随着生产的推进，煤矿生产现场地下水渗水严重，只有将坑下采区内积水及时抽走，才能保证生产持续推进。为此，决定将抽取的坑下积水用作生产现场洒水降尘，实现水资源回收再利用。班组成立了班组长带头、4 人组成的“抽水组”，通过对水泵功率、制作水泵架等方面进行改造，使过去 50 分钟才能抽满 100 吨洒水车缩短为一车 8 分钟，成功创新出“采区内高效率抽水模式”。由于采区内坑下积水分布地点多，需经常从相距 5 千米左右的距离内移动水泵等抽水装置，为此班组成员又通过创新研究，成功完成了坑下可移动式抽水系统技术创新，有效提高了移设抽水系统的效率，为整个采矿系统的高效接续运转节约了时间、降低了成本。

（二）改造美国某公司的低压发电车散热装置——攻克低压发电车不能连续作业的难关

雨季持续降雨导致坑下积水量增大，抽水任务艰巨，班组在连续不间断使用低压发电车给水泵提供电源的同时，发现发电机组运行期间温度可达到 90 度以上，严重制约发电机组的正常工作。班组成员在困难面前表现出了超强的集体智慧，想方设法改善低压发电车的散热装置，最终将低压发电车箱

体后门处加装了百叶窗进行散热。改造后，该设备运行期间温度降低到74度，满足了运行要求，此项技术创新不仅提高了低压发电车发电机组的使用寿命，而且为连续抽水赢得了宝贵时间。

（三）发明拆分式、漂浮式水泵架——克服坑下煤泥水无法正常抽取的生产难题

雨季连续降雨，坑下积水泥沙含量大，在抽水过程中，水泵经常被水中的污泥、煤尘堵塞，又给抽水工作造成了很大的困难。这个难题又激发了班组员工技术攻关的兴趣。大家通过深思熟虑，决定用废旧油桶作漂浮物来将水泵漂浮在积水的上层，制作的漂浮式水泵架投入现场使用后，抽水效率明显提高。

四、定“班组小家”单元管理目标，建立管理创新驱动机制

如何以“班组小家”为单元，在班组管理中实行管理创新，实现班组员工自主管理，自主保安全、促生产？班组引入了管理创新驱动机制，为推动班组队伍建设跨越式发展提供后劲。

（一）优化班组建设标准——抓载体创新班组建设途径

班组开展“一人献一计、天天有改进、降本增效益”，“创新、创效、创优”，建功立业“五个一”（班组内部一次劳动竞赛、一次技术比武、一次建言献策、一次创新发布和一次技术架桥），“我承诺、我奉献、我创新、我超越”等为主题的组员经济创新创效活动，促进班组能力提升及工作任务的完成；建立“六好”班组创建考评标准，自行确定达标、创优的时间段，实现逐步达标升级的目标。“六好”是指：基础管理好、质量安全好、成本联控好、任务完成好、公关创新好和团队建设好。

（二）优化班组建设内容——抓文化管理不断优化班组建设理念

以“博采众长 创新创效”的科技理念和“打造一流煤矿供电创新品牌

员工”的班组共同愿景为目标，通过对标学习，在班组组织设置、差异化管理、学习型组织建设、集体协商等方面丰富了班组建设的内容，在班组内部实行“三化班组管理法”，即量化岗位职责、固化岗位分工、优化绩效积分，对班组成员在安全行为、劳动纪律、现场管理、工作质量、协同作业等方面进行绩效评价，实行日通报、月累计，得分与收入挂钩。为班组管理创新驱动引进了新方法。

（三）推行轮值班组长管理——提升每名员工的综合素质，打造一流团队

班组开展了“普通员工如何当好班组长”的大讨论活动，引导组员共同参与班组管理。第一步是推行“人人当一天安监员”。经过两个多月的实施，又引进新的管理方法——推行轮值班组长管理。班组采用循序渐进的方法，先把组员按照群公监督员、青年安全岗员、小组长、组内安全负责人等进行“花名册”排序，把“班组长日常工作流程”打印出来，让大家按照顺序提前“备课”，按照一人当两天班组长作为一个周期，此管理的实施使组员逐渐实现从被管理者到管理者角色转变，让每一个人都成为生产工作中问题的发现者、改进者和创新者，通过个体改进和提升，实现提升团队综合素质的目标。

（四）创新管理带来的“追求降本增效、追求卓越”的目标，在班组生产实践中得到了升华

班组成立以来，累计修补电缆 105 根，总长度约为 24 300 多米，新制作电缆 74 根，并对回收的电缆及时进行打压试验，为队部节约成本做出了巨大贡献。

该煤矿供电队检修五班在认真落实公司和矿内班组建设各项管理方法的过程中，通过不断学习，重点在技术和管理两个方面不断创新和完善，从点滴做起，用实际行动践行“艰苦奋斗、开拓务实、追求卓越”的企业精神。

某公司炸药厂改进生产工艺的实践

综 述

效益最大化是企业追求的最终目标，某公司炸药厂以废机油代替部分柴油生产铵油炸药是典型的节约创效，用具有同等燃烧功效的废机油替代价格昂贵的柴油，经过炸药厂科研人员的不断实验与改进，找到了替代的最佳比例，保证了炸药的爆破效果，在不影响爆破效果的前提下，降低了炸药生产的成本，提升了企业经营效益，同时更解决了废机油的处置难题，这是融经济效益与社会效益于一体的科技创新。

一、炸药厂改进生产工艺的实施背景

某公司是国家重点建设和开发的煤矿，随着煤矿投产，大量大型采掘设备投入运行，在设备维护保养时会产生大量废旧油脂，不仅给环境造成污染，而且因为其具有可燃性，所以在处理过程中存在安全隐患，对职工的健康也有影响。

如何将这些废旧物资变废为宝？炸药厂的工程技术人员做出了大胆的创新。经过分析研究和大量实验，终于实现了将废机油用于铵油炸药的生产这一新的突破，不仅废旧的油脂得到重新利用，也避免了废油脂处理过程中的不利影响，同时降低了采煤成本，给矿山开采带来巨大的经济效益。此项技术不仅获得国家发明专利，也在矿山爆破中应用，性能方面与传统铵油炸药相近，完全满足爆破需求。

二、改进生产工艺的内涵

（一）爆破一体化

民用爆炸物品行业发展规划中明确要求，要着力培养自主创新和富有国际竞争力的龙头企业，培育一批行业级的科技创新团队，加大科研创新投入比例，加快推进爆破一体化发展速度。目前国内民爆行业由于存在多种制约因素，企业要走出一条“科技含量高、经济效益好、资源消耗低、环境污染少、人力资源优势得到充分发挥”的一体化之路还需要做出很大努力，此项创新正是在国家政策的指引下，向爆破一体化发展迈出的第一步。

（二）理论依据

铵油炸药的主要组分为多孔粒状硝酸铵和柴油。炸药的元素组成主要为C、H、O、N共4种元素。C、H是可燃剂，O、N是氧化剂。炸药的爆炸过程实质上就是氧化剂与可燃剂进行急剧的化学反应，生成二氧化碳、水蒸气、一氧化碳，氮气等新气体产物的氧化还原过程。柴油是铵油炸药制备的理想可燃剂，具有容易被多孔硝酸铵吸收、使铵油炸药不宜结块、混合均匀、炸药性能稳定、爆轰完全等优点。

机油也是石油经减压所得的馏分油，主要成分为C、H，具有良好的可燃性。与柴油具有良好的相容性。废机油经过机械摩擦失效，黏度降低，但组分不变，与柴油按一定比例配置混合油，同样具有易被硝酸铵吸收、吸油率高、挥发性小、闪点高等特点，也是理想的可燃剂。

三、主要做法

（一）废机油利用管理流程

为了更好地将废机油应用于炸药的生产，炸药厂投入资金建设了一套废机油再利用生产系统，用于柴油与废机油的制备，并规定了相关部门的职责。经营管理部负责与废机油提供单位协调沟通联系、废机油到货后的记录统计，废机油到现场后由制药车间制备组负责卸货和混合油相的配置，炸药车队负责与制药车间沟通，通过现场混装炸药车加装配置好的混合油相。

（二）生产工艺流程

废机油采用桶装，到货后先卸到配置现场，通过废机油泵按比例输送至混合槽，输送完毕，再向混合槽内注入比例要求的柴油，通过搅拌器混合均匀，由于废机油中存在少量的杂质，经过一段时间的静置，将混合油泵入储存罐备用，现场混装炸药车进入现场加油。

四、实施效果

（一）环境效益

废机油代替部分柴油生产铵油炸药的应用减少了大量废机油的排放，解决了工业厂区的环境污染问题，同时减少了废机油堆放引起的火灾等隐患，改善了工业场所的卫生状况。废机油代替部分柴油生产铵油炸药的应用为企业发展循环经济、环境保护做出了巨大贡献。

（二）经营效益

废机油再利用制备工艺技术的使用实现了企业节能减排、节约成本的目标。废机油配制工艺按照废机油与柴油比例 1∶1 进行配制，节省了炸药原材料柴油的消耗，节约了炸药生产成本。

（三）长期效益

某煤矿按未来开采年限计算，每年利用废机油代替部分柴油生产铵油炸药数万吨，废机油代替部分柴油可节省柴油千余吨，按柴油的平均价格计算，大约节约生产成本上亿元。

（四）社会效益

该发明对落实科学发展观，实现循环经济，建设节约型和环境友好型社会具有重要意义，对转变经济增长方式，落实节能减排，促进西部开发具有推动作用。产品性能达到国家标准，此项技术的推广对全国爆破行业具有十分重要的实际意义。

为了加快废机油的使用，保质保量完成废机油利用工作，炸药厂根据铵油炸药的月计划生产实际，根据铵油炸药的使用量，确定每月的废机油计划使用量为不少于百吨的目标，每天上报废机油使用量，每月统计废机油使用量，确保设定目标实现。积极努力完成公司下达的节能降耗目标，同时也为公司的节能降耗工作做出贡献。

为保证废机油的正常供应，公司根据市场废机油的销售情况，每提供一吨废机油向供油单位支付一定费用，让每一参与单位都能享受这个成果带来的效益，实现互利共赢的目的。炸药厂内部参与废机油利用的单位及人员也从废机油利用产生的效益中按照不同的比例给予奖励，让每一个参与进来的人都受益，激发职工对此项工作的热情，保证废机油利用的顺利进行。

五、几点体会

1. 废机油代替部分柴油做可燃剂成为铵油炸药的组分之一，是铵油炸药生产工艺创新的又一次历史性突破，是对炸药生产工艺发展的又一次推动。该产品通过现场混装炸药车生产，并在国内大型露天矿山各种爆破中应用尚属首例，为其他企业炸药生产和矿山爆破树立榜样，值得其他企业借鉴，共同促进民爆行业的创新与发展。

2. 废机油从废旧物品到被合理利用作为炸药的有效组分打破了废旧的就“无用”这一传统观念和思维模式，寻找“废物”的另一种应用途径。废机油利用于铵油炸药生产其实是创造了一种新的炸药生产配方和生产工艺。

3. 民爆行业规划中提出要加快推进爆破一体化进程，爆破一体化真正意义就是产、供、爆、研一体化，目的是“保障公共安全、减少环节、降低成本、提高效率”。该创新项目的实施不仅符合公司战略规划要求，而且在践行爆破一体化进程中迈出了坚实的一步。

4. 生产工艺的改进有利于传统材料领域高新技术的产业化，提升产品的竞争力和附加值，实现了从报废到再利用的产业链，提升了不可再生资源的利用率和对不可再生资源保护的自觉性，对促进增产增效、节约增效起到很大的推动作用。

某公司选煤厂改进生产工艺技术的实践

综 述

发现问题、分析问题、解决问题构成管理提升的一次闭环。某公司选煤厂粗泥煤脱水工艺技术的研究与改造，从技术层面实现了一次技术改革，从管理层面实现了管理提升。无论是技术的改进，还是管理的提升，目标都是围绕经营效益的最大化。粗泥煤脱水工艺技术的改造旨在对洗选系统健康高效运行进行完善，是企业管理不断提升的一个缩影。

一、改进生产工艺技术的实施背景

某矿区煤层中夹矸及顶底板含有较多泥岩及碳质泥岩，在洗选过程中产生大量的次生煤泥，粗煤泥脱水系统负荷大，经常出现透筛率低或筛孔堵死，导致粗煤泥水分居高不下。近年来随着采煤工艺的调整，细粒煤在毛煤中占的比例逐年增加。毛煤中粗煤泥比例非正常范围内波动时，粗煤泥脱水系统效果较差，造成最终产品整体热值下降；同时造成现场环境卫生差，留下安全隐患，并给文明生产整治工作的开展带来阻碍；再者，产品水分偏多造成输送皮带运转中出现跑偏、打滑等故障，极大影响选煤厂的连续生产，所以对于选煤厂来说，想要提高产品质量，保证设备运转的稳定性，增加企业综合经济效益，粗煤泥脱水是一个不容忽视的问题。

二、改造生产工艺技术的应用研究

某选煤厂重介浅槽洗选系统，采用“块煤重介浅槽＋末煤不洗＋煤泥压滤回收”的联合工艺流程。粗煤泥采用的是“旋流器＋弧形筛＋离心机脱水”工艺。

（一）煤质分析

由表1、表2数据可知：毛煤的灰分总体随着粒度的减小而减小，但小于0.5毫米粒级煤泥灰分却增高，说明矸石易泥化。

表1　　大筛分试验结果

粒级（毫米）	占比（%）	灰分（%）
200～100	18.2	46.39
100～50	7.36	38.21
50～25	5.47	35.37
25～13	10.15	28.73
13～6	20.04	29.47
6～0.5	28.79	28.05
-0.5	9.99	31.89
合计	100	33.27

表2　　破碎级筛分试验结果

粒级（毫米）	占比（%）	灰分（%）
100～50	12.56	40.24
50～25	9.23	37.85
25～13	13.79	31.67
13～6	23.72	30.09
6～0.5	29.93	28.91
-0.5	10.77	31.89
合计	100	32.14

（二）粗煤泥脱水存在的问题

1. 粗煤泥产品水分偏高，影响最终产品质量。重介浅槽系统粗煤泥脱水设备选用的是卧式振动离心机，入料要求粒度是 0.5～50 毫米，入料水分是 20%～25% 之间，处理能力是 250～300 吨/小时。粗煤泥经旋流器分级浓缩后，底流经弧形筛预先脱水后进入离心机，经过多次实验，得出离心机对不同粒度级的煤，脱水效果不同的结论。

2. 造成离心机筛篮、箱体等备件使用周期缩短。原设计离心机处理的物料来源有两处：一是粗煤泥，二是精煤脱介筛下层筛上物料。与类似工艺、相同煤质的选煤厂比较，某选煤厂离心机处理物料是精煤筛下层筛上物。两个选煤厂选用的离心机型号厂家完全一样，通过对比发现，备件的使用周期存在差异。

粗煤泥掺入末精煤内由离心机进行脱水，壳体内部及筛篮磨损较快，某选煤厂使用寿命仅为正常使用寿命的 1/2 左右。

3. 离心机入料浓度低，造成现场设备跑冒滴漏，影响现场文明生产和设备正常运转。离心机下游设备由于某种故障重载停机，在闭锁作用下，离心机及上游设备同时停机。这就造成从旋流器底流下来的部分粗煤泥水无法回收，大量煤泥水流入下游向上运输带式输送机尾部，所以出现机尾撒料、堆料现象，煤泥水到处跑漏，处理起来工作量大。

（三）工艺系统研究和分析

重介浅槽系统自投入运行以来，车间技术人员采取了各种整改措施，针对旋流器浓缩效果差的问题，增大了旋流器的入料压力，取得了一定的效果，但旋流器溢流跑粗次数增加。同时，在上煤效率低、入料浓度低的情况下，旋流器的浓缩效果又变差。针对弧形筛筛面透筛率低的问题，采取了调整筛面角度、在筛面增加缓冲坡、调整筛板缝隙等措施，取得了一定的效果，但在上煤效率低、入料浓度低的情况下，问题继续出现，仍没有得到解决。鉴于此种情况，对现场设备进行了调研和详细分析，查找总结出以下几点原因：

1. 粗煤泥泥化比较大，造成旋流器的浓缩效果差。系统的旋流器为DB15型，直径为381毫米，细颗粒煤泥的泥化比为26.37%。煤泥在旋流器中浓缩分级受泥化程度影响较大，大量细粒级物料和水进入粗粒级产品中，浓缩效果差。

2. 未经过有效预先脱水的煤泥水，浓度达不到离心机的入料要求。旋流器底流进入弧形筛后，由于表面张力的作用，流动的煤泥水会在弧形筛筛面上形成一层水膜，水膜阻碍了后续物料进一步脱水，透筛效果差。

弧形筛未能起到有效预先脱水的作用，筛上物出料浓度为100克/升。离心机的入料浓度要求为200克/升，粗煤泥进入离心机的物料达不到最低浓度要求，导致离心机的脱水效率差。在入料浓度接近于水的浓度的情况下，离心机基本不起作用，煤泥水大部分进入下游设备中。

3. 离心机筛篮堵塞，振动异常，设备运转稳定性差。离心机入料中掺入了低浓度的粗煤泥，使得离心机筛篮筛缝经常堵塞，离心液增多，振动异常，离心机运行稳定性差。

综上所述，在选煤生产过程中，尽管-3毫米粒级所占比例较小，但粗煤泥脱水效果的优劣直接影响着产品的水分和热值，同时在生产过程中也会增加生产成本的投入（水量、设备维护等费用增加），所以保证系统内粗煤泥脱水的效果还是非常有必要的。

三、改进生产工艺技术的实践

（一）粗煤泥脱水的初次改造

对比分析了国内外现有的设备工艺，考虑现有为一个长条形空间，因此选定一台标准型高频筛来替代原“弧形筛+离心机”工艺设备。为了保证改造过程中不影响生产的连续性，旋流器底流至两台弧形筛原管路保留，将两管道合并，汇至一根DN400钢骨架管道，增加4个电液阀门，然后由钢骨架管道给高频筛供料，增加工艺的灵活性。当高频筛出现故障时，调节电液阀门，恢复原工艺。

新的粗煤泥脱水工艺替代原有的脱水工艺后，粗煤泥产品水分未达到预期目标，由于流体黏度大，筛孔经常堵塞，粗煤泥水经常来不及透筛即进入下一环节。在频率、振幅都达到额定情况后，认为主要是以下几方面因素造成：

一是聚氨酯条缝筛虽然存在耐磨性能好、使用寿命长、弹性好、极限尺寸的颗粒不会阻塞筛孔的优点，但当粒度在 2 毫米以下时，透筛率比较低。

二是物料在筛面上的运动速度快，造成筛分的有效时间短，筛分效果差。

三是筛板筛缝的布置方向与物料运动方向垂直，造成透筛效果差。

（二）粗煤泥脱水的二次改造

根据初次改造中粗煤泥脱水效果差的原因分析，为进一步提高脱水效果，又采取了以下措施进行整改。

一是更换高频筛筛板。高频筛原有的筛板为 Φ0.5 毫米聚氨酯条缝筛面，粗煤泥水经常来不及透筛即进入下一个环节。考虑到不锈钢筛板开孔率高于聚氨，为此将高频筛筛板更换不锈钢条缝筛面。但筛板堵塞和透筛率低的问题没有根本解决，粗煤泥产品水平也没有较大幅度改善。

二是在筛板的出料端增加挡水坝。粗煤泥物料在高频筛上的运行时间不足，所以在高频筛筛面出料端均匀增加 4 道挡水坝，研究脱水效果增加的可行性。但水流会冲过挡水坝，直接进入下个环节，粗煤泥产品水平也没有较大幅度的改善。

三是改变筛板筛缝布置方向。原筛板筛缝布置方向与物料运动方向垂直，造成物料脱水效果差，将原筛板替换为筛缝布置方向与物料运行方向相同的筛板，提高其透水性。

通过以上三方面的整改，粗煤泥脱水效果得到了改进，但筛板筛缝堵塞没有彻底解决，还是会周期性出现筛板堵塞现象，造成粗煤泥水冲过挡水坝，未有效脱水就进入产品系统，需要工人定期冲洗筛面才能保证脱水效果。

（三）粗煤泥脱水的第三次改造

通过第一次和第二次的改造，可得初步结论，高频筛选型小，脱水能力不够，但空间位置所限，加大一个标准，现有厂房条件不容许。调查研究国内外的脱水设备和工艺，利用弧形筛预先脱水后，再用高频筛进行脱水，减少高频筛的处理量，从现场空间和设备布置情况分析，此方案有一定的可行性，借用一次和二次改造的成功经验，对粗煤泥脱水进行第三次改造。通过对目前存在的粗煤泥脱水设备性能、入料要求、处理能力、脱水效果、投资及运行成本等因素进行比选，"旋流器 + 高频筛"的联合脱水工艺入料浓度适应范围广，投资成本低，能够对高泥化比的粗煤泥进行脱水。按照这个结论对高频筛前加弧形筛，改变粗煤泥直接由高频筛脱水的工艺，变为"弧形筛 + 高频筛"联合脱水工艺。粗煤泥水先由弧形筛一级脱水，弧形筛筛上物进入高频筛进行二次脱水。

四、改进生产工艺技术的效果

选煤厂重介浅槽部分对粗煤泥脱水系统进行了工艺改造，取得了显著效果，主要表现：

一是研究实践了高泥化比的粗煤泥脱水设备和脱水工艺，确定了高黏性煤粗煤泥采用"弧形筛 + 高频筛"的联合脱水工艺流程可行性。

二是粗煤泥产品水分较改造前降低，经济效益明显。

三是粗煤泥由改造前进入精煤胶带变为现在进入末煤带式输送机，二次起尘情况减少，胶带沿线粉尘浓度降低，减少了对作业现场的污染。

四是离心机磨损大大减少，壳体内部及筛篮的寿命提高了两倍，恢复到正常水平，节约了备件成本。上仓设备由于故障停机时，由旋流器下来的粗煤泥水经高频筛全部回到浓缩池，不会造成机尾撒料、堆料，繁重的卫生工作大大减轻，节省了人力。

五、改进生产工艺技术的体会

1. 在粗煤泥脱水改造中研究评述了粗煤泥常用的脱水设备和脱水工艺，得出了“弧形筛 + 高频筛”脱水工艺更适合粗煤泥浓度波动大、易泥化煤质的脱水的结论。按照研究结论实践完成了重介浅槽系统粗煤泥脱水的改造，降低了粗煤泥产品水分，降低了原有离心机的材料消耗，提升了现场管理水平，增加了企业综合经济效益。

2. 工艺改造为矿区再建选煤厂，粗煤泥脱水工艺的选择提供了经验。该选煤厂三系统粗煤泥脱水工艺就选用了本次改造后的脱水工艺，在设计时将问题进行处理，避免后期投入人力、物力、财力，增加不必要的损失，三系统投产后生产运行平稳。

某公司煤矿开展供电技术创新的实践

综 述

一花独放不是春，百花齐放春满园。企业的创新创效亦然，只有形成全员参与、全面覆盖的文化氛围，企业在创新创效上才能获得重大突破。某公司煤矿一线供电单位以创新机制建设为导向，鼓励职工开动脑筋，解决实际难题，收到了良好成效，其多项创新成果已成为日常工作中不可缺少的工器具，不只提升了生产效率，也为公司创造了经济效益。

一、技术创新的实施背景

某公司煤矿一线供电单位承担的主要任务：一是负责为矿坑下电铲、钻机提供供电保障，维护和检修露天采区内35千伏/6.3千伏移动变电站、高压开关柜、分线箱、箱式变压站、裸式变压器；二是维护和检修包括发电车、电缆车等在内的供电工程车辆、辅助设备车辆；三是对采区内电缆进行检修，并修补各类破损电缆，根据生产需求提前制作新的高、低压电缆。

该供电单位根据所承担的工作任务，明确把“博采众长、创新创效”“打造一流供电创新品牌员工”作为共同的愿景和目标，激发每名员工的内心驱动力，使大家在生产实践中不断发现问题、解决问题，对生产设备和生产环节进行创新和改善，让员工在提升个人技能时实现个人价值。

通过几年的努力，该供电单位在优质高效地完成各项工作任务的同时，为煤矿节约生产成本、降低生产费用、提高生产效率、增加经济效益等做出了积极贡献。

二、技术创新的主要内容

（一）设立自主技术创新目标，建立“先用后评”机制

1. 攻克国外进口设备故障检修技术难关。煤矿供电、用电设备的 80% 以上都是国外进口的，其中高压发电车的发动机等主体部件都是从美国某公司进口，移动变电站、高压开关柜以及一些断路器全部是加拿大某公司进口。如何提高进口设备的使用效率和检修维护质量成为摆在员工面前的主要任务，也是该单位首要的技术攻关目标。

为了克服对进口设备不熟悉、设备图纸全部为英文标注的困难，为彻底了解设备的工作原理及每个部件的作用，特别是为了能够在设备发生故障时查出故障原因，班组成员集体行动起来，参照图纸，借助网络将图纸上的英文翻译为中文，将图纸的每个部件与现场设备逐一对应，对不懂的部件，通过书本、网络查阅，了解其功能及结构原理，最终让全体员工对这些电气设备有了全面深入的认识与了解。

依靠自身力量攻克国外进口供电设备检修技术难关，不仅节约了检修时间、提高了采矿进程，而且节约了外委维修费用。

2. 进行供电设备技术革新改造。如何对设备、设施进行技术革新改造，为生产提供优质高效的电力保障，让现有设备能在生产现场使用中更好地发挥生产效率是煤矿的第二个自主创新改造目标。

“没有完美的个人，只有完美的团队。”按照工作任务，该供电单位成立 3 个专业小组，分别负责移动变电站、高压开关柜、发电车等辅助工程设备和电缆检修维护。通过分工，使各小组成员更加专注并不断创新自身承揽的工作任务，各负其责又能通盘合作，人员不窝工，分工科学，有效调动每名组员的创新创效热情。

技术革新改造项目不仅为电铲、钻机这两类矿内主要大型采矿设备优化了供电效率，而且提高了单位时间内的供电质量。

（二）定“疑难杂症”课题攻关目标，建立荣誉激励机制

面对“高效率抽取采区积水”难题，供电技术人员努力攻克，采取一系列措施，成功实现水资源回收再利用。具体方法如下：

1. 采区可移动式抽水系统技术创新。针对采区内坑下积水分布地点多、频繁移设抽水装置、消耗工时多、劳动强度大等问题，重点在提升水泵功率、制作水泵架等方面进行改造，完成了采区可移动式抽水系统技术创新，使抽满一台百吨级洒水车的时间由过去的 50 分钟缩短为现在的 8 分钟。

2. 拆分式、漂浮式水泵架。每逢雨季连续降雨，采区坑下积水泥沙、煤泥含量大，在抽水过程中，水泵经常被水中的污泥、煤尘堵塞，潜水泵抽水时被淤泥淹没，无法正常连续工作。为此，供电技术人员又发明了拆分式、漂浮式水泵架，利用废旧油桶，将 4 个油桶加固于水泵上方，通过水的浮力作用将油桶漂浮于水面，使水泵漂浮在水中避开淤泥的影响，顺利地完成抽水任务。

3. 升降式水泵架。升降式水泵架，可根据水位的高低来调节水泵的高低，避免水泵被污泥水堵塞等情况的发生，克服了坑下煤泥水无法正常抽取的生产难题。

4. 改造甲公司低压发电车散热装置。针对雨季积水高峰期，连续不间断使用低压发电车给水泵提供电源，使低压发电车发电机组运行温度达到 90 度以上，严重制约着发电机组的正常工作，供电技术人员在困难面前又表现出超强的集体智慧，将低压发电车箱体后门处加装了百叶窗进行散热。改造后，该设备运行期间温度降低到 74 度，满足了运行要求。此项技术创新不仅提高了低压发电车发电机组的使用寿命，而且为连续抽水赢得了宝贵时间，攻克了低压发电车不能连续作业的难关。

5. 可移动式液压鹤管抽水架。针对采区内积水分布地点多和部分集水坑内水量有限的情况，为顺利将积水坑的水直接抽进洒水车，供电技术人员又设计出了可移动式液压鹤管抽水架，该创新技术可根据洒水车的位置调节鹤管来为洒水车加水，既方便又简单，抽完积水坑中的水之后，通过拖拽抽水

架的底座可以随意将抽水装置移动到下一个抽水位置。

6. 水泵提水远程控制电动装置。为提高洒水车抽水效率、减少手动操作启动抽水系统影响工时，电工小伙子们又革新了水泵提水远程控制电动装置。该系统可由抽水司机单独进行抽水作业，通过无线遥控按钮装置随时进行抽水，减少了多工种、多人交叉作业带来的安全隐患，降低了人员配置带来的人力资源成本费用。

（三）定班组经济技术革新目标，建立修旧利废创新驱动机制

在修旧利废工作当中，供电技术人员通过一系列技术创新措施，提高电缆修补质量和效率（见图1）。

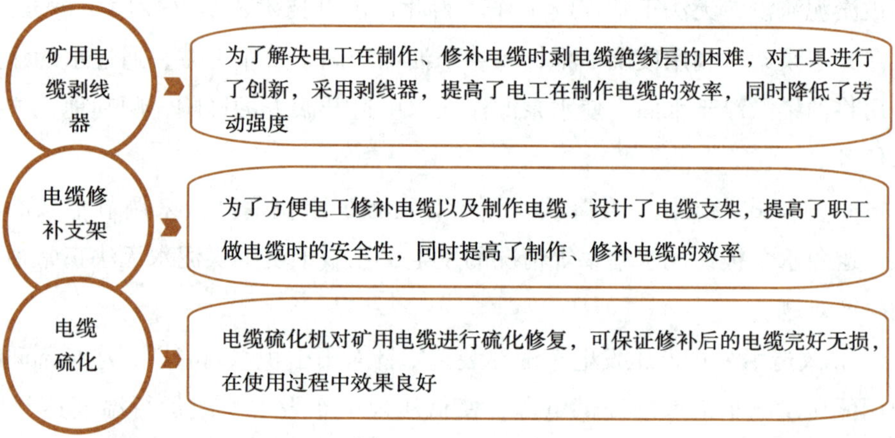

图1　电缆修补过程中的技术创新措施

三、技术创新取得的成果

该公司煤矿供电技术人员在实际工作中不断攻关和实践，并完善技术创新相关制度和评比奖励机制，积极开展技术创新工程建设，为提高整个采矿系统的生产效率、节约生产成本做出贡献。

（一）不断攻克国外进口设备故障检修技术难关，节约外委维修费用

通过不懈的努力，移动变电站等供电进口设备一旦出现故障，供电检修技术人员都能做到迅速查出故障原因并及时处理解决，节约了外委维修时间和检修成本，保证了供电系统生产效率的高效发挥。

经过实践检验，“排查国外进口供电设备故障”的专业技能已被广泛应用。凭借出色的专业技能，多名员工被评为矿级岗位技术能手，在岗位上努力为公司发展降本增效。

（二）成功攻克“高效率抽取采区积水”难题，实现水资源回收再利用

供电技术人员通过一系列的技术革新改造，成功实现水资源回收再利用，为该矿安全高效抽水、降低洒水成本做出了贡献。

仅201X年，煤矿已经及时高效地从采区的集水坑、煤坑累计为几十吨级水车抽水数千车。

（三）积极开展供电设备技术革新改造，提高供电质量

通过不断的技术创新，公司先后完成了电缆耦合器检测线的改造、电缆架空防砸改造；移动变电站监控系统技术创新、发电车急停开关技术创新、坑下供电线路系统改造、电缆软桥改造等项目。每一项技术改造内容，都是在长期的供电生产实践中经检验、被成功应用后，再进行整理、评比，逐级上报、评审。这些设备的技术革新改造为提高矿内供电生产效率和工作质量提供了技术支持。

（四）合理修旧利废，取得的成效显著

在修旧利废工作当中，公司供电技术人员通过技术创新设计出了矿用电缆剥线器和与之配套使用的电缆修补支撑装置，提高了电缆修补质量和效率。201X～201X年，共修复废旧电缆2.65万米，节省费用数百万元。

某公司铁路设备技术改造的方案及应用

综 述

坚持价值创造导向，激活基层创新细胞。在全方位要效益工作思路的指导下，企业牢固树立价值创造导向，掀起了创新创效的浪潮。某公司针对铁路 A 型电力机车双机牵引的工作实际，勇于突破思维定式，变固有的双机牵引为单机牵引，节省了能耗，延长了设备维护周期，是向科技创新要效益的典范，是公司万众创新浪潮中涌起的浪花一朵。

一、设备技术改造方案的实施背景

目前，某公司配属铁路 A 型电力机车共 45 台，联运单位 XXX 型电力机车 24 台。运行在铁路线路上的 A 型电力机车上下行都采用双机重联的形式给列车提供牵引动力。然而，结合铁路线路实际情况，根据单台 A 型、B 型电力机车功率计算可知，单台 A 型、B 型电力机车完全可以满足牵引下行（万吨）空车体。根据测量数据可知：单台电力机车牵引下行（万吨）空车体与双机重联牵引下行（万吨）空车体相比大约节约数千度电能。在保障机车安全运行的前提下，全年将会节约大量成本支出。

二、设备技术改造方案的实施目标

设备技术改造方案的实施目标主要有：

1. 双机 XX 型电力机车在实现单机牵引时，补机可以使劈相机、牵引通风机、压缩机电机、制动通风机、牵引电动机等电器设备处于静止状态。这样不仅降低了电力机车的能源消耗，节约了经济成本，而且延长了主要电气设备的使用寿命。

2. 单机牵引（万吨）机车下行时，若本务机车设备发生故障，改造后的电气设备控制系统就会自动完成智能转换，运行时仍由本务机车乘务员来进行操作控制，实现由本务机车的控制系统控制补机控制系统，使用补机的动力系统来牵引列车运行，有效保证机车安全运作。

3. 技术改造后不仅能够实现智能控制、简单操作，使机车乘务员最大限度地减少误操作的次数，而且能够满足机车检修人员维修方便等目标。

三、设备技术改造方案的实施

（一）改造原理

1. 功能框图说明。A 型电力机车双机重联单机控制装置是全自动识别主从机车交直流供电系统，主要通过变压器侧 AC 交流有电无电进行接触器的开断控制，在正常运用的时候，由于两个机车接触器 KM1 在常开触点接线，当本务 AC 侧有电的情况下，延时 20 秒闭合，同时通过控制信号外重连线，通知补机装置，补机装置在补机 AC 无电的情况下，闭合接触器 KM2，补机接触器 KM1 不闭合，补机接触器 KM2 闭合后，通知本务机车的接触器 KM2 吸合。DC 通过接触器 KM4 连接。只要两车的任何一端有 AC 信号，两边的 KM4 接触器都吸合，如果两边的 AC 信号都消失，延时 1 分钟断开。

2. AC 电源说明。由于两个变压器运行在同一个电源系统中，理论上讲，只要次边同相、同频，就可以短接处理，为了加强保护，增加了接触器 KM1。

3. DC 电源说明。直流电在同一个系统环境中有一个特性，正电与正电可以相互连起来，地线相互连通。在机车中，每一个蓄电池对外供电的时候，是通过防倒流二极管输出。这样对接不仅不影响蓄电池，而且增加了

DC110V 供电的可靠性。

4. 保护电路。通过三重保护来实现保护功能：一是保险保护，如果有 AC/DC 接地，电流超过保险的承受能力，保险会烧断；二是空开保护，当电流超过空开保护值的时候，会自动跳开空开；三是本务机车通过本身的相关保护电路，跳开主断，提示司机。

5. 防触电保护。为防止机车乘务人员和机车检修人员触电，在该装置上加装了防触电装置。重联开关在单机位时，当机车降下受电弓系统失电超过 1 分钟，再次升起受电弓时，人为按压复位按钮 3 秒以后供电系统接触器 KM2 才能闭合，避免人员触电。

（二）安全注意事项

机车在运行的时候，乘务员需注意电源柜的蓄电池闸刀、开关需要闭合。由于两车的 DC110V 相连，如果一端没有合开关、闸刀，控制系统能够相互供电，会导致乘务员误以为开关闭合，造成运行中蓄电池亏电。

重联机车在临、碎修作业时，只要一端升弓合主断，就会进行补机供电，如果有维修的需要，则需要防止补机供电，此时检修人员应及时切换防止触电装置。

四、效益预测

（一）各辅机功率

单台劈相机额定功率 57 千瓦；单台牵引通风机额定功率 37 千瓦；单台压缩通风机额定功率 37 千瓦；单台制动通风机额定功率 30 千瓦。

（二）节约成本预测

实行技术改造后，公司节约大量成本支出：

1. 单台电力机车一天按 12 小时运行数千千瓦。
2. 单台电力机车一天正常运行电费几千元。

3. 单台机车每年正常运行电费几十万元。

4. 全段有45台机车每年正常运行电费几千万元。

5. 技术改装后22台机车每年正常运行电费数千万元。

6. 每台机车除人工费用外，单台机车一次性改造材料费用数万元，共改造45台机车费用合计数百万元。

7. 技术改装后，当年节约成本几十万元。按照2016年的运量计算，往后每年节约成本数万元。

五、设备技术改造方案的体会

在“大众创业，万众创新”的环境下，该公司铁路机务段积极探索科技创新的新模式。该装置研制成功将会极大地节约A型、B型电力机车全年能耗费用，极大鼓舞广大职工的创新热情和创新积极性，使科技创新能够真正服务于生产，最终实现降本增效的目标。

某公司炸药生产技术改造方案的应用

综 述

某公司炸药厂一直以来都是企业科技创新的排头兵。硝酸铵水溶液替代多孔硝酸铵在乳胶基质制备中的应用，省去了乳化炸药制备中的破碎、溶化环节，同时有效消除噪音和粉尘，缩短了生产流程，提高生产效率，不只是公司科技工作的进步，也是民爆行业技术的突破。

一、炸药生产科技创新的实施背景

为了响应国家工信部《工业和信息化部民用爆炸物品行业技术进步的指导意见》提出的民用爆炸物品行业应科学发展，加快淘汰落后产能和高耗能产业的步伐的要求，实现行业安全发展、清洁发展、节约发展的号召，某公司炸药厂结合自身生产实际，积极探索创新，从乳胶基质生产线着手研究，改善生产工艺，提出了利用高浓度硝酸铵水溶液替代固态多孔粒状硝酸铵制备乳胶基质的设想。

乳胶基质生产线是引进国外散装炸药生产技术。该工艺设计之初，为了减少生产用原材料种类，便于生产管理，在保证产品性能的情况下，采用多孔粒状硝酸铵溶解制备氧化溶液。多孔粒状硝酸铵溶解不仅消耗了大量的热能，而且生产效率较低，同时带入了大量无效添加剂，堵塞设备，投料时产生大量粉尘等不利因素。为改善现状，将原材料进行替换。

二、炸药生产技术改造方案的内涵

（一）行业指导

民爆行业规划提倡绿色发展和强化社会公共安全，绿色经济是正在兴起的经济模式和发展模式，涉及包括民爆行业在内的国民经济各个领域。

民爆行业要树立绿色发展理念，增强社会责任意识，以安全生产和节能减排为重点，采用安全节能环保的工艺技术和设备，淘汰落后产能、落后技术，加快构建资源节约、环境友好型行业，实现可持续发展。

（二）资源优势

目前，乳化炸药生产基本上都是采用固体硝酸铵，经搬运、拆袋、破碎、加热、溶解等多道工序后形成硝酸铵水溶液；而硝酸铵生产企业在制造固体硝酸铵时，首先制得的是硝酸铵水溶液，再经一、二、三段蒸发，结晶或造粒，计量，装袋包装后才能生产出固体硝酸铵。

从上述流转模式中可以看出，中间有很多环节都是重复多余的，可以利用硝酸铵生产厂中和后形成的硝酸铵水溶液经蒸发达到客户需要的浓度，然后直接运至炸药厂使用，可以减去生产和使用硝酸铵的许多环节。然而，硝酸铵水溶液的运输却是制约产业链技术融合的关键问题，运距远、成本高，企业承担不起，溶液保温同样也是难题。

充分利用周边资源优势，在距离厂区 17 千米处新建了一座化肥厂，为该厂工艺技术革新创造了得天独厚的条件，不仅解决了一系列过程运输问题，而且降低了生产成本。

三、主要做法

（一）工艺设备升级改造

工艺升级改造包括两个方面的内容：一是设备升级改造，主要内容包括增加了一个90立方米的氧化溶液储罐，储罐不仅可以储存到货的溶液，而且可以配制氧化溶液。增加了两个氧化溶液泵，用于溶液的输送。增加了一套自动冲洗系统，主要用于硝酸铵水溶液输送管道的冲洗，防止管道结晶。二是建立了一套硝酸铵水溶液输送系统。硝酸铵水溶液的卸料和转存利用电脑操作完成，不仅提高了生产工艺的自动化水平，而且避免了人工操作存在的安全隐患。

（二）工艺流程

硝酸铵溶液从硝酸铵厂装入运输罐车，罐车进入乳胶基质制备现场，通过快速接头将罐车氧化溶液出口与现场氧化溶液入口连接，通过现场氧化溶液泵直接注入氧化溶液制备罐或储罐。

四、实施效果

（一）高效

利用多孔硝酸铵配制一个批次的氧化溶液30吨，需要2小时左右。利用硝酸铵水溶液配制一个批次的氧化溶液需要1个小时，生产效率提高了一倍。

（二）节能

多孔硝酸配制溶液时需提前向制备罐内注入数吨热水，制备过程硝酸铵需用天吊、破碎机、螺旋输送至罐内，同时需要持续大量的蒸汽供热，而且搅拌机要不停搅拌，加速溶解。利用硝酸铵水溶液不需要供热，制备时向其中加入自来水降温即可，省去了大量的热能和设备消耗的电能。

（三）安全

使用硝酸铵时，职工需操作和使用很多设备，作业时存在很多风险。硝酸铵使用过程中存在大量硝酸铵粉尘，给职工带来职业伤害。使用硝酸铵水溶液通过电脑操作，不仅减少了生产环节的风险，也不存在粉尘等职业伤害。

（四）经济效益

将硝酸铵水溶液的采购价格和多孔硝酸铵的采购价格进行比较，每使用一吨高浓度硝酸铵水溶液可节约生产成本数百元。以201X年为例，乳化炸药的计划需求量和硝酸铵的使用量均将达到数万吨，直接降低成本总额500万元。

（五）社会效益

硝酸铵水溶液应用不仅对本企业节能降耗起到积极作用，也为化肥厂省去了生产造粒、干燥、包装等工艺环节，减少了生产成本，促进了产业链企业之间的融合，对社会具有长远意义。

五、技术改造的体会

实施炸药生产技术改造后的主要体会有：

1. 产品质量稳定。使用液态硝酸铵生产的乳化炸药通过国家权威部门监测，其产品性能达到国家标准，产品在市场得到了用户高度认可。

2. 简化生产工序，减少炸药生产线在线人员。使用液态硝酸铵溶液可省去破碎和溶化工序，减少炸药生产线在线人员，符合当前民爆行业政策导向。

3. 降低劳动强度，提高自动化水平，有效改善生产线劳动环境。使用液态硝酸铵溶液可省去破碎、溶化环节，有效消除噪音和粉尘，提高生产效率，更加适合工业炸药连续化、规模化生产。

4. 运输、使用便捷、安全。液态硝酸铵是一种含水溶液，运输过程更加安全。

5. 降低能源消耗，减少废气排放。无须溶化，可大幅降低蒸汽消耗，从而减少因燃煤而产生的废气排放，实现了节能减排的目的。

某公司物资供应信息化管理系统的应用

综 述

信息化是现代企业的一个显著特征，信息化建设是企业发展的必经途径，其集中、及时、可视的管控模式对管理效率提升有着显著的推动作用。本着打造一流仓储基地的目标，某公司物资供应处不断提升物资管理的信息化建设水平，通过信息化系统的应用实现数据标准化、计划精确化、采购集成化、库存可视化、系统数据应用体系化，形成集中、高效、统一的管控机制，促进公司物资管理水平再上新台阶。

一、物资信息化创新管理模式背景

某公司站在建设世界一流企业、推动企业跨越式发展、打造百年企业的战略高度，前瞻性地做出了推进信息化工程建设的战略部署。在以“信息化带动工业化”精神的指引下，企业信息化工程应运而生。企业信息化建设工程，旨在通过建设“产运销协同调度、人财物资源整合、一体化纵向管控”的“两横一纵”三大信息平台，支撑“集团管控、资源整合、业务协同、专业管理、安全管理、集约化管理、企业综合管理”七大业务能力的整体提升。物资集约化水平提升和信息化建设项目是企业信息化工程的十大重点项目之一，包括 SRM 和 ERP 项目中的物料管理模块，旨在借助企业信息化工程契机，为公司搭建统一的物资管理信息化平台，提高公司内部的集中采购比例和物资管理上的协同作业，实现物资管理的及时性、物资保障的安全性和物资管理生命周期的经济化。通过建设 ERP 平台，建立集中、高效、统一的管控机制，将管理思想通过系统落地，推动公司整体管理水平迈上一个新台阶。公司物资信息化模式如图 1 所示。

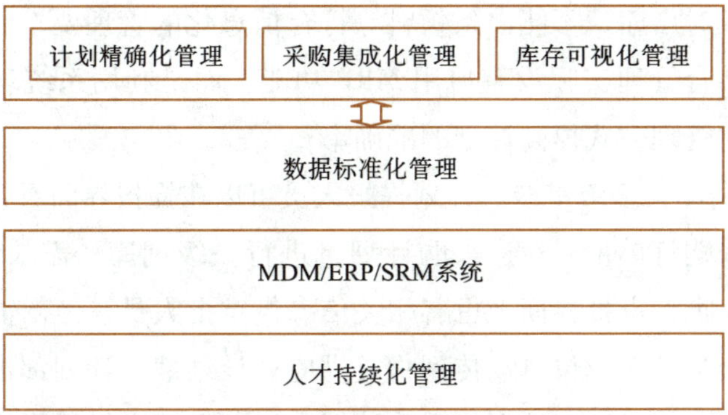

图 1　物资信息化模式

二、物资信息化创新管理模式主要做法

物资信息化模式主要就是利用 ERP/SRM/MDM 这些信息化系统实现管理需求，以数据标准化为基础，实现计划精确化管理，采购集成化管理及库存可视化管理。

（一）数据标准化管理

物资分类和编码的标准化是指面向物资供应链全过程，制定满足计划、招标、采购、设备管理、库存、财务结算等各个环节的符合企业经营管理模式的统一的物资分类及编码标准。同时，数据的准确性对公司招投标、采购管理等具有直接影响，而数据的准确性正是通过标准化来保证的。只有在管理规范的基础上完成对数据的标准化和结构化，才能使信息系统的采集和加工更有效，分析更准确，管控更到位。

（二）计划精确化管理

我们经常讲要加强计划的准确性，那如何加强计划的准确性呢？ERP 系统的 MRP 功能对于加强计划的准确性，应该说是首选工具，但要想应用 MRP 达到理想的效果，需要准确的物料需求数量、物料使用时间、采购周期、库存信息、采购策略等数据，而且要求各环节的工作要做到及时准确，及时入库、及时出库、不能白条领料等符合信息化的管理要求。综合上述因素，某公司结合管理实际没有启用 MRP 功能，而是利用系统现有的功能通过计划精确化管理方式提高计划的准确率。

1. 两级利库，多级审核。计划提报人员可以在提报界面看到该物料的库存量、在途采购订单量、在途采购计划量进行一级利库，需求计划提报后，会经过多级审批，审批界面上也有相关信息供审批人员参考。需求计划审批通过后，就会从需求单位自动传到物资供应处计划部，计划部汇总需求单位的需求计划进行二级利库后形成采购计划，经过两级审批后形成最终的采购计划。

2. 端到端采购计划管理。系统实现了从需求提报到库存领用的端到端采购计划管理。MDM、ERP 及 SRM 系统为我们搭建了统一的计划管理平台，制订了采购计划提报、审核、执行、跟踪、检查和考评等制度规范，强化了计划上报的及时性和准确性，提高采购计划的管理水平。

（三）采购集成化管理

ERP 和 SRM 系统上线后，采购的整个过程都在系统中进行，所有采购信息及数据都可以通过系统进行查询，每一个环节的状态、每一份合同的执行情况等信息管理人员需要的数据都能实时得到，做到了采购信息集成。

1. 集中采购刚性执行。通过 MDM、ERP 及 SRM 系统的应用，集中采购得到了刚性执行。首先，主数据分类及物料编码由集团统一管理，在集团赋码时就依据集中采购目录，将集采目录内物料的编码打上了集采标识。其次，在提报采购计划时，如果是集采物料的计划上传到集团，子分公司没有权限执行。

2. 端到端的寻源业务管理。SRM 系统实现了端到端的寻源业务管理，业务人员通过 SRM 系统将寻源单据通过电子流的方式发布给供应商，供应商登录采购协同平台，进行在线报价，提交后自动传回系统，所有相关信息都可在系统中实时看到。

3. 采购流程标准化管理。SRM 系统将采购各流程都按照集团公司统一的标准固化到系统中，每一个流程的设置都是以现有的制度为依据，每一个节点的审批都以内控风险管理的要求配置，做到了采购流程制度化、规范化、信息化。

（四）库存可视化管理

库存管理是连接采购管理、生产管理的桥梁，是企业生产管理过程的重要组成部分。如果库存量过低，就不能有效地满足生产的需要；如果库存过高，则造成流动资金积压、存货成本增高的问题。启用 SAP 的 WM（仓库管理）模块使库存管理更加细化、透明，实现了定位管理功能，能精确定位物资存储位置；优化了库存进出库流程，实现了全过程管理；通过仓位提示，可以更加有效地利用仓库空间；通过批次管理能有效控制货物的先进先出。WM 模块概览如图 2 所示。

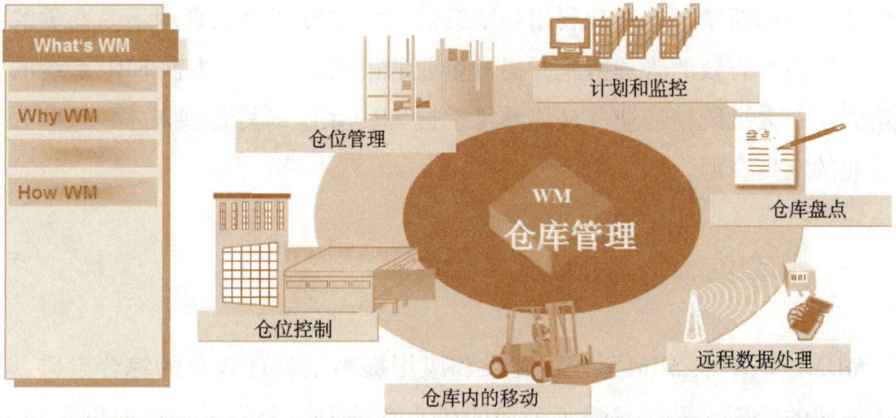

图 2　WM 模块概览

1. 仓位管理。启用了 SAP 的 WM（仓库管理）模块，同时配套使用了扫描枪条码管理，仓位码由“库存地点 + 存储区 + 架号 + 位号 + 层号”组成，实现了仓位提示功能，通过系统报表查询，保管员能清晰地看到物料的数量、批次、仓库号、存储区、货架等信息，实现库存可视化管理。

2. 批次管理。批次最早用于医药和食品行业，201X 年上线的 ERP 系统启用了批次管理，能严格做到库存物资先进先出。备件领用后便于分析和处理质量问题，同时对于库龄能做到精细分析和管理。批次管理还有一个重要功能就是质量跟踪查询。

（五）系统数据应用体系化

ERP 系统可以提供大量有价值的信息，但是如何运用这些信息，会因人的管理水平和决策能力而异，要学会应用系统提供的信息来解决问题。因此，如何用 ERP 系统提供的信息来解决管理中的问题，最终提高效益和竞争力，是我们应该深入研究的课题。对公司物资管理现状进行分析，结合 ERP 系统数据，可以给管理者决策提供依据。

（六）人才持续化培养

企业的效益是人创造出来的，有了信息化管理系统，依然需要发挥人的聪明才智和创新精神，充分利用系统提供的信息发现手工管理不易察觉的问题，采取各种有效的管理措施，提升企业的市场竞争力。本次 ERP 系统的实施培养了一大批既精通业务又能熟练掌握 ERP 系统的复合型人才，这些人才是企业的宝贵资源。

三、物资信息化创新模式实施效果

MDM、ERP 及 SRM 系统的建设和应用提高了管理人员的综合素质，提升了公司的管理水平，增强了公司的核心竞争力，为公司变革提供了动力，为规范管理创造了条件，为信息共享提供了平台，为辅助决策提供了依据。实现了物资管理组织、业务流程、数据标准化，同时信息化实施效果还体现在以下三个方面：

一是全面实现了物资领域财务业务一体化。核算规则统一，业务与财务科目统一，三单匹配自动过账，确保了账实相符。

二是有效推进了公司资源整合，通过集成化管理和统筹调配，企业资源得到充分利用，物资库存管理可视化得以实现。

三是建立了共享的信息平台，改变了信息系统分散形成的信息孤岛现象，提供了一套各项业务之间集成的平台，有效提高了各业务模块之间信息的流转率，改变了信息不对称的现象。

四、物资信息化创新模式体会

（一）数据标准化的核心是主数据管理

主数据管理已经成为实现企业信息化先进架构，企业战略决策分析与商务智能（KPI 指标分析）以及建立统一管理信息平台等高级管理需求的必要基础。物资编码作为主数据的重要组成部分，是物料的唯一标识。物料编码标准化可以确保物料编码的唯一性和在各个运营单元物料管理系统中的一致性，将供应链的上、下游整合，使得物资在各个运营模块保持简单、一致，加快供应链内部的处理速度。

（二）实施信息化对企业现有管理是一次挑战

企业实施信息化的过程对原有的管理模式是一个挑战。实施信息化的过程就是信息化与企业管理“适应、支撑、牵引”的过程，即信息化要适应企业和管理要求，要支撑企业管理的发展，要能牵引企业快速发展。

某公司炸药制备及爆破工艺的方案与应用

综 述

法无定法，因时而变，实用至上。根据事情处于不同的发展阶段，我们处理它所用的手段方法也要不断变化，而不是拘泥于一种模式和方法。某公司炸药厂低密度铵油炸药制备及其爆破工艺基于块煤生产需求对现有炸药种类及其爆破工艺的改进，增加了块煤率产出率，降低了爆破成本，实现了降本增效双赢。这证明，因势利导、因时而变的方法才是最好的方法。

一、炸药制备及爆破科技创新背景

某公司炸药厂工程技术人员通过研究发现，现行煤矿的31米高煤台阶爆破方案采用一次穿孔爆破，炸药品种为现场混装多孔粒状铵油炸药，采用分段装药的爆破方式。根据爆破理论，爆破瞬间煤层的破坏区可分为粉碎区、裂隙区，其中粉碎区煤的粒度小，易洗选的过程中不能被有效利用，粉碎区越大，则洗选量越少。由于受现有炸药品种的限制，目前煤层爆破使用现场混装多孔粒状铵油炸药，爆破峰值压力高，作用时间短，易造成炮孔周围煤层过度粉碎，裂隙区发育范围小，不利于块煤的提高。根据以上研究分析的结果，提出了研发与煤层爆破工艺相匹配的低密度炸药技术和优化煤层爆破方案两项措施，从煤层开挖的首道工序解决提高高热值优质块煤的产出率的问题，并制订了详细的实施方案。

二、模式内涵

（一）爆破理论依据

爆破是利用炸药爆炸瞬间释放的能量对周围介质做功，达到工程爆破的目的。露天矿煤台阶爆破优化目标是减少炮孔周围煤层的粉碎范围，同时增大裂隙区范围。从炸药做功性能分析，得出炸药性能的优化方向：一是降低炸药的做功能力；二是增加装药高度，减少局部破坏作用；三是炸药的波阻抗与煤层波阻抗接近，增大裂隙区。

（二）炸药理论依据

工业炸药是以氧化剂与可燃物为主体，按照氧平衡原理构成的爆炸性混合物。通过上述优化煤层爆破理论分析，煤层爆破对炸药性能的要求比现用的炸药爆炸性能偏低、密度偏低、炸药波阻抗与煤层波阻抗相似。

依据炸药理论，炸药的配方、密度不同，加入惰性添加剂、装药直径等条件不同，其爆炸性能不同。

结合上述条件，在铵油炸药中添加惰性物质可以降低炸药的爆炸性能，惰性物质的密度较低，可以降低炸药的密度，提高装药高度，减少药柱中心破碎圈。爆速 2 000～24 000 千米/秒与煤层波阻抗相近。

（三）炸药设计原则

1. 氧平衡应为或接近零氧平衡作用。实践表明，当炸药的氧平衡处于或接近零氧平衡状态时，爆炸后生产气体最多，释放的能量最大，不产生或少量产生有毒有害气体。

2. 配方设计与生产工艺整体结合。煤层爆破炸药使用量大，每年用量接近 5 000 吨，所以新的炸药研发应用必须以现有的生产工艺条件为基础，通过现场混装炸药车批量生产，否则就会增加生产研发成果的转化难度。

3. 性能、成本和爆破统筹兼顾。炸药配方设计过程中炸药的性能固然重要，但原材料成本和生产成本对企业的效益产生很大影响，所以设计时要同时兼顾性能、成本、爆破使用对象。

4. 提高安全性和减少环境污染。安全是炸药使用的前提，也是炸药设计和生产工艺首要考虑的因素，同时不添加或尽量少添加有毒组分，生产过程中避免粉尘产生以及“三废”排放。

5. 产品主要参数指标。通过性能检测分析得出，密度0.5克/立方厘米，爆速范围1 800~2 400千米/秒的低密度铵油炸药与煤层爆破较匹配。低密度铵油炸药进行雷管感度实验，结果表明无雷管感度。一个月的储存稳定性实验证明，储存稳定性良好。

三、主要做法

（一）原材料选择及配制

低密度铵油炸药配制最重要环节是添加物选择，选取多种材料三氧化二铝颗粒、陶粒滤料颗粒、火山岩颗粒以及珍珠岩颗粒等分别进行了实验，最终确定了低密度添加物珍珠岩颗粒。

（二）技术路径

选择利用现有的现场混装铵油炸药车工艺技术制备低密度铵油炸药的技术途径的技术可行性分析：一是珍珠岩流散性非常好，颗粒比硝酸铵稍大，不含水分，与多孔硝酸铵可以混合储存。采用现有的上料塔装置，将珍珠岩与硝酸铵混合备用。二是珍珠岩与硝酸铵混合物流散性很好，相互储存稳定性良好，可同时加装至现场混装铵油炸药车硝酸铵料仓。采用现场混装铵油炸药车生产制备工艺。

（三）生产工艺流程

低密度铵油炸药的生产工艺流程如图1所示。

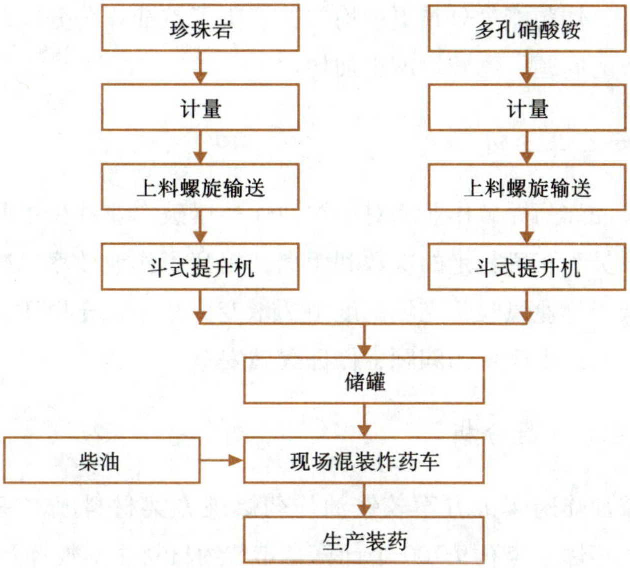

图 1　低密度铵油炸药生产工艺流程

（四）现场实施过程

经过研究和试验，201X 年低密度铵油炸药开始应用于煤层爆破。

生产实施第一道工序就是低密度添加物与硝酸铵通过上料装置同时加装到储罐。

第二道工序是现场混装铵油炸药车将混合物料加装到料仓内。

第三道工序就是现场混装炸药车驶入煤层爆区开始生产作业。

第四道工序为现场质量控制人员进行密度控制。

四、实施效果

（一）爆破效果分析

低密度铵油炸药波阻抗更接近煤的波阻抗，炸药能量利用率更高，降低炸药单耗，炸药单耗降低至 0.176 千克/立方米。低密度铵油炸药爆速和猛度均比铵油炸药低，利于缩小粉碎圈，提升块煤率，块煤产量提高了 2.5%。

全孔连续装药，炸药能量分布更加均匀，解决了铵油炸药分段装药 8 米空腔部分易出大块的问题，爆破块度更加均匀。

（二）安全性分析

低密度铵油炸药爆破作业相对于铵油炸药爆破作业减少了间隔器放置流程，减少了人员和车辆行走的次数和距离，提高了作业效率，减少了作业时间，从而降低了作业风险。充填高度由 7 米变为 9 米，充填质量更好，解决了煤粉较轻、易产生飞块的问题，保证爆破安全。

（三）经济效益分析

低密度铵油炸药爆破方案较铵油炸药爆破方案材料成本每孔节约几百元，按煤矿每年爆破煤孔 9 700 个计算，年节约材料成本数百万元。

五、体会

一是煤层爆破使用现场混装多孔粒状低密度铵油炸药，其波阻抗与煤台阶波阻抗 0. 9 ×106 千克/平方米·秒相近，爆破峰值压力比目前使用的炸药低，且作用时间长，减少炮孔周围岩石过度粉碎，而裂隙区发育范围大，有利于爆破块煤率的提高。

二是使用现场混装多孔粒状低密度铵油炸药，爆破可以采用连续装药结构，每孔只需一次装药即可，爆破施工效率高，工人劳动强度小；降低了施工难度；同时，因避免了二次装药，减少了炸药车碾压炮孔和起爆器材的机率，有利于提高爆破质量，消除了重大安全隐患。

三是该发明的低密度炸药采用现场混装炸药车生产设备与工艺，与矿山爆破炸药生产工艺一致，无须增加设备和改变生产工艺，无论生产效率和生产能力均满足大型矿山批量生产能力的要求。

四是采用低密度炸药与使用其他品种的炸药相比，产品配方简单、原材料无毒无害且价格低廉、来源广泛，煤层的爆破综合成本更低。

某公司公务车辆信息化管理模式的应用

综 述

为规范公务车辆管理，某公司采用了高科技的 GPS 车辆管理系统，不仅精确了车辆定位、行车轨迹，还形成了车辆使用的大数据，规范了公务车辆的使用，为车辆管理的定量考核提供了准确依据，同时系统生成的大数据报表为经营分析提供了详细的资料参考，对提升服务质量、提升安全系数、强化成本管控、促进效率提升都起到了重要作用。

一、公务车辆信息化管理应用模式背景

某公司随着用车制度的改革，于 200X 年成立了服务车队，全面负责公司二级单位公务用车管理。几年来，一直围绕"精细管理、精诚服务"的后勤工作理念，规范车辆管理，节约用车费用，合理用车，保证行车安全，提高车辆使用效率，建立了一系列配套管理制度。但是，随着公司快速发展，安全形势日益严峻，传统的车辆管理手段已不能满足当前的管理要求，主要表现为缺乏信息化动态监管。公司对此组织开展了专题调研，发现、总结了存在的问题（见表 1）。

表 1　　传统车辆管理存在的问题

序号	系列问题
1	调度不能随时监控到每辆车的确切位置，无法统筹安排，合理调配使用
2	存在公车私用现象，车队对司机及车辆的使用和安全都不能随时掌握

续表

序号	系列问题
3	司机在外行踪，不受车队监控，经常出现谎报、浪费燃料现象
4	通过车辆管理台账人工记录管理，不能及时、准确反映车辆实际运行情况
5	经常有超速行车等不良行为，易发生交通事故，造成人身及财产的损害
6	驾驶员实行不定时上班制，出车时又没有行踪监控，存在很大管理难度
7	无法及时掌握客户需求信息以及服务的满意度，影响服务质量的提升

针对以上情况，经反复研究，最终确定了依靠科技创新与信息化管理模式强化车辆管理的新思路。

二、公务车辆信息化管理应用模式的建立

（一）GPS 车辆管理系统功能特点及效果分析

GPS 车辆管理系统利用全球定位技术，通过无线数据传输并配合计算机软件实现对车辆的各项静态和动态信息进行管理，自动准确实现车辆定位，科学合理地完成车辆运营调度业务，实现定位、追踪、报警、远程控制、车辆使用情况统计分析等，从而使传统的人工调度走向更科学、更合理的智能调度管理。

通过对每个车辆的具体位置、运行线路、行车速度、停车时间及停车地点、里程统计等进行 24 小时实时监控管理，可实现节约成本，提高用车效率。在车队管理实践过程中，GPS 车辆管理系统体现了极强的实用价值，已成为不可或缺的车队管理手段之一。

GPS 车辆管理系统由监控中心平台和车载终端组成，主要功能如图 1 所示。

（二）客户满意度调查网络化功能特点

服务业本身需要极大弹性和灵活性，在以客户为导向的原则下，如何提供更贴心、更多样的服务，有时很难标准化，这正是服务业精益改进中具有

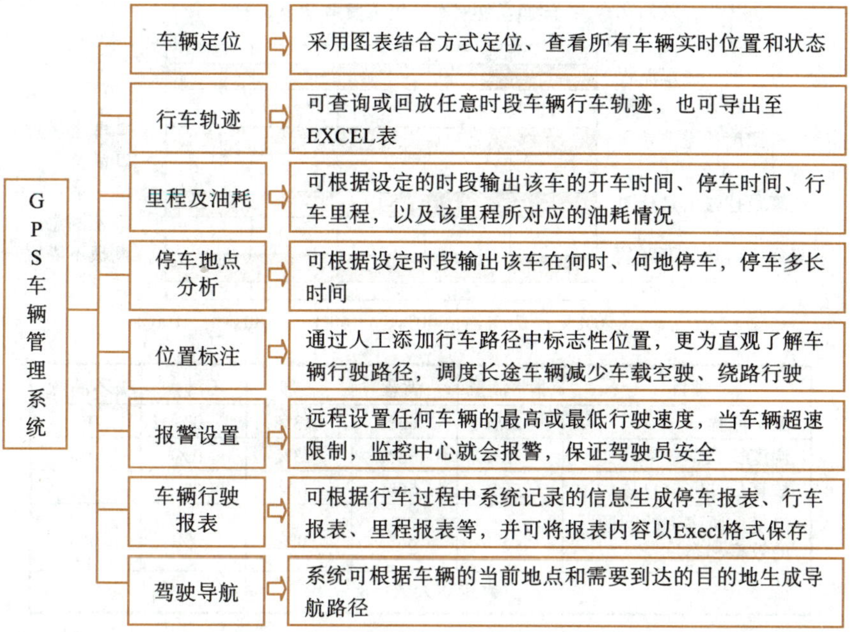

图 1　GPS 车辆管理系统的组成

挑战性的地方。

客户满意度来自重视和满足客户的需求，客户的需求决定价值。普通的满意度调查方式存在很多弊端，而在线调查问卷网有着快速、简单、易用、专业的特点，无论是在问卷的制定，还是在数据的整理分析都比较专业。

客户满意度调查网络化功能特点见图 2。

1. 问卷设计操作简单。利用问卷网模板丰富的题型，自行设计问题，收集客户调查信息。

2. 问卷收集快速便捷。问卷发布后，复制链接，通过通讯软件发给客户，提供最优填写界面，让客户随时随地参与调查。

3. 数据分析一目了然。客户填写完毕提交问卷后，系统自动整理数据，并根据题型做出图形分析，满足专业统计分析需求。

4. 外观设计自主多元。多种配色样式，支持添加 logo 和图片，让问卷更契合车队形象。

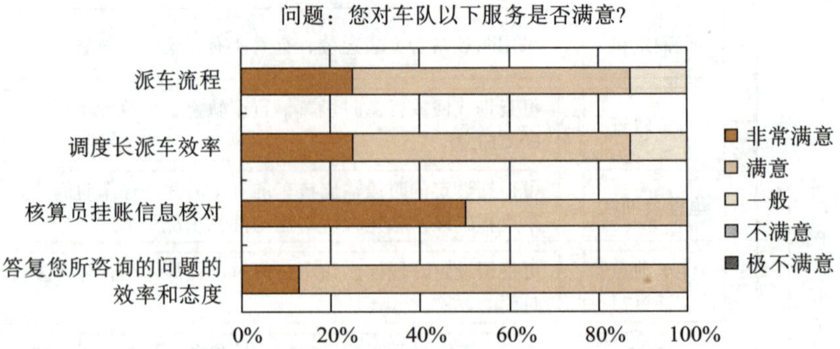

项目	非常满意	满意	一般	不满意	极不满意
派车流程	25%	63%	13%	0%	0%
调度长派车效率	25%	63%	13%	0%	0%
核算员挂账信息核对	50%	50%	0%	0%	0%
答复您所咨询的问题的效率和态度	13%	88%	0%	0%	0%
受访人数：8					

图 2　客户满意度调查网络化应用举例

三、公务车辆信息化管理应用模式的效果与体会

第一，GPS 车辆管理系统不但弥补了传统管理对动态数据处理统计的局限性，而且极大提高了管理效率，降低了营运成本。

第二，问卷网自主设计问卷，对于管理来说，这将是革命性的变化，用最精准的调研数据洞察市场机会，把握消费者的核心需求。

第三，从提高服务质量、提升安全系数、强化成本意识、促进公司保增长等多个角度打造具有服务特色的公司级车队，培育面向全公司竞争的新优势。

第四，使车队发展的空间更加广阔，有效克服因运行任务不饱和、市场开拓难、岗位人员配置少等资源环境制约，增强蓬勃发展的可持续性。

每一次人类的进步都伴随着科技的发展，每一个企业的腾飞都离不开科技的支持。公司正是本着这个原则，力求充分运用有效载体，使所有职工立足岗位、积极行动，充分发挥聪明才智，全身心投入自身工作，以实际行动点亮科技创新梦，为公司又好又快发展插上腾飞的翅膀。

本安保效篇

安全是企业经营管理永恒的主题。越是在困难时期，越要保持安全生产的战略定力，越要增强做好安全工作的自觉意识。

某公司在发展建设过程中坚持生产、经济和政治“三大”本质安全体系建设。生产本安就是充分认识安全生产面临的新形势、新任务和新挑战，进一步增强安全生产和节能环保的责任，坚持安全生产“零死亡”、环保“零事件”的目标，不断强化安全生产责任制的落实。经济本安就是强化内部控制和风险管控，在生产经营过程中始终以合规经营为主线，建立覆盖全公司业务的经济安全管控的机制和体制，创新建立经济健康档案。政治本安就是国企一切要本着对国家负责的精神，确保国有资产保值增值，不断加强竞争力和社会责任。

本安无小事，责任重如山，本安保效益。公司上下牢记使命，守土有责，以更坚定的决心，更有效的措施，更扎实的工作，全面构建本安预防管理体系，坚守安全发展红线，努力开创公司本安发展、绿色发展的新局面。

某公司强化“体系”与“流程”有机融合的实践

综 述

岗位标准作业流程就是安全管理的支点。某公司风险预控管理体系与岗位标准作业流程的有机融合，将安全管理与岗位操作捆绑，只要流程不出错，安全管理有保障，这个支点让安全管理变得直接有效。

一、实施的背景

201X 年，某公司在清洁能源战略指引下，审时度势，主动适应经济发展新常态，积极推进产业升级，提升企业核心竞争力，提出了全方位增效益的总目标，打响了提质增效、精益管理攻坚战。该公司着力在“向安全要效益”上下功夫，以强化风险预控管理体系（以下简称体系）落地与推进岗位标准作业流程（以下简称流程）应用为抓手，统一思想认识，加强机制建设，以点带面，强力推进，安全管理水平显著提升，保持了安全生产零伤害的良好态势。

二、流程必须与体系有机融合的认识

体系在该公司运行几年来，整体效果比较明显，但一些单位仍然存在着基层一线岗位如何落实好标准化作业，实现危险源有效管控的“最后一公里”问题，违章违纪现象还没有得到完全遏制，危险源管控没有完全落实到位。流程的核心就是标准化作业，从理论上彻底解决了生产一线岗位全过程如何作业、按什么程序作业、做到什么程度等问题。因此，推广运用流程、实现流程与体系的有机融合是该公司的必然之选。

（一）抓住思想认识，广泛宣传

该公司充分认识到运用流程的重要性、紧迫性，流程的内涵外延、流程与体系的关系等，统一员工思想，有力、有效推进流程推广运用工作，并督导各厂矿、车间结合工作实际，开展多种形式的宣传、教育、培训工作，正充分认识流程是什么、为什么要推广运用流程、怎样推广运用流程，增强人人学流程、人人用流程的内在动力。

（二）列入头号文件工程

进一步把推广应用流程、强化流程与体系的有机结合列为保安全、保效益的重中之重，进行重点部署。明确煤炭板块先行，铁路、电力和化工板块逐步跟进的总体思路，制定相应的配套措施，自上而下形成抓早、抓好体系落实与流程推广运用工作的良好的舆论氛围。

三、积极构建促进体系落地和推广运用流程的保障机制

（一）根据流程进一步完善、创新危险源辨识方式方法

凡是岗位已有流程的，严格按照流程进行危险源辨识；公司、厂矿、车间三级增加对基层班前会的监督指导，确保在班前会运用流程进行危险源辨识。该公司煤炭板块单位集中性危险源辨识、动态危险源辨识工作全部依据流程进行辨识，做到流程延伸到哪里，危险源辨识就覆盖到哪里。

（二）强化流程与体系关联，促进现场安全监管

充分利用危险源辨识成果，丰富完善流程，优势互补。该公司煤炭板块

单位共关联流程危险源 3 357 条、不安全行为 10 073 条、操作规程 2 630 条。流程信息关联工作基本到位，极大丰富了流程的相关内容，使作业人员能够方便使用系统学习掌握流程相关的知识与技能。同时，对已有流程的岗位和工作任务，按照流程，重新梳理规范了工作票、工单、危险源辨识卡等，按照全流程制定安全防范措施，在具体作业中逐级进行监控、监管，有效防范违章作业行为，逐步实现上标准岗、干标准活、交标准班。

（三）结合流程，加大检查考核力度

201X 年，该公司把员工工资绩效考核调整为“433”结构，安全生产权重达到 40%，以此进一步凸显安全生产的重要性。把推广运用流程工作纳入体系、安全管理示范企业建设、安全管理示范班组建设、安全结构工资等考核范畴，实现了流程与体系以及相关安全检查考核同时部署、同时检查、同时考核、同步奖惩。在体系定期和动态检查考核中，公司指定专人负责流程推广运用工作的检查考核，考核结果直接计入体系、安全结构工资等考核成绩，与员工个人收入挂钩，与员工评先晋级挂钩，通过激励和约束双重作用，促进流程和体系的融合与落地。

（四）定期汇报，大力促进流程与体系优势互补

调整月度安全例会内容，由公司生产技术部和各单位定期汇报流程推广运用情况，牢固树立抓流程就是抓体系、抓流程就是抓业务保安工作的理念，大力促进流程与体系优势互补，同步落实，齐心协力保安全。

（五）根据安全生产实际和体系要求，积极完善流程

该公司结合生产工艺、设备、管理特点等，制定新增流程计划，重点针对煤矿部分设备与工序还没有对应作业流程；设备维修中心采运设备只有 W/M两种型号的检修作业流程；洗选部分流程大多是 A 公司洗选中心编制，部分流程不适合公司实际等情况，对已有规程进行全面学习梳理；结合每年危险源再辨识情况进行查缺补漏，重点查找重要岗位、高危岗位缺失的流

程，列出全年新增流程计划，按照“三定”原则开展全年新增流程工作。201X 年共提报新增流程 770 条，较现应用流程 538 条增加一倍多，反馈流程修订意见 1 600 余条，更大程度发挥流程保安全、促效率的作用。

（六）把落实体系落地纳入安保部门安全职责，加强督导检查

按照“管生产必须管安全”“管业务必须管安全”的原则，加强动态督导检查。各单位结合实际，采取多种措施，加大应用流程工作力度，如煤矿召开推广运用流程工作推进会，相互学习，共同提高。选煤厂实施了“四个一”工作法。“四个一”工作法即一周一汇报、一月一总结、一季度一评比、一年一活动。

一周一汇报：流程管理系统上线后，根据各车间流程执行数目将学习时间、学习人数、培训次数、检查考核次数、信息关联等指标量化到每个车间，在每周一的调度会上通报完成情况。一月一总结：每月月底对本月流程应用管理情况进行全面的总结检查，考核培训是否结合流程和事故案例，作业是否按照流程执行，新增流程是否按计划保质保量完成，班前会是否提问学习流程，是否执行痕迹管理等。一季度一评比：每季度组织一次厂内的评比工作，根据各车间季度内的表现评比出排名，作为年终评优的基础。推广排名靠前车间好的做法，以点带面，营造良好推行氛围。一年一活动：每年组织一次标准作业流程相关活动，以不同的表现形式促进职工“会流程，用流程”。

201X 年 6 月，选煤厂以“安全生产月”活动为契机，开展岗位标准作业流程征文及现场展示活动。各车间报送生产技术 20 条现场标准作业流程演示项目，生产技术部组织安监站、机电管理部根据选煤厂标准作业流程现场展示评分表对展示流程进行打分，各个车间主任现场观摩学习，掀起了学习流程、认识流程、应用流程的新高潮。

四、强化体系落地与流程结合工作取得的具体成果

强化体系落地与流程结合工作取得的成果如图 1 所示。

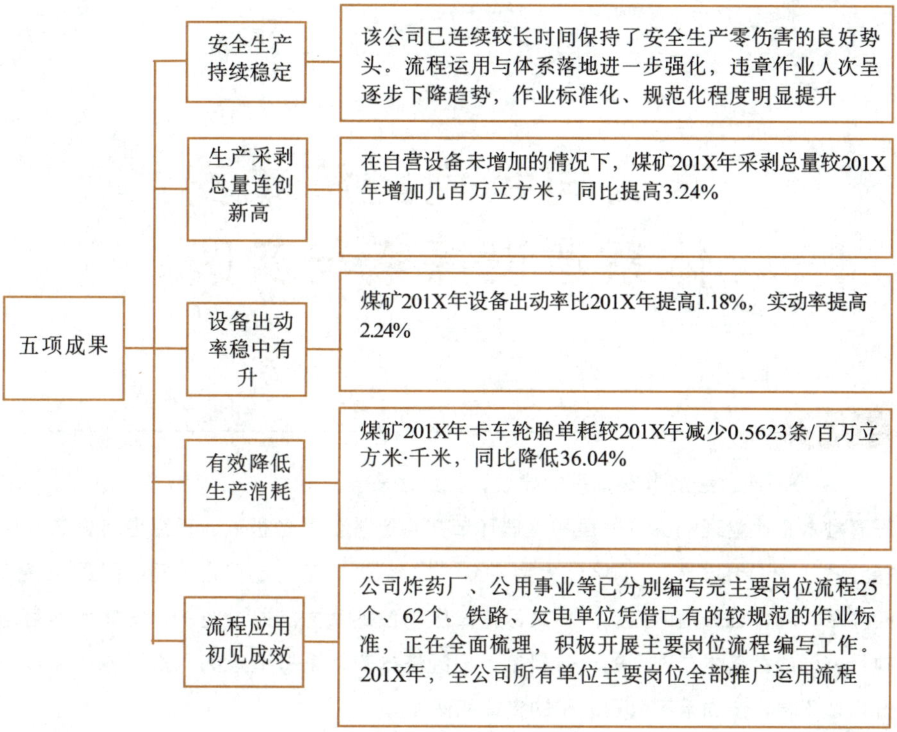

图 1　强化体系落地与流程结合工作取得的具体成果

五、强化体系落地与流程结合工作的体会

安全生产永远在路上。在今后的工作中，公司将进一步总结经验、查找和改进不足，不断推进体系落地与流程的有机融合，全面规范和强化安全管理，确保安全生产持续稳定。

某公司特色经济本安体系建设探索与实践

综 述

某公司通过经济本安体系的建设，把经济安全、价值管理、持续发展“三大”理念融入企业管理的决策过程和管理环节，并覆盖公司各板块、重点业务领域，坚持经济领域“零案件”、对经济大案要案“零容忍”，建立起符合公司实际的两级管控体系，既保证公司的控制力，又保持二级单位的活力。通过经济本安体系的落地执行，形成经济本质安全的长效机制，把经济本安体系打造成深入推进橙色管理提升再造工程，全面落实公司战略的支撑和保障。

一、特色经济本安体系建设实施背景

某公司本安体系建设历程如图1所示。

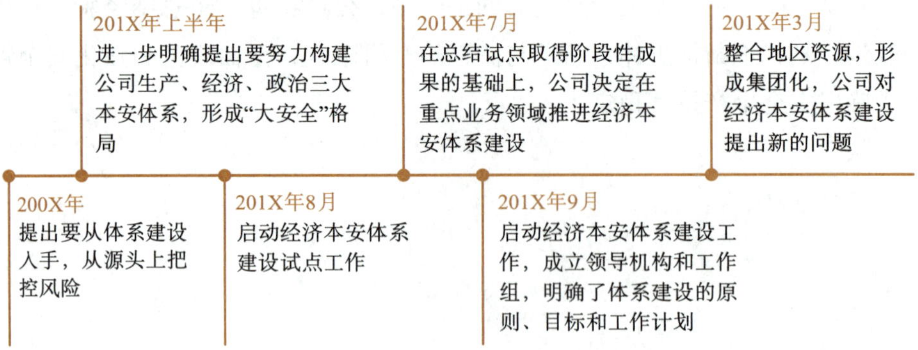

图1 某公司经济本安体系建设历程

公司对经济本安体系建设提出了三个新的问题，提出建设经济本质安全管理体系新的“12345”工作思路（见图2）。

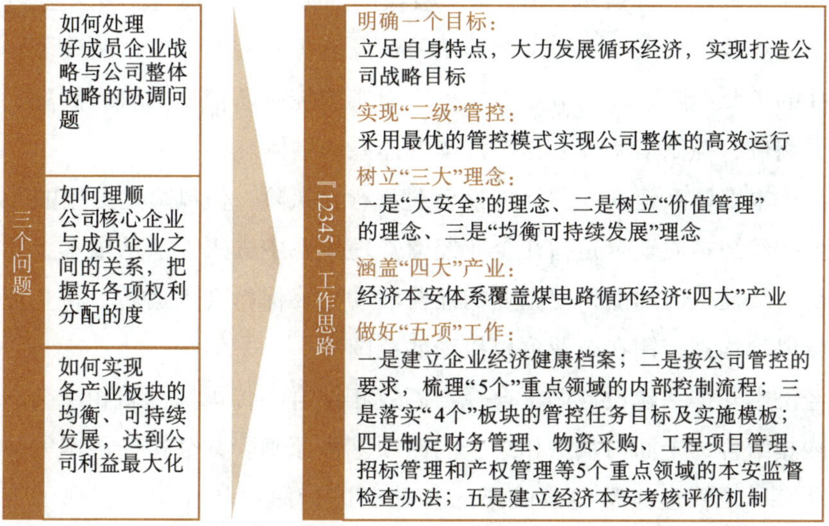

图2　建设经济本质安全管理体系新的“12345”工作思路

二、经济本安体系建立

某公司本安体系建设历时近两年，经历了初步构思、战略推进、调查论证、成果验收4个建设阶段，利用互联网资源，组建“经济本安”QQ群，开展了大量的信息沟通及征集意见等工作。

（一）经济本安体系的成果

公司经济本安体系建设的成果概括为“1+4+4”。

1. 1个总册。总册对经济本安体系的基础理论、基本概念、建设原则、路径及经济本安体系与内控风险管理体系的关系等进行了阐述，是经济本安体系的总纲。

2. 4项管理制度。四项管理制度分别为：公司经济安全管理规定、经济健康档案管理办法、经济本安监督检查管理办法、经济本安体系评价管理办法，为经济本安体系的运行提供制度保障。

3. 4个板块业务操作手册。4个板块的业务操作手册包括4个业务板块中5个重点业务领域和生产工艺的主要业务流程及控制矩阵，明确了各项业务存在的主要风险、控制节点以及各节点实施控制所依靠的管理制度、主责部门、岗位、控制措施等，是经济本安体系的主体。

经济本安体系建立在“企业经营过程存在风险，但风险是可控的”理念基础上。经济本质安全是指在企业经营管理体系中嵌入能够从根本上防止重大经济事故发生的功能，使企业的经营活动始终保持高效运转，将企业的一切经营风险均被控制在企业可以接受的范围内。

经济本安体系建设遵循了合规与高效相结合、传承与创新相结合、理论与实践相结合、全面与重点相结合的四项基本原则。某公司经济本安体系建设在现有风险管理体系建设成果的基础上进行深化与优化，实现了管理创新，既符合国家法律法规以及公司风险管控的有关规定，也达到了整合资源，提高管控效率和效果的目的。

（二）某公司经济本安体系的本质特征

某公司经济本安体系的基础理论、基本概念保持了和公司经济本安体系的一致性，在具体内容、建设方法、成果表现形式上进行了创新。建设过程中结合公司实际情况，在体系中注入了公司元素，形成了具有公司特色的经济本安体系（见图3）。

三、建设经济本安体系的体会

企业经济安全是所有企业最为关注的问题，是一个企业得以生存、发展的重要保障。企业的生产和经营过程受到诸多方面的影响，这些因素包括人的因素、自然的因素和社会的因素。安全问题的发生严重制约了企业经济的持续发展。通过建设经济本安体系，对企业生产经营中存在的风险及时识

注重与企业战略的一致性	本安体系以实现公司发展战略目标为体系的建设目标，充分考虑企业集团化管控的要求，强化产权管理，合理划分决策权限，规范公司与成员企业间的管理流程，采用最优的管控模式实现公司整体的高效运行
注重业务板块特点	各板块存在的风险差别很大，在公司经济本安体系建设过程中，以产业板块为经，业务领域为纬，编制了不同板块的操作手册，形成了网络化的管理体系行
注重管理创新	把公司内外部的每一次检查作为对公司的一次体检，将检查结果分类归档形成公司的经济健康档案。通过对一定期间经济健康档案的分析发现公司的管理短板，为公司的管理提升指明方向
注重体系的检查、评价	随着公司内外部情况的变化，原本有效的控制可能无效或控制力受到影响，对体系的设计和执行进行评价和检查显得非常重要
注重体系的可落地性	传统本安体系不易落地实施。公司经济本安体系通过对公司生产、经营重点流程的管控，使经济本安工作管控重大经营风险这一目标与具体的业务管理结合起来，重视风险发生过程的管理，使经济本安工作有了落脚点、着力点，增强了体系的可落地性

图 3　具有公司特色的经济本安体系

别、有效控制，推动企业的安全管理，保证企业的正常运转，保证企业实现又好又快的发展是行之有效的途径（见图 4）。

建设经济本安体系体会

有明确思路
- 制定了“12345”工作思路，按照这一思路建成的经济本安体系与公司的产业结构、发展阶段高度契合，使各项风险管理工作更具针对性，更容易落地执行

坚持好原则
- 管理体系的建设是先进的管理思想、管理方法与企业的具体业务相结合的过程
- 必须坚持以我为主、专家指导的原则

处理好关系
- 内控风险管理体系对风险的管控是基础性的
- 经济本安体系并不是一个全新的管理体系，而是内控风险管理体系的提升与细化

与管理衔接
- 经济本安体系必须与生产管理紧密衔接，经济管理的触角必须延伸到生产的每一个环节，每一个生产环节必须实现价值的增值

图 4　建设经济本安体系的体会

某公司“5821”班组建设体系构建与实践

综 述

激发班组活力，夯实发展基础。班组是企业各项工作的落脚点，是企业发展最坚实的力量。“5821”班组建设体系为某公司各个班组的管理建设提供了思路与指导，融顶层设计与实施方案于一体。俗话说，基础不牢，地动山摇，“5821”班组建设体系解决的是基础问题，只有把班组这个最关键的基础夯实，各项工作才能扎实落地，企业发展才能建起“九层之台”。

一、构建“5821”班组建设管理体系的背景

某公司经过多年的生产经营管理实践，班组建设工作积累了丰富的经验，所属各单位在管理、生产、服务等方面形成了独具特色的模式、方法，但是公司层面没有进一步系统化、体系化，不能更好地对各直属单位的班组建设工作提供强力的指导。为此，该公司充分结合企业自身的行业特点与发展要求，在全面总结多年来班组建设工作管理经验的基础上，经过多次研讨，提炼出具有企业特色的“5821”班组建设管理体系，为公司发展战略的实现提供强力支撑。

二、“5821”班组建设体系的主要内容

“5821”由“五型班组”建设为目标、八项工作内容为中间核心层、两

个建设和一系列方法作为基础支撑层的三个层次构成，自下而上为目标实现提供有力支撑，自上而下为班组建设工作有序开展起到积极的引导推动作用（见图 1）。

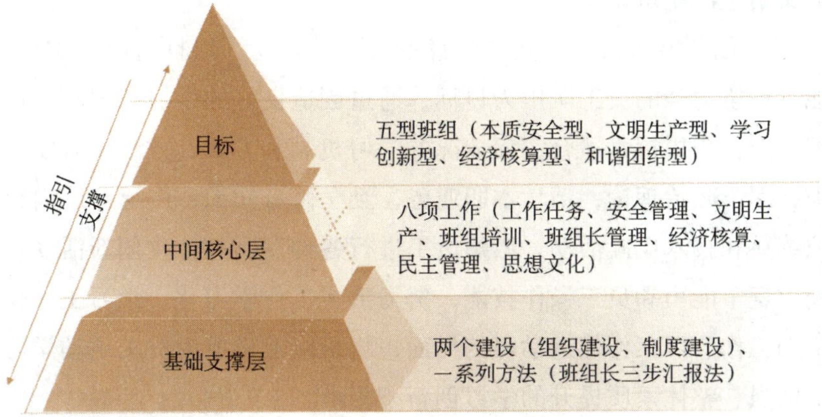

图 1　某公司“5821”班组建设体系模型

（一）制定“五型班组”创建标准

该公司结合“五型企业”绩效考评和班组建设日常工作实际，不断丰富班组建设内涵，逐步优化建设理念、目标、标准等内容。

1. 本质安全型班组。牢固树立“零违章、零伤害”的理念，以实现全年安全生产任务为目标，通过风险预控管理体系，认真落实班组责任，加强安全教育培训，全面普及安全知识，提高安全操作技能和安全防范意识；班组成员严格遵守劳动纪律，严格执行技术标准、工作程序、操作规程，狠反“三违”；全员参与风险预控管理和隐患排查，全面提升班组安全管理水平，提高应急反应和快速处置能力；以安全管理标准化示范班组创建活动为主要抓手，促进风险预控体系在班组的有效落地；将班组建设成为事事有人干、人人有事干、处处有人管、人人有专责的本质安全型班组。

2. 文明生产型班组。牢固树立“文明生产”的理念，以加强职工文明管理、设备文明管理、物品定置管理和环境文明管理为目标，通过积极开展文明生产宣传教育，规范员工言行举止，加强设备维护和保养，改善现场作业环境，统一岗位标准作业流程，做到员工仪表端庄、行为文明，设备整洁卫生、标识齐全，物品摆放有序、整齐划一，尽力为员工生产创造良好的内部、外部条件；将班组建设成为员工素质高、环境文明标准高、组织生产效率高的文明生产型班组。

3. 学习创新型班组。树立“终身学习”的理念，以打造出一支高素质、高技能、竞争力强的员工队伍为目标，通过创造良好的学习环境，营造浓厚的学习氛围，积极探索适合实际情况的学习机制和方式、方法；激发员工学习兴趣，深学政治理论，精学本职业务，勤学修身知识；广泛开展内容丰富的岗位练兵和技术比武活动，激励员工进行各种发明和技改创新活动；不断提高岗位竞争能力和员工操作技能，努力形成工作学习化、学习工作化、以学习推动工作、以工作促进学习的局面；将班组建设成为员工主动学习、专业技能增强、整体素质提升的学习创新型班组。

4. 经济核算型班组。牢固树立“节约就是效益”的理念，以加强成本核算、降低生产能耗、提高工作质量为目标，通过依托班组信息化平台，实现班组经济核算简约、高效；积极开展双增双节、合理化建议、劳动竞赛等活动；充分利用小发明、小创造、小革新，提高设备、设施的利用率；努力盘活班组资产，坚持修旧利旧，做好资源的综合利用，以各种定额为标准，落实指标责任，加强班组考核，有针对性地进行成本分析，采取管控措施；将班组建设成为人人讲节约、事事要节约、处处有节约的经济核算型班组。

5. 和谐团结型班组。牢固树立“以人为本”的理念，以实现班组员工团结协作、工作协调、互助互爱、共同进步为目标，通过积极改善员工的工作和生活条件，帮助解决实际困难，充分体现公司对员工思想、工作和生活的关心，稳定员工队伍；深入推行民主管理，保障员工的知情权、参与权和监督权，激发员工主人翁意识，促进个人与企业和谐共进、共同发展；注重职工素质的提高和个人成长，如“师带徒”活动师傅尽力传、帮、带，年轻人努力比、学、超，形成员工之间和谐共处的良好氛围；注重培育班组特色文化，结合工作特点提炼班组理念，形成鲜明的班组愿景、班组价值观、班组精神和班组作风；将班组建设成为员工爱岗敬业、团结互助、奋发向上的和谐团结型班组。

（二）夯实八项工作

经过多年班组管理实践，班组日常工作内容逐渐稳定固化。如图 2 所示，班组工作主要包括八个方面。这八项工作既是“五型班组”的基础和源头，又是“五型班组”创建标准的具体化。

夯实八项工作	
班组工作任务	以高效、优质完成本单位分配给班组的年、月和日的工作任务为目标，做到产品符合质量，服务水平满足需要
班组安全管理	落实安全责任制，参与风险预控体系的建设，做好危险源辨识、风险预控，提高安全意识，确保安全措施到位，杜绝“三违”，追求零伤害，实现零死亡
班组文明生产	以公司文明生产的标准为基础，重点对班组现场、标准化作业和班组环境进行管理，做到职工文明、定置规范、设备文明和环境文明
班组培训	采用内培与外培结合的方式，公司级培训由公司培训中心具体负责，各直属单位负责本单位内部的班组培训。培训内容以班组管理和提高班组成员的文化、专业和技能素质为主
班组长管理	明确班组长的选拔机制、职责权限，监督班组长工作过程和工作业绩，开展高水平的培训，提高班组长的素质，定期进行考核评价，激励和调动班组长的主观能动性和工作积极性
班组经济核算	以公司“低成本”战略为指引，推行“双增双节”活动。准确、及时记录班组日常材料的消耗，生产类班组对投入和产出进行核算、分析和对比，不断改进工作操作方式，维修与服务类班组严格执行材料消耗定额标准，鼓励修旧利废、挖掘潜能
班组民主管理	以各种形式实行班务公开，鼓励职工参与班组管理，为企业和单位的生产经营提意见和建议。对工资分配、评先和培训等关系职工利益事务，要形成班组民主管理制度和决议程序
班组思想文化	加强班组思想文化建设，发挥党员在班组中的率先垂范作用，开展“创先争优”“党员先锋示范班组”“党员先锋示范岗”“党的群众路线教育实践”等活动。在公司企业文化指引下，打造独特的班组文化，形成爱岗敬业、诚实守信、遵章守纪、团结和谐、开拓创新的团队精神。推行“幸福员工”工程建设，改善职工的生产、生活、工作和学习环境，提升生活质量和水平

图 2　班组工作的八个方面

（三）强化“两项基础”

1. 组织建设。公司班组建设模式为：由公司党委牵头，企业管理部具体负责落实，党建工作部、安全监察局、工会、人力资源部协助配合。班组建设领导小组办公室设在企业管理部，企业管理部负责班组建设整体的宏观指导并制定、完善班组建设的管理办法和相关制度工作，组织召开公司班组建设经验交流、现场推进会等工作；安全监察局负责班组建设安全管理等工作；党建工作部抓班组的党建、团建、宣传报道等工作；工会抓班组班务公开、民主管理工作，组织开展职工技能大赛、技术比武活动等工作；人力资源部负责抓班组培训、班组长选拔、班组划分、班组长津贴的发放等工作。

公司班组设置“五大员”：一是安全管理员，负责本安体系建设、培训，工作现场危险源辨识、预防，组织安全措施实施。二是文明管理员，负责职工文明、设备文明，定置管理和环境文明工作。三是宣传员，负责职工思想文化建设，班组宣传工作。四是经济核算员，负责制度管理，按材料、劳动定额进行经济核算工作。五是民主管理员，负责班组的班务公开、民主管理工作。

2. 制度建设。为全面系统地规范公司班组建设管理工作，确保班组管理顺利实施，公司制定了《班组建设管理办法》，内容涵盖班组建设目标、组织与职责、管理框架、内容与要求、班组长管理、检查与考核等，是开展班组日常工作的基础和依据。

（四）提炼“一系列”工作方法

“5821”中的“1”是指一系列工作方法，在班前会的召开、班组安全、经济核算、班组长管理等方面，通过提炼总结各单位的班组建设实际管理经验与具体工作方式，将其上升成为在全公司推广的班组建设管理方法，以此构建公司的班组建设方法库。

三、“5821”班组建设体系的主要做法

“5821”班组建设体系是基层管理经验的凝练和升华，通过自下而上进

行顶层设计和自上而下有力推进实施，以追求实际效果为目标，以精细化管理为理念，力求实现作业标准化、管理自主化，从而达到“事事有人管，件件有落实”的管理效果。

（一）完善管理制度，夯实班组建设基础工作

公司各级班组分布范围广、数量多，工作内容各不相同。根据中国煤炭工业协会和公司关于班组建设工作的指导意见，各单位结合自身工作特点，从班前会、班组工作汇报、班组工作记录方面入手，大胆改革，逐步完善，在班组管理制度、班组设置划分、班组长选拔和班组信息收集等方面不断改进和加强，形成了各具特色的班组日常工作机制，班组基础工作更加全面、扎实，班组管理水平得到显著提高。

（二）优化考评标准，激发班组建设动力

有效激励是抓好班组建设的关键举措。公司从班组建设管理办法修订入手优化考评细则，主要从班组基础工作、文明生产、班组安全、班组培训、班组经济核算、班组长管理、班组民主、思想文化建设八个方面细化标准，利用最合理的分配最大限度调动职工的工作积极性；增强班组绩效奖金分配的透明度，绩效工资表、考勤表等明细及时公开，使分配更具民主性、公正性，赢得职工的信任，提高班组的向心力和凝聚力。

（三）抓好班组长管理，保证班组工作顺利实施

班组是安全生产和培养人才的阵地，班组长在日常生产经营活动中，要进行合理分工、科学管理，是名副其实的“兵头将尾”，在班组管理中起着关键的作用。

1. 把好选拔任用关。公司通过建立班组长后备人才数据库，形成班组长后备人才梯级培养机制。班组长任用方面，一是班组长素质符合任职条件，即政治素质好、管理能力强、技术业务精、文化素质高、群众基础好。二是优先在具备大专以上学历、技师资格以及是中共党员的后备班组长中选拔使

用，保证人尽其才，更好地提高企业班组管理水平。三是在竞聘过程中，做到公平、公正、公开，让选拔出的班组长不仅能体现其个人意愿，更能代表单位意愿与职工民主意愿。

2. 抓好培训学习关。班组培训在着眼整体素质提升的基础上，要重点突出班组长培训。除参加公司内部的日常培训学习外，部分班组长还积极参加专题培训，如煤炭工业协会组织的“乌金蓝领”班组长素质提升班。

3. 抓好激励考核关。完善班组长管理考核机制，定期进行考评，按时兑现奖惩，形成“有能力上，没能力下”的合理竞争机制。公司从200X年开始，每年拿出150万元用于发放班组长津贴，并初步建立了科级管理人员后备人才管理机制，将班组长纳入人才库进行管理，把基层一线作为科级干部选拔任用的主阵地，重点选拔任用优秀班组长（或曾经担任过班组长），打通了班组长的晋升通道，不仅让班组长政治上有待遇、经济上得实惠，还要在发展上有奔头。

（四）以建设“五型班组”为目标，打造特色样板班组

安全管理的难点在班组，文明生产的起点在班组，技术创新的关键点在班组，成本联控的重点在班组，企业文化的落地点在班组。公司牢牢抓住“五型班组”这个“牛鼻子”，明确提出了“安全要保障、生产要文明、技术要创新、成本要下降、班组要和谐”的班组建设目标，提高思想认识，加强具体指导，通过典型引路，以点带面，分步实施，整体推进，推动全公司整体班组建设水平的不断提升。

（五）开展技能提升活动，激发职工参与热情

公司重视职工素质和职业发展，搭建岗位成才的舞台，以“职工技术创新工作室”等为载体，强化班组建设，鼓励工作创新。通过围绕实用性技术革新与创造发明，将其与技能竞赛、修旧利废、人才培养和成果转化等工作有机结合，有力推动了班组建设的整体工作。

（六）提炼一系列工作方法，寻找班组工作着力点

“5821”班组建设体系中的“1”是最具体、最实用的，一系列方法可以有效地解决工作中某一方面或者某一领域的具体难题。公司已经认识到，提炼一系列工作方法是班组建设工作的着力点，也是公司战略、企业文化在班组落地的有效途径。范围上，要在班前会、安全管理、经济核算、民主管理、班组长选拔等方面挖掘实用性强的工作方法；提炼时，力求内容简洁，条理清晰，目标明确，便于记忆，且具有可操作性；推广中，各单位要坚持“他山之石，可以攻玉”的谦虚学习精神，借鉴班组建设先进经验和管理方法，选择适合本单位特点的、启发性强的工作方法，掌握其管理精髓和理念，不拘泥于形式，创造性地加以应用。

（七）搭建班组建设经验交流平台，提升班组建设管理水平

公司每年选取基层单位，定期召开班组经验交流和现场推进会，作为提高班组工作质量的另一个有效途径和重要载体。通过会上总结交流班组建设经验，表彰班组建设工作中涌现出的先进单位、集体和优秀个人，会后观摩该基层单位，并进行现场互动交流，建设管理人员和班组长开阔了视野，拓展了思路。

四、“5821”班组建设体系取得的成效

近几年，公司各单位紧紧围绕“5821”班组建设体系开展工作，整体认识提高了，管理思路清晰了，职责分工明确了，阵地建设加强了，管理水平提升了。

（一）班组管理思路清晰

在公司班组体系的引领下，各直属单位通过进一步整合班组工作内容，明确发展目标，形成了适合本单位特点的管理方法、工作模式。

（二）成本联控效果突出

“5821”班组建设体系的推行和“五型班组”创建活动的深入开展极大地调动了班组成本节约的意识。面对外部市场持续低迷，煤炭价格连续下跌的不利形势，通过加强生产作业成本管控、强化绩效考核等措施，将成本管控的压力和措施延伸到生产一线，深入班组，煤、电、路各产业板块成本支出较年初预算均实现较大下降。

（三）安全生产稳步推进

公司以风险预控管理体系为抓手，制定和实施岗位标准作业流程，全力打造本质安全型班组，通过提高各单位班前会质量、强化作业过程危险源辨识，逐渐将“依靠会议布置”转变为“依靠流程管理”，将“集中治理”转变为“过程控制”，将预防隐患产生放在首位，持续夯实班组安全管理基础，不断强化隐患整理，安全生产保持了良好发展态势。

（四）工作方法初见成效

公司各单位普遍认识到，有针对性地提炼工作方法是开展班组建设的有力抓手。如班组长“三步”汇报法的应用，让班组长的总结表达、沟通、逻辑思维能力得到了强化和提升，是一种非常实用具体的工作方法。在推广应用工作法的时候，注重领会其精神实质，充分考虑了班组建设的工作特点，不拘泥于形式、不照搬照抄，创造性地将这种工作方法融入班组建设实际。

（五）班组管理成效显著

201X 年 11 月，由中国安全生产协会主办的“安全管理标准化示范班组创建活动表彰会”在北京人民大会堂隆重召开，全国 120 个安全管理标准化示范班组、100 名优秀班组长和 20 个优秀组织单位受到表彰，其中该公司有 4 个优秀班组和 3 名优秀班组长获奖。

某公司实施班组经济本安体系建设及应用

综述

只有在基层扎稳根，才能实现经济本质安全。经营工作一盘棋，捋得清，才有条不紊。某公司积极推进班组经济本安体系建设，实行经济本安体系横向业务全覆盖，纵向延伸到班组，实现了全方位、立体式的管控，为实现经济本质安全谋好篇、布好局。

一、班组经济本安体系的实施背景和思路

201X 年 3 月，针对煤炭市场低迷的严峻形势，某公司紧紧围绕清洁能源发展战略，持续加强经营管理，增强抗风险能力，提出了建设经济本安体系“12345”全新的工作思路。“1”是围绕公司战略目标；“2”是探索集团母子公司管控两级模式；“3”是树立经济安全、价值管理、持续发展三大理念；“4”是涵盖煤炭生产、电力生产、铁路运输、循环经济四项产业；“5”是建立健康档案、制定监督办法、梳理业务流程、落实管控模板、健全评价体系五个步骤。

该公司创建了与战略相适应的经济本安体系（见图 1）。体系涵盖煤、电、路、循环经济四大业务板块和财务、采购、招标、工程、产权 5 个重点业务领域，形成“1+4+4”的成果，即 1 个总册、4 项管理制度、4 个板块的业务操作手册；201X 年，又延伸建设到辅助生产单位和后勤服务单位，

并形成经济本安操作手册。201X 年，随着公司经营重心向班组倾斜，风险管控从源头抓起，结合降本增效的经营方针，将班组核算和单车核算纳入本安体系，向班组内控业务领域纵向延伸，形成横向到边、纵向到底的本安体系，基本覆盖了全公司的经济活动。

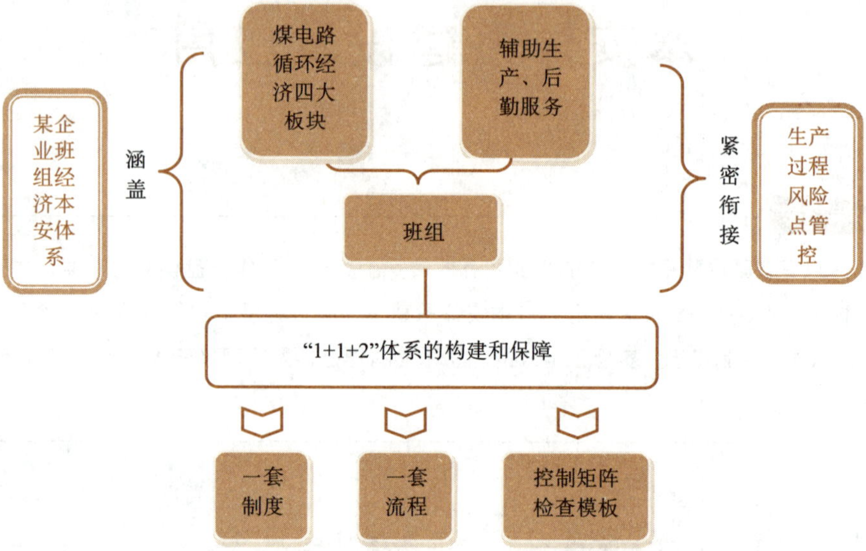

图 1　某公司经济本安体系建设图

二、班组经济本安体系下的内部控制

（一）班组内部控制

该公司班组经济本安体系建设明确了各项业务存在的主要风险和控制节点，以及各节点实施控制所依据的管理制度、主责部门及岗位等，对基层成本联控具有重要作用。实现对班组经济风险管控，根本上是对影响班组经济本安的重大经营运行风险实现有效管控。下属各单位结合产业特点，设置相关指标和关键控制点，对重要的环节加强监督检查力度，并建立各单位、段队、车间、班组（单车、单机）经济安全管理责任制，分工明确、责任到位，“谁主管、谁负责，谁受益、谁承担”，将责任自上而下分解至操作层面，保证体系有效运转，确保班组经济本安运行风险可控、受控。

公司特色班组经济本安体系建设内容流程如图 2 所示：

图 2　公司特色班组经济本安体系建设内容流程

（二）实施原因

1. 适应新常态，强化风控能力的客观要求。自 201X 年以来，该公司审时度势，提出向管理要效益，强化内部管理，加强班组建设，有效控制成本源潜在风险，进一步加强生产经营环节风险管控能力，确保公司持续健康稳定发展。

2. 应对新常态，构建基层全新管理体系的现实要求。开展班组降本增效活动，目的是通过开展合理化建议、加强设备管理、进行技改技革和修旧利废、提高废旧物资回收再利用以及其他创新创效等手段，强化全员节约意识，深入推进班组经济本质安全，促进公司整体效益的提升。

3. 引领新常态，实现公司战略目标的根本要求。贯彻落实公司清洁能源发展战略，需建立完善危险预警和管理机制，需不断创新管理方式和手段，提升运营效率，有效防范和化解潜在风险，在实施经济本质安全体系建设的基础上实现精细化管理。

（三）实施环境

1. 外部环境。煤炭市场严重供大于求，受煤矿减产、限产等不利因素影响，该公司面临更加激烈的市场竞争，加之销售、资金、安全和环保等潜在风险显性化，公司更加注重提高企业发展质量和效益，提高企业管理水平，提升企业软实力，加强防范各种风险的能力。

2. 内部环境。公司积极转变经济发展模式，丰富和调整产业结构，努力降低班组（单机、单车）运行成本，不断增强企业市场竞争优势。近年来，公司面临的主要经济风险有争取煤炭资源带来的竞争、成本联控带来的市场价格风险等。为此，公司积极开展班组经济本安体系建设，科学合理采用恰当的程序规范班组管控流程，降低成本，增加经济效益。

（四）控制措施

为搞好班组经济本安体系建设，公司制定了各项控制措施，如图 3 所示。

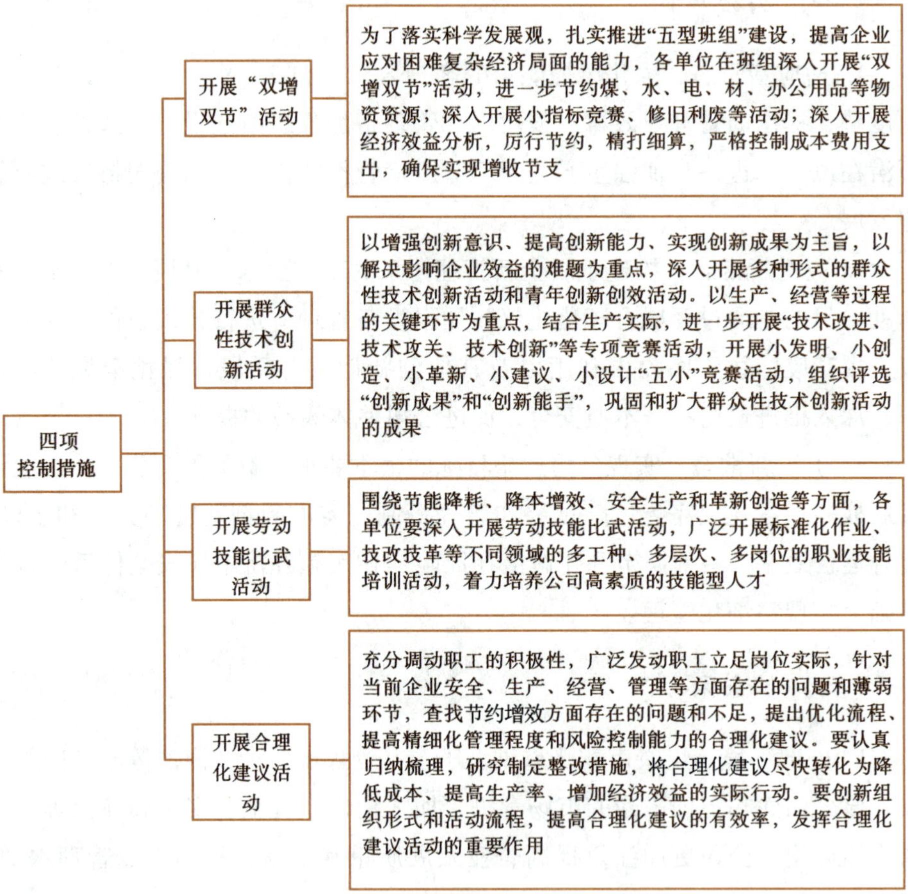

图 3　班组经济本安体系建设控制措施

（五）实施目标

以加强思想教育和宣传舆论为引导，把全体员工的思想和行动统一到公司降本增效行动上来，转变观念，提高认识；以开展群众性劳动竞赛活动为载体，群策群力，降低生产成本，降低管理费用，提高公司综合效益；以抓好生产精益化管理，实现提质量增效益；以抓好成本联控，实现降成本增效益；以抓好技术创新、管理创新，实现创新增效益。集中力量和智慧，破解影响降本增效的难题。

三、班组经济本安体系的构建

（一）班组经济本安体系的构建程序

201X 年 4 月至 10 月，历时 6 个多月的时间，该公司班组经济本安体系建设经历了宣贯启动、组织实施、运行调整、评定审验 4 个阶段。在项目建设过程中，公司坚持“以我为主、专家服务”的原则，深入各单位督导 13 次，组织召开研讨会 2 次，参加体系建设 630 多人次，共梳理业务流程 78 个，编制控制矩阵、检查模板共 156 个，基本涵盖了公司所有业务领域 90% 以上的核心班组业务。

（二）班组经济本安体系的构建模式

1. 一套制度。通过各级领导和基层班组长、业务骨干总结、研讨，形成了《成本费用核算管理办法》《废旧物资管理办法》《配件管理办法》《修旧利废管理办法》等制度。

2. 一套流程。通过梳理与班组经济核算密切相关的业务流程，理顺了流程输入资源、输出资源和审批权限，明确了流程中的主要环节和关键控制点。

3. 两套控制模板。一套是控制矩阵：设定流程总目标，并对每个流程节点设定了具体目标，对流程的各个环节具有可验证性，为监督检查提供证据资料。另一套是检查模板：设计了以控制证据、检查内容、关键控制点判断、控制发生频率、控制执行人、样本量、样本描述、缺陷描述、检查方法为主要内容的监督检查机制，作为对体系运行的保障机制。

四、班组经济本安体系的落地性

传统经济本安体系是通过对反映关键风险源变化的预警性指标和反映风险状态变化的评价性指标进行监控对风险本身进行管理。管理的重点在决策层面，对管理的执行层面关注不够，不易落地实施。班组经济本安体系通过各单位自查和公司检查，形成了经济本安体系运行报告，对运行缺陷汇总，对缺陷进行描述，明确缺陷类别、等级，制定了切实可行的整改计划，并落实了整改时间和责任部门，使经济本安工作管控重大经营风险这一目标与具体业务管理结合起来，重视风险发生过程的管理，使经济本安工作有了落脚点、着力点，增强了体系的可落地性。

五、班组经济本安体系的检查、评价

随着公司经营重心向班组倾斜，原本有效的控制可能无效或控制力受到影响，对体系的设计和执行进行评价和检查十分重要。公司班组经济本质安全体系建设思路充分体现了以评价、检查促进完善的思想，将评价、检查作为体系的重要保障措施，制定了评价管理办法、监督检查管理办法及检查模板，形成监督、检查闭环管理机制，实现有效管控。

六、班组经济本安体系的实施效果

经济本安体系是一个管理经济风险的体系，是企业生存、发展的重要保障。该公司班组经济本安体系建设坚持从实际出发，在充分运用现有风险理论和经验的基础上进行管理创新，并与公司发展阶段相适应，与公司发展战略相契合，不断完善基层风险管控，提升管理水平，保证了企业持续健康稳定发展。

（一）加强班组节能降耗意识

班组经济本安体系的建设使企业基层员工节能降耗的意识大大增强，减少了废弃物的堆放，降低了排污量，有效减轻了对大气的污染，相关措施得到有效执行。

（二）增强基层员工参与管理的积极性

在班组经济本安体系建设中，全体一线工作人员，特别是班组长亲自参与设计流程，编制工作程序，反复研讨控制措施，模拟、修正、提高，经过不断努力，形成了经营管理成果。

（三）促进班组联动机制，消耗库存

各生产单位班组直接与物资供应部门形成联动，对同类设备库存物资进行调剂消耗，尽可能实现未到货的配件按需求时间到货，减少库存积压。

公司通过班组经济本安体系的建设优化了操作流程，改进了工作方法，规范了班组工作程序，识别出导致成本上升的关键环节，关注班组管理的重要风险，提前预防，达到降本增效的目的，对班组建设具有重要意义。

某公司煤矿“12450”安全管理体系的实践

综 述

针对职工思想、生产工艺、作业环境变化的实际，某公司煤矿梳理总结历史经验，探索改进管理模式，在传承中创新，在创新中传承，形成一套具有煤矿安全管理特色的“12450”管理体系，为各项安全工作的开展提供有效指导，为风险预控管理体系扎实落地提供了有力支撑，可谓管理指路，安全到手。

一、安全管理模式的实施背景

多年来，某公司煤矿始终以风险预控管理体系建设和运行为核心，不断创新形式，加大推进力度，取得了明显成效，但生产工艺、技术及环境的复杂性，作业人员的集中化和难控制性以及各种社会环境因素等给安全管理带来了新的挑战。如何将风险预控管理理论体系简明化、现场化，将生产实际中碎片化的安全管理与其有机统一，迎接新挑战，再创新佳绩？该矿紧紧围绕建成“世界一流样板煤矿”的目标，结合生产实际，针对安全生产在管理执行、风险预控、现场管理、教育培训、标准化作业等方面的管理重点，通过不断认识、继承、总结，在安全管理模式上进行了一系列探索创新，提炼出具有特色的“12450”安全管理模式。

二、“12450”安全管理模式及主要做法

（一）一个方法

将辨识、评估风险，制定管理标准和措施，从监测到预警的系统化运行作为管控危险源的1个根本方法。采用工作任务法在全员、全过程、全范围危险源辨识的基础上对其进行分级、分类管理，明确了3项公司级、2项矿级、8项部门及队级管控的重大风险任务，制定管控措施管控危险源，确保其可控、再控。同时，开展危险源管控措施完善再完善，在坡顶线15米处增设安全挡墙，防止抛掷爆破高台阶上部车辆和人员进入危险区域；在主干道修建停车区，保障停送电作业时车辆停靠安全；在14台电铲上安装视频采集系统，完整记录员工操作过程；为1#和2#W电铲配置自动灭火系统，实现了电气室火情自动监测和灭火。

（二）两个责任

1. 制定了《安全生产责任制》和《岗位职责权限》，明确了全矿153个岗位的责任人员、责任范围，同时根据《煤矿安全风险预控管理体系要求》编制了《安全手册》，按照主控单位、配合单位、执行单位将每个管控要素细化分解至矿领导、职能部室、生产单位、班组和岗位，确保有岗必有责，形成了“党政同责、一岗双责、失职追责”的安全生产责任体系，确保了有岗必有责。同时，矿与生产单位、生产单位与班组签订安全生产责任状，班组组织员工签订安全承诺书，一级对一级负责，传导压力，强化责任落实。

2. 每月由分管领导带队组织相关职能部门对各生产单位进行风险预控管理体系审核，对安全生产职责履行情况进行考核，确保有责必有为，并通过创新安全绩效考核与责任追究制度，深入研究安全生产责任落实与工资、奖励、处罚等与职工实际利益配套、挂钩的具体措施，形成强有力的激励约束机制和倒逼机制。

（三）四个抓手

1. 抓安全教育培训质量。树立“安全培训不到位就是重大隐患”的工作意识，在“一听、二查、三考、四看”的基础上，通过不断创新工作内容、形式和手段，本着“干什么、学什么、缺什么、补什么”的原则实施培训；通过建立各工种题库系统，随机抽题考试，确保安全培训、考试不走过场，扭转“重形式、轻质量”的现象，安全培训组织保障能力和质量明显提高。

一是依托新媒体平台，利用煤矿网站、微信群、手机 App 等播发行业动态信息、事故案例、安全常识等，让职工随时掌握各类信息。

二是建立了包含安全管理知识、标准化作业流程、机电知识等相关内容的各工种题库系统，成立了考试领导小组，由其成员在考试前一天随机抽取考试试题，考试过程由两名矿领导负责监考，考试结束后在第一时间内完成判卷登分，并将考试成绩在 OA 系统中公布，考试未及格者按照培训管理办法进行处罚和安排补考等相关事宜。

三是有序开展职业危害预防、应急管理知识、“三项岗位人员”等各种知识的培训。

2. 抓员工不安全行为。将不安全行为作为任何生产作业都不容触及和逾越的“安全红线”，通过教育、制度和科技手段，促使职工做到不敢、不想和不能违章。

一是强化人员不安全行为分级分类。根据不安全行为可能产生的后果、违章人员意图和情节轻重将不安全行为分为轻微、一般和严重 3 个等级、96 类进行管理，并制定相应的处罚标准。

二是强化员工行为观察和不安全行为矫正。安排专人对职工作业过程进行完整的写实记录，总结好的行为和不安全行为，并及时与不安全行为人员进行有效沟通，使其充分认识到不安全行为的严重性。

三是强化人员不安全行为产生原因分析。每月召开一次不安全行为总结分析会，对发生不安全行为人员、时间、作业内容、地点、原因、危害等进行统计分析，分析高发不安全行为类型、人群、时段以及产生原因，总结特征、规律，制定落实有针对性的防止不安全行为重复出现的防范措施。

四是通过规范日常安全行为和作业前危险源辨识，做到现场作业前的安全确认，培养安全行为习惯，在电铲上安装视频采集系统，并扩展到卡车、中巴车上，逐步推广至推土机等工程设备上，规范员工操作行为，使员工做到“三不违章”。

3. 抓岗位标准作业流程。将标准作业流程应用作为抓好安全工作、杜绝安全事故发生的有力抓手，在生产过程中督促员工严格执行，并采取多种措施，实现员工对标准作业流程“应知、应会、应用”的“三跨越”，达到“上标准岗、干标准活、交标准班”。

一是成立流程管理领导小组，在主要领导亲自抓的基础上，设专人负责流程的日常管理，全程参与流程的推进工作，并将130条流程匹配至作业人员，实现流程与作业人员100%匹配。

二是员工深入学习、理解和切实把握流程的内涵与实质，真正将流程与现场作业紧密结合，避免走过场、走形式，并通过多种渠道提高员工对流程的认知度和内在需求，实现其管理的常态化。

三是开发具有考试和学习模式的流程在线考试系统，使该系统同时具备题库编制、随机出题和在线考试功能；开发班前会标准传达系统，并与流程在线考试系统相结合，实现员工签到、每日一题考核结果与月度考核挂钩；不断优化流程学习系统，将岗位标准化作业流程与三大规程、危险源等安全知识深度融合，实现流程的每一步骤与之对应信息的分层显示，使学习更加全面、直观，从而提高学习效果；制作穿孔、采装、运输、排土、供配电作业5个生产工艺主采设备的岗位标准化操作流程视频，实现基于实景标准作业的可视化。

4. 抓作业环境。工程质量是作业环境的“牛鼻子”。该公司煤矿印发《工程质量考核管理办法及考核细则》，规定了质量达标的做法和标准，并通过每周对工程质量进行的全面考核，切实提高了现场工程质量。

煤矿穿孔队将“布孔之前精设计、穿孔之中严监督、爆破之后细分析”

的做法落到实处，实现了最优爆破质量，且设计时结合实际区别对待软硬岩。采掘队主抓电铲司机操作技能提升，做到工作面底平帮齐、装车不超不偏。工务队严格贯彻和执行“养中间、平两头”的工作方法，保证了采场、排土场和道路的工程质量（“养中间”是保养好采场到排土场的道路。定期铺设磨耗层，及时做好异常天气对道路造成破坏的修复，平路机、压路机、洒水车 24 小时随时跟进，确保路面平整、无尘无洒块。“平两头”是保持采场采掘工作面和排土场工作面的平整。穿爆、采掘环节不发生拉底，跟铲推土机及时清理铲位，保持装车位置平整；排土场必须有反坡，挡墙高度符合要求，工作面平整）。生产技术部设计的技术方案统筹全局，做到穿、采、运、排环节的最佳衔接，技术交底准确、明了，做到交位置、交数字、交图纸，并通过加大对工程质量、重点工程的监督、指导与考核力度，将技术要求落到实处。

（四）五个提升

1. 提升操作人员的操作技能。一是开展职工大讲堂活动。二是开展“师带徒”活动，使新入职和转岗员工迅速提升技能水平。三是开展技能拔高培训和岗位练兵，激发调动员工获取知识、提高技能的积极性。四是组织职工积极参加职业技能鉴定，提供锻炼和提高的机会。

2. 提升员工应急处置能力。按照预防与应急并重、常态与非常态结合的原则，不断完善应急预案体系，加强应急管理宣传教育，提高职工参与和自救能力，将实现现场预警、快速反应、应急处置的整体联动作为应急管理的方向。

3. 提升员工安全意识。一是狠抓培训教育。二是依托新媒体和自媒体，职工采用网络语言和动画形式自主推送安全知识。三是开展事故警示教育。

4. 提升班组管理水平。一是规范了班前会流程，将工作安排、危险源辨识、安全注意事项等内容通过 PPT 直观、形象地传达给职工，提高了班前会质量；二是各单位提炼总结了符合自身实际的班组安全管理模式；三是通过安全管理标准化示范班组创建推进会形式，总结固化成果，形成可复制的班组管理经验。

5. 提升全矿安全文化建设水平。一是利用技术比武、劳动竞赛、“安康杯”竞赛、《岗位标准化作业流程》知识竞赛等建设班组及职工安全文化。二是利用目标管理、应急预案、“三同时”、经济奖惩、责任制体系等建设好管理层及决策层的安全文化。三是利用安全标语、事故警示牌、安全标志、安全标准化等建设生产现场安全文化。四是通过调频广播、微信群、“矿工之友”、“安全大讲堂”、安全宣传的“三个一工程”和青年职工的“六个一工程”等建设煤矿企业文化环境的安全文化。

（五）实现总目标

“零伤害”“零事故”安全目标已深入人心，成为煤矿的管理目标、工作标准、行为规范。员工树立了“隐患可控、事故可防”的坚定信念，高标准、严防范、真落实，把安全工作做到极致，并继续以“从零开始、向零奋斗”为核心，逐步形成以“安全工作零起点、操作过程零失误、设备状态零缺陷、系统运行零事故、执行制度零距离、生产组织零违章、隐患排查零盲区、隐患治理零搁置”等以“零”为目标的安全目标体系。

三、取得的成效

该公司实行“12450”安全管理体系取得的成效：

一是通过日常学习，该公司现场作业人员都能准确掌握本岗位的危险源、安全作业标准，实现了从“要我安全”到“我懂安全”和“我要安全”的重大转变。

二是重大危险源常态化管理，采用制度、措施和科技等手段得到有效管控；作业环境大为改观，道路修筑、安全挡墙、电缆摆放等规范整洁，联合作业呼唤应答有序执行。

三是该公司煤矿39个班组实现了“零违章”，其他班组员工不安全行为风险等级、发生频率显著下降。

某公司建设清洁生产型选煤厂的实践

综 述

保护职工职业健康是企业应尽的责任。某公司选煤厂由于其生产具有特殊性，职工工作环境整体较差。针对此种情况，选煤厂本着以人为本的理念，以文明生产整治和幸福员工工程建设为抓手，对厂区环境及工作环境进行了整治，投入巨资对粉尘、噪音等危害职工健康的污染源进行专项治理，取得了良好成效；以制度管理和文化宣贯双管齐下的方式，树立职工文明生产的理念，在软硬件上为建设世界一流煤炭大型现代化选煤厂做了充分准备。

某公司选煤厂上承A煤矿与B煤矿的原煤开采，下联某铁路的商品煤外运，肩负着煤炭洗选加工的重要使命，是地区绿色煤炭的品牌塑造者。伴随着公司3次创业的历程，选煤厂全体员工在艰难与挑战中奋勇前行，在滚滚乌金中铸炼出坚韧、奉献、乐观的品质，用智慧与汗水将一个起点偏低、基础薄弱、环境恶劣的选煤厂逐步建设成为一座技术一流、管理规范、环境整洁的全国特大型现代化选煤厂。

一、项目背景

某公司选煤厂初建期，时值煤炭市场疲软，大型选煤厂在国内寥寥无几，厂内无除尘装置和洒水系统，粉尘、噪音成为困扰企业发展的重要因素。此外，选煤行业标准始终落后于时代发展，行业标准不完善、起点低，诸如此类的原因导致厂内环境差，职工作业、休息环境艰苦。环境因素严重制约了选煤厂的安全生产、管理提升等工作，主要表现：一是对职工身体健康造成威胁，甚至有个别职工因长期在粉尘、噪音超标的环境中工作，患上尘肺病，发生听力下降。二是对安全生产造成影响。粉尘浓度过高易造成煤尘爆炸，引发火灾，且影响职工作业时的情绪。三是不利于精神文明建设、班组建设、企业文化建设、质量标准化等工作的开展。选煤厂环境差主要体现在粉尘污染治理难度大、噪音超标以及厂区、厂房基建起点低，后勤服务设施基础薄弱。

二、主要做法及取得的成效

（一）攻坚粉尘治理，从源头治理环境污染

改善职工生产环境采取的主要措施之一是攻坚粉尘治理，从源头对企业环境污染进行治理，如图 1 所示。

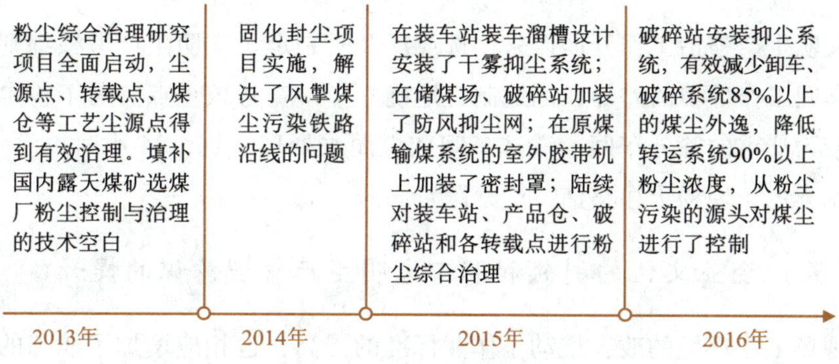

图 1　粉尘治理的过程

（二）减轻噪音污染，保护职工健康

对落差较大的溜槽加装背包和缓冲区，保护溜槽设备的同时大大降低了噪音污染；对鼓风机加隔音板；对振动筛、大功率水泵、破碎机、空压机等产生噪音的设备进行合理选型；周围空地采取绿化隔音；为职工配备了高档

耳塞。

（三）启动文明生产整治工作，彻底改变生产现场及厂区面貌

选煤厂整体环境的好坏对选煤厂职工作业习惯、精神面貌等有着不可忽视的影响。200X 年，公司拨付资金 1 210 万元对选煤厂厂区环境进行系统、全面改造。

1. 确立了文明生产整治工作的 3 项指导原则：一是改善职工作业休息环境，增强员工对企业的认同感。二是美化厂区环境，提升选煤厂整体形象。三是依托整体环境改善，树立职工文明新风。

2. 重点对装车站、观礼台、厂区道路进行修正，后续逐年对厂房、配电室进行整治，同时对职工休息室、现场巡视工休息室进行整治。

3. 改变过去车间作业区内压抑的感觉，职工工作积极性得到显著提高，为安全高效的生产提供了保障。

（四）依托制度建设扩大文明生产成果，因地制宜开展检查考核

文明生产整治工作开展以来，选煤厂及时制定了文明生产考核细则，并针对车间工作环境的差异，因地制宜地确立了检查考核重点。对于粉尘污染曾经较为严重的筛分车间、洗选车间和煤泥水处理系统，24 小时擦洗一遍，设备见本色，现场干净整洁，严禁跑冒滴漏。

（五）企业文化的引领和职工文明生产管理意识的提升

现场工作环境的改善推动了作业标准的提高，也相应增加了职工的工作量。为了促使职工积极广泛地参与文明生产管理，进一步变被动管理为职工的主动参与，选煤厂在检查考核的同时也着手文化的引领。

选煤厂以文明生产整治为契机，制定了企业文化建设规划，并在全厂范围内开展文明行为公约活动，对文明作业进行了制度约束，将文明作业、文明言谈举止融入选煤厂企业文化。

三、环境治理、文明生产整治的启示

1. 环境对员工的行为有着强烈的暗示作用，良好的环境对于良好心态、作业积极性有着不容忽视的促进作用。选煤厂环境治理和文明生产整治的事例很好地佐证了“破窗理论”。

2. 习惯的养成有赖于制度的创建与考核。选煤厂环境治理与文明生产管理水平的不断提升依赖于将文明生产与环境治理保持制度化。

3. 将文化融入制度，用制度来培育文化。选煤厂用文明生产的制度约束、引导职工，表明了厂里的价值取向，职工在执行制度的过程中，潜移默化地纠正以往不文明行为，树立了选煤厂新风。

4. 切实将以人为本落到实处，员工就会以感恩的心态来服务企业。选煤厂已经连续6年未出现新增职业病病例，职工作业、休息环境发生翻天覆地的变化，职工也以感恩的心态回馈企业。

某公司铁路分公司“本质安全型”班组的实践

综 述

“三违”现象从来都是企业安全工作的重点，某公司铁路分公司在“辨识危险源就是防止事故、安全检查就是控制事故、发生‘三违’就是事故”理念引领下，整治“三违”不停留在简单的处罚层面，通过“三违”分析会的形式，让班组每名职工深刻剖析“三违”行为，认识“三违”的危害，真正认识到“三违”可能对自身或他人生命造成伤害，会为亲人、朋友带来生活上的困难和感情上的痛苦，从思想深处提高职工安全意识。

多年来，某公司铁路分公司列检作业场二班在车辆段“辨识危险源就是防止事故，安全检查就是控制事故，‘三违’就是事故”理念引领下，以达到本质安全为目标，以风险预控为手段，以职工素质提升为根本，以强化精检细修为己任，以落实“三违”分析会为重点，做到班组安全生产有序可控，取得了人身零伤害、行车零事故的好成绩。

一、班组反“三违”分析会背景

200X 年之前，铁路分公司车辆段针对“三违”现象采取的措施是：发现一起，处理一起，通报一起，以简单的处罚代替管理，以曝光代替帮助教育，导致“三违”责任人对安全管理人员的处罚从思想深处发生抵触，使“管者”与“被管者”之间的矛盾不断加大。经过分析，发现“三违”人员对违章现象的危害程度认识不足。

200X 年，铁路分公司车辆段在各车间开始推行反“三违”分析会，主要针对一些典型的“三违”现象，对照分析事故的方法，让“三违”责任人从思想上认识到自身存在的错误，并加以改正。实际控制“三违”效果并不明显。

201X 年，在深入学习贯彻本质安全管理理论过程中，铁路分公司车辆段结合风险预控管理的理念，重新修订了《车辆段反“三违”管理办法》，对反“三违”分析会的议程及相关要求进行了明确规定，使反“三违”分析会进一步规范，质量逐步提高。在全段范围内得到深入推广，效果明显。

二、班组反“三违”分析会做法

班组推行反“三违”分析会工作方法，按照不同的“三违”等级来划分是否召开“三违”分析会。

班组严格按照会议流程召开反“三违”分析会，会上“三违”责任人要对自己的“三违”行为做深刻检讨及认识，也要求班组的每名职工针对“三违”比照事故，从发生的原因、可能造成的后果、预防措施等方面对该“三违”事故进行剖析。

班组通过召开分析会，使全班职工针对此次“三违”事件心中都有一个烙印，达到最佳效果。

三、班组反“三违”分析会流程

班组反“三违”分析会主要分事前、事中、事后三个流程，如图 1 所示。

四、班组反“三违”分析会的效果

通过班组召开反“三违”分析会，班组职工的面貌发生了很大变化，习

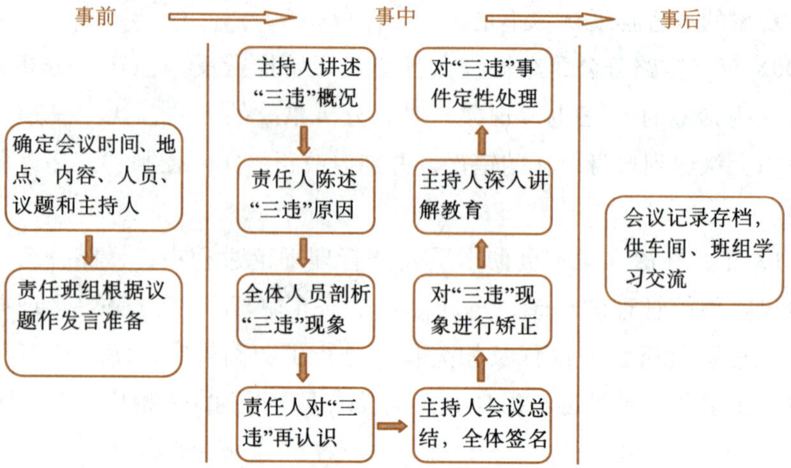

图 1　班组及“三违”分析会流程

惯性违章大大减少，安全生产得到有力保证。班组开展反“三违”分析会有以下几点效果：

一是杜绝了班组长的好人主义思想。个别班组长好人主义思想严重。召开分析会使班组长意识到纵容违章就是对员工的不负责任、对家庭的不负责任、对单位的不负责任。

二是员工安全意识明显提高，自主保安意识明显加强。通过对员工发生的违章行为召开分析会，让责任人感到发生“三违”将会造成的严重后果，其他员工也认识到“三违”的危害。

三是起到帮教一人，警示大众的作用。通过召开分析会，参会人员都受到了再教育，使员工明白前车之鉴，绝不步其后尘，杜绝同类“三违”事件再次发生。

四是为反“三违”工作注入了新活力，克服了过去反“三违”内容空洞，总是使用发现、说教、处罚的“老三篇”工作法，使反“三违”工作收到有理有据、有章可循、预防后果、警示众人的效果。

五是发生“三违”的次数和风险等级明显下降。自推行班组“三违”分析会以来，“三违”现象减少到 201X 年的 7 起，已得到有效控制。

六是凝练总结出切合班组实际的安全管理理念。自推行班组“三违”分析会以来，结合生产实际凝练总结出了“习惯性违章向习惯性标准化转变”等一些朴素的、切合班组实际的安全管理理念。

五、班组反“三违”分析会启示

1. 发挥青安岗员及群监网员的作用，把青安岗员及群监网员纳入班组反“三违”工作，监督的人多了，违章的人就少了。

2. 把反“三违”分析会与本安工作有机结合起来。开分析会首先就要对违章进行危险源辨识，对职工来说就是一个危险源重新学习的过程。

3. 根据员工不安全行为矫正办法，对有意的违章行为进行安全态度和安全思想的教育，对无意的不安全行为督促进行相关知识学习和本岗位危险源学习。

4. 事故案例教育使职工通过活生生的案例理解违章后产生的严重后果，既推进了本安建设工作，又有针对性地提出排除不安全因素的有效方法。

某公司基层工会构建“大协管”安全格局的实践

综 述

当好家属协管员，吹好安全枕边风。某公司煤矿充分发挥家庭情感教育在安全管理中的作用，将安全管理触角延伸至职工家庭，让协管员参与到安全管理中，及时掌控职工自身安全状态，把好思想情绪安全关，防患于未然。以“大协管”格局筑牢第二道安全防线，创造巨大安全效益。

一、构建“大协管”格局的实施背景

在煤炭市场持续低迷、经济形势不容乐观的情况下，对于基层工会工作来说，稳定员工队伍是服务大局的头等大事。女性是维系家庭、企业、社会和谐的重要力量，构建和谐企业，加强安全管理，离不开广大家属协管员的全力参与，她们是煤矿安全生产的“第二道”防线，是班组安全生产的“助推器”，是职工安全状态的“晴雨表”，是沟通企业与家庭、职工与家属的桥梁和纽带。201X 年以来，某公司煤矿工会用心构建“大协管”格局，打造“安全方舟”，成效显著。

二、“大协管”工作思路

该公司煤矿工会围绕安全生产实际提出了“1245”协管工作思路（见图 1）。

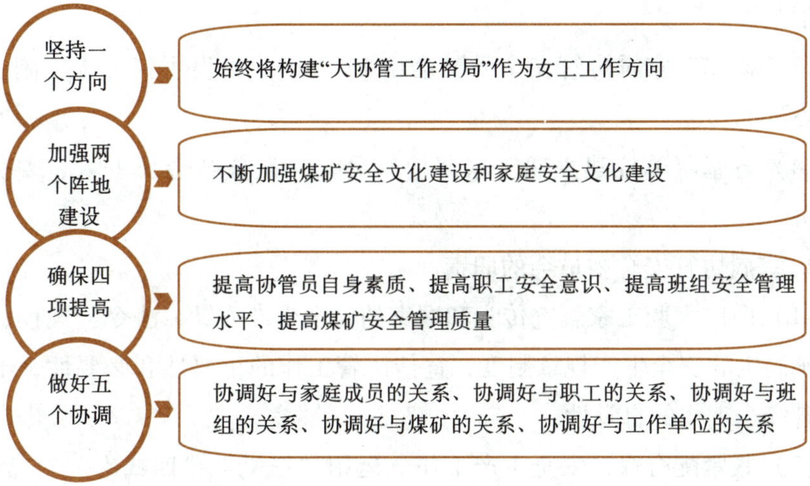

图1 “1245”协管工作思路

三、具体实施

（一）组织领导

根据企业安全工作实行“政府统一领导，部门依法监督，企业全面负责，群众参与监督，全社会广泛支持”的体制要求，为配合煤矿行政搞好安全生产，确保实现煤矿安全奋斗目标，充分发挥职工家属安全协管员的作用，该矿成了以工会主席为主任、安监站和工会部门负责人为副主任、各分会主席和家属协管员代表为成员的职工家属协管安全委员会。

（二）制度建设

1. 协管会组织制度。

（1）职工家属协管安全委员会的成员采取民主协商推荐名单制度，报该矿审查批准后产生，由矿工会直接领导，矿工会女职工委员会对其进行具体的业务指导。

（2）矿职工家属协管会成员由矿工会和矿工会女职工委员会，专、兼职家属协管员组成。职工家属协管会的办事机构设在矿工会，负责处理协管会的日常工作。

（3）矿职工家属协管安全委员会由 12 人组成，设主任 1 人、副主任 2 人、委员 11 人。

（4）各基层单位建立职工家属协管分会，设分会会长 1 人、委员 2 ~ 4 人。

2. 家属协管安全委员会的职责。

（1）向广大职工家属宣传党和国家的安全生产方针、法令、规程、条例及煤矿制定的安全生产规章制度，宣传协管工作的重要性和必要性，不断提高协管安全工作的自觉性。

（2）紧紧配合煤矿安全生产工作，运用“三劝”“四嘱咐”“三询问”“两把关”“三声一风”等形式把安全教育工作做到每个职工的心坎上，增强职工自主保安意识。

（3）动员广大女职工家属搞好家庭建设，优化家庭环境，处理好家庭内、外部关系，孝敬老人，教育好子女，解除职工的后顾之忧，为职工营造一个养精蓄锐的良好环境。

（4）参加煤矿安全办公会议，针对本单位的实际情况提出做好协管安全工作的意见和建议。

（5）参加职工伤亡事故处理，协助查清事故原因，坚持“四不放过”的原则，协助制定避免事故再次发生的防范措施，根据情况提出对有关人员的处分或奖励的建议。

（三）安全协管运作机制

必须紧扣本单位实际，特别是坑下职工队伍的实际状况和职工安全思想隐患的变化规律。

必须与群安工作的所有站、岗、网连成一体，分工合作，协同配合，形成“一盘棋”，这样安全宣传教育才能形成合力。

协管工作运作机制的建立与完善是一个不断变化的过程，要根据安全生产、安全宣传和职工队伍的变化，特别是要针对消除职工安全思想隐患予以调整。

要建设一支素质过硬的家属协管员队伍。

（四）协管会在矿山安全生产中发挥作用

1. 在安全建设中发挥作用。协管会扎扎实实地把班组的安全建设作为协管工作的重中之重，采取协管组长包班组长、协管员包班组成员的方法，把情感教育融入班组的安全建设。

2. 在安全文化建设中发挥作用。该矿始终重视文化的“隐形效应”，特别是推行模拟准军事化的管理模式，更是受到了全公司的关注。此外，协管会“三个一”竞赛活动的持续实施使安全文化在每一位职工心中生根开花。

四、“大协管”工作成绩显著

该矿工会将提高员工安全意识作为抓安全的一大“药引”，对症下药，引导员工形成“安全是生命线”这一共识，并结合生产实际，精心设计、构思，建成了较为成熟的“大协管”工作格局，全面开展安全文化教育工作，打造“安全方舟”。

201X 年以来，“大协管”格局的强力实施使该矿女工工作大放异彩，获得了中国能源化学工会全国委员会授予的“先进协管会”集体荣誉称号。

某公司设备维修中心打造文明生产型班组的实践

综 述

职工言行文明、设备管理文明、物品定置管理文明以及环境管理文明不是形式主义和表面文章，而是企业文化在班组的融合与显现，是作业标准化基本要求，是实现一流班组必须严格遵守的标准。某公司设备维修中心班组紧紧围绕“人、机、环、管”4个要素，从日常生产、生活的点滴着手，兼顾内部与外部条件，提高维修技术水平和质量，提升维修软实力，全力打造员工整体素质高、环境文明标准高、组织生产效率高的文明生产型班组，助推“世界一流设备维修中心”建设。

一、规范人员管理，文明行为精细化

某公司设备维修中心轮胎维修车间维修二班主要承担某公司煤矿大型矿用卡车轮胎日常维护、拆装及分解组装工作。近年来，该班组严格按照公司班组建设体系要求，认真落实设备维修中心班组建设工作思路，着力从“人、机、环、管”四个方面做到班组文明生产管理“四精”，全面提升文明生产管理水平。

（一）规范个人文明行为，提升班组形象；提高职工文明意识，营造文明环境

1. 着装做到“三保证”：保证无破损，保证无开扣，保证无油污。
2. 行走、坐立做到“三个不”：不勾肩搭背、不嬉戏打闹、不歪姿斜睡。

3. 物品做到“两不入”：工具不入休息室，杂物不入检修区。

（二）建立监督机制，提高文明素养

1. 全员监督、跟踪教育、及时制止不文明行为。

2. 互相鼓励，努力做到规范用语，称呼得当，不讲粗话，礼貌待人。

二、规范设备管理，文明检修精致化

对检修工作中使用的辅助设备、工器具、仪表仪器等制定严格管理办法，“前、中、后”三步走抓好设备管理。

1. 使用前。认真检查辅助设备、工器具、仪表仪器，确保外表干净整洁，整体结构完好，性能安全可靠。

2. 使用中。确保使用正确，操作得当，读数精准。

3. 使用后。分类停放（存放），放置到位，及时清洁，保证复位，建立台账，专人监管。

班组严格要求检修工作流程化，做到“八个到位”，即检修任务认领到位，现场交底会组织到位，故障设备停放到位，故障查看分析到位，检修方案制定到位，检修流程执行到位，检修质量验收到位，检修场地清理到位。

文明检修全程要做到“三个规范”：规范检修现场，规范检修流程，规范操作规程。

三、规范环境管理，工作区域精美化

创造良好的工作、休息环境，提升文明生产质量。检修现场要严格做到：检修前“五个无”、检修中“三个齐”、检修后“两个净”。

1. 检修前。确保场地满足检修要求，做到无杂物、无油渍、无明火、无水滩、无冰面。

2. 检修中。要求做到工器具摆放整齐、材料物品摆放整齐、零配件摆放

整齐。

3. 检修后。做到检修场地净、物品清理净。

室内物品严格按照"5S"管理标准摆放，墙面、地面干净整洁，窗台、桌面、柜顶无灰尘，柜内物品有清单，室内线路巧布置，真正做到"物有其所，物有其用"，努力搭建整洁有序、焕然一新的休息环境。

四、规范管理方式，流程管控精益化

（一）建立严格、有效的管理方式，实现提高文明生产质量

班组为了保持和提高文明生产质量，要求每名职工牢记车间 13 项检修工艺，156 条规程，并严格按照规程进行检修。班组对照规程执行情况进行严格考核，考核结果与奖金挂钩。

（二）建立个人管理积分制，有效强化队伍管理

班组从文明生产、安全保障、劳动强度、作业难度、工作时间、检修人数、检修质量方面确定考核指标及分值，通过单人单项指标完成情况，确定当日得分，实现月底汇总，奖金兑现。个人管理积分制有效地促进了班组队伍管理，保证了文明生产质量。

轮胎维修二班开展文明生产型班组建设以来，职工整体素质大大提高，生产环境明显改善，安全保障得到增强，检修质量和效率明显提升，逐渐形成工作质量高、检修效率高的文明生产型班组。

文明生产是企业提高服务质量，科学规划生产，提高职工素养的基础，也是践行企业文化的基石。作为企业的细胞，班组抓好文明生产，对企业的整体发展至关重要。设备维修中心轮胎车间维修二班将一如既往抓好文明生产工作，助推设备维修中心和公司文明生产工作再上一个新的台阶。

某公司煤矿创建和谐团结型班组的实践

综 述

子曰：“民生之道，乐为大焉，致乐以治心。”以快乐的心情从事自己的职业，倡导员工保持良好的心态和快乐的心情，愉快地做好每一天的工作是创建“和谐团结型”班组的目的。煤矿穿爆队运行一班通过搭建三个平台，实施三项工程，为班组营造“和谐、进取、团结、协作”的文化氛围，使同事间在形成的合作默契的环境中，尽情享受宽容大度、真诚相待的班组亲情文化的幸福和快乐。和谐团结是保障、是氛围、是状态，在和谐的氛围中才能开展班组工作，人心凝聚、团结是最强大的保障，在完成各项任务的同时，力求达到成员和谐团结的最佳状态。

某公司煤矿穿爆队运行一班是一个年轻、有文化、有朝气的队伍，劳务派遣情况居多，思想较活跃，但同时也存在集体意识不强、进取心弱、偏重个人利益得失等问题。

一、和谐团结班组建设的实施背景

俗话说：基础不牢，地动山摇。班组是企业最基本的生产单位，是企业一切工作目标和任务的出发点和落脚点。因此，只有班组和谐团结了，企业才有凝聚力和战斗力。某煤矿穿爆队运行一班以公司开展五型班组创建活动为契机，积极探索创建和谐团结型班组，搭建三个平台，实施三项工程，经过近 3 年的培育实践，班组形成了“和谐、进取、团结、协作”的文化氛围，实现了“劳动关系和谐、班组成员团结；工作流程通畅、工作心情愉悦”的班组文化特色。

二、和谐团结班组建设的主要做法

（一）搭建三个平台

1. 搭建和谐家庭平台。和谐家庭是职工的温馨港湾，能为职工安心工作提供坚强的保障。运行一班通过设置家属联络员、开展职工家属座谈会、职工家庭大走访等活动，及时了解职工家庭动态，为每一名职工营造了和谐的家庭氛围，更增强了安全生产工作的主动性、预见性和针对性。

2. 搭建家庭与班组共建平台。班组建设离不开与职工家庭的互动。运行一班通过开展“安全生产好矿嫂”活动，举办职工家属联欢活动，以生活区为片区建立职工家属联络点，发起一封安全家书、征集家庭亲情寄语等活动，让每一名职工家属参与到团结和谐班组的创建中来，营造和谐的家庭氛围，增强班组的凝聚力和团结协作的团队精神。

3. 搭建民主管理建设平台。

（1）制度保障。成立了由班组长、青安岗员、群监员、党员、职工代表组成的班委会。制定了班委会管理制度、班组长工作职责、“员工”守则、奖金分配办法、班组评先评优实施细则等管理措施。

（2）班务公开。把班务公开作为民主管理的有效途径，定期将考勤、奖金分配、安全奖罚、任务完成、绩效考核以及评先评优等内容在班务公开栏进行公开展示。

（3）交流沟通。推出“四先”工作法——遇到问题沟通在先，处理问题公平在先，与人相处诚信在先，遇到困难帮助在先。

（4）维护权益。在民主管理的基础上，统筹考虑班组成员岗位配置，对不利于民主管理、不严格执行规章制度的小团体予以分散并合理调配党员、先进人员到不同岗位发挥其监督、影响作用。

（二）实施三项工程

1. 员工素质提升工程。班组尽可能地为职工学习进步、成长成才、提升工作水平创造环境，提供方便条件和机会，给予及时的人生指导和帮助，促进员工全面发展，帮助员工实现自己的理想，体现自己的价值，开展了“创建学习型班组”“争做知识型员工”活动，把培养一专多能、综合型员工队伍作为目标，在班组内形成了“1 +1”互助学习、内培师、师带徒等机制。

2. 人生价值观培育工程。运动创造激情，活动创造热情，责任带来成长。班组内成员如果感到深层次的需求得到了满足，产生了共鸣，形成了共同的人生观、价值观，就会自觉地将激情与责任带入工作中。班组内多次组织全体成员开展了户外集体活动，大家在一起沟通、交流，对彼此的工作性质和特点有了全面了解，取得了内聚力量，外树形象的效果。

3. 提升班组执行力工程。运用柔性管理，尊重和信任员工的人格和能力，尊重每个人的特点与个性，发挥班组成员的长处，挖掘自身潜力，进而激发了他们的主动性和创新精神，提升了班组的执行力。

三、和谐团结班组建设取得效果

（一）促进班组全年各项目标任务的完成

通过和谐团结型班组的创建，职工总是以快乐的心情从事自己的职业，班组内废孔率、补孔次数明显下降，杜绝了事故的发生，促进了班组整体工作水平的提高。

（二）促进班组成员操作技能水平的提升

通过和谐团结型班组的创建，穿爆队运行一班内部充满激情活力、亲如一家；班组内部职工相互支持、相互配合，工序衔接协调到位，凝聚集体战斗力。班组内年轻职工操作技术得以快速提升，职工间配合衔接默契，杜绝了钻杆掉孔事故。

四、创建和谐团结型班组的体会

（一）创建和谐团结型班组，需要常抓不懈

创建和谐团结型班组有助于职工保持忠于企业、积极向上的心态。需要常抓不懈，既要着眼实际，又要突出重点，既要狠抓执行，又要充分调动员工参与的积极性，从而推动创建工作从低层次向高层次发展，由一个班组向整体推进。

（二）创建和谐团结型班组，需要实施柔性管理

建立和谐团结型的班组人际关系，必须以“人性化”为标志，注重“以人为中心”，尊重和信任员工的人格和能力，尊重每个人的特点与个性，发挥每个人的长处，从而激发每个员工的潜力、主动性和创造精神，实现从“要我干”转变为“我要干”。

（三）创建和谐团结型班组，需要加强班组文化建设

和谐团结的班组文化是构建和谐企业的基础，也为企业发展提供了不竭动力。穿爆队运行一班形成的“和谐、进取、团结、协作”的良好文化氛围就是在公司企业文化大框架下培育出来的班组“家”文化。

某公司发展循环经济打造绿色能源基地的实践

综 述

某公司积极响应国家号召，转变经济发展方式，推动产业升级，开展氧化铝循环经济项目的研发与建设，延伸产业链，打造新的经济增长极，努力实现清洁能源供应商的战略目标。在开采煤炭资源的同时，公司把绿色生态建设作为公司的四大主产业之一，放到战略高度实施，开展生态复垦、环境绿化、水土保持工作。

当前，生态环境的破坏已成为中国煤炭开采区的共性问题，某公司坚持煤田开发与生态环境保护同步，坚持企业发展与资源节约并重，提取专项资金用于水土保持、生态恢复和污染防治，对原来沟壑纵横地貌进行复垦，通过土地生态复垦，发展生态农业，有效地恢复矿区生态环境，扩大生态环境容量，保障煤区持续发展。在矿区开发进程中，始终贯穿资源节约理念，优化以循环经济为核心内容的产业结构，探索出一条能源行业“科技引领、绿色开采、低碳发展、综合利用、和谐共赢”的科学发展道路。

一、实施背景

某煤田地处高原，是世界上水土流失最严重的地区之一。该地区属温带半干旱气候，年平均降水量400多毫米，而蒸发量是降水量的5倍以上。20世纪某年代初，国家正式开工建设煤田项目一期工程。在沟壑纵横、地表支离破碎、植被覆盖度不足25%的高原进行露天煤矿建设，百余米的覆盖层剥离、平均数十米的煤层开采对原始地理的破坏是不可避免的，对原有植被的摧残是致命的。

传统矿区的开发建设，采掘场的开挖，排土场的形成，工业场地及其附属设施的建设，使得大量土地被征用，原生地表地形地貌被破坏，加剧了生态环境的恶化。这一切都是可以恢复甚至再造的，解决这些问题的关键和核心就是保持水土和改善生态环境。

二、模式内涵

结合所处地区的生态环境特点，某公司积极发展循环经济，打造绿色能源基地，具体模式如图1所示。

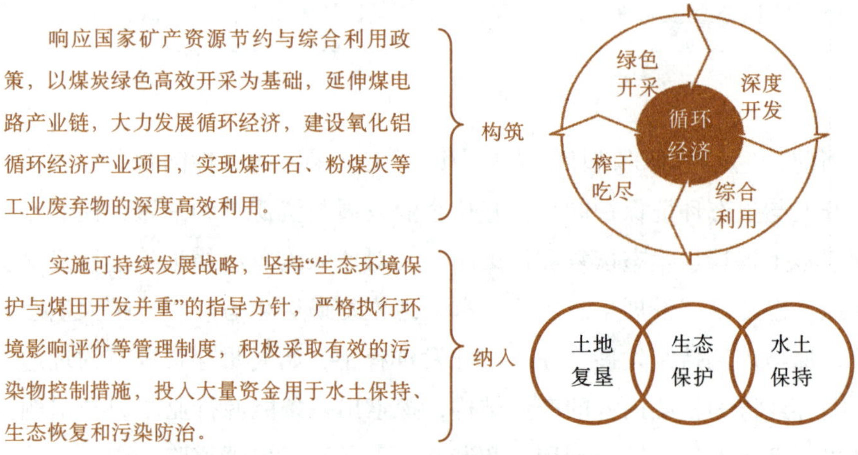

图1　发展循环经济模式内涵

三、具体做法

（一）同步规划设计，项目建设、环境保护一样重要

煤矿建设中，该公司采取整体包围、分层阻拦泥沙的做法，构筑水土保

持工程的宏观防御体系。在煤矿上游修建拦洪坝，下游修建拦渣坝，在排土场修建临时性拦水坝，使矿区范围内的水土流失得到治理。

在排弃剥离物时，根据有利于复垦种植和防止水土流失的要求，采取表土采集堆存→岩石排弃压实→表土覆盖→土地覆盖→土地整形一系列措施形成排土场的主体构架，保证排土场的地质结构及景观与周围未开采地区协调一致，减少水土流失，满足生物复垦要求。

对已形成的排土场采取径流分散技术进行水蚀控制，为植被的快速恢复提供更好的水分条件。对于坡面采用挖鱼鳞坑、水平沟等，并种植沙棘、拧条等耐旱固土作用较强的灌木进行固土。

坚持“边开采，边复垦”原则，严格执行土地复垦措施，对矿山压占、损毁而可复垦的土地进行全面的复垦利用。目前，复垦区呈现春有绿、夏有花、秋有果、冬有青的自然景观，已经形成了生态景观区、农业经济实用区、防护林区、农业复垦区的矿区小气候。

（二）转变发展模式，延伸产业链条

1. 建设煤矸石发电项目。按照资源综合利用产业政策，200X 年开始建设煤矸石发电项目。截至2016 年，一期2×150 千瓦、二期2×330 千瓦机组已投产发电，每年可消耗煤矸石及劣质煤几百万吨，发电数十亿度，节约了资源，改善了生态环境，实现了良好的经济效益，降低环境污染。

2. 发展氧化铝循环经济项目。依托煤田“高铝、富镓”煤资源优势，积极探索、合理规划、统筹布局，建设氧化铝循环经济产业项目，打造“煤—煤矸石发电—氧化铝—原铝—铝型材、镓、硅等系列产品”一体化循环经济产业链。

3. “矿区粉煤灰综合利用工业化技术系统研发及示范工程”已通过国家能源局审查。“高铝粉煤灰高效循环利用技术研究”课题被国家科学技术部列为“十二五”科技支撑计划项目。矿区煤炭绿色开采及伴生资源综合利用示范基地被列为首批 40 个国家级矿产资源综合利用示范基地之一，开启了煤炭伴生资源综合利用事业的新篇章。

（三）抢抓发展机遇，大力推进生态农牧业建设

201X 年该公司就开始了生态农业规划，在加强矿山生态环境保护与治理的同时，巩固现有生态复垦成果，进一步大力发展生态农牧业，变沟壑纵横为万亩良田。

依靠多年生态建设成果的积淀，构筑宜居家园、打造大型现代生态农业生产示范基地、建立农业文化教育园地、打造生态旅游度假区、发展农产品市场，形成具有一定辐射力和一定规模的生态农业产业化基地。

自 199X 年以来，环保、水保、绿化复垦累计投入数十亿元，一改过去“大漠风起尘飞扬”的恶劣环境局面，成功走出了一条人与自然和谐共处、煤炭开采与生态保护同步、节能减排与环境再造并行的发展之路。

先后多次荣获“全国环境保护先进单位”“全国煤炭系统绿化造林先进单位”“全国部门绿化 400 佳”等荣誉称号，具有典型性、示范性和推广性。

四、几点体会

（一）树立环境资源价值观，把生态保护上升到转变发展方式的高度

随着企业的发展壮大，发展观念不断更新，生态保护逐渐上升到转变发展模式的高度，不再是简单地为了绿化复垦而进行生态建设。200X 年，公司明确提出“做强做大煤炭主导产业，大力发展循环经济”的发展战略。

（二）环境保护和煤矿开发建设一定要同时规划，同步进行

多年积累的经验证明，煤矿开采和环境保护应当而且是可以同步进行的，这不仅是国家政策的强制要求，还是央企必须承担的社会责任，要充分认识环境保护是造福当代、惠及子孙的事业，对于转变经济发展方式和建设资源节约型、环境友好型企业也具有重要战略意义。

（三）必须有经费保障，避免环境治理半途而废

公司每年从吨煤成本中提取一定金额作为绿化专项基金，以原煤产量千万吨为例，可提取费用数千万元，为矿区的绿化工作提供了资金保障。同时，水保、环保、复垦都有相应的资金列支渠道，保证了日常工作的正常开展。公司已经向上级主管部门申请，参照安全、绿化等按吨煤提取的方式落实资金渠道，建议生态农业资金渠道比照执行。

（四）注重复垦植物的适应性选择，少走弯路

开展复垦工作的时候，必须充分考虑气候、土地、植物周边环境的特点，不能盲目建设。为了少走弯路，公司积极与有关科研院所合作，针对适宜性植物筛选、生态结构模式建立、农业及林业复垦技术、土壤改良技术及水土流失防治对策进行了实地研究和实验。

（五）成立组织机构，落实责任单位，保证绿化复垦工作持续进行

为搞好土地复垦和生态重建工作，公司成立了绿化复垦领导小组，专门负责矿区的生态重建管理工作。公司还成立了职能部门环境保护部，负责环境保护、水土保持、绿化复垦、放射源管理等业务，包括制度建立、规划制订、方案审查、设计委托、监督检查、业务指导、组织验收等工作。

某公司铁路电网设备故障对运输的影响及改造

综 述

机电经营一盘棋，技术保安也增效。俗话说，安全是最大的效益。针对风力对电网安全运营的威胁，某公司铁路防患于未然，通过改进接触网的加固方式，增强接触网的抗风能力，用技术改造实现了安全效益，以安全效益保障经济效益。

一、实施背景

某公司铁路接触网设备沿线露天布置，多在山口、谷口、高路堤和泄洪桥梁处，工作环境恶劣，使用条件苛刻，在多风季节，很容易发生弓网故障。在无备用的情况下，一旦发生故障，铁路运输秩序将受到很大影响。因此，做好防风措施，确保接触网设备在大风条件下能够安全可靠运行，最大限度减少对铁路运输的影响是接触网改造的重要课题。

根据分析，故障的主要表现有：一是发生故障的地点均在风口直线地段。二是发生故障的接触网跨距均大于 55 米。三是钻弓处大部分在接触网反定位附近发生。四是弓网故障多发生在每年的 11 月至次年 5 月期间的大风天气下（现场目测风速在 10 级以上，当时一个人挂不了地线）。五是故障造成的损失巨大，抢修时间长，严重影响运输。

二、发生电网故障的原因分析

（一）最大风偏移值超过设计值是造成弓网故障的主要原因

接触网抗风稳定性差主要体现在接触线的最大风偏移值超过设计值造成弓网故障的发生。接触网风偏移的受力分析如下：

1. 当风作用在接触线上时，接触线产生顺风方向的偏移：接触线在垂直负载 g 和水平风负载 P 作用下，由 C 点移至 B 点，则水平偏移为：b = y × P/qv。最大水平偏移值为：bmax = P × L/8 × T。其中：b 为水平偏移值（mm）；P 为接触线水平风负载（N/m）；qv 为接触线合成风负载（N/m）；y 为接触线的驰度（mm）；L 为跨距长度（m）；T 为接触线张力（N）。

2. 当取最大设计风速时，接触网最大跨距中计算风偏移值为 447 毫米，而在受电弓滑板 625 毫米有效工作范围内，理论上不足以使受电弓钻弓，但现场实际情况却发生了弓网故障。对几起弓网故障进行分析发现，它们有共同的特点：都处于直线区段、都处于风口地段、现场目测风速在 10 级以上（一个人挂不上接触网地线），每一起弓网故障都是从反定位器前后第 1 根和第 2 根吊弦处钻入接触网。

3. 当支柱处于上风侧时，在反定位处风对接触线的作用力与定位器对接触线的拉力方向一致：整体使定位器承受一个压力，持续不断的压力会造成反定位管向上剧烈摆动；反定位管上摆同时，定位器则绕长定位环向下摆动，造成定位器对接触线失去定位作用，使接触线形成 110 ~ 120 米的大跨距，在反定位处出现由两个跨距接触线偏移值叠加的偏移量，大大超过接触网的设计偏移量和受电弓允许的工作范围，造成受电弓钻弓，发生弓网故障。

（二）接触网跨距大是造成稳定性差的主要原因

在链形悬挂中，风同时作用在承力索和接触线上，由于接触线和承力索通过吊弦相互作用，接触线风偏移的状态比较复杂。跨距越大，接触线的最大水平偏移值越大，接触网的稳定性越差。因此，在确定链形悬挂跨距时，要根据接触网在风力作用下相对受电弓中心线所产生的允许偏移值来确定技术跨距。我国接触网跨距规定：直线区段最大允许跨距不应超过65米；山口、谷口、高路堤和泄洪桥梁等风口范围内的跨距应缩小5~10米，最大跨距不大于50米。

（三）反定位方式不牢固，易造成定位变化

大风作用在反定位装置上，由于定位管较长，主要受力来自与腕臂连接的定位环和与定位器连接的长定位环；在持续风压作用下，反定位管上下摆动，定位器不断撞击长定位环，导致长定位环偏转，定位器定位钩卡滞扭转变形从定位环脱出，对接触线失去定位作用，风偏移过大造成受电弓离线而发生弓网故障。

（四）接触线张力不足，造成接触网摆动过大

接触网的张力和驰度是决定接触线风偏移的重要因素。接触线风偏移值与接触线的驰度成正比，与接触线的张力成反比。因此，接触线张力不足，如接触线补偿装置坠坨数量不够，会造成接触线的顺线路方向张力减小；直线区段“之”字值调整偏小，会造成接触线垂直线路方向的张力减小，从而增大接触线的驰度，在风压作用下，使接触线风偏移值超过允许值。

三、发生故障对铁路运输经济效益的影响和损失

弓网故障一般都发生在大风等恶劣天气和环境下，对电力机车受电弓、接触网等设备都会造成非常严重的损毁，破坏性极大，中断铁路运输时间较长。接触网没有备用，在故障抢修过程中，直接影响到全线列车运输的秩序，给铁路经济效益带来极大的损失和影响。

通过对近几年来某铁路在大风天气发生弓网故障造成的经济损失（平均）估算，每发生一次弓网故障，将造成电力机车受电弓破损1~2架、接触网损坏3~4个跨距的材料等，中断列车运行3~4小时。按照201X年铁路年运输收入千万元计算，直接材料损失费用几十万元、人工抢修费用几十万元、中断列车间接损失费用数百万元，每次发生弓网故障造成经济损失几

百万元。因此，消除大风天气对接触网发生弓网故障的影响，在技术和设备层面进行改造是对铁路降本增效的有力保障。

四、提高接触网稳定性的措施

该公司针对铁路近几年接触网发生的弓网故障进行了分析研究和大胆尝试，采取了一定措施提高接触网的稳定性。

1. 缩短技术跨距，提高接触网稳定性。对铁路接触网徒步进行观察、测量，根据近几年来接触网发生弓网故障的地段，确定接触网受大风侵扰的风口重点地段。根据铁路接触网风口地段统计表中防风重点地段以及近几年发生弓网故障的特点，该公司决定对重点地段进行改造，即在相邻支柱的跨度中增设支柱，缩小跨距，有效减小风偏移。201X 年防风地段技术改造后，接触网设备运行两年，没有发生过因大风造成的弓网故障。因此，跨距的缩小能够使接触线在定位点处对定位器形成较大的张力增量，抑制了定位器的摆动，增强定位的稳定性。

2. 改变定位方式，提高反定位的稳定性。在反定位上加装防风支撑，有效抑制反定位管的上下摆动。

3. 加装 V 型拉线来抑制反定位的左右摆动。

4. 在斜腕臂和平腕臂之间加装腕臂支撑增强支柱支持装置整体强度。

5. 调整防风直线区段的拉出值。

6. 在风口地段的大桥定位点处更换限位定位器来提高接触网的弹性。

五、改造后效果

该公司通过对铁路接触网分别采取增加支柱缩小技术跨距、在反定位加装防风支撑和 V 型拉线、改变定位方式、调整接触网拉出值等措施，接触网的防风稳定性有了明显提高，防风能力进一步加强，极大减少了对铁路运输经济效益的影响和损失，对公司提出的提质增效，实现精益管理，提升企业核心竞争力做出贡献。

致谢

我怀着崇敬、感恩和喜悦的心情表达诚挚的谢意：

至亲至爱的父母、妻儿，是你们给予我无私的厚爱、包容、友情和照顾。

值得珍重的朋友、领导和同事们，是你们给予我真诚的帮助和支持。

参与本书案例总结修改完善的同事和进行出版工作的朋友、老师，是你们助我不忘初心、不断前行。

忠实的读者和学生，是你们的认同，催我奉献全部的心血。

多年以来，所有对我无条件付出帮助的人，我都铭记在心，始终感恩。

我相信，当这本书问世的时候，过去日日夜夜的坚持，探寻国企改革发展的艰辛付出都值得。我期待，这是我人生的一个新起点。

陈新寰

2017年3月